Bartnitzky • Sprachunterricht heute

W0053743

LEHRER-BÜCHEREI
GRUNDSCHULE

Herausgeber

Reinhold Christiani, Diplom-Pädagoge, war Leitender Ministerialrat im Ministerium für Schule, Jugend und Kinder des Landes Nordrhein-Westfalen. Er ist zurzeit Lehrbeauftragter an der Universität Bielefeld.

Dr. Klaus Metzger ist Regierungsschulrat, Seminarbeauftragter und zuständig für die zweite Phase der Lehrerausbildung für Grund- und Hauptschulen im Regierungsbezirk Schwaben/Bayern.

Der Autor dieses Bandes, **Horst Bartnitzky,** Diplom-Pädagoge, war Dezernent für Grundschule und Migranten bei der Bezirksregierung Düsseldorf. Er hat in vielen Funktionen die Entwicklung der Sprachdidaktik begleitet: als Lehrer und Ausbilder, als Vorsitzender von Lehrplankommissionen, als Herausgeber von Schulbüchern und Fachautor.

Horst Bartnitzky

Sprachunterricht
heute

●

Sprachdidaktik

●

Unterrichtsbeispiele

●

Planungsmodelle

Dieser Band, der 1987 erstmals erschienen ist, liegt seit 2000 völlig überarbeitet und stark erweitert vor.

www.cornelsen.de

Bibliografische Information
Die Deutsche Bibliothek verzeichnet diese Publikation in der Deutschen National-
bibliografie; detaillierte bibliografische Daten sind im Internet über http://dnb.ddb.de
abrufbar

Dieser Band folgt den Regeln der deutschen Rechtschreibung, die seit August 2006
gelten.

7.	6.	5.	Die letzten Ziffern bezeichnen
09	08	07	Zahl und Jahr der Auflage.

Redaktion: Gabriele Teubner-Nicolai, Berlin
Herstellung: Kristiane Klas, Frankfurt am Main, und ConverData, Karben
Umschlaggestaltung: Claudia Adam, Darmstadt
Umschlagfoto: Michael Seifert, Hannover
Druck und Bindearbeiten: Clausen & Bosse, Leck
Printed in Germany
ISBN   978-3-589-05121-2

 Gedruckt auf chlorfrei gebleichtem Papier
ohne Dioxinbelastung der Gewässer.

INHALT

1. Fachdidaktische Entwicklungen

Didaktische Umbrüche

Extremer als alle anderen Fächer hat der Sprachunterricht in den letzten Jahrzehnten didaktische Umbrüche erlebt:

- Nach dem Zweiten Weltkrieg galt zwei Jahrzehnte lang unangefochten das Monopol der *muttersprachlichen Bildung* als idealistische Didaktik.
- Dann brachte die *kommunikative Wende* den Sockelsturz: An die Stelle der Verehrung hoher Dichtung trat die kritische Untersuchung von Texten aller Art, an die Stelle der Hochsprache die alltägliche Kommunikation.
- Seit den 80er-Jahren entwickelt sich, was als Paradigmenwechsel in der Didaktik gilt: Die radikale Hinwendung zum Kind als Subjekt seines Lernens kann als *Subjektivismus* bezeichnet werden; diesen Blickwechsel stützen die zur Zeit diskutierten Lerntheorien des *Konstruktivismus* mit dem Grundsatz, dass Lerner nicht Wissen anhäufen, sondern aktiv ihr Wissen konstruieren.

Die Schulpraxis folgt weder früher noch heute dieser Linearität der didaktischen Umbrüche, und zwar aus verschiedenen Gründen:

Neuorientierungen

Zu den radikalen Umbrüchen kamen zahlreiche weitere Neuorientierungen, die das didaktische Entwicklungsfeld höchst unübersichtlich machen. Einige Beispiele: Der traditionelle Blick allein auf die Kinder mit deutscher Muttersprache musste ergänzt werden durch den Blick auf Kinder mit anderer Familiensprache. Dem pathologischen Legastheniekonzept folgte die Sichtweise von Lese-Rechtschreib-Schwierigkeiten (LRS) als pädagogisches Problem. Der Hinwendung zur alltäglichen Kommunikation wurde die Förderung der Kreativität entgegengesetzt. Für den bisher auf Buch und Gedrucktes fixierten Sprachunterricht stellt sich derzeit die Frage nach einer didaktischen Neubewertung der Medien.

Verengungen

Bei den Umbrüchen standen immer bestimmte Aufgabenbereiche des Sprachunterrichts im besonderen Blickfeld von Forschung und Lehre, andere gerieten in den Schatten der Diskussion. Praxisbedeutsam waren sie aber dennoch. Einige Beispiele: Bei der Hinwendung zu Alltagstexten verloren poetische Texte an didaktischem Interesse. In den letzten Jahren stand insbesondere der Schriftspracherwerb im Mittelpunkt der Aufmerksamkeit – vom eigenaktiven Lesen- und Schreibenlernen bis zum kreativen Schreiben und zu Schreibkonferenzen.

Gar nicht oder nur spärlich didaktisch bearbeitet werden Arbeitsfelder wie mündliche Kommunikation, angeleitetes Schreiben, weiterführendes Lesenlernen über den Lese-Erstunterricht hinaus, Grammatikunterricht.

Verluste
Die Lehrerinnen und Lehrer wurden zu verschiedenen Zeiten ausgebildet, stehen also in unterschiedlichen Traditionen. Jeweils neue didaktische Ansätze profilieren sich zumeist als Kontrast zu bisherigen. Dabei geraten weiterhin wichtige Anliegen in Misskredit – z. B. bei der Methode Lesen durch Schreiben die gezielte Förderung des Lesens von Anfang an, beim literaturdidaktischen Konzept des produktions- und handlungsorientierten Textumgangs die analysierenden Gespräche über Texte, bei der Propagierung freien Schreibens die Schreibförderung beim angeleiteten Schreiben. In der Schulpraxis kommt es zu Mischungen aus verschiedenen Traditionen. Dabei können didaktische Standards auch verloren gehen wie die Arbeit mit Wortfeldern und Wortfamilien, die Methode des schrittweisen Erlesens oder das Rollenspiel als Methode sprachlichen Lernens. Oder neue Ansätze stehen in ein und derselben Klasse unvermittelt neben alten, wie ein schreibentwickelnder Unterricht neben einem lehrgangsmäßig organisierten Rechtschreiblernen mit vorgegebenem Wortmaterial.

Insgesamt muss das Interesse deshalb auch darauf gerichtet werden, wie ein didaktisches Gesamtkonzept des Sprachunterrichts entwickelt werden kann:
- Es muss die aktuelle didaktische Entwicklung und die Einsichten der Grundschulforschung berücksichtigen, dabei aber alle Arbeitsbereiche des Sprachunterrichts einbeziehen, auch solche, die zur Zeit nicht im Blickpunkt des didaktischen Interesses stehen.
- Es muss die Schatzkammer der Didaktik-Geschichte in die Überlegungen einbeziehen: Was ist aus heutiger Sicht überholt? Was ist nach wie vor wert, im Repertoire gehalten zu werden? Was sollte – neu gewendet und gewichtet – in aktuelle Konzepte integriert werden?
- Mit Blick auf frühere Streitfälle kann auch der Blick auf aktuelle Dogmatismen und didaktische Verengungen geschärft werden: Wo stecken in aktuellen Ansätzen Einseitigkeiten, wo dogmatische Positionen, die wir in Kenntnis der Genese überwinden oder aufbrechen können?

Zu einem didaktischen Gesamtkonzept des Sprachunterrichts beizutragen ist Anliegen des Buches. Deshalb greife ich immer wieder in die Didaktik-Geschichte zurück – nicht nur um der historischen Würdigung willen, sondern vor allem, um Gewinn für heute daraus zu ziehen.

Muttersprachliche Bildung in den 50er- und 60er-Jahren

Welche Ziele verfolgt der Deutschunterricht? Und wie sind diese Ziele am besten zu erreichen?

In den 50er-Jahren und weit in die 60er-Jahre hinein waren die Antworten auf diese Fragen unstrittig: Ziel des „muttersprachlichen Unterrichts" war die sprachliche Persönlichkeit. Dabei hatte der Begriff der Muttersprache zentrale Bedeutung. Ansatzpunkt waren sprachphilosophische Überlegungen des 19. Jh.s, insbesondere WILHELM VON HUMBOLDTS: Muttersprache ist die Sprache der Menschen, die zu einer historisch entstandenen Sprachgemeinschaft gehören. Über die Jahrhunderte hinweg wurde die Muttersprache, wie sie sich heute darstellt, von den Angehörigen der Sprachgemeinschaft entwickelt. Damit wurde sie auch von Weltbild, Werten und Denkweisen der Sprachgemeinschaft geprägt, sie wirkt mit dieser Ausprägung auf die Angehörigen der Sprachgemeinschaft zurück. Das Kind wächst somit zugleich mit seiner sprachlichen Entwicklung in das Weltbild und die geistigen Möglichkeiten seiner Sprachgemeinschaft hinein.

Für die sprachliche Entwicklung ist nun folgender Gedanke wichtig: Die Sprache darf dem Kind nicht von außen aufgesetzt werden, z.B. in Wörtern, die in ihrer äußeren Form vokabelähnlich gelernt werden. Vielmehr muss das Kind die sprachlichen Möglichkeiten seiner Muttersprache für sich selbst entwickeln und dabei eine Stimmigkeit zwischen dem, was es sagen will, und dem sprachlichen Ausdruck dafür herstellen und empfinden. Diese Entsprechung zwischen Gemeintem und sprachlicher Form, zwischen „Sinngehalt" und „Sinngestalt", wurde mit einem Begriff HUMBOLDTS als innere Sprachform bezeichnet, als eine Sprachform also, die von innen heraus bestimmt wird.

Aus dieser idealistischen Sprachphilosophie des 19. Jh.s konnte nicht unmittelbar eine Sprachdidaktik abgeleitet werden. Aber sie wurde zum geistigen Überbau für die Konzeption der muttersprachlichen Bildung. 1927 griff WALTER SEIDEMANN den Gedanken der „inneren Sprachform" auf und forderte für den Deutschunterricht, dass er „innere Sprachbildung" sein müsse (1927). LEO WEISGERBER führte diese Gedanken nach dem Zweiten Weltkrieg fort (1949, 1963). Die Begriffe „Muttersprache" und „innere Sprachbildung" wurden zu didaktischen Leitsternen zahlloser Methodiken. Sie ergänzten den sprachphilosophischen Überbau durch didaktische und methodische Setzungen: Unter Muttersprache wurde die hochsprachliche Variante verstanden; die Äußerungsformen waren an Sprachvorbildern orientiert.

• Im mündlichen Unterricht repräsentierte vor allem der Lehrer durch sein Sprachvorbild Form und Wert der Muttersprache. Dieser Bereich wurde als Sprachpflege, als Gesprächs- und Sprecherziehung verstanden.

• Im Rahmen der literarischen Erziehung waren dichterische Texte wichtige Repräsentanten muttersprachlichen Kulturgutes, an denen die Stimmigkeit von „Sinngehalt und Sinngestalt" erfahrbar war. Texte außerhalb dieses in Form und

Inhalt als vorbildhaft verstandenen Schriftgutes wurden in den Unterricht nicht einbezogen, z.T. fielen sie unter strenges Verdikt z.b. durch pauschale Abwertung als „Schundliteratur", wie es u.a. mit Comics geschah.

● Dichterische Texte waren zugleich Vorbilder für die eigene „Stilpflege" in der „Aufsatzerziehung", beim „Schriftlichen Sprachgestalten".

● Die „Sprachbildung" mit ihren Teilen der unbewussteren „Sprechübung" und der bewussten „Sprachbetrachtung" sollte sprachpflegerisch wirken: Die Schüler sollten zum einen Sprach- und Satzmuster der Hochsprache üben und ihr Gefühl für die hochsprachliche Norm entwickeln und festigen. Sie sollten zum anderen „Einsicht in den Bau der Sprache" gewinnen. Dadurch sollten sie fähiger werden, ihren Sprachgebrauch selbst zu kontrollieren, der hochsprachlichen Norm anzupassen und die Möglichkeiten der Muttersprache zu erkennen.

Der erste didaktische Umbruch: Die „kommunikative Wende"

In der zweiten Hälfte der 60er-Jahre stellten neue Erkenntnisse, wissenschaftliche Diskussionen und ein linksintellektueller Zeitgeist den Absolutheitsanspruch der „Muttersprachlichen Bildung" im Sinne LEO WEISGERBERS und anderer radikal in Frage.

So klärten Untersuchungen der Sprachsoziologie darüber auf, dass es die Sprachgemeinschaft und die Muttersprache gar nicht gibt. Erheblichen Einfluss auf die Diskussion nahmen Beiträge von BASIL BERNSTEIN, der zwischen dem „restringierten Code" bei Angehörigen der Unterschicht und dem „elaborierten Code" bei Angehörigen der Mittelschicht unterschied, hierzulande vor allem bekannt geworden durch ULRICH OEVERMANN (1969). Zugespitzt könnte die Kritik am Konzept der Muttersprachlichen Bildung von hierher lauten: Was als die Muttersprache bezeichnet wird, ist Muttersprache und mit ihr auch Weltbild einer bürgerlichen Schicht. Vermutlich weist das Weltbild von Arbeitern aus verschiedenen „Sprachgemeinschaften" mehr identische Züge auf als das Weltbild von Angehörigen einer Sprache, die aber zu verschiedenen sozialen Schichten gehören.

Aus der Vielfalt der didaktischen Anstöße, Ansätze, Entwürfe und Konzepte entwickelten sich Konzeptionen des Deutschunterrichts, die sich im weiteren als mehr oder weniger konsens- und tragfähig erwiesen. Einige Konzeptionen und Ansätze, die für die Entwicklung zum Sprachunterricht heute von besonderer Bedeutung sind, seien im Folgenden skizziert:

„Fünf Finger sind eine Faust" – Kritische Didaktik

Das Zitat ist die Überschrift eines didaktischen Lesebuchtextes, das mit dem sozialistischen Sprachbild der Faust die Macht der Solidarität verdeutlicht.

Die von den Universitäten Ende der 60er-Jahre ausgehende Politisierung des Denkens und Handelns, die aufklärende Bedeutung der „Kritischen Theorie" erfasste weite Teile der Intellektuellen. Für den Bildungsbereich prägte, zumindest aber beeinflusste dieser emanzipationsbewusste Aufbruch die Lehrerbildung, die Curriculumdiskussion, die Medien und die jüngere und jüngste Lehrergeneration. Veränderung der Gesellschaft in Richtung auf Demokratisierung in allen Bereichen und Emanzipation des Individuums durch politisches Handeln erschien als möglich, wenn dies im Erziehungs- und Bildungsbereich „von Grund auf" angelegt würde. Für die Deutschdidaktik gaben die 1970 gegründete Zeitschrift „Diskussion Deutsch" (Frankfurt am Main) und die Veröffentlichungen des „Bremer Kollektivs" wichtige Orientierungen (Bremer Kollektiv 1974).

Didaktisch-methodische Konsequenz für den Bereich der Grundschule war eine verstärkte Thematisierung von kindlichen Lebenssituationen und der sie bedingenden Hintergründe, z.B. Wohnsituation auf dem Hintergrund von Mietwucher, Elternverhalten auf dem Hintergrund von Abhängigkeiten am Arbeitsplatz der Eltern, Manipulation durch Werbung, durch Boulevard-Zeitungen. Was soziolinguistisch zunächst als „restringierter Code" der Unterschicht bewertet worden war, das wurde hier nicht als Defizit verstanden, sondern als Differenz zur Sprache der Mittelschicht. Der Eigenwert dieser Sprache für die Solidarität der Angehörigen dieser Schicht wurde besonders herausgestrichen. „Hochsprache" als Ziel war daher zumindest fragwürdig.

Unmittelbare Breitenwirkung erreichte diese politische Didaktik des Deutschunterrichts in der Grundschule nicht. Zum einen erschwerte der intellektuelle Anspruch die kindgemäße Verwirklichung im Unterricht der ersten Schuljahre. Kindgemäße Unterrichtsmodelle dieses Ansatzes, die nicht Meinungen aufzwangen, waren selten. Zum anderen aber zeigte sich in den Folgejahren, dass eine exponiert politische Didaktik keinen gesellschaftlichen Konsens findet. Ein Anlauf, auf Lehrpläne einzuwirken, scheiterte (Hessische Rahmenrichtlinien); Unterrichtswerke, die auch nur in der Nähe zur politischen Didaktik standen, gerieten in das tagespolitische Kreuzfeuer.

Bedeutsam allerdings waren die Auswirkungen dieses Ansatzes auf das didaktische Denken allgemein: Die Grundorientierung an dem Anliegen zunehmender Emanzipation, der Einbezug von sozialen Situationen und Texten aus dem Lebensalltag der Kinder, Ziele wie: eigene Interessen erkennen und wahrnehmen, Texte kritisch lesen können – diese Intentionen wurden von der „Didaktik der sprachlichen Kommunikation" aufgegriffen und integriert.

„Streit um das Fernsehprogramm" – Didaktik der sprachlichen Kommunikation

Das Zitat stammt aus einem Sprachbuch, das eine Alltagssituation unter Geschwistern zum Thema von Rollenspielen machte.

Die Didaktik der sprachlichen Kommunikation entwickelte sich zur gleichen

Zeit wie die „Kritische Didaktik", ihr ähnlich in vielen Zielen, Inhalten und Verfahren, aber nicht exponiert sozialistisch, sondern eher sozialliberal orientiert. Sie nahm ihren Ausgang einmal von der Infragestellung der sprachphilosophisch begründeten Muttersprachlichen Bildung und griff die Forderungen der internationalen Curriculumbewegung auf. Gefordert war die Revision des Curriculums und ein neues Verständnis von schulischen Zielen: nicht als Bildungswissen sondern als Qualifikation, um Lebenssituationen zu bewältigen. Dies bedeutete im Selbstverständnis der emanzipationsbewussten Aufbruchstimmung weniger Anpassungsleistung als vielmehr Fähigkeiten wie: eigene Interessen erkennen und vertreten, Äußerungen anderer kritisch einschätzen usw. Gleichzeitig interessierten sich auch Sprach- und Literaturwissenschaften, insbesondere die sich etablierende Linguistik, zunehmend mehr für die Verwendung von Sprache und Texten, gerade auch in Alltagssituationen.

Diese Strömungen zusammengenommen führten zu didaktischen Konzepten, die im zentralen Stellenwert „Kommunikation" übereinstimmten. Ihre aufklärerische Grundintention fand im entsprechenden Zeitgeist Anfang der 70er-Jahre rasche Zustimmung. Dadurch konnte die Didaktik der sprachlichen Kommunikation den Platz einnehmen, der durch den Sockelsturz der sprachphilosophisch begründeten Muttersprachlichen Bildung entstanden war.

Für den Bereich der Grundschule kam hinzu, dass den grundschulpädagogischen Forderungen nach mehr Wissenschaftsorientierung kommunikationstheoretisch entsprochen werden konnte, dass aber gleichzeitig der zentrale Stellenwert der Kommunikation den lernpsychologischen Grundsätzen nach Umweltorientierung und handelndem Lernen entsprach. Damit war das eingetreten, was heute im Rückblick als „kommunikative Wende" des Deutschunterrichts bezeichnet wird. In der Lehrerbildung nahmen eine wichtige Rolle die Bücher von BEHR, GRÖNWOLDT, NÜNDEL, RÖSELER, SCHLOTTHAUS ein (1972, 1975).

Drei didaktische Ansätze flossen dann in diese Entwicklung ein:
- *Der neu belebte Projektgedanke:* Als Projekt galt eine von der Lerngruppe gemeinsam geplante und verantwortete Aktion, die eine von der Gruppe gewünschte Veränderung bewirken sollte. Dies konnte das Bemühen sein, eine Fußgängerampel an einem gefährlichen Übergang aufzustellen, den Spielplatz zu säubern und Geräte in Stand zu setzen, aber auch: den eigenen Schullandheimaufenthalt zu gestalten, eine Klassenzeitung herauszugeben. Hierbei waren von der Sache und vom Ablauf des Geschehens her immer wieder kommunikative Handlungen nötig. Pläne entwerfen, Briefe und Plakate schreiben, Verordnungen, Adressenverzeichnisse, Briefe lesen, Zwischenbilanzen ziehen, Interviews führen usw.
- *Die Entdeckung der FREINET-Pädagogik für die Schule hierzulande:* Dabei galt zunächst das besondere Interesse einigen kommunikationsträchtigen Elementen der FREINET-Pädagogik: der Klassenkorrespondenz und der Druckerei.

Erst später mit der Ausbreitung der FREINET-Gruppen und dem Subjektivismus wurde der FREINET-Ansatz grundsätzlicher wahrgenommen: „Den Kindern das Wort geben" – dieses Motto wurde inzwischen zum geflügelten Wort.

● *Das verstärkte didaktische Interesse an der Unterrichtskommunikation:* Besonders einflussreich war hierzu die sog. Aachener Gruppe; eine wichtige Veröffentlichung, die aus diesen Bemühungen hervorging, war die von BOETT-CHER, OTTO, SITTA und TYMISTER (1976).

Diese drei Ansätze regten die Kommunikation in der Klasse an, machten sie zu einer wichtigen Lernsituation und boten inhaltliche und methodische Anregungen, die zu einem auch für die Kinder als sinnvoll erfahrenen Sprechen, Schreiben, Lesen, Sprachuntersuchen führten. Damit verhalfen sie dem „kommunikativen Ansatz" zu einem großen Repertoire an unterrichtlichen Möglichkeiten, das zum Teil inzwischen wieder verloren gegangen und ins Bewusstsein zurückgeholt werden muss.

„Der liebe Wolf und die bösen Geißlein" – Kreativitätsförderung

Mit dem Zitat einer Märchenvariante wird das Spiel mit vertrauten Mustern gekennzeichnet, das zu neuen, ungewöhnlichen Aspekten führen kann.

Die Frage, wie Kreativität zu fördern sei, wurde in den 60er-Jahren in den USA diskutiert und mit Lernprogrammen beantwortet; dies geschah zunächst aus dem Trauma heraus, gegenüber der damaligen UdSSR in technologischen Rückstand geraten zu sein („Sputnik-Schock"). Entsprechende Ansätze wurden mit zeitlicher Verzögerung auch hierzulande diskutiert. Dabei herrschte pädagogisches Einvernehmen darüber, dass kreative Prozesse durch entsprechende Anregungen bei allen Kindern in Gang gesetzt werden können und dass dies insbesondere Prozesse seien, bei denen vorgegebene Muster, Strukturen oder Erwartungen durchbrochen werden. Solche Prozesse können im Sprachunterricht sein: spielerischer Umgang mit Sprache (konkrete Poesie, Reime), Veränderungen von Texten (Perspektivenwechsel, Rollentausch, Erfindung unerwarteter Schlüsse), freie Assoziationen (Kettengeschichten, sprachliche Assoziationen zu Musik).

Wichtige Literatur hierzu legten z.B. PIELOW und SANNER vor (1973). Kreativitätsförderung wurde zunächst von Anhängern der Kritischen Didaktik aufgegriffen, weil die Bemühungen, gegebene Normen in Frage zu stellen, hier einen didaktisch-spielerischen Zugriff fanden. Er wurde im Weiteren als wichtige Ergänzung zur Tendenz kommunikationsdidaktischer Konzepte verstanden, Schreiben auf pragmatische Texte zu begrenzen. Heute stellt sich übrigens die Ergänzungsfrage umgekehrt: In einem lebensweltorientierten Unterricht muss das derzeit bevorzugte kreative Schreiben um pragmatische Texte ergänzt werden.

Der zweite didaktische Umbruch: Subjektivismus und Konstruktivismus

Von „kindorientiert" zu „kindgeleitet" – Subjektivismus

Sowohl die muttersprachliche Bildung als auch die Didaktik der sprachlichen Kommunikation nahmen für sich in Anspruch, „vom Kinde aus" zu denken. Dieser Ausgangspunkt vom Kind her „verleitet aber dazu", wie BARBARA KOCHAN urteilt, „nicht vom wirklichen Kind, sondern von einem Bild des Kindes auszugehen, das uns in der trügerischen Sicherheit wiegt, das Kind – auch das jeweilige Kind – zu kennen" (KOCHAN 1998, 92).

Vom Ende der 70er-Jahre an zeichnete sich in einigen Feldern der Grundschuldidaktik demgegenüber eine Umorientierung ab: Der Blick wurde auf die Kinder als Subjekte ihres eigenen Lernens gerichtet. Um es mit einer Formel BARBARA KOCHANS zu beschreiben: „vom Unterricht für Kinder zum Unterricht mit Kindern" (KOCHAN 1998, 86). Ein Einstieg in diesen Blickwechsel war die andere Sichtweise von Fehlern – nicht als „Verfehlung", wie es der Blick von außen, sondern als Schritt im Lernprozess, wie es der Blick vom Lerner aus nahe legt. PANKRAZ BLESI wies schon 1979 an Leseproben nach, dass Fehler beim Lesen nicht als Versagen bewertet werden dürfen, sondern dass sie „ein Fenster auf den Lernprozess" öffnen: „Verlesungen" zeigen, welche Lesestrategien ein Kind bereits erworben hat, wie es mit ihnen experimentiert (BLESI 1986, 16 ff.). BARBARA KOCHAN resümierte 1981 erste didaktische Ansätze zu einem kindgeleiteten Rechtschreibunterricht im Unterschied zum seinerzeit didaktisch vorherrschenden normgeleiteten, bei dem „Fehler nicht mehr voreilig und einseitig als Verfehlungen (zu sehen sind), sondern auch als Hinweise auf Lernaktivitäten und -strategien anzusehen, zu verstehen und zu würdigen (sind)" (KOCHAN 1981, 158).

Anregungen dazu waren aus dem angelsächsischen Sprachraum gekommen. Sie führten hierzulande zu einer wachsenden Zahl von Untersuchungen über den eigenaktiven Schriftspracherwerb von Kindern – eine Entwicklung, die bis heute anhält. Diese Hinwendung zu den Lernprozessen der Kinder stellte z.T. bisheriges didaktisches Denken auf den Kopf:

- Auch Schulanfänger sind bereits Lernexperten, schließlich lernen sie täglich und intensiv bereits seit sechs Jahren. Sie sollten ihren Lernweg auch in der Schule weitergehen dürfen. Dies bedeutet z.B. für den Schriftspracherwerb: Er beginnt nicht in der Schule mit dem ersten Buchstaben, dem dann sukzessive weitere Buchstaben folgen, sondern es werden Schreibsituationen geschaffen, so dass die Kinder von Anfang an eigenaktiv ihren Weg in die Buchstabenschrift gehen und fortsetzen.
- Die Wege und Strategien der Kinder sind z.T. andere, als die bisherige Didaktik angenommen hat. So nähern sie sich über Entwicklungsstufen der normgerechten Schreibung an, statt „Wortbilder" zu speichern; sie verwenden zunächst

die Antiqua-Schrift (gedruckte Großbuchstaben) statt der vermeintlich prägnanteren Mischung von Groß- und Kleinbuchstaben.

● Fehler sind dabei nicht möglichst zu vermeiden, sondern zuzulassen und daraufhin zu interpretieren, was sie als Lernleistung bereits offenbaren. Kinder, die zunächst lautentsprechend, möglicherweise nur mit Konsonanten schreiben (FT oder FATA für Vater), beginnen damit keine Karriere als „Legastheniker", sondern zeigen, dass sie auf eigenaktivem Weg in die Schrift sind, und sie zeigen, was sie schon können.

Besonders bekannt wurde der Ansatz des kindgeleiteten Schriftspracherwerbs durch Hans Brügelmanns Projekt: „Kinder auf dem Weg zur Schrift" (Brügelmann 1983).

Zeitgleich wurde grundschulpädagogisch mit gleicher Blickrichtung über die Konzepte innerer Differenzierung weitergedacht. Bis dahin hatte der Lehrer oder die Lehrerin über die Differenzierung entschieden: wer von den Kindern mehr Aufgaben bekam (quantitative Differenzierung), wer leichtere oder schwierigere Aufgaben lösen sollte (qualitative Differenzierung). Mit der radikalen Orientierung am Kind wurde nun von den Kindern her differenziert: „Kinder differenzieren sich selbst" wurde die Option. Konzepte freier Arbeit wurden diskutiert und verbreiteten sich in Schulen, auch als Ergänzung gegenüber der vom Lehrer durchgeplanten Wochenplanarbeit. „Freie Arbeit" sollte helfen, „individuelle Interessen und selbstgesteuerte Aktivitäten" der Kinder zu entwickeln (Lichtenstein-Rother/Röbe 1982, 208). Sprachunterrichtlich entsprechende Stichwörter dieser „subjektiven Wende" waren freies Schreiben und freies Lesen, später Fantasiereisen mit ihrer subjektiven inneren Vorstellungsbildung oder individuelle Lesetagebücher.

„Von der Instruktion zur Konstruktion" – Konstruktivismus

Die Hinwendung zum Kind als Subjekt seines Lernens war keine sprachdidaktische Spezialität, sondern stellt sich von heute her betrachtet wie der Vorbote zu einer lerntheoretischen Neuorientierung dar, die international diskutiert wird: In den 90er-Jahren erhielten Erkenntnistheorien eine neue Wertschätzung, die davon ausgehen, dass bei unserer Wahrnehmung von Welt nicht etwas Vorhandenes abgebildet wird, sondern dass jeder sie für sich neu konstruiert und deshalb individuell wahrnimmt. Auf das Lernen und die Schule bezogen heißt das: Sprachbilder wie Stoffvermittlung, Speicherung von Wissen sind falsch, weil sie Wissen verdinglichen – als würde zum bisherigen Wissen neues lediglich addiert. Der Konstruktivismus geht demgegenüber von der Grunderkenntnis aus, „dass Wissen ‚nie als solches von einer Person zur anderen übermittelt werden' kann, weil ‚die einzige Art und Weise, in der ein Organismus Wissen erwerben kann, darin besteht, es selbst aufzubauen oder für sich selbst zu konstruieren' " (Glasersfeld in: Müller 1996, 62). Inzwischen gibt es eine Reihe unterschiedlicher konstruktivistischer Lerntheorien von radikal bis moderat, die aber hier nicht weiter skizziert werden (siehe z. B. MÜLLER 1996, 24 ff.). Hier interessiert der Zusammenhang mit der sprachdidaktischen Diskussion.

Die didaktischen Ansätze des Subjektivismus wurden durch die Konstruktivismus-Diskussion erheblich unterstützt und zusätzlich lernpsychologisch legitimiert. Insbesondere vier Aspekte sind hier von besonderer Bedeutung:

● der Blick auf die eigenaktiven Lernprozesse der Kinder, die beim Schriftspracherwerb durch Forschung und Praxisentwicklung zu offenkundigen Neuorientierungen geführt haben

● die Wichtigkeit von Begründungen für Kinder, eigenaktiv tätig zu sein, die z.b. Schreibprojekte und Interessenförderung, überhaupt: authentische Sprachhandlungssituationen ins Spiel bringen

● die Notwendigkeit, vielfältig anregende „Lernwelten" zu schaffen, die z. B. den Aufbau einer Schreib-Lese-Kultur und einer zum Schreiben und Lesen animierenden Lernumgebung (siehe z.b. MÜLLER 1996, 81 ff.)

● die Meta-Ebene, also das Bewusstsein vom eigenen Lernen und Meta-Kommunikation – soziale Auseinandersetzungen und Selbstvergewisserungen über Erfahrungen, Sichtweisen, Lernprozesse und Lerndokumente (siehe z.b. MÜLLER 1996, 103); von hier her erhalten soziale Lernsituationen wie Gesprächskreise, Klassenrat, Schreibkonferenzen ihre auch sprachdidaktische Bedeutung, ebenso individuelle Lernsituationen wie das Schreiben von Lerntexten oder Lesetagebüchern.

Die gegenwärtige Diskussion macht folgende Fragen offenkundig: Wie können die individuellen Lernwege und Lernentwicklungen der Kinder verlässlich festgestellt und interpretiert werden? Welche unterschiedlichen Hilfen und Anregungen brauchen Kinder auf ihren eigenen Lernwegen? Wie kann vermieden werden, dass Unterricht von den zufälligen Aktualitäten abhängig wird? Wie kann vermieden werden, dass der Unterricht bei den gegenwärtigen Interessen der Kinder stehen bleibt? Inwieweit muss eigenaktives Lernen durch direktiven Unterricht ergänzt werden?

Sprachunterricht heute: Didaktik des sprachlichen Handelns

Sprachunterricht heute aktiviert die derzeitigen sprachlichen Möglichkeiten der Kinder und regt dazu an, sie weiterzuentwickeln. Sprachliches Handeln ist Ausgangs- und Zielpunkt des Unterrichts; sprachliches Handeln ist der Beitrag der Kinder auf dem Weg zum Ziel und das Feld ihrer Sprachentwicklung. Sprachunterricht heute ist damit treffend mit der Formel *Didaktik des sprachlichen Handelns* zu kennzeichnen. Er wird von fünf Prinzipien bestimmt, die

z.T. vom Kind, z.T. von der sozialen Gruppe und vom Gegenstand her akzentuiert sind. Gemeinsam machen sie das aus, was als „Lernwelt" oder „Lernumgebung" für eigenaktive Lernprozesse Voraussetzung ist:
● die Beachtung der Sprachentwicklung des Kindes
● der Situationsbezug als Herausforderung für authentisches Sprachhandeln
● der Sozialbezug zur Lerngruppe
● die Bedeutsamkeit der Inhalte
● die Förderung der Sprachbewusstheit.

Fünf Prinzipien

Prinzip: Sprachentwicklung
     Dieses Prinzip steht in einer langen deutschdidaktischen Tradition, nach der
die Muttersprache nicht gelehrt werden solle „wie ein anderes Latein" (HIL-
DEBRAND, zuerst 1867), sondern an der bisherigen Sprachentwicklung ansetzen
müsse. Allerdings akzentuieren wir heute angesichts der konstruktivistischen
Lerntheorien die Eigenaktivität der Kinder schärfer und grundsätzlicher. Die
Kinder haben bereits Sprachkompetenzen, wenn sie in die Schule kommen: in
mündlicher Verständigung, in der Mediennutzung, oft auch im Zugang zur
Schriftsprache; Kinder mit Migrationshintergrund besitzen solche Kompetenzen möglicherweise in der deutschen Sprache weniger oder gar nicht, dafür aber
in ihrer Muttersprache. Im Sprachunterricht müssen die vorhandenen Kompetenzen der Kinder wahrgenommen und herausgefordert werden. Indem die
Kinder auch in neuen Situationen sprachhandeln, entwickeln sie ihre bisherigen sprachlichen Fähigkeiten weiter – sie erarbeiten weiterführende Strategien
und sprachliche Mittel.
     Ein ausführlicher erforschtes und praxisentwickeltes Beispiel ist der Weg der
Kinder in die Schrift. Das Sprachentwicklungs-Prinzip gilt darüber hinaus für
den Sprachunterricht generell und muss auf alle Aufgabenbereiche hin beachtet werden. Aus den Erfahrungen im Schriftspracherwerb ist dabei auch der
Zusammenhang von eigenaktivem Lernen und Unterstützungen zu bedenken,
nämlich Anregungen, Anstöße, Hilfe, Vorbilder, auch: direkte Belehrungen.
Seine Sprache entwickeln muss das Kind schon selbst, dies kann es aber nicht
„von allein". (Siehe hierzu die folgenden Prinzipien.)

Prinzip: Situationsbezug
     Dieses Prinzip knüpft an eine Grundforderung der Didaktik der sprachlichen
Kommunikation an, führt aber über den engen Adressatenbezug hinaus:
Sprachliches Handeln der Kinder bedarf der herausfordernden Situationen.
Die Situationen müssen so gewählt sein, dass sie für die Kinder den Sinn stiften,
authentisch zu handeln. Es sind zunächst die vielfältigen Situationen des Klassenlebens, die immer dann entstehen, wenn das Leben und Lernen in der Klasse und Schule auch als Aufgabe gemeinsamer Gestaltung von Kindern und Lehrerin oder Lehrer verstanden wird: von der Gestaltung des Miteinanders, der

Entwicklung von Bräuchen bis zu Vereinbarungen und Reflexionen über Unterrichtsthemen, über didaktische Formen wie freie Arbeit oder Werkstatt, über besondere Unternehmungen. Der Unterricht im engeren Sinne erzeugt dann Situationen für authentisches Handeln, wenn er für die Kinder zum Ernstfall wird: Eine Aufgabe fordert sie heraus, ein vorzeigbares Werk am Ende ist ein gewolltes Arbeitsziel, Experimentier- und Erfindungslust sind geweckt.

Tragfähig für weiteres Lernen wird der Situationsbezug, wenn die allgemeine Lernsituation so entwickelt werden kann, dass vielfältiges sprachliches Handeln ein Grundmotiv für die Kinder ist und Unterrichtsstrukturen die Situationen vorprägen. Dies können z.b. sein die Entwicklung einer Lese-Schreib-Kultur, feste Lesezeiten, eingeführte Leserituale oder institutionalisierte Gesprächsforen wie Morgenkreis, Versammlung, Klassenrat, Schreibkonferenz. Dieser generelle Situationsbezug erleichtert, dass der jeweils konkrete Situationsbezug hergestellt werden kann.

Prinzip: Sozialbezug

Sozialbezug ist eine grundlegende Bedingung, damit Kinder sich überhaupt entwickeln können. Im engeren schulischen Rahmen sind Sozialbezüge bedeutsam, die anregende und akzeptierende Geselligkeit herstellen, die das Leben und Lernen als gemeinsame Aufgabe verstehen, die Vorbilder und Muster für elaboriertes Sprechen, für Lesen und Schreiben als lebenswichtige Tätigkeiten, für Nachdenklichkeit vermitteln. Viele konkrete Situationen entstehen in solchen generell modulierten sozialen Bezügen, z.B. wenn Kinder zur Vorleserunde zusammenkommen, wenn sie zu zweit einen Text mit dem Computer schreiben, wenn Kinder einen Arbeitsschritt planen.

Je vielfältiger die Sozialbezüge in der Schule entwickelt werden können, umso reichhaltiger entstehen Situationen und Handlungsmöglichkeiten. Dies ist eine wichtige Begründung für komplexere Unterrichtsorganisationen wie Projektarbeit oder Freie Arbeit, aber auch für tradierte wie Vorlesen, Vortragen und Zuhören, Lehrgespräche mit konzentriert geführtem Dialog.

Prinzip: Bedeutsamkeit der Inhalte

Sprachliches Handeln ist immer auch auf bedeutsame Inhalte gerichtet, wenn nicht verbaler Aktionismus gefördert werden soll. Bedeutsam können Inhalte sein, die subjektiv als wichtig von den Kindern erlebt werden: die Klärung eines aktuellen Streits, das Gespräch über eine anregende Fernsehsendung, der eigene Text für das Klassentagebuch, der Unterricht über ein animierendes Thema wie Dinosaurier, Indianer, Pferde. Bedeutsam sind aber auch Inhalte, die objektiv für Gegenwart und Zukunft der Kinder wichtig sind. Hierzu gehören Schlüsselthemen wie Frieden als Aufgabe, Erhalt der natürlichen Lebensgrundlagen, Arbeit und Arbeitslosigkeit, Umgang mit den sich entwickelnden Medien. Diese objektiv bedeutsamen Inhalte müssen in der Wahrnehmung der Kinder subjektiv bedeutsam werden, um mit ihnen zu lernen.

Hierzu zählt auch die Teilhabe an der kulturellen Welt. Die Schule leistet in der Weitergabe von kultureller Tradition einen wichtigen Beitrag zu einem historischen Verständnis der eigenen Existenz und zur Fähigkeit, am kulturellen Leben teilnehmen zu können. In einer internationaler werdenden Gesellschaft darf dies aber nicht auf das deutschsprachige kulturelle Erbe begrenzt sein. Auch Sprachen und literarische Traditionen anderer Länder müssen einbezogen werden, vor allem der Länder, die durch die Kinder in der jeweiligen Klasse vertreten sind. Beispiele hierzu sind Unterricht in Begegnungssprachen und der Einbezug von Kinderliteratur, Fabeln, Redensarten aus anderen Ländern. Die Traditionsvermittlung ist im Übrigen mit dem Sockelsturz der Muttersprachlichen Bildung und der Verachtung von sog. Kanonliteratur in der Deutschdidaktik verloren gegangen; die Diskussion hierzu ist aber wieder aufzunehmen.

Prinzip: Sprachbewusstheit

In allen didaktischen Konzepten des Sprachunterrichts spielte das Prinzip der Sprachbewusstheit eine Rolle, wenn auch unterschiedlich benannt und begründet. Sprachbewusstheit meint die Meta-Ebene: das Nachdenken und Wissen über sprachliches Handeln. Eigenverantwortlicher Umgang mit Sprache erfordert auch die Fähigkeit, sich über Sprache und Sprachhandeln miteinander zu verständigen, selber sein Sprachhandeln zu planen, zu steuern und zu reflektieren. Grundschulkinder müssen dazu lernen, Sprache und Sprachhandeln zum Gegenstand des Nachdenkens zu machen. Kinder praktizieren dies, wenn sie z.B. der Struktur der Buchstabenschrift auf die Spur kommen, wenn sie Freude am Sprachspiel haben, wenn sie über Streitsituationen nachdenken.

Für den Unterricht wurden in allen Didaktikkonzepten aktivierende Möglichkeiten für Grundschulkinder entwickelt. Einige Beispiele: die strukturierende Arbeit mit Wortfeldern in der muttersprachlichen Bildung, der Wechsel zwischen Rollenspiel und Gespräch, die Verständigung über Unterricht in der Didaktik der sprachlichen Kommunikation, lernergeleitete Arbeitsweisen wie Schreibkonferenz und Lesetagebuch nach der subjektivistischen Wende. Diesen Schatz an Methoden gilt es zu sichern.

Vier Aufgabenbereiche

Sprachunterricht, der den fünf Prinzipien folgt, ist notwendigerweise integrativer Sprachunterricht. Situationen oder bedeutsame Inhalte z.B. sind nicht nach den Bereichen des Sprachunterrichts zu sortieren: Wenn die Kinder lesen, dann sprechen sie auch über Gelesenes, werden möglicherweise zum Schreiben angeregt. Überhaupt erwachsen die reichsten Möglichkeiten sprachlichen Handelns in komplexen Situationen mit vielen Sozialbezügen, die vielfältige Handlungsmöglichkeiten begründen und provozieren: miteinander sprechen und etwas erlesen, etwas aufschreiben und darüber nachdenken, andere befragen und die Ergebnisse auswerten usw. Die aktuelle Diskussion um den Schrift-spracherwerb unterstreicht die Bedeutung des Wechselspiels von Lesen und Schreiben und darin wiederum integriert die Entwicklung des Rechtschreibens. Dies alles spricht dafür, eine andere, nämlich integrativ orientierte Gliederung des Sprachunterrichts vorzunehmen anstelle der traditionellen Zugriffsweisen auf Sprache, nämlich: Sprechen – Schreiben – Lesen – Nachdenken.

Dennoch liegt bisher keine überzeugende Alternative vor. Vielleicht auch deshalb, weil die vier Zugriffsweisen bei aller integrativen Durchdringung doch auch ihre spezifischen Ziele und Lernprozesse haben. Ich folge deshalb im vertiefenden zweiten Teil des Buches im Prinzip der traditionellen Einteilung, wohl wissend, dass wie so oft „alles mit allem zusammenhängt". Der dritte Teil ist schließlich als Zusammenführung gedacht. Dort stelle ich Planungsaspekte für den integrativen Sprachunterricht vor. Als Aufgabenbereiche werden in Orientierung an die vier Zugriffsweisen zunächst ausgeführt:

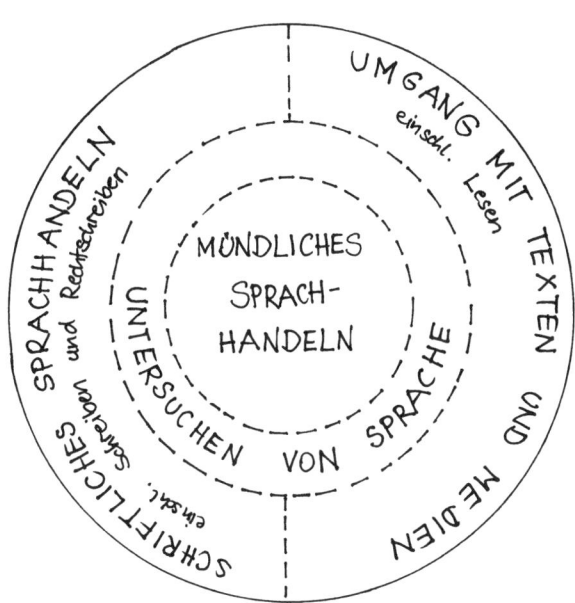

Mündliches Sprachhandeln

Das mündliche Sprachhandeln ist Ausgangspunkt des Sprachunterrichts, weil die Kinder hier ihre sprachlichen Fähigkeiten am weitesten fortgeschritten entwickelt haben; er ist Medium des Unterrichts, weil in der Mündlichkeit der überwiegende Teil des Unterrichts, insbesondere Austausch, Erarbeitung und Verständigung stattfindet, und er ist ein wichtiger Zielbereich.

Schriftliches Sprachhandeln, einschließlich Schreiben und Rechtschreiben
In den schriftlichen Sprachgebrauch ist von Anfang an das Schreiben- und das Rechtschreibenlernen integriert, weil nur dadurch deren Sinnhaftigkeit hergestellt werden kann. Wenn Kinder Gründe für das Schreiben haben, dann begründet dies auch das Erlernen der Schrift; wenn Kinder Gründe für die Veröffentlichung von Texten haben, dann fördert dies auch die Orientierung an der normierten Rechtschreibung.

Umgang mit Texten und Medien, einschließlich Lesen
Der Umgangsbegriff akzentuiert das Sprachhandeln mit Texten jenseits einer Verehrungsdidaktik. Das Gegenstandsfeld Texte wird erweitert um den Begriff Medien. Dabei wird ein weiter Textbegriff zu Grunde gelegt, der alle Texte umfasst, die in den verschiedenen für Grundschulkinder relevanten Medien präsentiert werden, also auch Hör- und Sehtexte. Der Begriff Medien soll verdeutlichen, dass auch medienspezifische Zuschnitte, Präsentationen und Vermarktungen Gegenstände des Unterrichts sind. Das Lesenlernen ist von Anfang an integriert, wie auch das Schreiben und Rechtschreiben im schriftlichen Sprachhandeln.

Untersuchen von Sprache
Das Untersuchen von Sprache fördert die Sprachbewusstheit in allen Aufgabenbereichen. Deshalb ist dieser Bereich in die übrigen als Meta-Ebene integriert. Die gesonderte Bearbeitung soll die besondere Bedeutung des experimentierenden und nachdenklichen Umgangs mit Sprachhandeln und Sprachsystem unterstreichen. Zugleich soll sie helfen, das spezifische didaktische Repertoire dieses Zugriffs auf Sprache zu sortieren.

Mehrsprachigkeit

Traditioneller Sprachunterricht ist als Deutschunterricht orientiert an den Kindern, die Deutsch als Muttersprache erwerben. Seit Jahrzehnten betrifft dies aber nur einen Teil der Kinder. In einem sprachentwickelnden Unterricht müssen die Familiensprachen der Kinder beachtet und gefördert werden. Zugleich muss die deutsche Sprache als Arbeits- und Gesellschaftssprache bei allen Kindern in der Grundschulzeit so entwickelt werden, dass erfolgreiches weiterführendes Lernen möglich wird. Hinzu kommt im Rahmen der Globalisierung die stärkere Beachtung einer Fremdsprache als internationale Verständigungssprache schon in der Grundschule. Dies ist zumeist Englisch als Weltsprache, in grenznahen Regionen können es auch die Sprachen des Nachbarn sein.

Quer zu diesen drei Sprachfeldern liegt ein viertes, das Bezüge zwischen den Sprachen herstellt und weitere Sprachen in den Unterricht hereinholt.

Lernbereich Sprache		
Deutsch, einschließlich Deutsch als Zweitsprache	**Andere Herkunftssprachen der Kinder**	**Internationale Verständigungssprache** z.B. Englisch als Weltsprache, Sprache der Nachbarn im grenznahen Bereich
Begegnung mit Sprachen als Fenster zwischen Sprachen, denen Kinder in der Lebenswelt begegnen		

Die punktierten Linien sollen andeuten, dass im Spracherwerb Bezüge zwischen den Sprachen möglich und wichtig sind. Inwieweit sie realisiert werden können, hängt natürlich von den Bedingungen ab:

- von den Sprachen, die durch die Kinder repräsentiert werden
- von der möglichen Mitarbeit authentischer Sprecher der Sprachen, z.b. Lehrerinnen und Lehrer der Herkunfts- bzw. Muttersprachen
- von den Sprachangeboten der Schule, z.b. ob Verständigungssprache und Herkunftssprachen vermittelt werden.

Im günstigen Fall können sich z.b. folgende Möglichkeiten ergeben:

- koordinierte Zweisprachigkeit: Der Unterricht in der Herkunftssprache und in Deutsch als Zweitsprache werden miteinander koordiniert
- gemeinsames Lernen der Herkunftssprache: Muttersprachler lernen ihre Sprache zusammen mit Nicht-Muttersprachlern und lernen dabei auch, ihre Sprache zu vermitteln
- bilingualer, also konsequent zweisprachiger Unterricht.

Integrativ gedacht, sind diese Sprachfelder bei allen Aufgabenbereichen hineinzuarbeiten. Doch sind hierbei die schulischen Situationen sehr unterschiedlich, was die Zahl der Kinder mit Migrationshintergrund, was die Sprachenvielfalt in einer Klasse, die Deutschkenntnisse der Kinder insgesamt betrifft. Aber auch die schulpolitischen Setzungen zum Fremdsprachen- oder Begegnungssprachenunterricht differerieren regional und landesbezogen zur Zeit noch erheblich. Deshalb habe ich die Überlegungen zum Thema Mehrsprachigkeit in diesen Sprachfeldern in einem eigenen Kapitel unter dem Leitgedanken der Integration zusammengefasst (Kap. 3.2, S. 250 ff.).

Indem die Mehrsprachigkeit konzeptuell in die Sprachdidaktik einbezogen wird, begründet sich im Übrigen auf neue Weise der Begriff: Sprachunterricht. Die früheren Argumentationen für den Begriff zielten auf ihn als Kurzform für muttersprachlichen Unterricht, später auf seine generelle Bedeutung für alles schulische Lernen: „Jeder Unterricht ist Sprachunterricht." Heute stellt der Sprachunterricht einen Lernbereich dar, der die vier oben genannten Sprachfelder umfasst.

2. Aufgabenbereiche

2.1 Mündliches Sprachhandeln

Einleitung:„Das Hauptgewicht sollte auf die gesprochene und gehörte Sprache gelegt werden."

Die Didaktik des mündlichen Sprachgebrauchs und ihre Wertschätzung gehen bis zu den Rhetorik-Schulen des Altertums zurück. In den Schulen der Neuzeit traten dann Schriftlichkeit und Grammatik in den Vordergrund, so dass RUDOLF HILDEBRAND 1867 fordern musste: „Das Hauptgewicht sollte auf die gesprochene und gehörte Sprache gelegt werden, nicht auf die geschriebene und gesehene." (HILDEBRAND 1962, 8)

Unterrichtspraktisch ist es dennoch eher beim Vorrang der Schriftlichkeit geblieben. In der didaktischen Literatur wird zwar das Mündliche als Medium und als Gegenstand des Unterrichts geschätzt, doch ein Blick in die Regale mit Fachliteratur belegt auch hier das größere Interesse am Umgang mit schriftlicher Sprache, also dem Schreiben und dem Lesen, das Rechtschreiben eingeschlossen.

Sehr zu Unrecht, denn die Kinder bringen ihre Sprachfähigkeiten vor allem im Mündlichen bereits in die Schule mit. Schon vor ihrer Schulzeit werden die Kinder in weiten Bereichen ihres alltäglichen Lebens mit zunehmender Sprachfähigkeit auch zunehmend handlungsfähig. Sprache, insbesondere die gehörte und gesprochene Sprache, ist dabei zugleich Medium und Gegenstand der Entwicklung: Im Element der sie umgebenden Sprache bildeten sie ihre Fähigkeiten, Sprache kommunikativ zu verwenden, entwickelten sie ihren Wortschatz, ihre syntaktischen Fähigkeiten zur Bildung von Wörtern, Sätzen und Texten, erwarben sie Strategien und Gewohnheiten im Umgang mit Medien. Der größte Teil des Sprachhandelns der Kinder wird sich weiterhin im Mündlichen abspielen. Dabei spielen ihre weiterentwickelten Kompetenzen in der mündlichen Kommunikation eine bedeutsame Rolle. Dies gilt für ihr Alltagsleben ebenso wie für ihr schulisches Lernen. Der mündliche Sprachgebrauch ist deshalb ein wichtiger Arbeits- und Förderbereich.

Bleibt zu fragen: Ist für die Schule die Erziehung zu „hochsprachlichem Sprechen" ein Fernziel? Welche Rolle spielt in der Praxis und in den Zielsetzungen die Umgangssprache der Kinder, welche die Standardsprache? Welche Fähigkeiten mündlichen Sprachhandelns sollte die Schule vermitteln – über die Fähigkeiten hinaus, die Kinder bereits haben? Wie können sie entwickelt werden?

Rückblick: Von der Gesprächserziehung zum Kinder-Gespräch

Bis in die späten 60er-Jahre, also im Rahmen der muttersprachlichen Bildung, hießen die Arbeitsfelder dieses Bereichs Sprecherziehung, Rechtlautung, Gesprächserziehung, gestaltetes Sprechen, darstellendes Spiel (BEINLICH 1963 a, 71 ff.). Schon an diesen Begriffen wird deutlich, dass hier ein angeleiteter, vom Lehrervorbild und hochsprachlichen Normen geprägter Unterricht gemeint ist. Das darstellende Spiel war ein eigener Bereich und wurde in der Tradition des Laienspiels und im Kontrast zum professionellen Theater mit Erziehungszielen wie Selbstfindung und Gemeinschaftsstiftung gesehen (BRAAK 1963a, 149 ff.).

Die kommunikative Wende: Sprechakte – Rollenspiel – Projekt

Mit der kommunikativen Wende in der Deutschdidaktik änderten sich diese Grundorientierungen radikal. Nun hieß der Bereich in der Regel *mündliche Kommunikation*. Die eigenen Bedürfnisse und Interessen des Sprechers und der Sprecherin sowie pragmatische Formen des Sprechens standen hier im Vordergrund: „Die Bemühungen, dem Schüler bei der Bewältigung von Alltagssituationen und Schwierigkeiten im Miteinander-Sprechen und Aufeinander-Hören Hilfen zu geben, können nicht früh genug einsetzen." (HANNIG 1978, 42). Damit rückten „Sprechakte der Alltagssituation" ins Zentrum, z.B. „sich unterhalten, ratsuchen/beraten, fragen/Antwort geben, lehren/lernen, Gefühle äußern, klären/streiten, entscheiden, argumentieren" und dies in Bezug auf verschiedene Aktionsräume, in denen jeweils eigene Regelungen gelten wie „Öffentlichkeit, Schule, Beruf, Familie, Freizeit" (HANNIG 1978, 46). Hinzu kamen metakommunikative Ziele, wie „sich über die Arten von Kommunikationssituationen klar werden, Möglichkeiten der Mitwirkung erkennen, Motive erkennen, aus der Kenntnis von Sprachverwendung bestimmte Strategien auswählen" (HANNIG 1978, 49).

Bevorzugte didaktische Formen waren Rollenspiel und Projekt, weil sich hier die verschiedenen Sprechakte in sinnvollen situativen Zusammenhängen üben und verwenden ließen, sowie Gespräche insbesondere zur Metakommunikation. Das Rollenspiel erhielt deshalb eine besondere Bedeutung, weil es Realität sanktionsfrei nachspielen, zur Diskussion stellen und Veränderungen der Realität im Spiel, wiederum sanktionsfrei, erproben konnte. „Das Rollenspiel ermöglicht", so BARBARA KOCHAN als eine der damals führenden Rollenspiel-Vertreterinnen, „die Bewältigung außerschulischer Sprechsituationen in der Schule vorzubereiten. Das Ritual des herkömmlichen Unterrichtsgesprächs kann dies nicht leisten." (KOCHAN 1976, 262) Ein weiteres Argument kam hinzu: Die Sprachsoziologie diskutierte das schichtenspezifische Sprachverhalten und unterschied den restringierten Code der Unterschicht vom elaborierten Code der Mittelschicht (OEVERMANN 1969, 333). Im Streit, ob der restringierte

Code ein Defizit oder wertungsfrei lediglich die Differenz zwischen den Codes festzustellen sei, neigte sich bei vielen die Meinung zur Differenzhypothese. In diesem Zusammenhang argumentierte KOCHAN: „Das Rollenspiel widersetzt sich dem Wertmaßstab der Mittelschicht. Es stellt sowohl für den restringierten als auch für den elaborierten Code eine Bewährungsprobe unter dem Gesichtspunkt der kommunikativen Leistungsfähigkeit dar. Der Lehrer verliert die Funktion als Richter über den sprachlichen Wert der Äußerungen. Die Erfolgskontrolle ist dem Rollenspiel immanent." (KOCHAN 1976, 262) Das Rollenspiel war mithin nicht lediglich wie das Kinderspiel ein spontanes Erspielen bekannter Situationen, Rollen und Handlungsmuster, sondern immer mit einer Reflexion und Veränderungsintention verbunden. Typische Lernsituationen waren im Wechsel von Spiel und Gespräch (BARTNITZKY 1975, 27 ff.):

- das Darbieten der konflikthaften Ausgangslage,
- das anschließende spontane Lösen eines Konflikts im Spiel,
- das Analysieren und Bewerten im Gespräch,
- das Entwerfen neuer Spielmöglichkeiten im Gespräch,
- das Erproben von Lösungen im Spiel,
- das Analysieren und Bewerten des Gespielten im Gespräch.

Typische Rollenspielthemen waren: Streit um das Fernsehprogramm. Jemand möchte mitspielen, die anderen lassen ihn aber nicht. Heinz möchte mehr Taschengeld. Barbara möchte einen Hund.

Projekte waren gegenüber dem Probehandeln in Rollenspielen Ernstsituationen, z.b. wenn es um den Antrag auf die Einrichtung einer Fußgängerampel im Schulbezirk ging, die Klassenkorrespondenz, den Besuch eines Zoos mit der Patenklasse, eine Spielzeugbörse.

Was geblieben ist: Alltagskommunikation, Metakommunikation, Projekte

In der Schulpraxis waren zwar Rollenspiele, Projekte, Metakommunikation und die Ausrichtung an Sprechakten wenig zu finden. Hier waren nach wie vor Konzepte der muttersprachlichen Bildung wirksam. Aber für die didaktische Theorieentwicklung haben die skizzierten Ziele und Realisierungsformen eine bis heute wichtige Funktion:

- *Rollenspiele* haben zwar nicht mehr den zentralen Stellenwert in der mündlichen Kommunikation, weil sie in ihrer Auswirkung auf das reale Verhalten überschätzt wurden und weil andere Ziele und Unterrichtssituationen größere Bedeutung erhalten haben wie z.B. das mündliche Erzählen. Dennoch gehören sie zum festen Repertoire.
- *Projekte* sind weiterhin wegen ihres Ernstfall-Charakters, der Handlungsorientierung und der vielfältigen Sprachlernsituationen ein wichtiger Ansatz. Im Unterricht kommen große Projekte aber seltener vor, häufiger „Miniprojekte". Dies sind kleine Projekte für wenige Stunden oder einige Tage, die aber alle Pro-

jektmerkmale tragen wie Ernstfall, Mitplanung und Mitgestaltung durch die Kinder, vorweisbares Ergebnis z.b. die Gestaltung eines Geschichtenbuchs der Klasse, einer Ausstellung zum Unterrichtsthema, ein Lesenachmittag.

● *Metakommunikation* wird heute als durchgängige reflexive Meta-Ebene des schulischen Lebens und Lernens eingeschätzt, weil das Selbstständigerwerden der Kinder und Schlüsselqualifikationen wie Lernkompetenz wichtige Schulziele darstellen.

● *Sprechakte und Alltagskommunikation* sind weiterhin wichtige didaktische Orientierungen. Isolierte Übungen von Sprechakten bieten Kindern keine Begründungen, weil sie nicht situativ eingebettet sind. Deshalb werden komplexere Handlungssituationen gesucht, in denen Sprechakte nötig werden. Bei einem Projekt z.b. wird häufig eine Vielfalt von Sprechakten erforderlich, Übungen der Sprechakte sind dabei aus der Verwendung heraus motiviert. Wenn Kinder z.B. Anbieter auf dem Wochenmarkt interviewen, müssen sie begrüßen, ihr Anliegen darstellen, fragen, Verständnis äußern, sich bedanken, sich verabschieden. Soweit es nötig ist, kann jeder dieser Akte in der Klasse als Rollenspiel vorab geübt werden. Partner können auf dem Markt beobachten, wie die Sprechakte realisiert werden und wie die Gesprächspartner reagieren.

Subjektivismus: Kindgeleitete Lernwege

In den 80er- und 90er-Jahren wurde durch den Subjektivismus das didaktische Repertoire ausgeweitet. Dies spiegelt sich zwar nicht in einer reichhaltigen sprachdidaktischen Literaturlage zum mündlichen Sprachgebrauch. Nimmt man aber die grundschulpädagogischen Veröffentlichungen hinzu, die hierauf Bezug nehmen, dann lassen sich folgende Tendenzen feststellen: *Informelles Sprechen und Alltagssprache* erhielten eine höhere Wertschätzung, die Entwicklung einer *Gesprächskultur* führte zu neuen Ansätzen, das *mündliche Erzählen* als geselliges Erzählen bekam eine eigenständige Bedeutung entgegen der üblichen Übung, es lediglich als Vorbereitung zum schriftlichen Erzählen anzusehen. Die Öffnung des Unterrichts zur Mitbestimmung bei Arbeitsplanung, Zielen, Inhalten, Arbeitsweisen durch die Kinder verweist auf die politische Dimension von Unterricht, die sich im Wesentlichen auf den Bereich des Mündlichen bezieht: *Demokratisches Sprechen* kann hierzu das zusammenfassende Stichwort sein.

Aktuelle Akzente

Humane Gesprächskultur

Gespräche in der Klasse sind ein Übungs- und Erfahrungsfeld für symmetrische Kommunikation. Dabei können die Kinder sich authentisch in das Gespräch einbringen und miteinander eine humane Gesprächskultur entwickeln: Sie nehmen sich als Gesprächsteilnehmer gegenseitig ernst, hören einander aktiv zu, stellen „eine Balance von Sachgegenstand, eigenen persönlichen Bedürfnissen und Bedürfnissen der Gesprächspartnerinnen her" (POTT-HOFF u.a. 1995, 14 f.).

Diese an der themenzentrierten interaktionellen Methode von RUTH COHN (TZI) orientierte Gesprächshaltung wird neben anderen Ansätzen der humanistischen Psychologie für eine neue teilnehmerorientierte Gesprächsführung in Anspruch genommen (POTTHOFF u.a. 1995, 16 ff.). Die Autorinnen haben hierzu „Bausteine zum Üben ausgewählter Interaktionsfertigkeiten" entwickelt, die in Übungsrunden mit Gesprächsteilnehmern und Beobachtern und mit „Feedbacks" bewusst trainiert werden: „Einfaches Zuhören und Pausen ertragen ... Aktives Zuhören und einfaches Verbalisieren ... Direkte Fragen vermeiden .... Klar und verständlich informieren ... Zusammenfassen" (POTTHOFF u.a. 1995, 97 ff.).

Gesprächsregeln

Bei der Entwicklung einer humanen Gesprächskultur in der Klasse werden die Regeln nicht kategorisch als unveränderbar vorgegeben, sondern mit den Kindern aus den Situationen heraus gemeinsam festgelegt und erprobt.

Dabei sind die Entwicklungsschritte wichtig, die den Umgang mit den Regeln und das Verständnis von Regeln fördern:

● Am Anfang sind Grundregeln vorgegeben. Neue schultypische Gesprächsregeln wie Sich-Melden und „Drannehmen", die Meldekette, werden in Situationen geklärt.

● Störungen, wie Dazwischenreden, Nicht-Zuhören, Durcheinanderreden, sind Anlässe, über das konkrete Handeln gemeinsam zu sprechen und dabei über Regeln, die vorhanden sind, oder Regeln, die neu erfunden werden müssen, nachzudenken. Solche Regeln werden auf die Situation bezogen formuliert und in weiteren Situationen erprobt. Die anfänglichen Grundregeln werden auf diese Weise gemeinsam ausgebaut.

● Mit dem situationsbezogenen Nachdenken über Regeln werden Regelsysteme bewusster. Die miteinander entwickelten Regeln werden allgemeiner formuliert, in der nächsten Zeit erprobt und auf ihre Zweckmäßigkeit hin gemeinsam bewertet (siehe hierzu im Einzelnen POTTHOFF u.a. 1995, bes. 61 ff.).

Als Grundregeln können in den ersten beiden Klassen Regeln formuliert werden wie:

„Ich melde mich, wenn ich etwas sagen möchte." – „Nur einer spricht." – „Ich höre zu, wenn ein anderes Kind spricht." – „Im Gespräch sehen wir uns an." Als ergänzende Regeln können im Laufe der Grundschuljahre aus Situationen heraus Regeln vereinbart werden wie: „Ich gebe das Wort weiter." – „Ich knüpfe an das an, was das Kind vor mir gesagt hat." – „Mein Beitrag gehört direkt zum Thema, ich möchte dringend etwas sagen oder fragen." Dazu wird eine Meldeform vereinbart, z.b. mit beiden Händen zum Vorredner hin melden. – „Ich nehme die Kinder an die Reihe, die zu meiner Arbeit etwas sagen wollen." – „Als Gesprächsleiter achte ich vor allem auf das Thema." (Regeln aus POTTHOFF 1995, 68 ff.) In besonderen Fällen, z.b. im gemeinsamen Unterricht mit einem hörgeschädigten Kind, werden spezifische Regeln gefunden, formuliert und erprobt.

Kinder-Gespräche

Inhaltsbezogene Ansätze fußen auf einer humanen Gesprächskultur. Hierbei sind die Inhalte so gewählt, dass sie die Kinder unmittelbar betreffen, weil Kinder von ihnen betroffen sind und weil sie Kinder betroffen machen. Es sind Inhalte, über die Kinder mit ihren Sichtweisen und Zugängen ins Gespräch miteinander kommen, eigene Deutungen und Meinungen entwickeln, die nicht von der Lehrerin vorab als das eine gültige Muster lernzielgemäß formuliert wurden.

Hierzu liegen Praxisberichte vor, unter denen der von HEIDE BAMBACH wegen seiner Nachdenklichkeit und Sensibilität für Sicht-, Denk- und Sprachweisen der Kinder besonders eindrucksvoll ist. Sie nennt das tägliche Gesprächsforum mit den Kindern „die Versammlung". Dies ist die „Gelegenheit für einzelne Kinder, etwas von sich mitzuteilen, das nicht nur Freunde wissen sollen. Versammlung ist auch: Forum für die Gruppe zum Regeln der Angelegenheiten, für die sonst die Zeit nicht reicht. Vor allem aber ist die Versammlung gemütliche Vorlesezeit." (BAMBACH 1993, 21)

Da geht es zum Beispiel darum, dass ein Mädchen beim Fußballspielen immer aus dem Spiel aussteigt. „Im Laufe des Disputs wird klar, dass die Mädchen bei der Schnelligkeit der Fußballclub-trainierten Jungen nicht mithalten können." Am Ende wird ein Fußballtraining für Anfänger und Anfängerinnen fest vereinbart.

Ein besonderer Schwerpunkt der Versammlungen ist das Vorlesen eigener Texte und das freie Gespräch darüber. Ein Kind liest seine Geschichte vor, dann gibt es „Fragen" und „Sagen", also Anmerkungen, Meinungen, Vorschläge zur Geschichte. So wie es um eigene, in Thema und Darstellung selbst entschiedene Texte geht, so geht es auch um das Fragen, Sagen und Besprechen aus der Perspektive der Kinder. Selbst die Redeordnung ist abgestellt auf diese subjektive Bedeutsamkeit, die das jeweils betroffene Kind ihr gibt:

„Wer sich äußern möchte, meldet sich; der Autor entscheidet, in welcher Reihenfolge er wen hören will: Es gibt Freunde, von denen er besonders gern wissen möchte, was sie meinen, und Kinder, die als Fachleute für bestimmte Themen gelten; von anderen kann man besonders genaue, den Text verbessernde Nachfragen erwarten und manche sagen nur ausnahmsweise etwas; es gibt die Kinder, die sich fast immer zuerst melden, aber nicht zuerst drankommen müssen, weil da andere sind, von denen man weiß, dass sie nicht warten können, bis die Reihe an ihnen ist." (BAMBACH 1993, 25 f.)

Die Rolle der Lehrerin ist von diesem Anspruch an Subjektivität bestimmt: Sie ist selber Modell, sie hilft Kindern, verstanden zu werden, ist Sachwalterin und Anregerin: „Mein Anteil an den Texten der Kinder und ihren Gesprächen besteht in nichts anderem, als dass ich

- das Maß für die Aufmerksamkeit vorgebe (weil Kinder Aufmerksamkeit auch daran lernen, dass man sich ihnen aufmerksam zuwendet)
- Kinderäußerungen übersetze (weil manche Kinder ihre Gedanken in Bildern mitteilen, die nicht von allen anderen verstanden werden können)
- vor Missverständnissen schütze (weil manche Kinder unvorhersehbar leicht zu verletzen sind, und es einige Zeit dauert, bis die anderen dies erkannt haben und zu berücksichtigen lernen)
- die Sache im Blick behalte und zu ihr zurückzuführen versuche (weil manche Kinder so sehr in ihrer eigenen Erlebniswelt befangen sind, dass sie das Gespräch ‚vom Hölzchen aufs Stöckchen' führen)
- geglückte Textstellen und einfühlsame Äußerungen der Kinder verstärke und für mein Vorlesen solche Bücher auswähle, die Aufmerksamkeit wecken und diese auch wert sind (weil daraus ein Maß für Qualität wachsen kann)." (BAMBACH 1993, 32)

Mit Kindern philosophieren

Eine besondere Art von Kindergesprächen, für die Subjektivität und eigene Konstruktion von Welt geradezu konstitutiv sind, wurde unter dem Stichwort: Mit Kindern philosophieren eingeführt. Dass Kinder Sinnfragen stellen und darüber ernsthaft und eigen nachdenken können, ist geradezu sprichwörtlich. Dass Kinder „über größere Fähigkeiten zu selbstreflexivem und schlussfolgerndem Denken verfügen, als ihnen Piaget noch zugetraut hat", ist inzwischen nachgewiesen (FREESE 1990, 61f.). Beispiele dafür sind Kinderfragen und Kindernachdenken zur eigenen Identität (Wo komme ich her? Wo gehöre ich hin? Wieso bin ich so, wie ich bin?), zum Kosmos (Wie entstand die Welt?), zum Zusammenleben mit anderen, zu Zukunftsängsten, Krieg und Umweltkatastrophen, zu Trauer, Krankheit, Leiden, Sterben und Tod.

Das Philosophieren mit Kindern ist darauf angewiesen, die Kinder in ihren Vorstellungen und Denkweisen zur Sprache kommen zu lassen und sie dabei zu unterstützen. Freese fordert zur Gesprächsführung: „In Gesprächen mit Kindern müssen wir der Versuchung widerstehen, sie mit unserem Wissen zu beeindrucken oder gar einzuschüchtern, anstatt ihnen dabei zu helfen, in eigener Denkarbeit zu größerer Klarheit zu gelangen und sich über die vollzogenen Denkschritte Rechenschaft abzulegen. ... Die Frage ist der Motor, der das Gespräch vorantreibt, ein stark lenkendes Frage-und-Antwort-Spiel jedoch lässt die Lust am Gespräch schnell erlahmen." (FREESE 1990, 88)

Die philosophierenden Kindergespräche werden nicht explizit zur Förderung des mündlichen Sprachgebrauchs diskutiert, sondern eher im Rahmen von

Religions- und Ethikunterricht, Sachunterricht oder Arbeitsgemeinschaften. Aber sie nutzen die Mündlichkeit als wichtigstes Medium des Nachdenkens und der Verständigung, von Zuspruch und Widerspruch, von Fragen und Antworten. Damit fördern sie die wichtigsten Funktionen des Sprechens, nämlich die Kommunikation unter Partnern, die sich ernst nehmen, und die Sprache als Mittel nutzen, um die Welt zu deuten und den eigenen gedanklichen Horizont zu entwickeln.

Das Philosophieren mit Kindern ist eine (noch) exotische Spielart von Gesprächen in der Grundschule. Dieser Ansatz belegt aber, wie die Orientierung an der Subjektivität des Kindes und an der Eigenkonstruktion von Welt zu neuen bisher schuluntypischen Lernweisen führt.

Demokratisches Sprechen

Unterricht, der die Kinder in ihrer Subjektivität ernst nimmt, hat im Kern eine emanzipatorische Grundabsicht. Der politische Begriff der emanzipatorischen Erziehung war ein Leitbegriff der kritischen Didaktik und der Didaktik der sprachlichen Kommunikation. Er ist seit der Weiterentwicklung der 80er-Jahre aus dem didaktischen Sprachgebrauch weithin verschwunden. Ebenso ist das damit Gemeinte, nämlich Sprache als Instrument des Diskurses, des selbstbestimmten und solidarischen Handelns, in der sprachdidaktischen Literatur kaum noch herauslesbar. Fündig wird man allerdings in der überfachlichen grundschulpädagogischen Literatur, auch wenn die politische Dimension dieses Aspekts oft nicht ausdrücklich angesprochen wird.

Grundschultheoretisch versteht sich die Grundschule als Schule für alle Kinder, in der ihre Vielfalt und der Auftrag zu gemeinsamem Leben und Lernen die pädagogisch fruchtbare Grundkonstellation darstellt: „In einer Pädagogik der Vielfalt können Unterschiede bewusst gelebt werden und tragen zum gemeinsamen Unterricht bei. Eine solche Pädagogik stellt Verantwortung füreinander und Gemeinsinn ins Zentrum ihrer pädagogischen Arbeit." (FAUST-SIEHL u.a. 1996, 30)

Durch theoretische Ansätze und schulpraktische Entwicklungen ist vielfach belegt, dass und wie Kinder im geöffneten Unterricht über ihr Leben und Lernen in der Schule nachdenken und mitentscheiden, mitgestalten und mitverantworten können: Die oben dargestellte Versammlung ist auch ein Forum für mitverantwortetes Lernen, das von Einfühlung geprägt ist.

Pro-Contra-Gespräche

Sprechakte wie Begründen und Argumentieren werden im Unterricht immer wieder herausgefordert und auf ihre Stichhaltigkeit bedacht. Als besonderes Übungsfeld für verbalen Streit, für Argumentieren und debattierendes Sprechen wird das Pro-Contra-Gespräch vorgeschlagen: „Es gibt eine Pro-Gruppe, bestehend aus 3 bis 5 Kindern, und eine gleich starke Contra-Gruppe. Der Rest der

Klasse bildet die Zuhörer. Es wird ein Gesprächsleiter bestimmt, dem in diesem
Falle eine besondere Aufgabe zufällt. Er nimmt nicht an den Vorbereitungen der
Gruppen teil, da er eine neutrale Position einnehmen muss." (POTTHOFF u.a.
1995, 55). Jede der beiden Gruppen hat sich zuvor auf ihre Argumente vorbereitet, beim Pro-Contra-Gespräch werden die Argumente ausgetauscht und mit
möglichen Gegenargumenten diskutiert. Im anschließenden Klassengespräch
werden metakommunikativ das Argumentieren und Debattieren besprochen.
Beispiele für Themen können sich aus dem Alltag der Kinder ergeben: „Feste
Sitzordnung oder Sitzordnung nach eigener Wahl?", oder sie entwickeln sich
aus einem Unterrichtsthema: „Sollen Tiere im Zoo gehalten werden?"

Arbeitsformen mit Situationen demokratischen Sprechens
   In *Freier Arbeit* gelangen die Kinder „an selbst gewählten Aufgaben auf selbst
gewählten Wegen mit selbst gewählten Mitteln an selbst gewählte Ziele (Sinn-
moment, Moment der Selbstdifferenzierung)", in Freier Arbeit denken die Kinder „planend und reflektierend über ihr Tun nach (Planungsmoment, Reflexionsmoment)" (BARTNITZKY/CHRISTIANI 1998, 22). Bei so verstandener Freier
Arbeit entstehen vielfältige Möglichkeiten für demokratisches Sprechen, z.B.:
● Im Besprechungskreis entwickeln die Kinder Vorschläge für freies Arbeiten.
● Die Kinder entscheiden und begründen ihre Entscheidung.
● Die Kinder stellen in der Klasse vor, was sie gearbeitet haben, und berichten von
   ihren Ideen, Arbeitsprozessen und weiteren Wünschen. Die anderen Kinder
   geben dazu Rückmeldungen.

Projekte sind ein Paradefall für mitentscheidendes und mitverantwortliches
Lernen: „Es ist von den Bedürfnissen und Interessen der Schülerinnen und
Schüler her organisiert ... Projektziele und -planung werden auf Grund gemeinsamer Entscheidungen aller Beteiligten aufgestellt und bei der Auseinandersetzung mit dem Sachverhalt auch gemeinsam revidiert" (BUNK 1990, 11). Neben
den Projektwochen und den langfristigen Projekten, wie Betreung des Schul-
gartens oder Korrespondenz mit einer Partnerklasse, sind dies in der täglichen
Praxis insbesondere „Miniprojekte, auch Kurzprojekte" (BUNK 1990, 14), die
den Unterrichtsalltag durchziehen, wie die Gestaltung der Klassentüre zum
Flur, das ausführliche Schulfrühstück unter dem Gesundheitsaspekt, ein Lesenachmittag. Projekte in diesem Sinne sind per Definition demokratisches Handeln. Demokratisches Sprechen ist deshalb eine durchgehende Dimension der
Projektarbeit, dies zeigt sich insbesondere im Planungskreis, bei den Zwischen-
gesprächen und Nachbesprechungen, die immer auf zwei Ebenen verlaufen: auf
der inhaltlichen mit ihren Entscheidungen über Projektziel und den Weg dorthin, auf der metakognitiven mit den Überlegungen über Entscheidungsfindun-
gen, Vereinbarungen und Kooperationen.

Klassenrat und Kinderrat

Klassenrat und Kinderrat sind politische Gremien der Klasse und der Schule. „Im Klassenrat kommt zur Sprache, was an Ereignissen in der Klasse der Klärung bedarf: Unzufriedensein mit dem Unterricht, Schwierigkeiten mit anderen Klassen und Lehrern, Streitigkeiten der Schüler untereinander, Probleme in den Beziehungen zwischen Pädagogin und Kindern, Planen von Unternehmungen, Regeln der Lernmittelnutzung und Ämterführung ... Zum Kinderrat treffen sich an einem bestimmten Wochentag ein oder zwei Abgeordnete je Klasse ... bei der Schulleiterin, um mit ihr klassenübergreifende Fragen zu besprechen, welche die Schüler vorbringen, zum Beispiel Pausenkonflikte, Bus-Probleme." (SCHWARZ 1994, 30 f.) Solche Gremienarbeit findet sich in Grundschulen in unterschiedlicher Ausprägung:

- In der Tradition der Individualpsychologie dient der Klassenrat der Metakommunikation und der Konfliktbereinigung; die Lehrerin behält sich die Entscheidungsbefugnis vor.
- In der Tradition der Freinet-Pädagogik ist der Klassenrat basisdemokratisches Gremium, in dem alle Angelegenheiten gemeinsamer Arbeit geplant und besprochen werden, wobei der Lehrer oder die Lehrerin eine Stimme hat.

Zur Realisierung berichtet MARGRET OELLRICH-WAGNER aus ihrer Erfahrung: Die Tagesordnungspunkte für den Klassenrat werden auf einer Wandzeitung mit drei Spalten gesammelt: „Mir gefällt – Mir gefällt nicht – Ich wünsche mir". Zu Beginn des Klassenrats wird dann die Tagesordnung festgelegt. „Die Lehrerin ist gleichberechtigte Teilnehmerin der Runde. Sie hält sich wie alle anderen an die gemeinsam erarbeiteten Diskussionsregeln. Im Notfall greift sie strukturierend ein und überwacht die gemeinsamen Gesprächsregeln. Die Ergebnisse werden in einem Protokoll festgehalten und ausgehängt. Es ist für die Klasse sehr hilfreich, wenn ein besonderer Schwerpunkt der gemeinsamen Absprachen für alle sichtbar auf einem Plakat aushängt, an das auch im Laufe der Woche erinnert wird." (OELLRICH-WAGNER 1998, 174)

Solche Arbeit setzt die Entwicklung einer humanen Gesprächskultur voraus, unterstützt sie aber auch wesentlich. Klassenrat-Zeit kann einmal in der Woche sein oder täglich im Rahmen des Morgenkreises oder der Abschlussbesprechung. Die Regelmäßigkeit ist sicher wichtig, um ein Ritual mit den Kindern zu entwickeln und das Gremium auch fest zu installieren. Dennoch kann es nötig sein, dass der Klassenrat außer der Reihe tagt, weil ein Vorkommnis die Kinder so bewegt, dass es sofort besprochen werden muss.

Gesprächsforen, in denen zum Schul- und Klassenleben und zum Unterricht Vereinbarungen getroffen werden, wurden reichhaltig entwickelt: Der Klassenrat gehört als spezielle Ausprägung dazu, der Morgenkreis mit der Tagesplanung, der Montagskreis mit der Wochenplanung, der Freitagskreis mit der Wochenreflexion, die Planungstafel und das Planungsgespräch für neue Unterrichtseinheiten mit Hilfe der Fragen und Vorschläge der Kinder, die Präsentation, bei der Kinder ihre Ergebnisse vorstellen und sich mit den anderen Kindern beraten können.

Für all diese Gelegenheiten gilt, was HERMANN SCHWARZ für den Klassen- und Kinderrat schrieb: Es „sind geeignete Formen zur Entwicklung der Einsicht, dass man an den Angelegenheiten seines Gemeinwesens konstruktiv mitwirken kann, und zum Üben von Mitwirkungsfähigkeiten. Die Kinder erfahren hierbei deutlich, dass die Schule und die Gestaltung schulischen Lebens ihre Sache ist." (SCHWARZ 1994, 31)

Dabei wird die Grundhaltung gegenseitiger Akzeptanz und gemeinsamer Mitwirkung entwickelt. Sprechakte und Gesprächsformen werden geübt, die für die entsprechenden Situationen nötig sind: Ideen entwickeln, eine Meinung vortragen, Gegenmeinungen anhören, Konsens finden, ein Gespräch leiten, Handlungen planen, sich vereinbaren und sich entscheiden, über eigenes und gemeinsames Handeln miteinander nachdenken, rückmelden und andere mehr; Formen werden geübt wie Diskussion und Vereinbarungsgespräch in der kleinen Gruppe, in der Klasse, in der Schulgemeinde, Beratungs- und Rückmeldegespräche in den verschiedenen Gruppierungen. Schule wird zum Modellfall für ein demokratisches Gemeinwesen. Ich fasse das mitwirkende sprachliche Handeln deshalb mit dem Begriff *demokratisches Sprechen* zusammen.

Mündliches Erzählen

In der kommunikativen Deutschdidaktik hatte das mündliche Erzählen kaum einen eigenen Stellenwert. Schulpraktisch lebte es weiter als erlebnisbezogenes spontanes Erzählen z.B. im Morgenkreis, als Nacherzählen von Gelesenem oder im Fernsehen Gesehenem, insbesondere aber als vorbereitende Phase zum schriftlichen Erzählen, hierbei wiederum mit traditionellen Textmustern wie Einleitung – Hinführung zum Höhepunkt – Schluss.

Seit den 70er-Jahren gibt es eine neu angeregte linguistische Erzählforschung und damit zusammenhängend eine Entwicklung, das mündliche Erzählen didaktisch neu zu gewichten und Praxiswege zu entwickeln (siehe z.B. MERKELBACH 1995, 9 ff.). Quellen für diese Art der sprachwissenschaftlichen und sprachdidaktischen Beschäftigung mit dem mündlichen Erzählen sind vermutlich folgende: Die Hinwendung zum Subjekt und seiner Kompetenzentwicklung stärkt auch das Interesse an der Entwicklung des mündlichen Erzählens als einem offenbar grundlegenden menschlichen Bedürfnis. Im Zusammenhang mit kognitiven Lerntheorien gilt dabei das Interesse den Wegen, wie Kinder das Erzählen als eine eigene Kompetenz für sich entwickeln, welche Erzählmotive, -strategien und -weisen sie dabei gewinnen und welche Bedingungen dazu förderlich sind. Anregungen hierzu kommen aus dem Repertoire der Kreativitätsförderung. Unterrichtsformen wie Morgenkreis und Erzählkreis begünstigen die Entwicklungen.

Kerngedanken der sprachwissenschaftlichen und sprachdidaktischen Diskussion sind:

Mündliches Erzählen spielt im Alltag eine große Rolle. Geschehnisse und Ereignisse werden alltagssprachlich weitergegeben; über eigene Erlebnisse und Erfahrungen wird erzählt, oft angeregt durch Erzählungen anderer, oft mit mehreren Erzählern oder in Erzählketten, bei denen sich Erzählungen aneinanderreihen. Erzählungen werden als erstaunliches Ereignis oder auf eine Pointe, einen Überraschungspunkt hin gestaltet. Dabei unterscheidet sich mündliches Erzählen vom schriftlichen durch den Einsatz dramaturgischer Mittel wie Gestik, Stimmführung, Stimm- und Sprachvarianten bei Dialogen. Zudem reagiert jeder Erzähler und jede Erzählerin unmittelbar auf das Verhalten der Zuhörerinnen und Zuhörer. Deshalb stellt mündliches Erzählen ein eigenes Arbeitsfeld dar.

Die Erzählkompetenz entwickelt sich nach Klaus R. Wagner in drei Stufen (zitiert bei Merkelbach 1995, 32 f.):
1. Das Kind erwirbt zunächst die Basissprechakte des Erzählens, z.B. Berichten, Mitteilen, Erzählen im engeren Sinne.
2. Etwa fünf- bis sechsjährige Kinder entwickeln das dialogische Erzählen in „Geflecht-Erzählungen", bei denen gemeinsam erzählt wird, z.t. als Unterstützung oder Hilfestellung beim eigentlich monologischen Erzählen, z.T. als dialogisches Erzählen im gleichberechtigten Miteinander.
3. Gegen Ende der Grundschulzeit beginnen die Kinder die Kompetenz für das monologische Erzählen in „Höhepunkt-Erzählungen" zu gewinnen.

Diese Stufung wurde auf Grund der Untersuchung vieler authentischer Texte als Hypothese formuliert. Damit ist aber nicht gesagt, dass sich die Erzählkompetenz immer in dieser Weise und in diesen Zeitspannen entwickelt. Zum Beispiel können auch schon Zweitklässler bei entsprechendem unterrichtlichem Arrangement Höhepunkt-Erzählungen gestalten, monologisches Erzählen kann schon ab Klasse 1 bei Kindern gefördert werden.

Die Erzählungen auf den drei Stufen unterscheiden sich durch erkennbare Strukturen, durch Erzählschemata, die u.a. Gegenstand der Erzählforschung sind. Gelernt werden diese Erzählschemata offenbar, weil dem Kind erzählt wird und weil es beim eigenen Erzählen die Reaktionen der Zuhörer registriert. Dabei erkennt es Schemata, denen es sich beim eigenen Erzählen in typischer Weise, nämlich in dieser Stufung, annähert. Dies geschieht in der Regel nicht bewusst, vielmehr generalisiert das Gehirn intern die Schemata. Mündliches Erzählen wird mithin ausschließlich kommunikativ gelernt.

Aus der letzten Erkenntnis, nämlich den Bedingungen für das Erlernen von Erzählschemata, ist didaktisch zu folgern: Zum Erzählen bedarf es der Zeit zum Erzählen und zum Zuhören. Es bedarf der aufmerksamen und unterstützenden Zuhörer und es bedarf der Erzählermodelle, in der Schule die der anderen Kinder, insbesondere aber auch der erzählenden Lehrerin. Claus Claussen hat hieraus seine Forderung nach „geselligem Erzählen" abgeleitet: „Deshalb erscheint es in der Grundschule sinnvoll, Erzählen vorrangig als gesellige Praxis zu organisieren, die Erzählen und Zuhören gleichermaßen einschließt." (CLAUSSEN 1993, 55)

Zur Förderung einer Erzählkultur in der Klasse sind die folgenden Situationen besonders wichtig.

Situationen des Alltagserzählens

Angesichts der Tendenzen zu Vereinsamung und Medienkonsum in vielen Kinderbiografien sind Gelegenheiten zum Alltagserzählen in der Schule wichtiger geworden. Dies können informelle Situationen sein wie sie sich beim offenen Schulanfang oder in der gestalteten Frühstückspause ergeben, aber auch entsprechende unterrichtliche Inszenierungen wie der Morgenkreis oder das ungelenkte spontane Erzählen zu einem Alltagstext, einem Foto, einem Gegenstand.

Angeleitetes geselliges Erzählen

Vier Bedingungen sind nötig. Erstens: Kinder brauchen zum Erzählen Motive. Dies können Erlebnisse sein, aber auch Geschichtenanfänge, Stichwörter, Bilder, Gegenstände, die Erzählimpulse freisetzen. Zweitens: Erzähler und Zuhörer müssen sich ansehen können. Das ist beim Erzählen mit dem Partner oder am Gruppentisch kein Problem, beim Erzählen in einer größeren Gruppe oder der ganzen Klasse muss ein Sitzkreis geschaffen werden. Drittens: Es muss eine den Kindern bekannte Redeordnung geben. Dies können sein: das Reihum-Erzählen, bei dem die Kinder nacheinander weitererzählen; das gegenseitige Aufrufen in der Meldekette; vor dem Erzählen das Verteilen von Erzählkarten an verschiedene Kinder, wobei auf den Karten jeweils ein Erzählschritt steht, so dass jedes Kind zu einem Erzählschritt erzählt. Viertens: die notwendige Erzählzeit und Erzählmuße. Ein Erzählstein kann hilfreich sein. Wer erzählt, hat ihn in der Hand, er kann ihn reiben, wenn er gerade nicht weiter weiß. Der Erzählstein wird jeweils an den nächsten Erzähler weitergegeben.

Förderung der Erzählkompetenz

In den Erzählsituationen entwickeln die Kinder selbstgesteuert ihre Erzählfähigkeiten, indem sie durch die Reaktionen der Zuhörer Hinweise auf erfolgreiches Erzählen gewinnen, Erzählweisen ausprobieren und kennen lernen. Wie immer im Unterricht muss das selbstgeleitete Lernen auch durch Erarbeitungen gestützt werden: Zur Förderung der Erzählkompetenz bedarf es deshalb auch der weiterführenden Anregungen.

Erzählideen werden im Brainstorming und auf *Ideenfeldern* entwickelt, z.B. schreiben die Kinder bei dem Erzählthema: Gespenstergeschichten alle Ideen auf, die ihnen zu dieser Leitidee einfallen. Der Wortschatz zu einem Erzählbereich wird in *Wortfeldern* gesammelt, eventuell strukturiert; beim Gespenster-thema kann dies ein offenes Wortfeld mit allen Wörtern zu Gespenstern sein, das dann zu engeren Wortfeldern strukturiert werden kann, z.b. Wörter zu den Geräuschen, die Gespenster machen, zum Wort: gruselig. Erzählschemata werden bei einem Thema durch ausprobierendes Erzählen oder durch Transfer bewusst und angewendet, ein Medium hierbei können *Erzählkarten* sein. Ein Schema kann sein: die harmlose Anfangssituation – das aufregende Ereignis – das glückliche Ende. Gespenstergeschichten werden von den Kindern in der Regel entsprechend entwickelt.

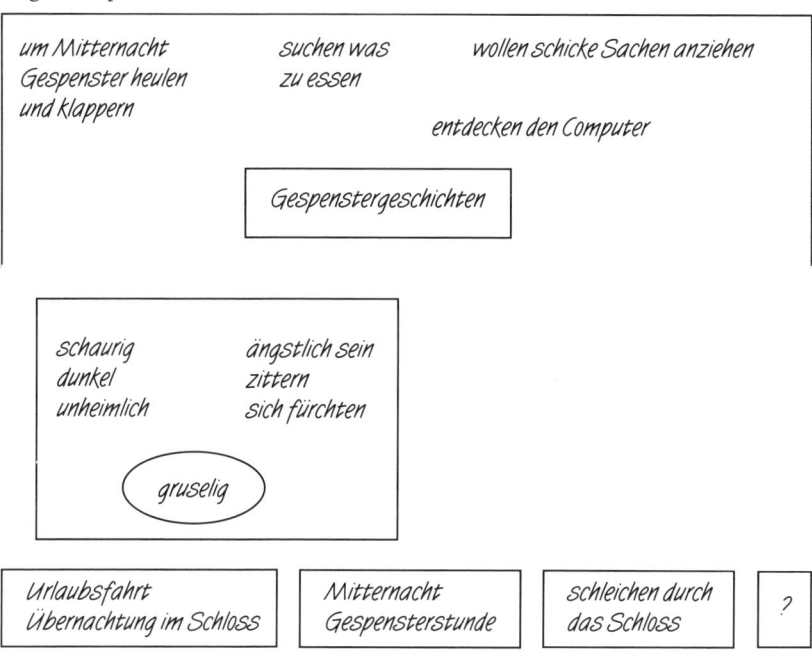

Abbildung 2: Ideenfeld, Wortfeld, Erzählkarten

Oder es wird von einer Grundkonstellation aus erzählt, z.b.: der Erzähler hat als Freund(in) ein Gespenst, das sich nach Belieben sichtbar machen kann. In einem Ideenfeld werden nun Alltagssituationen gesammelt, in denen das Gespenst hilfreich, verwirrend, mit lustigen Effekten auftreten kann. Das Ideen-feld kann dazu anregen, ein Erzählschema zu finden, die einzelnen Erzähl-schritte werden auf Erzählkarten notiert. (Weitere Ausführungen zu Ideenfeld, Wortfeld, Erzählkarten s. das Kap. Sprechförderung, S. 46 ff.)

Erzählthemen können vielfältig entstehen. Eine ergiebige Möglichkeit hierzu ist sammeln, sichten, auswählen: So sammeln Kinder und Lehrerin oder Lehrer in Kartons anregende Bilder (Fotos aus Illustrierten, Kunstpostkarten, Illustrationen aus Büchern, Fotos der Kinder), sie sammeln Wörter aus Zeitungen und Zeitschriften, interessante Überschriften, einzelne Sätze, aber auch anregende Gegenstände und Spielfiguren. Sie sammeln Wörter als Ideensammlungen, z.B. Nachtwörter, Sommerwörter, Lachwörter. Aus diesen Materialien können Erzählanregungen ausgewählt werden: durch die Kinder, gemeinsam im Kreis, durch die Lehrerin

● als Zufallsauswahl: einige Wörter, Bilder oder Gegenstände werden „blind" aus den Kartons geholt und ausgebreitet

● als persönliche Auswahl: Wörter, Bilder und Gegenstände werden auf einem Tisch oder in der Kreismitte ausgebreitet, die Kinder suchen sich ein bis drei Teile aus, die sie persönlich berühren

● als thematische Auswahl: Zu einem Thema werden Wörter, Bilder, Gegenstände ausgewählt, z.B. hatte ein Lehrer in einem Karton zusammengestellt: eine Muschel, einen Spielfiguren-Piraten und einige Meereswörter.

(Weitere Anregungen s. im Kap. Schreibsituationen, besonders: Angeregtes und angeleitetes Schreiben S. 77 ff. und Kreatives Schreiben S. 98 ff.)

Sachbezogenes Vortragen

Anders als das Erzählen ist das sachbezogene Vortragen für den Grundschulbereich sprachdidaktisch wenig konzipiert. Dennoch ist es ein wichtiges schulisches Ziel für den mündlichen Sprachgebrauch ebenso wie für fächerübergreifende Anliegen. Für das vortragende Kind wird das Durchdringen der Sache gefördert, wenn es einen Sachverhalt vor einer Gruppe darstellt, das Interesse der Zuhörer gewinnt, wenn es Gesagtes durch eine Veranschaulichung, ein Bild, Stichwörter an der Tafel oder auf der Folie klärt. Es fördert aber auch seine mündliche Rede und damit den Mut, vor anderen zu sprechen; es fördert das planvolle Sprechen und die didaktische Kompetenz, weil es anderen die Sache interessant und verständlich machen will. In der Deutschdidaktik wird das Gemeinte unter Reden oder Referieren geführt und ist für den Grundschulbereich kaum entwickelt. Dies liegt wohl auch daran, dass Deutschdidaktiker das Referieren höheren Schulstufen zuordnen.

Relativ großzügig ist da schon BAURMANN, der für Schüler etwa ab Ende der Grundschulzeit die folgenden Entwicklungen fordert:

„– vom gebundenen zu freieren Formen des Sprechens (Vorlesen, Vortragen – Wiedergabe von Eingeprägtem – Darlegung anhand erarbeiteter Teilfassung oder Stichwortzettel – völlig freie Darstellungen);

– vom Sprechen vor einer Kleingruppe bis zum ausführlichen Redebeitrag vor der gesamten Klasse;

– von einem vorher mit anderen abgesprochenen Teilbeitrag (etwa in einem Gruppenreferat) bis zum vollständigen Gesamtreferat." (BAURMANN in: BAURMANN/HOPPE 1984, 276)

Wer offenen Unterricht in der Grundschule praktiziert, weiß aber viele Beispiele dafür zu nennen, wie einzelne Kinder schon von Klasse 1 an sachbezogen vortragen können und wie dies alle Kinder im Laufe der Grundschulzeit lernen können. Auch müssen dabei die gebundenen nicht den freieren Formen vorausgehen, das Sprechen in der Kleingruppe nicht dem Sprechen vor der Klasse.

Sicher unterscheiden sich der Umfang des Redebeitrags und des medialen Arrangements sowie die Ausprägungsgrade an sprachlicher und gedanklicher Differenziertheit zwischen Kindern der Grundschule und Jugendlichen der höheren Klassenstufen. Sie unterscheiden sich aber auch erheblich bei Grundschulkindern gleichen Alters. Die zu Grunde liegenden Sprechakte wie etwas erklären, über etwas informieren, andere über etwas belehren sind Fähigkeiten, die auch in der Grundschule bei allen Kindern förderbar sind. ARIANE GARLICHS z.b. berichtet aus dem Alltag des offenen Unterrichts einer Grundschule von den freiwilligen Vorträgen der Kinder: „Vorträge sind die äußerste Herausforderung an selbstbewusstes Arbeiten, die ihnen die Schule stellt, und dementsprechend zeigt sich an ihnen das ganze Spektrum inhaltlicher Interessenrichtungen und unterschiedlicher Leistungsfähigkeit. Von keiner schulischen Norm beeinflusst, können die Schüler Themen aufgreifen, die ihr aktuelles Interesse gefunden haben oder auch langfristig von ihnen verfolgt werden." Dann nennt sie vierzig Beiträge, die innerhalb eines Jahres im Übergang vom 2. zum 3. Schuljahr entstanden: über „Pferde, Spinnen, Hunde, Urzeittiere" bis hin zu „Flugzeuge, U-Boote, Weltraumfahrt, alte Schiffe" (GARLICHS 1990, 37). Ausgangspunkte waren hier die Interessen der Kinder. Zur Bearbeitung zogen sie alle zur Verfügung stehenden Informationsquellen heran wie Lexika, Sachbücher und kundige Erwachsene. Hinzu kamen Erfahrungen mit Veranschaulichungen und vermutlich auch Beratung durch den Lehrer oder die Lehrerin.

Was hier eine eigene Arbeitsform gefunden hat, kann in der Grundschule mit vielen Abstufungen realisiert werden – Abstufungen in Bezug auf die Schwierigkeit des Themas, die Darstellungsweise und den Umfang. Einige Beispiele: Im Morgenkreis hat ein Kind auf sein Meerschweinchen neugierig gemacht. Es darf sein Tier mitbringen, außerdem das übliche Futter und die Käfigausstattung. Das Kind informiert über den Tages- und Nachtablauf, die Ernährung, eventuell über eine Erkrankung oder Verletzung des Tiers. In einer Klasse wird mit allen das Thema: Unsere Hobbys bearbeitet. Im Laufe von zwei Wochen stellt jedes Kind sein Hobby vor. Aus den Nachfragen der Kinder werden allmählich die Vortragspunkte festgehalten, sie strukturieren die weiteren Vorträge, z.B. zu den Kosten des Hobbys, zum Zeitaufwand. In einer Klasse wird über die Zeit der Ritter gearbeitet. Am Ende gibt es eine Ausstellung mit Modellen von Burgen, mit Bildern von Bekleidungen, mit Zeichnungen zu Tischsitten, zu Turnieren und anderem mehr. Der Nachbarklasse und den Eltern wird die Ausstellung gezeigt. Einige Kinder fungieren als Ausstellungsführer und tragen zu den Exponaten vor.

In solchen Unterrichtszusammenhängen lernen die Kinder auch, sachbezogene Redebeiträge zu planen:

- Sie überlegen, wen sie ansprechen und wie sie die Zuhörer interessieren und neugierig machen können.
- Sie entscheiden, wie sie ihren Redebeitrag aufbauen.
- Sie bereiten danach die Hilfen und Medien vor: Stichwörter, Anschauungsmittel, Folienbilder.

Wie beim Erzählen ist auch hier das Beispiel der Lehrerin oder des Lehrers wichtig.

Szenisches Spielen

Theaterpädagogik ist ein eigener überschulischer Arbeitsbereich, der nur zu einem Teil im Sprachunterricht aufgegriffen wird als szenisches Spiel, als gestaltetes Vortragen beim mündlichen Sprachhandeln, als Arbeit mit szenischen Texten beim Umgang mit Texten. Darüber hinaus gilt Theaterspielen in der Schule als Beispiel für fächerübergreifenden Projektunterricht und als Modell für „Kulturarbeit in der Schule" (LENZEN 1992, 15). Seinen festen Platz hat die Theaterpädagogik in der Schule seit der Laienspielbewegung, beginnend also mit den 20er-Jahren des 20. Jh.s. Allerdings haben sich ihre Begründung, ihre Funktionen und ihr Formenrepertoire gewandelt.

Bis weit in die 60er-Jahre hinein war das Laienspiel eingebunden in die musische Erziehung. Im schulischen Bereich hieß es „Schulspiel" oder „darstellendes Spiel". Übersetzt man die uns heute idealisierend überhöht erscheinende Rhetorik über die Zielsetzungen des Schulspiels in aktuelle Sprache, dann waren die Zielideen: schöpferische Kräfte freisetzen; gegen eine einseitige kognitive Beanspruchung ganzheitlich fördern, d.h. zugleich seelisch wie geistig und körperlich; das Erlebnis gemeinsamer Gestaltung eines Werkes ermöglichen (zuletzt: HAVEN 1970). In dieser Hinsicht konnte es unterrichtliches Mittel werden, z.B. wenn Kinder zur Wortschatzarbeit Wörter pantomimisch erspielten, wenn sie dies zu Scharaden ausbauten oder wenn sie zur Textinterpretation eine Fabel als Stegreifspiel gestalteten. Es konnte aber auch Gegenstand des Unterrichts sein, wenn ein Theaterspiel für eine Aufführung erarbeitet wurde.

Ende der 60er-Jahre wurden Spieltheorien suspekt, die im Spiel eine Gegenwelt zum Alltag sahen, um – so die Argumentation – vom Alltag abzulenken und ihn unverändert hinzunehmen. Damit wurden die musische Erziehung und als ihr Teil das darstellende Spiel in der Schule ebenso verurteilt wie das berühmtberüchtigte Weihnachtsmärchen. Spiel sollte sich auf die Realität beziehen, den Spielern einen aufgeklärteren, selbstbestimmten Umgang mit ihr ermöglichen und sie damit befähigen, in diese Realität verändernd einzugreifen. Die Interaktionspädagogik entwickelte Spielformen, die helfen sollten, sich in andere einzufühlen, Rollenerwartungen zu definieren und ein selbstbewusstes und sensibles Rollenverhalten zu entwickeln. „Ziel muss es sein", so LOTHAR KRAPP-

MANN in einem seinerzeit viel zitierten Beitrag, „das Kind als handlungsfähige Person, die wirklich Widerstand leisten kann, zu sozialisieren" (KRAPPMANN 1972, 56).

Die Rollenspieldidaktik stellte zumeist Konfliktsituationen aus dem Alltag der Kinder in den Mittelpunkt. Die Konfliktsituationen wurden mit dem Ziel gespielt und variiert, soziale Situationen durchschauen und bewältigen zu lernen (KOCHAN 1976 und 1981, BARTNITZKY 1975). Das illusionsbestimmte Stadttheater-Weihnachtsmärchen wurde durch das politisch aufklärende Kindertheater ersetzt. Das politische Spektrum dieser Ansätze reichte, den Zeitströmungen entsprechend, von marxistisch („das proletarische Kindertheater") bis sozialliberal („Rollenspiel als Methode soziales Lernens").

In die Didaktik des mündlichen Sprachgebrauchs wurde mit der kommunikativen Wende aus diesen Entwicklungen das Rollenspiel aufgenommen und erhielt einen besonderen Stellenwert (siehe als Rückblick z.B. BAURMANN/HOPPE 1984, 276 ff., SCHOBER 1998, 34 ff.). Mit dem Umbruch zum Subjektivismus und zum kindgeleiteten Lernen kamen dann wieder Ziele und Formen des darstellenden Spiels in den Blick, allerdings nicht mehr mit den idealisierten Ansprüchen der Laienspielbewegung. Von dieser sachlicheren Einstellung zeugt auch schon der Sammelbegriff, der sich inzwischen eingebürgert hat: szenisches Spielen.

Als Methode wird das szenische Spiel in mehreren Bereichen des Sprachunterrichts geschätzt, z.b. beim interpretativen Erspielen von Szenen eines Textes oder bei der Inszenierung eines Gedichts, wenn Kinder zum Gedichtvortrag eine Pantomime entwickeln, aber auch beim Einüben bestimmter Sprechakte und Kommunikationsformen wie bei Frage- und Wahrnehmungsspielen, beim spielerischen Begrüßen in verschiedenen Sprachen oder beim Durchspielen von Verhaltensmöglichkeiten in Konfliktsituationen. Als Gegenstand wird das szenische Spiel zum Theaterspiel mit verschiedensten Realisierungsformen: als Personentheater, Schattenspiel, Puppenspiel (THURN 1992).

An diesen Verwendungsmöglichkeiten wird schon deutlich, dass heute Realitätsbezug und Realitätsenthobenheit sich als Alternative nicht mehr ausschließen. Szenische Spiele haben, unserem heutigen Verständnis nach, immer Bezug zur Lebenswelt der Kinder, wenn auch in unterschiedlicher Direktheit und in verschiedenen Dimensionen: Sie können sich unmittelbar auf die Realität beziehen, sie abbbilden, mit ihr spielen, auf spielerischer Ebene erweiterte Erfahrungen gewinnen lassen. Sie können sich mittelbar auf die Realität beziehen, indem sie mit realen und fiktiven Elementen spielen und dabei zu neuen Spielerfahrungen mit der Realität beitragen. Sie können darüber hinaus die Fantasie als wichtigen Erfahrungsbereich der Kinder ansprechen und entwickeln helfen. Schließlich ist das szenische Spiel, das Theater, ein kultureller Teil der Lebenswelt, für die Kinder aufgeschlossen werden sollen, auch und gerade, indem sie es selbst gestalten.

Mehrere Spieltypen können für die schulische Praxis unterschieden werden: quasireale Spiele, fiktive Spiele, Sprachförderspiele, Theaterspiele sowie der gestaltete Vortrag.

Quasireale Spiele

Sie spielen die Realität nach, simulieren sie und können sie verändern. Hierzu zählen insbesondere Alltagsszenen, die durch Nachspielen in der Klasse vergegenwärtigt werden, an denen im Probehandeln sprachliches Verhalten geübt werden kann. Neue, möglicherweise beängstigende Situationen werden zuerst spielerisch bewältigt, über die Handlungsmöglichkeiten beraten sich die Kinder mit der Lehrerin oder dem Lehrer. Die Kinder können z.b. schon an den ersten Schultagen das Zuspätkommen spielen und Möglichkeiten erproben, mit der Situation umzugehen – als Kind, das zu spät kommt, und als Kinder in der Klasse. Im Rahmen eines Erkundungsprojekts zu den Einkaufsmöglichkeiten sollen auch Interviews mit Geschäftsleuten im Schulbezirk durchgeführt werden. Diese Interviews werden im Klassenraum simuliert und vorgeübt, von der Begrüßung und dem Vortrag der Bitte über die Interviewfragen bis zum Dank und zur Verabschiedung.

Rollenspiele können quasireal Konflikte nachspielen:
- Ein Kind nimmt dem anderen Buntstifte weg.
- Ein Kind möchte mitspielen, einige andere Kinder wollen dies nicht.
- Im Geschäft drängeln sich Erwachsene vor.

Im Wechselspiel von Spielszenen und Gesprächen werden die Situation und das Verhalten der Kinder besprochen, Handlungen ausprobiert oder frei entwickelt. Dabei wird insgesamt nach Handlungsmöglichkeiten gesucht, die am Ende für alle Beteiligten akzeptabel sind. Mit den Kindern können für Rollenspiele mit ihrem Wechsel von Spiel und Gespräch folgende Fragerichtungen erarbeitet werden:

Vor dem Rollenspiel klären wir:	– Wer ist am Spiel beteiligt? – Was wollen die Spieler erreichen? – Wie kann es weitergehen? – Wer spielt die Rollen?
Nach dem Rollenspiel besprechen wir:	– Wie ging es im Spiel weiter? – War das eine gute Lösung für alle? – Was könnte man anders spielen?

Abseits von konfliktträchtigen Situationen rechnen zu den quasirealen Spielen auch vorgespielte Tätigkeiten. Wortschatzarbeit kann beispielsweise durch Spiel inhaltlich anschaulich werden: Pantomimisch werden Fortbewegungsarten vorgespielt, Tiere oder Gemütszustände werden dargestellt. Die spielenden Kinder bemühen sich, den Begriffen inhaltliche Anschaulichkeit zu geben, die zusehenden Kinder beobachten und deuten dies auch auf der Inhaltsebene. Durch weiteres Probieren schärfen sich auch sprachlich-gedanklich die Begriffe. Tätigkeitspantomimen können zu kleinen Szenen weiterentwickelt werden: im vornehmen Restaurant – an der Imbissbude; beim Ausflug, wenn das schöne Wetter in ein Unwetter umschlägt.

Fiktive Spiele

Sie spielen mit der Realität oder mit erfundenen Situationen und Personen. Das Spektrum reicht von einzelnen Szenen bis zu ausgeführten Stücken. Einige Beispiele:

– Spiele mit verzauberten Gegenständen (ein Bleistift ist kein Bleistift mehr, sondern ein?)
– Erspielen einer Szene mit einer Bilderbuchfigur oder mit aus einem Stichwortkorb gezogenen drei Wörtern, die in ein Spiel umgesetzt werden müssen
– Selbst erfundene Stücke, z.B. Szenen, die eine Bilder- oder Kinderbuchgeschichte weiterführen oder die einen vorgegebenen Text inszenieren.

Neben dem Personenspiel hat sich eine Fülle an Spielmöglichkeiten in der Schule entwickelt. Drei Spielformen will ich exemplarisch nennen:

- Das Fingerpuppentheater spielt mit kleinen Figuren, die aus festem Papier geschnitten sind und an einem Spielfinger befestigt werden. Mit den Figuren kann am Tisch gespielt werden.
- Das Schuhkartontheater wird in einem offenen Schuhkarton als Guckkastenbühne gestaltet. Gespielt wird mit puppenartigen, selbst hergestellten Figuren.
- Das Projektorspiel ist ein technisch einfaches Schattentheater und besonders effektvoll. Die Kulisse wird auf eine Folie gemalt, die mitspielenden Figuren aus Papier mit einem Steg ausgeschnitten. Sie werden am Steg auf der projizierten Folie geführt.
- Aus Alltagsmaterial werden Fantasiefiguren für ein Marionettentheater hergestellt.

Sprachförderspiele

Dies sind Spiele, die gezielt das Wahrnehmen und Kommunizieren, die verbale Sprache, aber auch die Körpersprache üben. Kommunikationsfördernde Spiele sind z.B. Kennenlernspiele („Mein rechter Platz ist frei ...") und viele andere bekannte Kreisspiele. Sprachlernspiele, die bestimmte Sprachfunktionen fördern, finden sich im Spielrepertoire der Kreisspiele wie Stille Post, Kofferpacken, Beruferaten oder Teekesselchen.

- Aufmerksames Zuhören kann z.B. so geübt werden: Ein Kind erzählt seinem Partner etwas, ein Erlebnis, etwas aus dem Fernsehen, eine erfundene Geschichte; der Partner erzählt dann das Gehörte im Erzählkreis weiter. Das erste Kind passt auf, ob alles richtig weitererzählt wird. Zwei Kinder interviewen ein anderes zu einem Thema, die beiden Kinder berichten dann im Erzählkreis davon. Das interviewte Kind achtet wieder darauf, ob alles richtig wiedergegeben wird.

● Das Anknüpfen an den Vorredner und zugleich Sprechakte wie Zustimmen, Begründen können durch Spielketten geübt werden: Ein Kind sagt eine richtige oder eine falsche Behauptung: „Ich behaupte, dieses Fenster ist kleiner als dieser Tisch. Was meinst du dazu? Tanja, bitte!" Tanja kann antworten: „Das ist falsch, Nicole, das Fenster ist ... Ich behaupte, ..." In einer anderen Kette geht es um Vorlieben und Abneigungen: „Ich fahre am liebsten ans Meer, weil ich gerne Sandburgen baue. Und du Katharina?" – „Ich fahre nicht gerne ans Meer, weil mir das Wasser zu kalt ist. Ich ..." (Beispiele aus POTTHOFF u.a. 1995).

● Geschicktes Fragen mit dem Aufbau einer Fragestrategie kann durch Fragespiele gefördert werden. Beruferaten ist ein bekanntes Beispiel: Ein Kind denkt sich einen Beruf aus, die anderen versuchen durch geschicktes Fragen, den Beruf herauszubekommen. Erlaubt sind nur Fragen, auf die man mit Ja oder Nein antworten kann. Wenn die Frager den Beruf raten, bevor zehnmal Nein gesagt wurde, haben sie gewonnen. Ebenso kann ein Gegenstand oder ein Tier erraten werden. Eine schöne Variante ist der Wundertaler: Ein Kind hat ihn in der Hand und wünscht sich etwas still. Die anderen Kinder fragen nun und versuchen herauszubekommen, was das Kind sich gewünscht hat. Verbotene Wörter für den Antworter sind ja, nein, schwarz, weiß. (Beispiele nach HOLLY/SCHWANDER 1987)

● Körpersprache wird besonders bei Pantomimen geübt, weil sich die Darsteller ganz auf den körperlichen Ausdruck konzentrieren. Körperliches Bewusstsein ist eine Voraussetzung dafür, Körpersprache zu erkennen und sie selber einzusetzen. Eine Fülle von Bewegungsspielen kann dieses Bewusstsein fördern: Zum Beispiel boxen zwei Kinder miteinander, ohne sich dabei zu berühren, aber sie reagieren, als würden sie getroffen. Kinder tanzen zur Musik, sie wird abgebrochen, die Kinder verharren in ihrer Bewegung. Pantomimen reichen von bekannten Aufgaben, wie Tätigkeiten oder Berufe darstellen, Tierbewegungen spielen, über gezielte Verfeinerungen (im Kreis wird zuerst ein Buch weitergegeben, dann eine kostbare Vase, ein Kaninchen, ein Marienkäfer, ein dicker Medizinball). (KEYSELL 1975, 1977)

Theaterspiele

Theaterspiele inszenieren einen Spielzusammenhang für Zuschauer und sind Aufführungsprojekte. Sie werden häufig zu besonderen Gelegenheiten eingeübt, z.B. zur Einschulung, als Aufführung während des Schulfestes, als Märchenspiel für den Kindergarten.

● Spiele, die aus Spielideen heraus mit den Kindern selbst entwickelt werden (Beispiele in LENZEN 1992, 22 – 101)

● Spiele, die textliche Vorlagen ins Spiel umsetzen

● Textspiele, die vorgegebene Spieltexte szenisch gestalten

Theaterspiele können ebenso quasireale wie fiktive Spielzüge tragen.

Als Aufführungsprojekte integrieren sie alle Bereiche des Sprachunterrichts miteinander, beziehen andere Fächer ein, mehr noch: Als ästhetische Praxis realisieren sie ein Mehr als es die Addition von Fachaspekten vermöchte: „Im Unterschied zum beruflichen Schauspieler, der weitgehend den Vorgaben von Regie, Dramaturgie und Bühnenbau verpflichtet ist, gestalten die Schüler den Weg zu einer Aufführung von den Anfängen bis zum krönenden Abschluss mit und sind verantwortlich in die Entwicklung eingebunden. Die Vielfalt der Arbeitsformen ist vom traditionellen Kanon der Schulfächer kaum zu erfassen: da wird gelesen, getextet, fabuliert, gewerkelt, gebastelt, gemalt, genäht ... und gespielt. Kindertheater in der Schule wird zu einem fächerübergreifenden Vorhaben und gerät für die Zeit seiner Realisierung in den Mittelpunkt ästhetischer Erziehung." (THURN 1992, 13)

Solche Art des Theaterspielens in der Schule ist eine anspruchsvolle Art szenischen Spielens, bei der die spielerische Präsenz während des Vorspiels ebenso wichtig ist wie die spielerischen Fähigkeiten, aber auch die gekonnte Organisation der vielen mit dem Theaterspiel zusammenhängenden Aufgaben. Dem Theaterspiel sollte deshalb immer eine Spielerfahrung von Kindern und Lehrerinnen vorausgehen (zur Entwicklung der Spielfähigkeiten: THURN 1992).

Der gestaltete Vortrag

Beim szenischen Spiel wird in der Regel an dialogische Spielformen gedacht. Es gehören aber ebenso auch monologische dazu: z.b. die Pantomime eines einzelnen Kindes, die Ansage eines Stückes, das Vorlesen von Textteilen zum Spiel. In der unterrichtlichen Tradition spielt der gestaltete Vortrag eine besondere Rolle, insbesondere der Gedichtvortrag, aber auch das vortragende Vorlesen.

Der Vortrag durch ein einzelnes Kind oder durch mehrere Kinder hat immer Zuhörerinnen und Zuhörer – in der Klasse oder bei besonderen Veranstaltungen auch darüber hinaus. Er ist eine handlungsbezogene Interpretationsweise von literarischen Texten, er schult die Artikulationsfähigkeit ebenso wie das Selbstbewusstsein und kann sich an der Wirkung auf die Zuhörerinnen und Zuhörer kontrollieren. Vorlagen sind Gedichte oder Prosatexte, die das gestaltete Vortragen lohnen. Auch das Vortragen kann zusätzlich inszeniert werden: Der Text wird von mehreren Sprechern gestaltet. Ergänzend werden Klänge gespielt, wird ein Bild gezeigt, eine Pantomime vorgeführt, werden Bilder und Figuren projiziert. Zum grundschuldidaktischen Standard gehören z.b. die pantomimische Gestaltung von Wetter-Gedichten oder das Vorlesen der Geschichte „Peter und der Wolf" mit mehreren Sprechern zur Musik von Prokofjew, dabei kann die Geschichte durch Projektor-Schattenspiele ins Bild gesetzt werden.

Sprechförderung

Situationen, die Kinder zum Sprechen herausfordern, aktivieren ihre bisherigen Fähigkeiten und können sie neue Redestrategien und Redemittel entwickeln und verwenden lassen.

Hilfreich sind hierzu:
- eine begründende Situation (das eigene Hobby vorstellen)
- ein Redeschema (Reihenfolge der Informationen über das Hobby)
- Metakommunikation (Haben wir alles über dein Hobby erfahren?)
- Redemodelle (Vorstellung des Hobbys durch die Lehrerin, durch andere Kinder).

Sie befähigen Kinder, ein Profil vom jeweiligen Sprechakt zu gewinnen und sprachliche Mittel verfügbar zu machen, z.b. zur Textplanung oder zu neuen situationstreffenden Wörtern.

Diese kindgeleitete Eigenkonstruktion der jeweiligen Textsorte muss ergänzt werden durch direkt erarbeitete Informationen und sprachliche Mittel, die das Repertoire der Kinder gezielt erweitern. Diese Arbeit ist vor allem für Kinder wichtig, die auf direkte Vermittlung sprachlicher Mittel angewiesen sind, weil sie ein nur geringes Sprachkapital „von Hause aus" mitbringen. Damit die direkte Vermittlung aber hilft, die vorhandenen Fähigkeiten auszubauen, dürfen sie nicht als Sprachübungen unabhängig von Verwendungssituationen organisiert werden. Vielmehr müssen die Übungen aus den Situationen heraus entwickelt werden und auch für die Kinder selbst offenkundig zur besseren Bewältigung der Sprachsituation beitragen.

Beim oben skizzierten Unterricht mit eigenen Gespenstergeschichten können dies z.b. Sammlungen von gespenstertypischen Wörtern sein. Die Art der Sammlung und ihre Strukturierung wird so angelegt, dass diese Zugriffsweisen auch für andere Wortsammlungen gelten. Unterhalb der thematischen Oberfläche werden damit generalisierbare Arbeitstechniken vermittelt, die von den Kindern im konkreten Gebrauch verinnerlicht werden. Im Folgenden stelle ich drei solcher Arbeitstechniken der Sprechförderung vor:
- zu den Sprechinhalten die Erarbeitung und Nutzung von Ideenfeldern,
- zur Wortwahl die Arbeit mit Wortfeldern,
- zur Redestruktur die Arbeit mit Redekarten.

Diese integrierten Übungen sind im Übrigen ebenso für den schriftlichen Sprachgebrauch wichtig und dienen zugleich dem Nachdenken über Sprache.

Zu den Sprechinhalten: Ideenfelder

Sprache erzeugt und dokumentiert Gedanken, Ideen, Zusammenhänge. Sprache macht sie zugleich kommunizierbar und bearbeitbar. Für solche Prozesse sind Ideenfelder eine wichtige Arbeitshilfe. Das Verfahren ist entnommen aus verschiedenen Ansätzen:
- aus dem im Englischen entstandenen Brainstorming, das im Rahmen der Förderung von Kreativität eine Rolle spielt und davon lebt, dass zunächst unbewertet Gedanken und Ideen zu einem Thema geäußert werden
- aus der Cluster-Methode, wie sie von GABRIELE RICO entwickelt wurde und die insbesondere beide Hirnhälften und auch das Unterbewusstsein aktivieren soll,

indem um ein Kernwort Gedankenspuren wie Perlen aufgereiht assoziiert werden (RICO 1984)
- aus dem Mind-Mapping, das der Cluster-Methode ähnelt, aber nicht auf tiefenpsychologische Annahmen rekurriert.

Ich führe diese verschiedenen Verfahren für den Alltagsgebrauch in der Grundschule auf ein elementares, aber ausbaufähiges Grundmuster zurück, ohne dabei auf Unterbewusstsein oder gehirnphysiologische Zusammenhänge hin zu spekulieren.

Auf einem leeren Plakat wird in der Mitte die Leitidee, die Erzählfantasien freisetzen kann, fixiert oder geschrieben. Diese Idee kann für die Kinder neu sein, sie kann sich aber auch aus dem unterrichtlichen Zusammenhang heraus

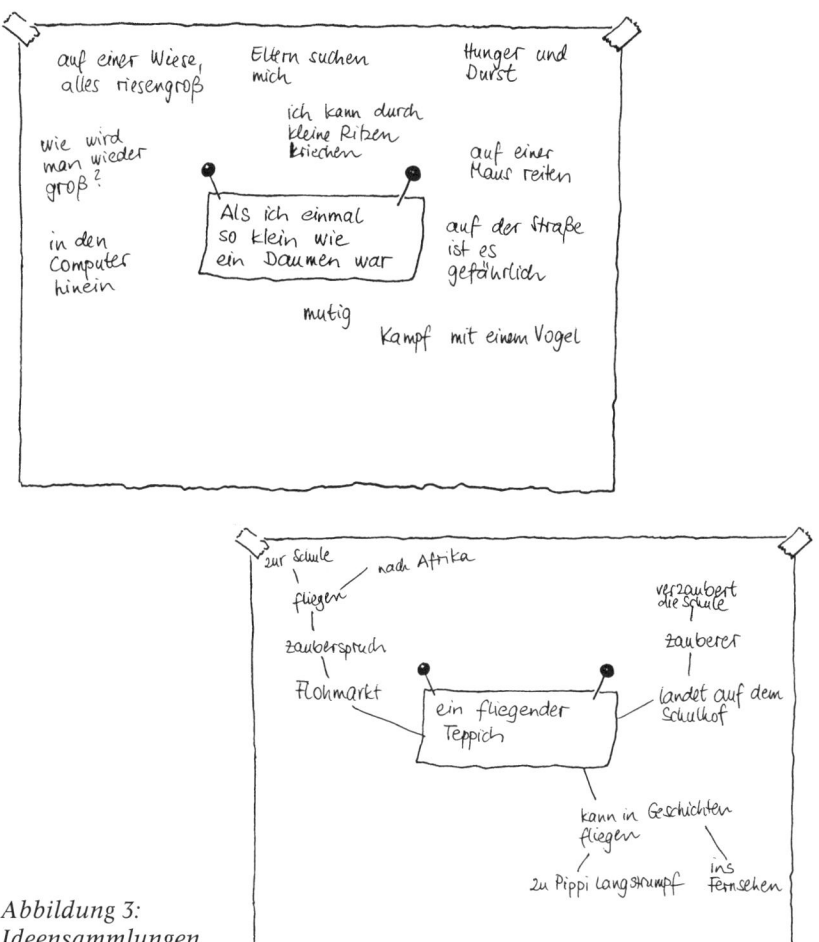

Abbildung 3:
Ideensammlungen

entwickeln. Nun assoziieren die Kinder frei ihre Gedanken. Alle Gedanken, Wörter, Satzelemente, Sätze, die ihnen spontan einfallen, werden auf dem Plakat notiert.

Leitideen können einzelne Begriffe, Bilder oder Fotos, Reizwörter, Geschichtenanfänge, die Kombination fiktionaler Figuren mit der Realität sein. Weitere Anregungen im Kap. Schreibsituationen, bes. S. 77 ff. Beim Vortragen sind dies Ideen zum Sachverhalt, bei einem Problem Argumente, bei der Planung eines Projekts Projektideen usw.

Methodisch sind verschiedene Varianten möglich:
- Die Kinder assoziieren im Gesprächskreis frei, was ihnen einfällt. Die Lehrerin oder der Lehrer schreibt auf Karteikarten oder auf Haftzettel mit. Die Zettel werden später von den Kindern auf das Plakat geklebt. Ideen, die gleich oder ähnlich sind, werden übereinander oder nah beieinander angebracht. Varianten: Die Lehrerin protokolliert während der Assoziationen die Ideen auf einer Folie oder hält sie an der Tafel fest.
- Die Kinder beginnen die Assoziationen im Gesprächskreis, um mit der Leitidee „warmzuwerden", dann überlegen sie allein oder mit dem Partner weiter und schreiben jede Idee auf einen eigenen Zettel oder eine Karte. Die Zettel oder Karten werden im Kreis ausgelegt oder an der Wand ausgehängt, ähnliche oder gleiche Ideen zusammengelegt, das Plakat mit der Ideensammlung wird erstellt.
- Auf jedem Gruppentisch liegt ein Plakat, die Leitidee steht schon in der Mitte. Jedes Kind hat einen Stift und kann frei aufschreiben, was ihm dazu einfällt. Die Kinder lesen, was andere schreiben, das kann zu weiteren eigenen Ideen anregen. Dabei kann auch schon geclustert werden: Jede Idee zum Leitwort wird eingekreist und durch einen Strich mit dem Leitwort verbunden. Gedanken, die zu einer eingekreisten Idee assoziiert werden, werden mit dieser Idee durch einen Strich verbunden. Die Ideensammlungen werden ausgehängt, miteinander verglichen, eventuell zu einer gemeinsamen Ideensammlung vereinigt.

Die Methode der Ideenfelder hat folgende Vorzüge:
- Sie setzt an den Erfahrungen, Gedanken, Fantasien und Denkweisen der Kinder an.
- Sie regt den mündlichen wie den schriftlichen Sprachgebrauch an und strukturiert die Kommunikation.
- Sie hilft, ein Thema zu gliedern, und unterstützt das Mitdenken und Mitplanen durch die Kinder.
- Sie bereitet bei Themen, die zu mündlichen und schriftlichen Texten der Kinder führen, das planvolle Sprechen und Schreiben vor, indem sie Ideen erzeugt und für das eigene Sprechen, das aufmerksame Zuhören sowie für das Schreiben und für die Schreibberatung zur Verfügung stellt.

Zur Wortwahl: Wortfelder

Wortfeldarbeit hat in der Deutschdidaktik eine lange Tradition. „Treffende Wörter" suchen, dazu bedeutungsähnliche Wörter sammeln und aus ihnen auswählen, diese Übung hat mit dem *Wortfeld* „sagen" sozusagen ein Standardbeispiel. Dies war schon so zu Zeiten, als es den Begriff *Wortfeld* noch gar nicht gab. Der Sprachwissenschaftler JOST TRIER erfand 1931 den Begriff „sprachliches Feld", LEO WEISGERBER nannte es 1953 dann Wortfeld. Gemeint war, dass von einer inhaltsbezogenen Wortuntersuchung her sich die Wörter einer Sprache abhängig von den übrigen Wörtern im Feld inhaltlich abgrenzen und definieren lassen. In der Sprachwissenschaft wurde die Wortfeldtheorie im Weiteren zu einer eigenen Disziplin entwickelt.

Der Begriff Wortfeld wurde rasch von der Deutschmethodik übernommen und kennzeichnete nun das, was man bisher bei den Wortschatzübungen praktiziert hatte: die Zusammenstellung von bedeutungsähnlichen Wörtern. Mit der kommunikativen Wende in der Deutschdidaktik verschwand aber der Begriff aus der methodischen Literatur und weitgehend auch aus der Schulpraxis. Seine Wiederentdeckung ist lohnend und seine Nutzbarmachung von großem unterrichtspraktischem Wert.

Wortfelder sind Sammlungen von Wörtern, die inhaltlich eine engere Beziehung zueinander haben. Dies können inhaltsähnliche und sinnverwandte Wörter sein, aber auch Wörter mit einem weiteren inhaltlichen Bezug. Es gibt mithin enge Wortfelder mit inhaltsnahen Wörtern (z.B. Wortfeld *essen*: futtern, speisen, knuspern, mampfen, spachteln ...) und weite Wortfelder mit Wörtern, die lediglich dem gleichen inhaltlichen Kontext entstammen (z.B. Wortfeld *Buch*: lesen, Abenteuergeschichte, spannend, lehrreich, Pippi Langstrumpf, Lexikon, Seiten ...). Diese Spannbreite und Unschärfe in der Definition mag sprachwissenschaftlich unbefriedigend sein, unterrichtsmethodisch ist sie ergiebig und für die Spracharbeit in der Grundschule förderlich.

Die Funktionen der Wortfeldarbeit sind

- die Erweiterung des Wortschatzes der Kinder in der Klasse, indem die Kinder sich gegenseitig mit Hilfe ihres aktiven Wortschatzes anregen, die Lehrerin oder der Lehrer Wörter ergänzt und weitere passende Wörter z.B. in Texten gesammelt werden können,
- die Differenzierung des Wortschatzes, wenn Wörter sich gegenseitig durch Übereinstimmung und Abgrenzung definieren,
- die Bereitstellung von Sprachmaterial für den eigenen mündlichen und schriftlichen Sprachgebrauch im Zusammenhang des Unterrichtsthemas.

Die Wortfeldarbeit ist damit das Pendant zur Arbeit mit dem Ideenfeld: Was dort auf der Textebene geschieht, bezieht sich hier auf die Wortebene. Ausgangspunkt ist das Leitwort. So kann ein Plakat mit dem Leitwort in der Mitte aushängen, die Kinder sammeln Wörter zum Feld – im Unterricht oder als Auftrag während einiger Tage. Wenn die Kinder dieses Verfahren erst einmal kennen, werden sie häufig zu eifrigen Wörtersammlern. Die Entscheidung, ob ein Wort zum Feld gehört oder nicht, kann inhaltsbezogene Reflexionen über Wörter auslösen.

Abbildung 4: Weite und enge Wortfelder

Bei der Notierung kann differenziert werden: Wörter, die inhaltlich enger zusammengehören, werden auch nah beieinander aufgeschrieben – sie ergeben

ein Cluster. Dadurch gliedert sich das Feld. Oft kann man in einem Dreischritt arbeiten:
1. Das Wortfeld wird während der Unterrichtsarbeit sukzessive gefüllt.
2. Das gefüllte Wortfeld wird daraufhin untersucht, welche Wörter enger zusammengehören. Durch Verbindungsstriche, durch Unterstreichen oder Einkreisen in einer Farbe werden inhaltlich ähnliche Wörter markiert.
3. Das Wortfeld wird neu geschrieben; dabei werden enger zusammengehörende Wörter nah beieinander aufgeschrieben und eingerahmt, also geclustert.

Durch das Füllen von Wortfeldern, durch den inhaltlichen Vergleich der Wörter, durch Clusterbildung und Ausgliederung von Wörtern aus weiten in engere Wortfelder werden Kinder zu Sprachforschern.

Zur Redestruktur: Redeplan

Der Redeplan legt Hilfen zur Struktur des gesprochenen (oder geschriebenen) Textes fest.
Beim Erzählen kann der Redeplan mit Hilfe von Erzählkarten fixiert werden.
Der Grundgedanke ist der folgende: Die Erzählschritte werden als Bild, als Stichwort, als Überschrift, als Textelement (z.B. durch einen Einleitungssatz) auf einzelnen Karten festgehalten. Die Karten dienen dann beim Erzählen als Stütze.

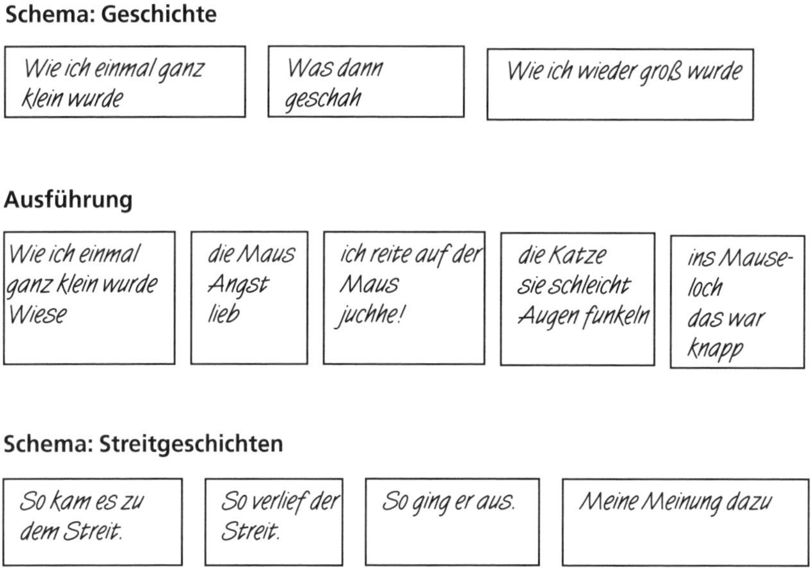

Schema: Geschichte

Wie ich einmal ganz klein wurde	Was dann geschah	Wie ich wieder groß wurde

Ausführung

Wie ich einmal ganz klein wurde Wiese	die Maus Angst lieb	ich reite auf der Maus juchhe!	die Katze sie schleicht Augen funkeln	ins Mause- loch das war knapp

Schema: Streitgeschichten

So kam es zu dem Streit.	So verlief der Streit.	So ging er aus.	Meine Meinung dazu

Abbildung 5: Erzählkarten

Mit Erzählkarten kann auf folgende Weise gearbeitet werden:
- Die Kinder kennen eine Geschichte, die nun mündlich erzählt werden soll, z.B. einen Film, ein Märchen, ein Ereignis. Die Lehrerin oder der Lehrer überlegt mit den Kindern: „Wenn man die Geschichte in einigen Bildern aufzeichnen möchte, welche Bilder brauchen wir dann?" Die Bilder sind die Erzählschritte. Jeder Erzählschritt wird auf einer Karteikarte festgehalten: in einem kurzen Text, ähnlich wie eine Überschrift, oder auch als Bild gezeichnet. Manchmal ist es hilfreich, wichtige Wörter oder Redewendungen als Erzählhilfe dazuzuschreiben. Die Erzählkarten werden an mehrere Kinder verteilt, die die Geschichte nun nacheinander erzählen. Varianten: Ein Kind erzählt die Geschichte oder zwei Partner erzählen abwechselnd.
- Die Kinder haben ein Wort oder mehrere Wörter aus einem Ideenfeld für eine eigene Geschichte gewählt und entwickeln nun erzählend ihre Geschichte, z.B. in Partnerarbeit. Wenn sie ihre Geschichte beisammenhaben, überlegen sie die Erzählschritte (die „Bilder"). Sie werden auf Karteikarten geschrieben und dienen als Erinnerungsstütze beim mündlichen Erzählen und beim Aufschreiben.
- Die Erzählkarten zu einem Erzählzusammenhang werden zu einem Kartensatz zusammengeklammert. Die Kartensätze werden in einem Schuhkarton („Erzählkiste") gesammelt. In Erzählstunden nehmen die Kinder einen Satz Erzählkarten und erfinden damit eine Geschichte.
- Erzählkarten aus der Erzählkiste werden gemischt. Dadurch entstehen neue willkürliche Wörterkonstellationen, die nun in einen Erzählzusammenhang gebracht werden müssen.
- Die Erzählkarten zu einer Geschichte werden ausgelegt. Bei einer bestimmten Karte spinnen die Kinder aus, wie die Geschichte auch ganz anders weitergehen könnte, z.B. lustiger oder trauriger oder weil jemand hinzukommt, weil es zu schneien beginnt ... Die Kinder erfinden so andere Verläufe der Geschichte, d.h., sie entwickeln mit einer anderen Idee eine neue Fortsetzung und kommen zu einer anders weitergeführten Geschichte. Dadurch wird deutlich, dass der Erzähler oder die Erzählerin frei in der Erfindung von Geschichten ist und zum Beispiel an Gelenkstellen von Erzählungen jeweils neu über die Fortsetzung entscheiden kann. Auf diese Weise können zu einem Erzählanfang unterschiedlich weitergeführte Geschichten erfunden werden.
- Die Erzählkarten zu einer Geschichte werden in der Reihenfolge variiert – das Ende der Geschichte wird z.B. der Anfang. Was ändert sich nun für Erzähler und für Zuhörer?

Beim Vortragen kann der Redeplan ein Stichwortzettel sein, aber auch eine Bilderfolge, z.B. bei Vorträgen über Dinosaurier, über das Keimen von Bohnenstecklingen, über Windstärken. Bei Pro-Contra-Gesprächen werden die Argumente auf einzelne Karten geschrieben und in eine begründete Reihenfolge gebracht. Die Gegenargumente können zugeordnet werden.

Sprechübung

Die Didaktik der muttersprachlichen Bildung integrierte die Sprechübung oder -schulung in die Sprecherziehung. Wichtige Aspekte waren dabei die gute Führung der eigenen Stimme, die richtige Atemtechnik und eine Lautbildung, die an der Hochsprache orientiert war. Allerdings galt auch hier der „ganzheitliche Ansatz": „Wir halten nichts von sinnleeren Ausspracheübungen." Der Sprecherzieher sollte „gerade bei der Sprechbildung, d.h. der Atem-, Stimm- und Lautbildung, immer den ganzen Menschen im Auge behalten, zunächst seine sprachliche Haltung sichern und die Sonderleistungen des Sprechens aus dieser Gesamthaltung des Geistes und Leibes herausentwickeln" (WINKLER 1963, 82). Als wichtige Ansätze der Förderung wurden genannt: das Lehrer-Sprachvorbild, sinnvolle Sprechsituationen, bei allem Sprechen die Zuwendung zu den Zuhörenden – innerlich, körperlich, sprachlich, gestalteter „Dichtungsvortrag" sowie das darstellende Spiel.

Mit der kommunikativen Wende verschwand das didaktische Interesse an der Sprechübung zu Gunsten von Verständlichkeit der Rede und intentionalem Sprechen. Nur vereinzelt wurde versucht, Sprecherziehung sowie Sprechübung als Förderung der elementaren Fertigkeiten beim Sprechen zu integrieren (z.B. NAUMANN 1995, 475 f.). Möglicherweise waren für die Geringschätzung Missverständnisse wirksam, nämlich: Sprecherziehung sei identisch mit Sprechübung und wolle die Kinder isolierte und kommunikationsferne Trainingseinheiten absolvieren lassen bzw. wolle Kindern mit regional eingefärbter, soziolektal geprägter Sprache die Hochsprache als die richtige Sprachnorm beibringen. Die Zitate widerlegen diese Annahmen.

Tatsächlich sind bei einem kommunikativen Konzept verständliche Rede, in vielen Situationen auch standardsprachliches Sprechen und sorgfältige Artikulation wichtige Gesichtspunkte. Deshalb ist der Aspekt der Sprechübung auch heute bedeutsam und didaktisch wie unterrichtspraktisch zu integrieren. Dabei sind die früher schon erkannten Förderbereiche weiterhin wichtig:

Das Lehrer-Sprachvorbild

„Nachahmung (ist) hier das einfachste, unterschwellig wirksame Lernverfahren", so NAUMANN (1995, 458) auch im Rückgriff auf den Begründer der Sprechkunde und Sprechwissenschaft, ERNST DRACH.

Sinnvolle Sprechsituationen

Dies sind alle Gesprächsformen in der Klasse. Für Kinder besonders herausfordernd sind Sprechsituationen öffentlicher Rede, z.B. die tägliche Tagesansage im Morgenkreis, die Leitung eines Gesprächs, der Vortrag von Gruppenergebnissen, die Vorbereitung auf ein Interview, das auf Kassette aufgenommen wird, das Verlesen von Nachrichten und Kommentaren zum Schulleben im Klassen-Fernsehstudio. Kassettenaufnahmen zur Selbstkontrolle und Rückmeldungen der Zuhörer sind bei diesen Situationen wichtige Korrektive.

Zuwendung zu den Zuhörenden – innerlich, körperlich, sprachlich

Die Regeln der „humanen Gesprächskultur" helfen, sich für Zuhörer zu öffnen, auf sie hin zu sprechen, selber aktiv zuzuhören und nachzufragen. Sprachspiele, die an den Vorredner anknüpfen, ihn bestätigen oder ihm widersprechen, sind auch auf kommunikative Verständlichkeit der Rede hin angelegt und begünstigen eine entsprechende Redehaltung. Das Lehrer-Sprachvorbild, aber auch das Beispiel standardsprachlich verständlich sprechender Kinder können für alle Orientierungen sein.

Gestalteter Vortrag sowie das szenische Spiel

Das gestaltende Vortragen verstärkt die auch bewusste Beachtung der Stimmführung, der Atemtechnik und der Lautung. Bei einem Vorlesetext mit Leseproben probieren die Kinder aus, wo vom Inhalt her sinnvolle und vom Sprechatem her mögliche Atempausen gemacht werden können, die Stellen werden durch einen senkrechten Strich markiert. Sinnwörter, auf die hin in einem Sprechbogen zu gesprochen wird, werden ermittelt und unterstrichen. Bei Gedichten helfen diese Leseproben auch, dem Leierton entgegenzuwirken. Die besonderen sprechschulenden Chancen beim szenischen Spiel liegen auf der Hand.

Als ungünstige Rahmenbedingungen für das Stimmorgan gelten: zu lautes Sprechen, dies meint auch die Lehrerin oder den Lehrer als Sprachvorbild; ein überheizter Klassenraum mit heißer trockener Luft; Gleichförmigkeit der Unterrichtskommunikation; langes Sitzen ohne Bewegung sowie verkrampftes Sitzen durch falsche Stuhlgrößen oder durch falsche Sitzposition, z.B. wenn die Kinder sich beim Klassengespräch nicht so setzen, dass sie möglichst alle anderen auch ansehen können.

Sprechübung in diesem Sinne ist integrierter Teil des mündlichen Sprachgebrauchs und ein Aspekt in den Situationen des sprachlichen Handelns in der Klasse. Manche Kinder haben Sprechstörungen, die sich durch solche integrierten Maßnahmen nicht beheben lassen und die auch die Möglichkeiten der Lehrpersonen überfordern. Die bekanntesten sind Poltern (Überstürzen des Redeflusses), Stammeln (Fehlbildungen von Lauten), Stottern (Störung des Redeflusses), Dysphonie (verhauchtes bis gepresstes Sprechen). Solche Störungen bedürfen der fachlichen Behandlung. Sonderpädagogen für Sprachbehinderungen, die örtliche Schulpsychologie oder ähnliche Einrichtungen können hier weiter beraten. Tiefgreifender sind Kommunikationsstörungen wie Mutismus (generelles Verstummen in bestimmten Situationen und bestimmten Personen gegenüber, z.B. in der Schule) oder Autismus (schwere Störung im Sozialverhalten, abnorme Entwicklung der kommunikativen Fähigkeiten). Auch hier sind neben den Eltern Sonderpädagogen oder die Schulpsychologie erste Ansprechpartner.

In jedem Einzelfall wird die Lehrerin oder der Lehrer beobachten, ob es sich um ein vorübergehendes Symptom handelt oder um eine überdauernde

Erscheinung. Zum Beispiel mag das Schweigen eines Kindes durch eine vorübergehende Schüchternheit oder eine aktuell belastende familiäre Situation bedingt sein; dann müsste es sich aber durch Zuwendung, durch die integrierte Sprechförderung allmählich beheben lassen. Ist dies nicht der Fall, muss neben dem Gespräch mit den Eltern externer Rat eingeholt werden.

Überblicke: Mündliches Sprachhandeln heute

Didaktische Felder

Gespräche führen	Lehrgespräche (als eng geführte Gespräche)	Kindergespräche	Demokratisches Sprechen	Gesprächsregeln für die große Gruppe (Klasse)	Gesprächsregeln für die kleine Gruppe
Erzählen	Alltagserzählen	Fabulieren	geselliges Erzählen		
Sachbezogen vortragen	Informieren	Vortragen	mediengestütztes Vortragen		
Szenisches Spiel	kleines Spiel, Spielübung	Rollenspiel	fiktives Spiel	Sprachförderspiel	Theaterspiel
Sprechförderung	Ideenfelder	Wortfelder	Redeplan	Gestaltetes Vortragen	

Zur Planung, Analyse und Evaluierung von Unterricht können Unterrichtseinheiten daraufhin untersucht werden, welche der didaktischen Felder ausführlicher berücksichtigt und bearbeitet wurden bzw. werden. Sie werden in einem Raster wie oben markiert.

Ein Beispiel mit dem Unterrichtsthema *sich streiten – sich vertragen*
- *Gespräche:* Alle didaktischen Felder können bei diesem Thema bearbeitet werden. Besondere Bedeutung haben Kindergespräche als kindgeleitete Diskurse über Streitsituationen, über Erfahrungen und Gefühle, über Regelungen, Versöhnung, aber auch über Unglücklichsein bei nicht geregelten Konflikten. Der Klassenrat als eine Institution demokratischen Sprechens kann Konflikte in der Schule als ein Aufgabenfeld aufnehmen. Gesprächsregeln sind hierbei in Gebrauch, fallweise werden sie ergänzt.
- *Erzählen:* Beim Alltagserzählen, z.B. im Morgenkreis, werden entsprechende Situationen und Erfahrungen mitgeteilt.
- *Szenisches Spiel:* Mit der Rollenspiel-Methode werden Streitfälle und mögliche Lösungen durchgespielt. Dazu werden die Regeln für Rollenspiele erarbeitet: „Vorher klären: Wer spielt mit? Was wollen die Spieler? – Nachher besprechen: War das eine faire Lösung für alle? Was kann man anders spielen?" In den

Unterricht können auch Texte einbezogen werden: Kinderliteratur, Streitfabeln wie die von den zwei Ziegen, Geschichten wie die Kalendergeschichte von den zwei Fuhrleuten. Damit sind weitere Spielformen möglich, z.b. Schattenspiel, Stabpuppenspiel, szenisches Personenspiel.

- *Sprechförderung:* Die Kinder sammeln und formulieren Streitsituationen. In Ideenfeldern sammeln sie Lösungsmöglichkeiten als konkrete Lösungen, mit Handlungsweisen verbaler und nicht-verbaler Art, abstrahiert zu Lösungsstrategien (z.b. sich entschuldigen, Schlichter holen). Wortfelder werden zu den Leitwörtern: „streiten" und „sich vertragen" gefüllt. Im Laufe der Unterrichtseinheit entsteht auch die Reihenfolge, wie über einen Streit und seine Lösung berichtet werden kann, z.b. im Viererschritt: „So kam es zu dem Streit. – So verlief er. – So ging er aus. – Meine (Unsere) Meinung dazu."
- *Sachbezogen vortragen:* Über Streitsituationen, seien sie real, quasi-real im Rollenspiel oder durch Texte präsentiert, können die Kinder in Gruppen sprechen und Meinungen dazu bilden. Die Gruppe kann der Klasse ihr Ergebnis mitteilen. Dabei kann z.b. der o.a. Viererschritt als Redeplan zu Grunde liegen.

Lernentwicklung und Lernziele

Aktivierung und Erweiterung der Sprachfähigkeiten	Sprechförderung
Grundlage: Mündlichkeit als zentrales Medium – alltagskommunikativ miteinander sprechen: im Schulleben, im Unterricht – in verschiedenartigen Situationen miteinander sprechen: informell und formell – metakommunikativ miteinander sprechen	
Alltäglich miteinander sprechen – in vielfältigen Situationen miteinander verständnisvoll sprechen – Sprachkonventionen üben wie sich begrüßen, sich entschuldigen, um Hilfe bitten – Gesprächsregeln für kleine und größere Gesprächsgruppen erarbeiten und beachten – eine humane Gesprächskultur entwickeln **Erzählen** – erlebnisbezogen frei erzählen – gesellig erzählen: erlebnisbezogen und fabulierend, sich unterstützend und weiterführend, assoziativ und mit Erzählplan **Sachbezogen sprechen** – sich über einen Sachverhalt frei mitteilen – einen Vortrag gestalten mit Redeplan, Medien, Stichwörtern	**Sprechakte üben** – beim Erzählen: mitteilen, erzählen, anknüpfen, nachfragen, ausgestalten – beim sachbezogenen Sprechen: informieren, beschreiben, erklären, vermuten, nachfragen, Fragen beantworten – beim demokratischen Sprechen: begründen, argumentieren, nachfragen, sich vereinbaren **Sprachmittel erarbeiten und verwenden** – Ideenfelder sammeln, strukturieren, verwenden – Wortfelder füllen, strukturieren, verwenden – einen Redeplan entwickeln (Redekarten, Erzählkarten, Bilderfolge u.a.), sich beim Sprechen davon leiten lassen – kommunikative Mittel in Spielsituationen erproben, erkennen, wiederholt anwenden, auf andere Situationen übertragen

Demokratisch miteinander sprechen
- Kindergespräche in weithin symmetrischer Kommunikation führen
- über Klassenleben und Unterricht mitentscheiden
- in politischen Gremien wie Klassenrat oder Kinderrat mitarbeiten

Szenisch spielen
- Texte allein oder mit anderen gemeinsam gestaltend vortragen
- quasi-reale Situationen spielen und dabei Möglichkeiten sprachlichen Handelns erproben
- fiktive Situationen spielen und dabei mit den fiktiven Möglichkeiten experimentieren
- Theaterspiel von der Textidee bis zur Aufführung als Projekt gestalten

Metakommunikativ miteinander sprechen
- Redesituationen klären
- förderliche Rückmeldungen geben
- Ansprüche an das Sprechen und Zuhören erkennen und einlösen
- Regeln vereinbaren, verschriftlichen und erproben

Sprechschulung
- den Lehrer/die Lehrerin als Sprachvorbild wahrnehmen
- Sprechsituationen öffentlicher Rede nutzen, z.b. tägliche Tagesansage, Vortrag von Ergebnissen
- sich den Zuhörerinnen und Zuhörern zuwenden: innerlich, körperlich, sprachlich
- in Texten Pausen und Kernwörter markieren, Texte zum Vortragen üben
- kleine Vorträge gestalten, besonders Tagesverse, Gedichte, Dialoge

Ausgewählte Literatur

HEIDE BAMBACH: Erfundene Geschichten erzählen es richtig. Lesen und Leben in der Schule. Bottighofen (Libelle) 1993

Kernstück ist zwar die Gestaltung von Geschichten der Kinder und die Beratung der Kinder miteinander, das Buch ist also auf den schriftlichen Sprachgebrauch gerichtet. Doch enthält es mit der Darstellung der „Versammlung" ein anregungsreiches Beispiel für die Entwicklung von Kindergesprächen, für Arrangement und Regeln dieses kindergeleiteten Gesprächsforums sowie viele Einblicke in Gesprächsverläufe, in sensibles Lehrerhandeln und in die Reflexion über den rechten Umgang mit Kinderbeiträgen.

ULRIKE POTTHOFF, ANGELIKA STECK-LÜSCHOW, ELKE ZITZKE: Gespräche mit Kindern. Gesprächssituationen – Methoden – Übungen, Kniffe, Ideen. Berlin (Cornelsen Scriptor) 1995

Dies ist eine Anleitung für die Entwicklung einer humanen Gesprächskultur in der Klasse – mit grundsätzlichen Überlegungen, mit der Vorstellung verschiedener Gesprächssituationen von informellen Gesprächen und Planungsgesprächen bis zu Pro-Contra-Diskussionen. Wie Gesprächsregeln erarbeitet und gefestigt werden können, wird ausgeführt, „Übungen, Kniffe und Ideen" werden vorgestellt. Zum Selberlernen dient am Ende ein Trainingsprogramm, mit dessen Hilfe die Lehrperson die eigenen Interaktionsfertigkeiten im Dienste der humanen Gesprächskultur in der Klasse weiterentwickeln kann.

CLAUS CLAUSSEN, VALENTIN MERKELBACH: Erzählwerkstatt – Mündliches Erzählen. Braunschweig (Westermann) 1995

Das Buch versammelt verschiedene Beiträge mit der Skizze einer Didaktik des mündlichen Erzählens und Einblicken in die linguistische Erzählforschung, sodann ausführliche Beispiele und Hinweise zur Entwicklung des „geselligen Erzählens" in der Grundschule und der Sekundarstufe. Praxisanregend sind besonders die vielen Praxistipps mit Kopiervorlagen zu Erzählhilfen wie Erzählsituationen, Erzählimpulse, Erzählkarten.

KLAUS-DIETER LENZEN: Theater macht Schule – Schule macht Theater. Frankfurt am Main (Grundschulverband) 1992

Vier ausgeführte Werkstatt-Berichte über Theaterprojekte zeigen, wie Texte, Szenenverläufe und Inszenierungen mit den Kindern zu Themen wie „Krieg und Frieden" oder „Zirkus" entwickelt werden können. Neben Reflexionen zum Schul-Kinder-Theater finden sich im zweiten Teil des Buches zahlreiche pädagogisch-handwerkliche Hinweise und Tipps, z.B. zur Wahl des Themas, zu den Spielformen, zu Bühne und Requisiten, schließlich ein kleines Übungsprogramm für Schultheater-Schauspieler.

BERNHARD THURN: Mit Kindern szenisch spielen – Spielfähigkeiten entwickeln, Pantomimen, Stegreif- und Textspiele, Von der Idee zur Aufführung. Berlin (Cornelsen Scriptor) 1992

Am Ende dieses Handbuchs steht die Inszenierung und Aufführung eines Textspiels. Der Autor verfolgt zuvor den Gedanken, welche Voraussetzungen Kinder und Lehrerin oder Lehrer für ein solches Schultheater-Projekt haben müssen und wie man sie schaffen kann. Hierzu schlägt er Unterrichtseinheiten vor, in denen die Spielfähigkeiten entwickelt werden – mit vielen Ideen für Kommunikationsspiele, Pantomimen, Stegreifspiele sowie zur Entwicklung von Spielen nach epischen Textvorlagen. Außerdem findet man in dem Buch Adressen von Verlagen, die Spieltexte anbieten, von Spielberatungsstellen sowie reichhaltige Hinweise auf Literatur zu speziellen Fragestellungen.

WERNER HOLLY/MICHAEL SCHWANDER: Spielen im Deutschunterricht. Band II Sprachliches Handeln und Kommunizieren. Heinsberg (Agentur Dieck) 1987

Das Buch versammelt viele Ideen für Sprachspiele und hat Handbuchcharakter: Ein tabellarisches Spieleverzeichnis und ein Sachregister ermöglichen, dass für eine bestimmte didaktische Absicht rasch die geeigneten Spiele gefunden werden können.

2.2 Schriftliches Sprachhandeln

Einleitung: „Was unterscheidet das Schreiben vom Sprechen?"

Sprechen und Schreiben – beides sind sprachliche Tätigkeiten. Die eine, nämlich das Sprechen, ist die historisch frühere Erfindung. Man könnte vermuten, dass bei der späteren Erfindung, dem Schreiben, nur fixiert wird, was sonst gesprochen würde. Die Schriftform unterschiede sich dann von der Mündlichkeit nur durch das andere Medium: die Schrift. „Schreib auf, was du uns erzählen willst!" – bei einer solchen Aufforderung könnte man folglich erwarten, dass der Text auf dem Papier das abbildet, was sonst mündlich erzählt worden wäre.

Diese Zuordnung der Schriftlichkeit zur Mündlichkeit übersieht die wesentlichen Unterschiede zwischen beiden und damit auch die didaktischen Chancen, die in der Förderung des schriftlichen Sprachgebrauchs liegen. Bei der mündlichen Verständigung gibt es eine unmittelbare kommunikative Situation, z.B. das Gespräch in der Pause, den schon erwarteten telefonischen Rückruf; die verbale Sprache wird ergänzt durch nichtverbale Hinweise, z.B. durch Augenkontakte, durch Körpersprache, durch Intonation; Teilnehmer an der Kommunikation reagieren durch Aufmerksamkeit, Anteilnahme oder auch Desinteresse, durch Äußerungen verbaler und nichtverbaler Art. Dies alles fehlt bei der Verschriftung. Ohne unmittelbare Rückkopplung zu den Adressaten, ohne nicht-verbale Verständigungsmittel, ohne direkten situativen Zusammenhang muss vollständiger, d.h. kontextunabhängig, und spekulativer, nämlich auf das vermutete Verständnis und Interesse der Leser hin, formuliert werden.

Beim Schreiben ist gegenüber dem Sprechen der Äußerungsvorgang erheblich verlangsamt. Bei Grundschulkindern ist dieser Unterschied besonders groß. Denn je weniger schreibroutiniert sie sind, desto größer ist die Diskrepanz zwischen dem Tempo beim Sprechen und dem beim Verschriftlichen. Beim Schreibanfänger schieben sich ständig formale Aspekte zwischen die inhaltlichen Gedanken, wie die Orientierung an den Laut-Buchstaben-Entsprechungen, die Beachtung der Wörtergrenzen, das Zeilenhalten, schreibmotorische Probleme, rechtschreibliche Fragen. Spontan schreibende Kinder schreiben deshalb zunächst nur einen kleinen Bruchteil von dem auf, was sie eigentlich zum Ereignis oder Sachverhalt alles ausdrücken könnten und möchten. Die Unmittelbarkeit des Mitteilens ist beim Schreiben mithin gestört, der Gedankengang stockt immer wieder. Aber gerade dadurch können die Gedanken mit Überlegung sortiert und der Text bewusst und planvoll entwickelt werden. Wer schreibt, kann probeweise formulieren, Geschriebenes wiederholt vergegenwärtigen, es überarbeiten oder verwerfen.

Gegenüber dem flüchtigen Wort sind schriftliche Texte festgehaltene und reproduzierbare Äußerungen. Durch ihre Gegenständlichkeit wächst der Anspruch an die Textqualität, die gedankliche Schärfe, die lesemotivierende Gestaltung, die sprachlichen Mittel. Viele Ansprüche entstehen überhaupt erst durch die Schriftlichkeit, z.B. die Beachtung von Wortgrenzen, von Rechtschreibnormen, von Regeln der Zeichensetzung und die Ansprüche an Satzbau und Wortwahl.

„Es ist die Gegenständlichkeit der geschriebenen Sprache", so folgert HARTMUT GÜNTHER, „die Sprache selbst zum Gegenstand und damit zum Objekt der Reflexion und bewussten Bearbeitung werden lässt. Diese aber ist festgelegt im Medium, in der Nicht-Flüchtigkeit der geschriebenen im Unterschied zur gesprochenen Äußerung." (GÜNTHER 1997, 70) Dadurch kann Schreiben wesentlich auch zur Entwicklung von Identität und Identitätsbewusstsein beitragen (SPINNER 1980, 74 f.).

Die Gegenüberstellung von Mündlichkeit und Schriftlichkeit gilt allerdings nicht für alle mündlichen bzw. schriftlichen Äußerungen. Es gibt mündliches Sprechen, das der Schriftlichkeit nahe kommt, z.B. ein Vortrag oder Redeweisen hochliteraler Menschen („er spricht wie gedruckt"), und es gibt Schriftliches, das eher mündlichen Charakter hat, z.B. manche spontan geschriebenen Notizen, Briefe, E-Mail-Texte (GÜNTHER 1993). Dennoch gilt der Unterschied für die meisten Situationen und Textsorten. Und er gilt für Kinder, die Schriftsprache erwerben und ihre Schreibfähigkeiten entwickeln.

Bleibt zu fragen: Wie können Kinder zu diesem verlangsamten und vergegenständlichten Sprachhandeln, zur Schriftlichkeit, motiviert werden? Welche Rolle spielt dabei das normgerechte Rechtschreiben? Welche Arten von Texten sollten Kinder zuerst schreiben lernen und welche Rolle spielen dabei die traditionellen Aufsatzformen Erzählung, Bericht, Beschreibung? Inwieweit können Kinder in der Grundschule auch schon lernen, Texte zu planen, zu überarbeiten, welche Rolle spielt die Stilistik dabei? Oder geht es in der Grundschule noch gar nicht um solche fachlichen Aspekte, sondern vor allem um den „Spaß am Schreiben"? Überhaupt: Was wissen wir eigentlich davon, wie sich die Schreibfähigkeiten der Kinder entwickeln?

Zu solchen Fragen haben die didaktischen Konzepte der Vergangenheit und Gegenwart ihre je eigenen Antworten gefunden. Jedem konkreten Unterricht gehen die Antworten voraus, ob dies der Lehrerin oder dem Lehrer bewusst ist oder nicht. Ein Blick in die didaktische Entwicklung der letzten Jahrzehnte kann dazu beitragen, mögliche und nach heutigem Erkenntnisstand gültige Antworten zu finden und zugleich offen für neue Fragen und neue Antworten zu sein.

Rückblick: Von der Aufsatzerziehung zum authentischen Schreiben

Mit ihren Aufsatzformen Erzählung, Bericht, Beschreibung, Schilderung, Erörterung wirkt die Aufsatzdidaktik der Muttersprachlichen Bildung bis heute im Unterricht aller Schulstufen nach. Deshalb wird sie hier im Rückblick etwas ausführlicher dargestellt und kritisch kommentiert.

Muttersprachliche Bildung: Von inneren Haltungen zu Aufsatzformen

Im Grundschulbereich war und ist es vor allem die erste der genannten Formen, die bis heute im Unterricht präsent ist: die Erzählung als Erlebnis- oder Fantasieerzählung. Im traditionellen Verständnis ist die Erzählung, wie die anderen Aufsatzformen auch, in Form und Stilistik definiert. Formal besteht sie aus drei Teilen: aus Einleitung, Hauptteil mit dem Höhepunkt und Schluss; erzählt werden soll anschaulich, miterlebend, „spannend" auf den Höhepunkt zu; Wortwahl und Satzstellung sollen variabel sein; Erzählzeit ist die Vergangenheit unter Vermeidung von „Zeitenhopsern".

Im Konzept der Muttersprachlichen Bildung standen solche formalen und stilistischen Qualitäten am Ende eines Entwicklungsprozesses. Am Anfang stand der erzieherische Auftrag, Kinder und Jugendliche in innere Haltungen „zur Welt und zum Leben" zu bringen, aus denen heraus sie sprachlich gestalteten: Zwei Grundhaltungen sollten erzeugt werden – eine Haltung, die „mit dem Lauf von Welt und Leben" mitgeht, mit ihm eins wird und eine andere Haltung, die mit Abstand auf Welt und Leben sieht „als einem Abgetrennten, Gegenüberstehenden ... Jenes gibt erlebte Welt in der Gestalt der Erlebnissprache; dieses besehene Welt in der Gestalt von Sachsprache." (BEINLICH 1963 a, 356 f.)

Aus der inneren Haltung heraus und auf den Gegenstand bezogen, ergeben sich bei der sprachlichen Gestaltung vier Stilgattungen: beim Miterleben das Erzählen und das Schildern, beim sachlichen Darstellen das Berichten und das Beschreiben.

Die traditionellen Aufsatzformen sind nach der Didaktik der Muttersprachlichen Bildung Sprachformen, die aus den Grundhaltungen heraus über viele Schuljahre entwickelt werden:

- die *Erzählung* (als miterlebende Darstellung eines tatsächlichen oder ausgedachten Ereignisses)
- die *Schilderung* (als miterlebende Darstellung einer Stimmung, einer Momentaufnahme)
- der *Bericht* (als sachlich-distanzierte Darstellung eines einmaligen Ereignisses)
- die *Beschreibung* (als sachlich-distanzierte Darstellung eines Gegenstandes, eines immer wieder ähnlich ablaufenden Vorgangs).

In der Grundschule wurde insbesondere das Erzählen als kindadäquate Ausdrucksmöglichkeit geübt, und zwar vom spontanen mündlichen Erzählen der Kinder hin zum schriftlichen „Erzählen eines realen oder eines Fantasie-Erlebnisses, Bild-Erzählen oder ... Nacherzählen" (BEINLICH 1963 a, 367). Gegenüber der späteren Aufsatzform Erzählung waren die „Geschichten" der Kinder in der Grundschule Vorformen oder Mischformen, bei der sich zum Beispiel erzählende, mitteilende, berichtende Stilmerkmale vermengen. Allerdings sollten schon wichtige Merkmale der Erzählung im Laufe der Grundschulzeit geübt werden: „spannungsweckende Überschrift, Ausgestaltung des Erzählkerns, Ausbau eines Spannungsbogens, Hörerbezug usw." (BECK 1969, 30). „Zumindest in den Grundzügen", so wurde für diese Darstellungsform zugestanden, „vermag das Kind (sie) infolge entwicklungspsychologischer Gegebenheiten zu erfassen und zu bewältigen – und dies trotz der sprachlichen Gestaltungsarmut und dem Hang zur berichtenden und beschreibenden Wiedergabe." (BECK 1969, 30)

Wann sollten die Kinder solcherart erzählende Aufsätze zu schreiben beginnen? Zur Beantwortung dieser Frage trug auch das herrschende Konzept des Rechtschreibunterrichts bei. Bis in die 80er-Jahre hinein galt beim Rechtschreiblernen unbestritten das Fehlervermeidungsprinzip. Das bedeutete: Falsche Schreibweisen durften nach Möglichkeit gar nicht erst entstehen. Herrschende Lehrmeinung war: Falsch geschriebene Wörter irritieren den Rechtschreiblerner und seine Versuche, richtige Schreibweisen als Wortbilder zu speichern und darin generalisierte Muster zu entdecken (ausführlicher hierzu s. das Kap. Rechtschreiblernen S. 105 ff.). Deshalb sollte das Aufsatzschreiben erst dann einsetzen, wenn eine grundlegende Rechtschreibsicherheit erreicht war. „Ehe wir mit selbstständigem schriftlichen Ausdruck beginnen, muss die grundlegende Rechtschreibung der Kinder gefestigt sein" – so z.B. KURT SINGER (1966, 31). Optimistischerweise wurde für den möglichen Zeitpunkt die Klasse 3 angenommen: „Erfahrene Methodiker setzen sich für das Geschichtenschreiben aller Kinder erst im 3. oder besser noch in nicht günstigen Verhältnissen in der 2. Hälfte des 3. Schuljahres ein." (BEINLICH 1963 a, 365)

Die Veräußerlichung: Einüben von Aufsatzformen

In der Praxis und in vielen Lehrbüchern konnte der Zusammenhang von innerer Haltung zu „Welt und Leben" und daraus hervorgehender sprachlicher Gestaltung nicht hergestellt und gehalten werden. Der Aufsatzunterricht wurde stattdessen auf das formale Einüben der Darstellungsformen hin verkürzt und veräußerlicht. Dabei wurden in der Grundschule besonders Erzählungen geübt (z.B. nach einem Erlebnisrahmen „Wie ich einmal Pech hatte", mit Reizwortreihen wie „Hans – der Kirschbaum – die zerrissene Hose"). Einbezogen wurden aber auch das schriftliche Berichten („Wir spielen Räuber und Gendarm" – „Ein Verkehrsunfall") und das Beschreiben („Ein Igel in unserer Klasse" – „Meine Martinslaterne").

Die Tendenz zur Einübung in Aufsatzformen wurde dadurch verstärkt, dass Aufsätze immer auch ergebnisorientiert als benotete Klassenaufsätze gedacht und praktiziert wurden. Gegen die normierte Typisierung von Aufsatzformen gab es schon in den 60er-Jahren Widerspruch. ROLF GEISSLER z. B. monierte, die Erlebniserzählung orientiere sich an der Dramaturgie des klassischen Dramas mit der Hinentwicklung zu einem Höhe- und Wendepunkt, sie erziehe zum Sensationalismus und zu Erzählklischees und verliere damit an Wahrheitswillen, sie verkenne die alterstypische Stilistik, nach der Grundschulkinder Erlebnisse eher berichtend denn mit Spannungsbogen gestaltend erzählen (SCHUSTER 1998, 115). Aus literaturwissenschaftlicher Sicht wurde erinnert, dass Zeitsprünge und Wortwiederholungen wichtige stilistische Mittel sind, dass Erzählungen längst nicht immer dem Schema Einleitung – Höhepunkt – Schluss folgen, wie sich z.B. an der Form der modernen Kurzgeschichte leicht zeigen lässt, für die bekanntermaßen auch charakteristisch ist, dass der Anfang mitten in ein Ereignis hineinspringt. Dennoch: Die Aufsatztypologie prägte weithin die Didaktik und die Praxis.

Kommunikative Wende: Statt Aufsätze Texte für Leser

Anfang der 70er-Jahre wurde schon an Buchtiteln der Gegenentwurf deutlich: „Aufsatz und Kommunikation" (1972), „Schulaufsätze – Texte für Leser" (1973), „Sätze statt Aufsätze" (1976). Der Paradigmenwechsel bestand darin, dass Schreiben sprachtheoretisch nicht mehr von Haltungen zur Welt geleitet werden sollte, sondern von Kommunikation, also von der Hinwendung zu möglichst realen Leserinnen und Lesern. Entsprechend waren nicht idealtypische an literarischen Texten orientierte Aufsatzformen das Ziel, sondern die Bewältigung kommunikativer Schreibsituationen – statt der formalen Aufsatzform Beschreibung also konkrete beschreibende Texte wie Rezepte für Obstsalate, die in der Klasse erprobt wurden, oder die Anleitung für ein Brettspiel, das Kinder für andere entwickelt hatten.

Lebensrelevante Schreibsituationen

Hauptkritikpunkt war dabei, dass traditioneller Aufsatzunterricht das Schreiben in Aufsatzformen einübt, die nur schulische, aber keine Lebensrelevanz haben und auf Schreibsituationen im privaten und im gesellschaftlichen Leben nicht vorbereiten. HORST SITTA fasste die Position von Vertretern der kommunikativen Wende hierzu in einem doppelten Vorwurf zusammen: Auf der Ebene des direkten Transfers „finden die ... Aufsatzformen keine hinreichende Entsprechung in Textsorten, die im späteren gesellschaftlichen Leben notwendig sind bzw. hilfreich sein könnten". Dem, so SITTA, könne man möglicherweise dadurch abhelfen, dass zeitgemäße Textsorten geübt werden. Dann aber „steht der Schüler noch vor dem fundamentalen Problem, dass er zwar eine Reihe von Schreibmustern beherrscht, aber im konkreten Fall immer noch nicht entscheiden kann, in welcher Situation welches seiner Schreibmuster zu welchem Zweck tauglich ist, bzw. in welcher Situation er Schreibmuster modifizieren oder neue kreieren muss (denn zu beidem braucht er ein hohes Maß an Fähigkeit zur Situationsanalyse; und die trainiert der traditionelle Ansatz nicht)" (SITTA 1978, 82).

Mit diesem didaktischen Vorwurf war ein politischer verbunden: Weil die Normen im traditionellen Aufsatzunterricht vorgegeben und für die Kinder weder ableitbar noch veränderbar sind, fördert der Aufsatzunterricht anpassungsorientiertes Lernen. Demgegenüber müssten Schreiber lernen, aus der Schreibsituation heraus selber die Schreibhinweise zu erarbeiten, die dann das Schreiben leiten sollen. Damit hätten sie zugleich auch die Kriterien zur Bewertung erarbeitet. Der traditionelle und belastete Begriff Aufsatz wurde eingetauscht gegen den Begriff Text, der Begriff Aufsatzerziehung gegen Begriffe wie schriftliche Kommunikation oder schriftlicher Sprachgebrauch.

In der Diskussion um den kommunikativen Ansatz spielte auch die Frage eine Rolle, ob nur echte Kommunikationen zuzulassen seien oder auch fiktive Situationen. Wie oft bei Neukonzeptionen wurde zuerst radikal angesetzt, also den künstlichen verschulten Aufsatzformen reale Schreibsituationen entgegengehalten. Allerdings räumte SITTA ein: Beim Schreiben in echten Situationen „handelt es sich um eine ‚kritische Idee', d.h. um ein Ensemble von Maßstäben, an denen jede Situation schulischen Aufsatzschreibens zu messen ist und vor denen sich auch schon kleine Schritte der Veränderung als sinnvoll und hilfreich erweisen lassen, nicht um ein konkretes Ziel, vor dessen totaler Realisierung nichts zählt. Unter den heute gegebenen schulischen Bedingungen scheint es uns in diesem Zusammenhang in der Primarstufe ... z.B. möglich, primär solche Schreibsituationen im Unterricht zu nutzen, an Hand derer Schreibanforderungen für die Schüler ableitbar sind ..." (SITTA 1978, 80).

Ein Beispiel hierfür: Kinder tauschen sich in der Klasse über ihre Hobbys aus, befragen und informieren sich gegenseitig. Dabei finden sie auch heraus, welche Informationen wichtig sind, um ein Hobby kennen zu lernen. Für eine Ausstellung über die Hobbys soll dann ein Katalog mit Hobby-Steckbriefen erstellt werden. Die Kinder überlegen: Was muss der Besucher oder die Besucherin zum Beispiel vom Judo wissen, wenn er oder sie einen Gürtel und drei Fotos in der Ausstellung sieht? Wie können Besucher rasch informiert werden (Tischreiter-Texte zu den Ausstellungsobjekten)? Wie können sie ausführlicher informiert werden (Hobby-Steckbriefe, als Formular angelegt)?

Kommunikatives Schreibenlernen

Das Schreibenlernen in Klasse 1 war bis dahin am Anfang auf Übungen ausgerichtet, die schreibmotorisch, aber nicht kommunikativ orientiert waren: mit Schreibturnen, Schwingübungen, Buchstabenschreiben, Üben von Buchstabenverbindungen. Nun wurden Ansätze entwickelt, auch das Schreiben von Anfang an als kommunikativen Akt in den Anfangsunterricht einzubeziehen. VESTNER hatte bei seinem Konzept der „direkten Hinführung zur Struktur der

Buchstabenschrift" das Schreiben der Druckbuchstaben schon einbezogen (VESTNER 1978). MENZEL forderte die Verbindung von Lesen und Schreiben unter kommunikativem Ansatz von Anfang an (MENZEL 1975). Nachdem der Buchstabe/Laut r ausgegliedert wurde, wird er nun in Druckschrift aufgeschrieben. Dazu werden Übungen entwickelt, die das Schreiben kommunikativ werden lassen: „Der Lehrer lässt Lautkombinationen in Schrift umsetzen: ‚Schreibt einmal auf, was ihr hört: rrr, rrrr, tr, rt, rrrrt, brrr, brrrt' usw. ... Das Gehörte wird aber nicht nur aufgeschrieben, sondern muss nachher auch vom Schreiber selbst und seinem Tischnachbarn wiedergelesen werden können. Selbst kleinste Partnerdiktate oder das Aufschreiben und gegenseitige Vorlesen von ausgedachten Lautketten kann von Anbeginn an das Erstschreiben in die kommunikative Dimension ausweiten." (MENZEL 1975, XI)

Dass dies noch nicht überzeugende Schreibsituationen waren, lag an dem damals noch geltendem Fehlervermeidungskonzept. Als sich das didaktische Denken änderte, wurde möglich, die Kinder von Anfang an auch spontan und frei schreiben zu lassen (s. das Kap. Rechtschreiblernen: Wann beginnt das normgerechte Schreiben?, S. 105 ff.).

Was geblieben ist: Zweckgebundes Schreiben, sprachliche Intentionen, Schreibprozess

Die kommunikative Wende hat aufmerksam darauf gemacht, dass die Schreibaspekte vom Kind aus der Schreibsituation heraus gewonnen werden müssen und dass dies nur gelingen kann, wenn es für das Kind einen guten Grund dafür gibt, etwas zu schreiben. Dabei kamen zunächst vor allem Situationen zweckgebundenen Schreibens in den Blick. Dies deckt zwar nur ein Segment didaktisch ergiebiger Schreibanlässe ab, aber ein lebensbedeutsames.

Es kamen damit zwei weitere Aspekte ins Spiel, die in der Aufsatzerziehung bisher vernachlässigt waren und die für die weitere Entwicklung bedeutsam werden sollten: die sprachliche Grundintention des Appells und die besondere Bedeutung des Schreibprozesses.

KARL BÜHLER hatte bereits 1934 in seiner Sprachtheorie drei Hauptintentionen der Sprache definiert:

- *Darstellung* (primär bezogen auf Sachverhalte und Gegenstände: z.B. informierend, dokumentierend, darstellend),
- *Ausdruck* (primär vom Sprecher oder Schreiber her gesehen: z.B. expressiv formulierend, persönlich kommentierend, wertend),
- *Appell* (primär auf Hörer oder Leser hin gerichtet: z.B. beeinflussend, werbend, appellierend, überzeugend).

In der Realität, so BÜHLER, mischen sich oft die Intentionen. Eine Einladung z.B. enthält informierende Elemente (Zeit, Ort, Art der Veranstaltung) und zugleich werbende, appellierende (Motto, Ansprache, Aufruf, grafische Gestaltung).

Bei den Aufsatzformen der Muttersprachlichen Bildung war die Intention Darstellung mit der sachlich-distanzierten Haltung und den Formen Bericht sowie Beschreibung vertreten, die Intention Ausdruck mit der miterlebenden Haltung und den Formen Erzählung sowie Schilderung, die Intention Appell dagegen fehlte. Gerade von dieser Intention aber werden viele reale Sprechakte bestimmt oder mitbeeinflusst. Deshalb kamen mit der kommunikativen Wende appellative Textsorten in die Schule, die inzwischen zum festen Bestand gehören, z.B. (nach: SITTA 1978, 86 ff.):

- *Einladungen:* Einladungen zum Klassenfest, zu einer Aufführung, zu einer Ausstellung der Klasse; Bitte um Spenden für ein Schulfest; Einladung an Kinder der 5. Klassen zum Gespräch in die Klasse über weiterführende Schulen; Plakate und Werbung für Schulveranstaltungen ...
- *Bitten und Aufforderungen:* Schreiben an Schulleitung, an Behörden, an die Politik mit dem Anliegen, einen Sachverhalt zu ändern, z.B. die Schulhofgestaltung, die Einrichtung einer Fußgängerampel; Schreiben an das Forstamt mit der Bitte um eine Waldführung.
- *Anweisungen:* Spielanweisung, Bastelanleitung, Rezepte, Wegweiser für Gäste, Gebrauchsanweisungen usw.
- *Vereinbarungen:* Gesprächs- und Verhaltensregeln, Vereinbarungen zu Unternehmungen, zur Gestaltung der Freien Arbeit, vereinbarte Arbeitsschritte für ein Unterrichtsprojekt ...

War die Aufsatzerziehung geprägt vom Bild des fertigen Aufsatzes, so kam nun verstärkt der Prozess in den Blick. Aus der Situation heraus wurden die Schreibhinweise erarbeitet: die Aufgabe, die Absicht des Schreibers oder der Schreiberin, die Erwartung der Leser, Vorgaben wie Textformen, Textkonventionen, sprachliche und gestalterische Mittel. Das Schreiben war an diesen Aspekten orientiert, Textteile und schließlich der Text wurden hieran gegengeprüft. Letztlich ist für die Sprachförderung und die Qualifizierung für Schreibsituationen didaktisch nicht mehr das Produkt, also der fertige Text, sondern dieser Erarbeitungs- und Bewertungsprozess das Entscheidende.

Da in der Rechtschreibdidaktik der 70er-Jahre das Fehlervermeidungskonzept noch maßgeblich war, blieb der Beginn des Schreibens eigener Texte mit der Klasse 3 von dieser pragmatischen Wende noch nicht berührt.

Subjektivismus: Gegen Formalismus und für freies Schreiben

So pragmatisch das Textschreiben der kommunikativen Wende ausgerichtet war, so war es dennoch nicht gefeit vor einem neuen Formalismus und vor Veräußerlichung. GERHARD SENNLAUB schilderte 1980 bissig aber realistisch Aufgabenstellungen in Sprachbüchern nach der kommunikativen Wende: „Wegbeschreibung im Brief. Warum? Weil wir das für wichtig halten. Ob die Kinder das für wichtig halten, ist nicht die Frage. Damit es ‚echt‘ wird, erfinden wir einen Brieffreund. (Wer hat einen? Drei der meinen melden sich. Von denen bekun-

den zwei, sie schrieben alle Jubeljahre, weil ihre Eltern das verlangten.) Weil es
den Brieffreund des Buches nicht gibt, kann bei meinen Schülern von Bedürfnis keine Rede sein. Nun verlangt das Sprachbuch gar, besagtem Freunde den
Weg zur Wohnung zu erklären, weil der auf einer Radtour vorbeikommen wolle. ... Die Sprachbuchautoren schreiben: ,Stell dir vor, dein Brieffreund will dich
auf einer Radtour besuchen.' Weil die Sprachsituationen nicht echt sind, sollen
Kinder sie sich eben als echt vorstellen." (SENNLAUB 1980, 50) „Die Kommuni-
kationswelle", so resümiert SENNLAUB, „ist nicht besser als alle ihre Vorgänge-
rinnen, denn wieder einmal bestimmen Erwachsene, was für Kinder gut und
richtig sei. Schreiben wurde dabei offenkundig nicht beliebter als zuvor ... Für
die Kinder ist auch der kommunikationstheoretisch begründete Aufsatzunterricht Pflicht – nicht Bedürfnis und nicht Vergnügen." (SENNLAUB 1980, 54)

Damit greift SENNLAUB auf die Schreibreformer zu Anfang des 20. Jh.s zurück
und deren Ablehnung aller Aufsatzaufgaben, die Kindern von außen vorgegeben sind und die sie nicht als eigene Anliegen annehmen. Die Didaktikgeschichte des freien Schreibens ist über 100 Jahre alt und immer war freies
Schreiben Gegenmodell zum verordneten und gebundenen Schreiben. Verord-
net war das traditionelle Schreiben, weil alle Kinder zur selben Zeit zum selben
Thema schreiben sollten, ohne Rücksicht auf das, was sie selbst bewegte und sie
hätten zum Ausdruck bringen mögen und können. Gebunden war es, weil Form
und oft auch Inhalt der zu schreibenden Texte vorgegeben waren.

RUDOLF HILDEBRAND hatte 1867 den seinerzeit bestimmenden Unterricht
gegeißelt, der vom Sprachformalismus geprägt war. Er setzte die Kindorientierung dagegen: „Die Schüler denken und fühlen aber bei allem, das sie gelehrt
bekommen, etwas Eigenes in sich, und in diesen stillen Gefühlen und Gedanken, die neben denen des Lehrers heimlich nebenherlaufen, sitzt das Ich des
Schülers, das zu bilden ist. " (HILDEBRAND 1962, 27) Für den Aufsatzunterricht
folgerte er: „Erst den eigenen Inhalt der Schülerseele herauszulocken, und daran die Form zu bilden; jeder andere Weg hat etwas von dem Sprachunterricht,
den man Papageien gibt. Am besten gelingen denn auch solche Arbeiten, ... in
denen man die Schüler etwas erzählen und frei gestalten lässt, was sie selbst
erlebt und erfahren haben." (HILDEBRAND 1962, 28) Dieser Gegenentwurf von
1867 blieb aber zunächst ohne Wirkung.

Die Schulreformer Anfang des 20. Jh.s nahmen den Faden wieder auf. FRITZ
GANSBERG prägte 1914 mit dem Titel seines Standardwerks den Begriff „Der
freie Aufsatz" (GANSBERG 1914). Der formalistische Aufsatzunterricht blieb
aber weithin bestimmend, auch bei neuen Didaktikmodellen entwickelten sich
immer wieder Formalismustendenzen: In der Didaktik der Muttersprachlichen
Bildung entstanden die formalistisch begriffenen Aufsatzgattungen, in der
Gegenbewegung der Didaktik der sprachlichen Kommunikation kam es zu den
gekünstelten Schreibsituationen, gegen die dann wiederum, an die Schulreformer anknüpfend, GERHARD SENNLAUB 1980 polemisierte. Wie die Schulreformer forderte SENNLAUB das freie Schreiben: „Wer das Fundament aus Freude

legen will, muss ‚schülerzentriert' arbeiten. Das heißt erstens: Die Kinder entscheiden, ob sie schreiben wollen oder nicht. Zweitens: Sie entscheiden selbst,
was sie schreiben wollen. Drittens: Sie entscheiden, wann sie schreiben."
(SENNLAUB 1980, 42) Mit Wochenplan und Zeiten für freies Schreiben schafft er
die unterrichtsorganisatorischen Voraussetzungen, mit der Entfesselung von
Schreiblust die motivationalen.

Etwa zeitgleich fasste in Deutschland die FREINET-Pädagogik Fuß. Der französische Schulreformer CELESTIN FREINET hatte seinen Begriff der „textes libres"
und die dahinterliegenden Ideen von FRITZ GANSBERG in seine Pädagogik übernommen. (Zum „geborgten Vokabular" bei FREINET siehe HAGSTEDT 1999, 217).
So kam der übersetzte Begriff „freie Texte" ab Ende der 70er-Jahre hierzulande
in die didaktische Diskussion nicht nur der FREINET-Anhänger. Mit dem schul-
pädagogischen Begriff der Freien Arbeit etablierte sich dann seit den 80er-Jah-
ren der Begriff des freien Schreibens als Gegenmodell zu herrschenden Praxis-
tendenzen und didaktischen Lehrmeinungen, die direktives Lehren sowie
angeleitetes Lernen und dementsprechend verordnetes und gebundenes
Schreiben favorisierten.

Neben dem freien Schreiben kommt bei SENNLAUB noch ein anderer Gesichtspunkt ins Spiel, der aus der weiteren Diskussion nicht mehr wegzudenken
ist: die Beratung der Kinder über die geschriebenen Texte. Jede Geschichte wird
im Klassenkreis einmal vorgelesen, jedes Kind reihum kann etwas zum vorgelesenen Text sagen, der Autor hat immer das Recht zur direkten Erwiderung.
SENNLAUB kommentiert: „Ich habe inzwischen gelernt, der Versuchung zu
widerstehen, auf einzelne Kinderäußerungen, die ich für falsch oder besonders
ertragreich halte, korrigierend oder verstärkend zu reagieren." (SENNLAUB 1980,
115)

Verständlich für die Zeit ist, dass SENNLAUB bei aller Radikalität bei der Rechtschreibung noch am traditionellen Konzept festhält. Schweren Herzens ent-
schließt er sich, mit dem eigentlichen Aufsatzschreiben erst im dritten Schuljahr
zu beginnen, und kommentiert selbst- und systemkritisch: Es ist „bezeichnend
für den Grad unserer Verschulung, dass wir bereit sind, das selbstständige
Schreiben hintanzusetzen und den Drill dieser lächerlichen Duden-Konven-
tion vorzuziehen ... Wir setzen konventionelle Spitzfindigkeit von Erwachsenen über elementare Bedürfnisse von Kindern. Es ist nicht zu begreifen." (SENN-
LAUB 1980, 78) Zum Rechtschreiben entwickelte sich dann erst in den 80er- und
90er-Jahren ein Wechsel der Sichtweise vom Fehlervermeidungskonzept zum
Verständnis eigenaktiver Schreibentwicklung von Kindern als Annäherung an
normgerechtes Schreiben.

Der Beitrag von GERHARD SENNLAUB war provokativ, weil er nicht von didaktischen Konzepten her argumentierte, sondern von der Schreiblust der Kinder.
Er war einseitig: Er bezog nur das Erzählen in seinen Unterricht ein, also die
BÜHLER'SCHE Hauptintention Ausdruck mit der vorrangigen expressiven Funktion; dagegen blendete er die darstellende und appellative Funktion ohne Argu-

mentation aus. Er richtete das Interesse der Leser auf die Schreiblust der Kinder und ihre je individuellen Texte; Hilfestellungen zur Sprachförderung werden nur an den Kommentaren des Lehrers unter den Aufsätzen erkennbar, nicht aber am Unterricht. Er verurteilte die Textdidaktik der kommunikativen Wende an veräußerlichten verschulten Fehlformen bestimmter Sprachbücher und blendete die Chancen realer kommunikativer Schreibsituationen auch für die Schreibmotivation der Kinder aus. Dennoch setzte SENNLAUBS Beitrag, korrespondierend mit der FREINET-Bewegung, wichtige Signale für die weitere didaktische Entwicklung:

Er zeigt die Wende vom lernzielorientierten, durch Vorgaben gesteuerten Unterricht hin zum authentischen Schreiben, bei dem die Kinder aus eigenem Antrieb mit eigenen Themen und in eigener Darstellung über Eigenes schreiben, und er lässt zu allen Kindertexten die Kinder selbst zu Wort kommen, die sich unbeeinflusst von der Meinung des Lehrers äußern und dem Autorenkind ihre Meinung zum Text rückmelden. Damit ist der Subjektivismus didaktisch deutlich markiert. Mit der Themenwahl durch die Kinder selbst, ihrem Schreibstil und ihren freien Äußerungen ist akzeptiert, dass Kinder eigene Sichtweisen und Sprachstile haben, mit denen sie Erlebnisse und Ereignisse sprachdenkend formulieren. Damit ist Sprache auch ein Instrument zur Selbstvergewisserung und zur Identitätsgewinnung.

Ergänzungen: Prozesse personalen und kreativen Schreibens

Subjektivistische und konstruktivistische Ansätze führten im Weiteren zu neuen Sichtweisen auf die Schreibentwicklung von Kindern und zu neuen Schreibsituationen. Konzepte des freien Schreibens und des personalen Schreibens als eigenmotiviertes Schreiben und zur Gewinnung der eigenen Identität durch Schreiben spielen dabei ebenso eine Rolle wie kreatives Schreiben, oft auch verbunden mit dem produktiven Umgang mit Texten. Neben die freie Themenwahl eigener Erlebnisse wie bei SENNLAUB und in der FREINET-Pädagogik treten Ich-Texte vom 1. Schuljahr an (Was ich gern tu. Lesetagebuch. Meine Meinung über ...), Fantasiereisen, Schreiben nach Musik, nach futuristischen Bildern, zu Bilderbüchern, Verändern von Texten durch Umstellen, Erweitern, Ausspinnen, poetische Textgestaltungen nach Regeln wie Haikus, Elfchen, Umbrechen und Rhythmisieren von Prosatexten in Zeilen und Strophen und anderes mehr.

Diese Ansätze sind z.T. als Gegenbewegung zum kommunikativen Schreiben entstanden. Sie sind keine Alternative, sondern notwendige Ergänzungen zur Einseitigkeit der Pragmatik zweckgebundenen Schreibens. Neben Texte an andere und für andere mit einer dezidierten kommunikativen Absicht treten damit Texte, die aus Schreiblust, aus sprachlicher Experimentierfreude heraus, zur Selbstvergewisserung geschrieben werden als Texte für sich selbst, aber auch im Sinne geselligen Schreibens oder in gemeinsamen Schreibprojekten als Texte für uns. Auch diese Texte können weitere Leser oder Hörer finden, wie in

SENNLAUBS Klassenrunde oder in Buchprojekten, sie müssen es aber nicht. Für alle Schreibanlässe – für die zweckgebundenen wie für die personalen und kreativen – gilt, dass es für die Schreiberin oder den Schreiber einen guten Grund zum Schreiben geben muss. Texte sollten nach Möglichkeit authentisch sein.

Hinzu kommt die besondere didaktische Qualität des Schreibprozesses, die aus der kommunikativen Schreibdidaktik der 70er-Jahre heraus weiterentwickelt wurde. Zwei Aspekte in der Spur konstruktivistischer Überzeugungen kommen hier in den 80er- und 90er-Jahren zusammen, die die aktuelle Situation mitbestimmen:

- *Ideen- und Schreibhilfen* wurden in der internationalen Schreibbewegung entwickelt und auch im Grundschulbereich didaktisch adaptiert, z.B. das Clustern und andere Brainstorming-Verfahren, Schreibgespräche, literarische Formen. Gemeinsam ist ihnen, dass eine Grundregel Gedanken und Assoziationen freisetzt.
- Für *Besprechungen von Texten und deren Überarbeitung* wurden mit Organisationsformen wie Schreibkonferenz oder Versammlung kindgeleitete Möglichkeiten entwickelt. Ihnen gemeinsam ist, dass nicht von außen oder von der Lehrkraft gesetzte Textnormen über die Qualität eines Textes bestimmen, sondern dass Kinder sich in der Einschätzung eines Textes von ihren eigenen Sichtweisen und Möglichkeiten her leiten lassen.

Aktuelle Akzente

Schreibbegründungen

Wurde im traditionellen Aufsatzunterricht zum Schreiben eines Aufsatzes in der ersten Unterrichtsphase motiviert, so geht es nun um gute Gründe für Kinder, etwas zu schreiben. HEIKO BALHORN hat auf den Unterschied aufmerksam gemacht zwischen der üblichen Lehrerrede, Kinder zu motivieren, und dem Bedürfnis von Kindern, Gründe dafür zu haben, etwas zu tun. „Gründe erwachsen aus Zielen und Ziele sind Erwartungen aus positiver Erfahrung." (BALHORN 1998, 18)

Es muss für Kinder wichtig, bedeutungsvoll, lustvoll sein zu schreiben, und dies in einer bestimmten Art und Weise, womöglich auch mit bestimmten Ansprüchen z.B. an die gedankliche Klarheit, an die Leserorientierung, an die sprachliche Richtigkeit, an die formale Gestaltung. Dazu brauchen sie ein Schreibziel, das ihr eigenes Schreibziel ist und aus dem diese Ansprüche hergeleitet werden können. Solche Schreibbegründungen tragen damit den gesamten Schreibprozess. Schließt er erfolgreich ab, d.h. sind die Kinder am Ende zufrieden oder gar stolz auf ihren Text, dann stärkt der Erfolg die Zuversicht in die eigenen Schreibfähigkeiten und lässt leichter Gründe für das Schreiben weiterer Texte entstehen.

Ist die Schreibsituation im skizzierten Sinne echt, dann ergibt sich aus der Begründung zum Schreiben auch die Reichweite des Schreibens: Wenn sich Kinder Hausaufgaben notieren, dann ist dies ein Text für sie selbst, für sie muss er lesbar und informativ sein, weitere Ansprüche stellt der Text nicht. Wenn Kinder für das Klassentagebuch schreiben, dann begründet dies das Schreiben auch für andere Leser und für ein Dokument der Klasse, vermutlich sind im Laufe der Zeit in der Klasse bestimmte Ansprüche an die eingetragenen Texte gewachsen, z.B. was ihre äußere Form betrifft. Wenn die Kinder im Projekt „Gesundes Schulfrühstück" Rezeptvarianten für belegte Brote entwickeln, die in einem Kochbuch der Klasse gesammelt werden, können aus dieser Begründung heraus Ansprüche an die Rezepttexte entwickelt werden wie Verständlichkeit und Knappheit der Form, Vollständigkeit der Informationen und Beachtung formaler Vorgaben.

Konkrete Schreibbegründungen gelten für die jeweilige Schreibsituation. Sie gelten aber generalisiert auch für die Schreibkultur in der Klasse, die so entwickelt sein kann, dass Begründungen zum Schreiben gewissermaßen „in der Luft liegen": „Es riecht nach Geschichten", hatte ein Neunjähriger beim Betreten seiner Klasse verkündet, in der eine solche Schreibkultur entwickelt wurde: „Ikmet hatte in Worte gefasst, was sich seit einigen Wochen regelmäßig, jeden Montagmorgen, in dieser sonst so unruhigen und von der Lehrerin als äußerst problematisch eingeschätzten Klasse abspielte. Statt herumzutoben ... saßen die Kinder bereits vor Schulbeginn an ihren Plätzen und schrieben ... oder arbeiteten auf andere Weise an ihren Geschichten ... Seit einigen Wochen hatte die Klassenlehrerin damit begonnen, dass „Aufsätze" als „freie Texte" verfasst, in „Schreibkonferenzen" mit anderen Kindern gemeinsam be- und überarbeitet und nach der „Endredaktion" durch die Lehrerin durch Übertragen auf besondere Bögen „veröffentlichungsreif" gemacht werden konnten. Montags war ... nach der großen Pause „Veröffentlichungsstunde" – eine Stunde, in der die Kinder ihre selbst verfassten Texte in der Endversion der kritischen Klassenöffentlichkeit präsentierten konnten. Und heute war Montag." (SPITTA 1992, 11 f.) Aus geglückten Schreibsituationen kann, wie das Beispiel zeigt, eine Kultur des Schreibens in der Klasse entstehen, wenn sie durch weitere langfristig wirksame Faktoren gestützt wird. Solche Faktoren können sein:

Schreibgewohnheiten

Schreiben ist ein selbstverständlicher Teil des Schulalltags in unterschiedlichen Situationen, auch in freier Wahl der Kinder. Zum Beispiel schreiben Erstklässler ihrer Lehrerin Briefe, die Lehrerin beantwortet sie; in ein Klassentagebuch werden täglich Geschichten und Gedanken eingetragen, oft angeregt durch Gespräche oder Erzählungen im Morgenkreis; in freien Phasen werden auch Texte geschrieben, die dann im Klassenkreis vorgelesen werden.

Schreibanregende Umgebung

Der Klassenraum und die Unterrichtsorganisation lassen ruhige Schreibphasen zu; für besondere Texte gibt es Schmuckblätter, farbige Papiere; Druckerei und Computer stehen zur Verfügung; eine Klassenbücherei und Lesezeiten regen zum Lesen an und damit über Themen und Erzählmuster auch zum Schreiben.

Schreibbegründende Traditionen

Sie werden als feste Einrichtungen entwickelt wie Klassenbriefkasten und Klassentagebuch, das gesellige Erzählen im Erzählkreis, die Leseversammlung zum Vorlesen aus Kinderliteratur und von eigenen Texten, Schreibkonferenzen und Veröffentlichungsstunden wie im Beispiel oben, Klassenkorrespondenzen, Patenschaften der Dritt- oder Viertklässler für die Erstklässler u.a. mit der Aufgabe, Lese- und Übungstexte zu gestalten, die regelmäßige Klassenzeitung oder das Geschichtenbuch.

Sozialer Kontext

Die eben genannten Traditionen haben in der Regel eine soziale Dimension. Das ist kein Zufall. Oft werden im Austausch miteinander Begründungen für das Schreiben und das Optimieren von Texten geschärft, die Ansprüche an die Texte im Klassentagebuch z.B. werden immer wieder am Beispiel besprochen; oft erwachsen aus dem sozialen Kontext heraus Schreibsituationen und damit Schreibbegründungen wie z.B. Klassenkorrespondenzen oder das Schreiben eigener Texte nach dem Vorlesen von Auszügen aus der Kinderliteratur; bisweilen bietet der soziale Zusammenhang das Forum für geselliges, sich gegenseitig anregendes Schreiben wie z.B. Schreibrunden, bei denen jedes Kind in der Gruppe reihum einen weiteren Satz schreibt und die Geschichte so stückweise weiterentwickelt.

Differenzierung und Individualisierung

Schreibbegründungen sind individuell. Das einzelne Kind findet seine guten Gründe für das Schreiben und Ausgestalten eines bestimmten, nämlich seines eigenen Textes. Es gibt Schreibsituationen, die sind so ansteckend, sogbildend oder überzeugend, dass sie allen Kindern das Schreiben von Texten begründet: das Briefeschreiben kann zeitweise zu wahren Brieffluten führen, die Klassenzeitung facht aktuell die Schreiblust an, die Sammelmappe mit fantastischen Geschichten und deren regelmäßige Lesung im Vorlesekreis kann dazu führen, dass auch in freier Arbeit viele solche Geschichten entstehen.

Oft sprechen die Kinder aber auf Schreibsituationen unterschiedlich an, wählen unterschiedliche Themen, Gestaltungen und Schreibzeiten. Deshalb muss ein Spektrum an Anregungen und Angeboten vorhanden sein, und es muss Strukturen im Raum und in der Tagesgestaltung geben, die Kinder für eigenes Schreiben nutzen können, z.B. freie Arbeit oder Schreibwerkstätten.

Schlechte Begründungen

Es gibt schlechte Begründungen für das Schreiben von Texten, Gründe, die nicht aus der Schreibsituation, der Schreibaufgabe, dem Schreibziel erwachsen, sondern aus sekundären, weil außersachlichen Faktoren. Die schlechte Begründung mit der erheblichsten negativen Tragweite ist das Schreiben für Noten und der traditionelle Klassenaufsatz. Orientierungspunkte für das eigene Schreiben sind nun der Lehrer oder die Lehrerin als Leser und Bewerter und die Note auch im Vergleich zu den Noten der anderen Kinder. Auf Grund der Note, so lernt das Kind, entscheidet sich, ob es einen guten oder einen schlechten Text verfasst hat, auf Dauer: ob es ein guter Textschreiber ist oder nicht. Schreibkompetenzen können so nicht entwickelt werden, wohl aber Fähigkeiten taktischen Schreibens und eine sich ausbreitende Schreibunlust im Schulalltag. Wegen der Bedeutung dieses Punktes werde ich ihn als eigenen Aspekt behandeln (s. das Kap. Klassenarbeiten S. 128 ff.).

Konkrete gute Gründe für das Schreiben, so lassen sich die Überlegungen zusammenfassen, erwachsen aus der jeweils konkreten Schreibsituation und fundieren das Schreiben bis hin zum fertigen Text. Generelle Schreibbegründungen müssen langfristig im Arbeitszusammenhang der Klasse, in ihrem Arbeitsstil, in ihren Arbeitsformen und -weisen angelegt werden und zu einer Schreibkultur in der Klasse und womöglich an der Schule führen.

Nur wenn für Kinder ihr Schreiben in solcher Weise konkret und generell begründet ist, kann es seine Qualitäten für die Entwicklung der Kinder entfalten:

● Kinder können ihre Schreibfähigkeiten als neue und wirkungsvolle Möglichkeiten eigenen sprachlichen Handelns erfahren, schreibend eigene Erfahrungen verarbeiten, ihre Gedanken schärfen, Einsichten in Kommunikation gewinnen, z.B. wenn sie auf bestimmte Adressaten hin formulieren.
● Kinder können dem eigenen Sprachwerk gegenübertreten, es als Gegenstand betrachten, der weiter bearbeitet werden kann, es als Gesprächsgegenstand freigeben. Das Kind und sein Text tragen damit zur Identitätsentwicklung bei.
● Kinder können aus der Begründung Bereitschaft und Ausdauer gewinnen, den oft anspruchsvollen Weg der Textgestaltung, der Textüberarbeitung bis hin zur rechtschriftlichen Richtigkeit zu gehen.
● Schließlich: Kinder können Schreiben als nützlich und womöglich als lustvoll erfahren.

In der Literatur werden solche Überlegungen im Zusammenhang des freien Schreibens angewendet. GUDRUN SPITTA z.B. beschreibt „Schreibwelten" als Lernarrangement in der Klasse, die zum experimentierenden Schreiben anregen und „eine eigene Schreibkultur entwickeln" helfen (SPITTA 1998, 36 f.). Die bei SPITTA daran anschließenden Bausteine für freies Schreiben entsprechen in etwa den oben skizzierten Faktoren für begründete Schreibsituationen überhaupt.

Schreibsituationen

Begründungen für das Schreiben können aus dem Unterrichtszusammenhang oder dem Klassenleben heraus erwachsen, wenn an einer Stelle des Unterrichts oder in einer Situation des Klassenlebens eigene Texte eine Funktion erhalten. Begründungen können aber auch konkret intendiert werden, wenn im Unterricht unmittelbar eine Schreibsituation erzeugt wird. Von ihren Begründungen her lassen sich sechs Typen von Schreibsituationen unterscheiden:

Begründungen	Typen von Schreibsituationen
Funktionales Schreiben: Schreibsituationen ergeben sich im Prozess des Lebens und Lernens in der Klasse funktional: Kinder schreiben über ihr Lernen, ihre Ideen, ihre Vorlieben, ihre Wege, ihre Lösungen, ihre Erfahrungen im Unterricht, im Klassen- und Schulleben.	*Schreiben von Unterrichtstexten* *Schreiben von Texten zum Klassenleben* *Schreiben von Lerntexten*
Intentionales Schreiben: Schreibsituationen werden als unterrichtliche Mittel eigens intendiert. Kinder schreiben Texte, weil sie durch Vorgaben dazu angeregt oder angeleitet werden oder weil die Unterrichtsstruktur ihnen Anregung, Zeit und Gelegenheit zum Schreiben gibt.	*Angeleitetes Schreiben* *Freies Schreiben* *Schreibprojekte*

Schreiben von Unterrichtstexten

Im Unterricht aller Fächer können sich Schreibsituationen ergeben. Je kindbezogener, handlungsorientierter und offener der Unterricht ist, desto ergiebiger ist er für solche Situationen. Haben sich die Kinder die Unterrichtsaufgabe und deren Ziele zu eigen gemacht und ist hierbei das Schreiben von Texten dienlich, dann entstehen Begründungen zum Schreiben. Wenn in einer Unterrichtseinheit „Vom Korn zum Brot" auch Brot gebacken wird oder in einem Projekt „Gesundes Frühstück" Brote mit verschiedenen gesunden Zutaten belegt, Quarkspeisen oder Obstsalate zusammengestellt werden, dann können Rezeptvarianten aufgeschrieben werden und zu einer Rezeptsammlung im Kochbuch der Klasse führen. Überhaupt ist der Sachunterricht bzw. die fächerübergreifende Verbindung von Sprache und Sache ein didaktisch fruchtbares Feld. Schreibsituationen entstehen hier z.B. bei der Wetterbeobachtung und dem Wetterprotokoll; beim Protokollieren, wie Bohnenkeimlinge sich zu Pflanzen entwickeln, bei Interviews zu Themen wie: Forstarbeiten im Wald, Abfallentsorgung im Stadtteil; bei Aufrufen, Plakaten und Ausstellungstexten im Rahmen der Themenarbeit z.B. zur Mülltrennung, bei der Zusammenstellung einer Liste zur Überprüfung der Verkehrssicherheit von Fahrrädern; bei der Darstellung von Hobbys und bei eigenen Hobby-Geschichten. Schon an diesen Beispielen wird deutlich, wie vielfältig die Textsorten sind, die in einem solchen Unterricht entstehen; auch sind alle kommunikativen Funktionen vertreten: überwiegend informierende Texte verschiedenster Textsorten wie Rezepte, Interview, Hobby-Darstellung, appellative Texte wie Hinweistexte, Plakate, Einladungen, aber auch unterhaltende, erzählende Texte wie Hobby-Geschichten.

Langfristig tragen die Begründungen zum Textschreiben natürlich nur, wenn die Texte nicht nur für die Lehrkraft geschrieben werden und nicht zwischen Heftdeckeln verschwinden, sondern wenn sie Verwendung finden, also wenn es sich auch am Ende als wichtig oder nützlich erweist, die Texte zu schreiben. Ausstellungen, ein eigenes Buch zum Thema, eine Wandzeitung, ein Vortrag in der Klasse, ein Geschichtenbuch, eine Sammlung von Spielregeln, von Lesetipps, von Rezepten – in solchen Präsentationsweisen bekommen Texte ihre Bedeutung.

Was hier am Beispiel des Sachunterrichts und der Fächerverbindung Sache und Sprache verdeutlicht wurde, gilt für alle Fächer, auch für Musik, Kunst und Sport. Im Musikunterricht z.B. wird häufig beim Werkhören nach Musik gemalt. Es könnten auch Wörter assoziiert werden, z.B. als Ideen- oder Gedankenfeld, in Cluster-Manier. Gedankenflüge, Fantasiereisen, Erzählgeschichten können zu Musik entstehen, Liedertexte können umgetextet werden, zu einer Melodie wird ein neuer Text erfunden, zum Rap-Rhythmus ein Rap-Text. Im Sportunterricht können z.B. Übungsstationen beschriftet werden, Spielvarianten können erprobt und dann in Anleitungstexten für die Spiel- und Sportsammlung aufgeschrieben werden.

Schreiben von Texten zum Klassenleben

Was für den Unterricht gilt, ist auch auf die absichtsvolle Gestaltung des Klassen- und Schullebens übertragbar. Geburtstagsbriefe, Vereinbarungen z.B. für die Frühstückspause, für die Nutzung der Leseecke, der Druckerei, des Computers, für Zimmerregeln in Vorbereitung auf einen Landheimaufenthalt sind solche Beispiele. Je ausgeprägter das Klassenleben und das Schulleben mit den Kindern gestaltet wird, umso häufiger entstehen Situationen für authentisches Schreiben. Wenn z.B. Institutionen wie der Klassenrat eingeführt sind, dann mag es einen Briefkasten für Beschwerden, Vorschläge und Meinungen geben, dann werden Vereinbarungen für die Gestaltung der Sitzungen formuliert, vereinbarte Konfliktlösungen auch schriftlich festgehalten, dann gibt es vielleicht das Amt des Protokollführers.

Schreiben von Lerntexten = „Lerntagebuch" Reflexion!

Wenn Kinder als eigenaktive Lerner ernst genommen werden und deren Fähigkeit gefördert wird, über das eigene Lernen nachzudenken und es mitzugestalten, dann wird ihre Lernkompetenz als eine der Schlüsselqualifikationen des modernen Bildungsbegriffs entwickelt (Bildungskommission NRW 1995,

z.B. 113). Als wichtiges Moment der Lernkompetenz ist die Metakognition zu
sehen, also die Fähigkeit, über das eigene Denken, Lernen, Meinen, Erkennen
nachzudenken, den eigenen Lern- und Erkenntnisweg nach-, mit- und vorden-
kend zu begleiten. Dies gilt, wie Erfahrungen aus Schulen zeigen, auch schon
für Kinder im Grundschulalter:

- *Reisetagebuch* als Spurendokument für eigenes Lernen
  Die Schweizer Autoren URS RUF und PETER GALLIN zeigen an den „Reiseta-
  gebüchern", welche Möglichkeiten die Fächer Sprache und Mathematik eröff-
  nen, indem Kinder ihre Lernspuren erkennen, festhalten und erinnerbar
  machen – mit Bildern, Grafiken, Zahlen, Wörtern und Sätzen. Sie raten z.b. den
  Kindern: „Lass dir bei jeder neuen Rechnung viel Zeit. Frag nie zuerst nach der
  Regel. Schau nicht, was die andern machen. Leg die Rechnung zuerst in aller
  Ruhe ganz für dich allein bequem zurecht. So haben es auch Giordano, Ovidio,
  Graziella und Sonia gemacht. Alle vier Kinder haben die gleiche Rechnung
  bekommen, aber jedes hat es auf seine Weise gelöst. Wie rechnest du denn 9 + 8
  = ?"Hier drei Beispiele aus einer Klasse 1 (RUF/GALLIN 1995, 126 f.):
  - „zuerst neme Ich von den 9 5 weg und dan neme ich von dem 8 5 weg und dan
    HaBe Ich 10. Dann rechne ich: 10 + 4 + 3 = 17."
  - „Ich Dan Ärst Bite 8 eine Wegne und Dan Dunich Bite 9 Anelege und Dan
    Weisichs und Dan Dunich no 7 Desue Lege und Dan weisichs Das Isch 17."
  - „Ich nieme neun Und neun gleich achzen Wäg eins gleich Siebenza."

Die Kinder entwickeln eigene Wege zur Lösung der Aufgabe und damit auch
verschiedene Rechenstrategien. Die Verschriftung hat neben dem Bewusstwerden des eigenen Weges und seiner Wiederholbarkeit den Vorteil, dass verschiedene Wege von den Kindern nachvollzogen und diskutiert werden können.

Als Beispiel aus dem Bereich Sprache sei eine Eintragung in Klasse 2 zitiert.
Hier hatten die Kinder zwei Wintergedichte zur Auswahl bekommen und dazu
die Anregung:
„Vieles kann dir gefallen am Auftritt eines Gedichts. Vielleicht ist es die Wahl
der Wörter oder der schöne Klang. Vielleicht erinnert dich das Gedicht an ein
eigenes Erlebnis oder es öffnet dir die Augen für Dinge, die du noch nie beachtet hast." Dewi wählt ein Gedicht von Rita Peter, in dem die Erfahrung der Ver-
gänglichkeit des Schnees poetisch verarbeitet wird (RUF/GALLIN 1995, 202 f.):
„Ich habe das Gedicht ausgewählt, weil ich und meine Schwester in einer
kleinen Pfanne ein bischen Schnee hineingetan haben, dann haben wir ein
bischen gewartet, und als ich wieder kam waren es nur noch Wassertropfen. Ich
habe von draussen Schnee geholt und habe den Schnee auf die Heizung gelegt,
dann habe ich die Heizung angeschaltet, und der Schnee war ganz langsam ver-
gangen. Mir hat das Wort Wundersterne gut gefallen. Ich habe manchmal auch
die Schneeflocken fangen wollen. Das Wort haschen habe ich noch nie gehört."

● *Lesetagebuch:* Was hier am Beispiel des Gedichtes deutlich wurde, nämlich persönliche Lernspuren zu verschriften, hat im Bereich Umgang mit Texten in Form des Lesetagebuchs inzwischen schon größere Verbreitung gefunden. An zwei unterschiedlichen Beispielen lässt sich die besondere Qualität von Lerntexten als authentische Texte zeigen:

In einer Klasse lasen die Kinder ein Kinderbuch. Sie sollen ein Lesetagebuch führen, in das sie kapitelweise eine Inhaltsangabe eintragen. In einer anderen Klasse lasen die Kinder ebenfalls ein Kinderbuch. Nach jedem Kapitel schrieben sie hingegen in ihr Lesetagebuch, was ihnen zum Gelesenen wichtig war: Was ihnen gefallen hatte, worüber sie nachdenken, was sie gern anders möchten, was sie den Personen wünschen, wie es weitergehen kann oder soll usw. Am Ende des Buches geben die Eintragungen der vielen eigenen Spuren den Kindern reichhaltige Anlässe zum Nachdenken über ihre eigene Lesegeschichte mit diesem Buch und zum Erfahrungsaustausch mit anderen Kindern. Lesetagebücher sind, einmal eingeführt, eine gute Möglichkeit, die eigene Auseinandersetzung auch mit individuell gewählten Büchern zu führen. (Zum Lesetagebuch s. auch im Kap. Lesekultur S. 165 f.)

Lerntexte können im Sinne von eigenen Lernspuren in allen Fächern entstehen. Im offenen Unterricht dokumentieren sie eigene Entscheidungen, Lösungswege und Lösungen der Kinder und sind für Kinder und Lehrerin ein Fenster in das Lernen des Kindes. Es sind damit zunächst nicht kommunikative Texte, sondern Texte personalen Schreibens mit erkenntnisfördernder Funktion (epistemische Texte).

Darüber hinaus macht die Schriftlichkeit die Lernerfahrungen erinnerbar, die Lerntexte können mit anderen und deren Erfahrungen verhandelt werden. Durch das Medium Schrift werden auch für die Kinder erkennbar ihre Selbst- und Sachkenntnis entwickelt und gestärkt, in der Auseinandersetzung mit anderen Kindern über ähnliche oder unterschiedliche Erfahrungen werden die eigenen bewusster, Nachdenklichkeit wird gefördert. Dies stärkt die Begründung für Lerntexte.

Angeregtes und angeleitetes Schreiben

Kinder sind für ihre Schreibentwicklung auch auf Anregungen und Anleitungen angewiesen, auf Anregungen ihrer Gedanken, ihrer Fantasie, ihrer sprachlichen Möglichkeiten, ihrer Gestaltungsfähigkeit, auf Anleitungen zur Textplanung, zur Niederschrift, zur Textüberarbeitung. Dabei unterscheiden sich die Kinder in ihren Möglichkeiten erheblich. Von Kindern mit nur geringen (deutsch-)sprachlichen Fähigkeiten bis zu sprachgewandten Kindern reicht oft das Spektrum in derselben Klasse; die Kinder unterscheiden sich aber auch in ihrem Textwissen und ihren Interessen: von Kindern, die assoziativ reihend schreiben, bis zu Kindern, die souverän ihre Textsorte wählen, erzählend ausschmückend ebenso wie informierend schreiben können, von Kindern, die sich nur und ausschließlich für Pferde interessieren, bis zu Kindern mit breitem Interesse. Für die einen mag eine minimale Anregung, z.B. ein Foto, ein Lieblingswort, ein farbiges Schreibpapier, reichen, um lustvolles Schreiben in Gang zu setzen, andere Kinder brauchen Anleitungen dazu, wie Gedanken sich entwickeln, wie passendere Wörter gefunden und eingefügt werden und anderes mehr.

In diesem Typ von Schreibsituationen sind alle Situationen erfasst, die Kinder auf jeweils die für sie passende Weise zum Schreiben von Texten verschiedener Qualität und Inhaltlichkeit anregen und anleiten können. Bedingung in unserem Zusammenhang ist, dass das Schreiben für die Kinder gute Gründe haben muss.

● Schreibanregungen durch *inhaltliche Impulse*: Inhaltliche Impulse können durch verschiedene *Medien* gegeben werden: Fotos, Filme, Wörter, Geräusche, Musik, Kunstwerke. Die Impulse können zudem eine sehr unterschiedliche Reichweite haben: von der Umsetzung eines optischen Eindrucks in Sprache bis zum Anstoß, eigene Erfahrungen unterschiedlicher Art zu assoziieren und daraus ein eigenes Schreibthema zu gewinnen. Kinder und Lehrerin können z.B. aussagekräftige Fotos in Zeitschriften suchen und ausschneiden und in einer Bilderkiste sammeln. Kunstpostkarten und Fotos aus der Klasse können hinzukommen. Der ständig wachsende Vorrat kann auf Themenboxen verteilt werden, z.B. Tiere, Menschen miteinander, Maschinen, Winter, Glück, Sonderbares.

Gleiches kann man mit *Wörtern* in Zeitungen und Zeitschriften machen. Interessante Wörter werden in einer Wörterkiste gesammelt. Kinder können in Schreibzeiten frei aus dem Vorrat wählen. Teile aus dem Vorrat können auch ausgewählt und im Erzählkreis oder auf dem Gruppentisch ausgelegt werden und nun das Erzählen anregen. Wenn jedes Kind ein Wort oder einen Gegenstand für das eigene Erzählen aussuchen soll, dann wird eine persönliche Beziehung zum Wort oder Gegenstand bereits gestiftet und damit verbundene Gefühle und Gedanken werden freigesetzt. Die Kombination bestimmter Wörter oder Gegenstände, die möglicherweise auf Anhieb gar nichts miteinander zu tun haben, bildet weitere reizvolle Gestaltungsaufgaben. Eva Maria Kohl berichtet von „Zauberwörtern im Kopf": Vor dem Schreiben werden Wörter eingesammelt und zu Wörtervorräten geordnet. „Die Wörter werden in ‚Wohnungen' gepackt, das sind eigens für sie eingerichtete Wörterkästchen: bemalt, beklebt, auch äußerlich gestaltet. Es gibt z.B. Kästchen für Erdwörter, Himmelswörter, Wasserwörter, Wiesenwörter, Badewannenwörter, Nachtwörter, Schulwörter, Geburtstagswörter, Weihnachtswörter usw. Man nimmt dann aus den unterschiedlichen Kästchen Wörter heraus und probiert aus, wie sie zusammenpassen und ob sich ein Sinn daraus ergibt ... Vielleicht verlockt dieser erste Satz zum Weiterschreiben? Wenn nicht, ist es auch kein Unglück. Dann werden die Wörter in die Kästchen zurückgelegt und ein andermal versucht man vielleicht einen anderen Wörter-Anfang." (KOHL 1998 a, 155) Augenwörter zum Beispiel können auf einem Spaziergang eingesammelt werden, es wird gesammelt, was zu sehen ist: auf dem Boden (Steine, Sand, Fahrradspur ...), auf den Dächern (Antenne, Ziegel, Spatz ...), auf der Wiese, am Himmel, im Keller usw. (KOHL 1998 a, 156 f.).

Gegenstände können zum vielfältigen Schreiben anregen. ERIKA ALTENBURG berichtet z.B., wie „besonders originell geformte Exemplare" von Kartoffeln Wissen, Erfahrungen und Fantasien der Kinder freisetzten oder wie Kinder Fundsachen, die sie auf dem Schulweg gesammelt hatten, zu eigenen Texten anregten (mit vielen anderen Beispielen in ALTENBURG 1998, 48 ff.).

Offenere Impulse gehen von *Musik, Kunstwerken* oder emotional anregenden *Fotos* aus. Die Kinder versenken sich ins Hören oder Ansehen, lassen ihrer Fantasie freien Lauf und gewinnen innere Vorstellungen, Bilder, Ideen für Geschichten. Ausschnitte aus Bildern von Miró mit ihrer ganz eigenen Fantastik setzen Fantasien der Kinder frei: So wurden in Klassen den Figuren Namen gegeben, Steckbriefe erarbeitet und damit festgelegt, wie sich die Figuren bewegen, wie sie miteinander kommunizieren, was sie mögen und was nicht. Eine Rahmengeschichte wurde erfunden, die nun ermöglichte, dass die Figuren im Weltraum allerlei Abenteuer erlebten.

- Schreibanregungen durch *gedankliche Strukturen*: Die Arbeit mit *Ideenfeldern* hilft, gedankliche Strukturen zu entwickeln. Hierbei kann die Ausgangsidee gedanklich weiter ausgesponnen und persönliche Assoziationen können hervorgelockt werden; im sozialen Kontext der Gruppe oder Klasse regen die Assoziationen anderer zu eigenen Zustimmungen und Ergänzungen an. Mit dem Begriff Ideenfeld fasse ich die in der Literatur unter Clustern, Brainstorming, Mind-Mapping genannten Methoden zusammen. (Zu Ideenfeldern s. das Kap. Sprechförderung S. 46 ff.)

  Von einer speziellen Art gedanklicher Strukturen berichtet EVA MARIA KOHL: Vier Kästchen bergen eine Fülle von Anregungen, die die Kinder selber gesammelt haben. „Die Kästchen tragen ... folgende Aufschrift: Tier. Wo befand er sich. Wer war noch dabei. Was tat er." (KOHL 1998 a, 165 ff.) In das Tier-Kästchen sammeln die Kinder Lieblingstiere und besondere Namen für Tiere. Jeweils ein Tier soll Hauptperson in der zu erfindenden Geschichte sein. Im Kästchen „Wo befand er sich?" finden sich alltägliche Orte, z.B. im Schrank, auf dem Fahrrad, im Glas, zwischen zwei Lokomotiven, in der Manteltasche ... usw. Die Wörter können ausgetauscht werden, an die Stelle der Tiere können andere Hauptpersonen treten. „Auf jeden Fall machen die Kinder bei diesem Schreibspiel die Erfahrung, dass Geschichten nach bestimmten erkenn- und erlernbaren Gesetzen gebaut werden können. Sie sind selbst Baumeister der Geschichten." (KOHL 1998 a, 167) Damit entwickeln sich aus den gedanklichen Strukturen Textstrukturen.

- Schreibanregungen durch *Textstrukturen*: Das erste Ich-Blatt zu Anfang der Klasse 1 kann schon eine entsprechende Textstruktur vorgeben: „Mein Name.

Mein Bild. Was ich gern tu." Dazu schreiben und malen die Kinder. Solche Textstrukturen können mit den Kindern erarbeitet werden, so dass nicht ein vorgegebenes Formular ihr Schreiben fremdbestimmt führt, sondern das Schreiben die gemeinsam entwickelte und funktionale Struktur ausfüllt. Ein Beispiel sind Hobby-Steckbriefe. Die Kinder erzählten von ihren Hobbys und fragten sich gegenseitig aus. Standardauskünfte und Standardfragen wurden notiert; daraus wurde eine Struktur für die Steckbriefe gestaltet. Die Hobby-Steckbriefe waren später dann Teil des Hobby-Buches der Klasse. Ähnlich können Erzählkarten, Bilder oder Stichwörter als Textstruktur mit den Kindern entwickelt werden. (Zur Textstruktur s. Redeplan im Kap. Sprechförderung S. 51 ff.)

Soweit standardisierte Textsorten genutzt werden, können *Textmuster* zur Vorlage genommen werden. Dies gilt z.B. für Rezepte, Spielregeln, Fragebögen. Auch literarische Vorlagen können als Anregung und Hilfe genutzt werden. Besonders literarische Kleinformen sind hierfür ergiebig. Ein Thema wird in Gesprächen, im Brainstorming, in Traumreisen für das einzelne Kind lebendig, möglicherweise werden Ideenfelder oder Wortfelder dazu erstellt. Auf diese Weise entwickeln sich individuelle Zugänge, innere Bilder und Gedanken, ein sprachliches Repertoire wird aufbereitet. Die vorgegebene Struktur gibt dann die Regeln vor, mit denen sprachlich Gedanken und Vorstellungen gestaltet werden.

Eine Möglichkeit ist das *Elfchen,* eine didaktische Erfindung der Schreibbewegung mit Erwachsenen, das rasch ins Grundschulrepertoire aufgenommen wurde (SPINNER 1998, 33): Die erste Zeile enthält ein Wort, die zweite zwei, die dritte drei, die vierte vier und die fünfte wieder nur eins als Zusammenfassung. Als Beispiel zeigt GUDRUN SCHULZ den Herbsttext eines Mädchens:

gelb
ein Herbstblatt
auf dem Weg
noch liegt es allein
Herbstanfang.

Das *Haiku* ist eine traditionelle japanische Gedichtform. Der Text besteht aus 17 Silben, die über drei Zeilen verteilt sind: 5 Silben – 7 Silben – 5 Silben. Beispieltext:

Winzige Körnchen
zu einer Sandburg gehäuft
von Kinderhänden.

(Beispiele aus: SCHULZ 1997, 84) Das griechische *Akrostichon* ist ein weiteres Beispiel. Hierbei wird ein Wort mit Großbuchstaben senkrecht geschrieben, mit diesen Buchstaben beginnt der Text der jeweiligen Zeile. Beim Wort senkrecht HEXE könnte die Geschichte so beginnen:

H eulend kam die kleine Hexe nach Hause.
E ine große Hexe hatte ihr den Hexenbesen geklaut.
...

Andere Möglichkeiten sind kleine Texte, Gedichte, Mini-Geschichten, Fabeln, in denen Wörter oder Zeilen ausgelassen sind und die Fehlstellen markiert werden. Sie werden von den Kindern frei ergänzt.

● Schreibanregungen durch *Literatur*: Literatur kann auf vielfältige Weise zum Schreiben anregen oder anleiten. Mit Textstrukturen wurde dies eben schon gezeigt. Aber auch Texte insgesamt können von ihren Inhalten, ihrer Sprache und ihren Strukturen das eigene Schreiben fördern.

Figuren wie das Sams, Karlsson, der kleine Vampir, Klassiker wie Till Eulenspiegel oder Pinocchio, aktuelle Comictypen können die Kinder anregen, Geschichten zu schreiben oder zu zeichnen, in denen diese Figuren vorkommen, also Parallelgeschichten. Die Originaltexte werden zuvor gelesen, Besonderheiten herausgefunden, Wortfelder zusammengestellt, z.B. dazu wie der Kobold sich bewegt, wie er spricht, wie er sich ärgert. Reizvoll ist es, wenn die Figuren in die Lebenswelt der Kinder eingefügt werden und hier mit ihrer Charakteristik handeln. Ähnlich kann mit Märchen oder Sciencefiction-Geschichten gearbeitet werden. Viele Anregungen hierzu und zu kreativen Umgestaltungen von Kinderliteratur finden sich bei SCHULZ (2000).

Neben solchen direkten Vorlagen können literarische Texte auch indirekt wirken. HEIDE BAMBACH berichtet davon, wie das regelmäßige Vorlesen von Kinderliteratur das Schreiben von Geschichten beeinflusst und fördert: „Einigen Kindern gehen bestimmte Passagen von Büchern so unter die Haut, dass sie mit ihren eigenen Vorstellungen verschmelzen. Oder andersherum gesagt: Die Kinder scheinen sich manche Passagen so zu eigen zu machen, dass ihnen einige Monate später nicht mehr bewusst ist, woher sie ihre Vorstellung haben." (BAMBACH 1993, 167) Als Beispiel schließt an, wie ein Mädchen die Geschichte eines weißen Hengstes in der Erzählform der Ich-Erzählerin mit ihren Erlebnissen, Gefühlen und Gedanken so gestaltet, wie sie es im Vorlesebuch „Die Insel der blauen Delphine" kennen gelernt hatte.

● Schreibanregungen durch *sprachliche Mittel*: Um die sprachlichen Ausdrucksmöglichkeiten der Kinder anzuregen und anzureichern, werden sprachliche Mittel für die jeweiligen Texte erarbeitet. Um dem Grundgedanken der Authentizität treu zu bleiben, müssen zwei Bedingungen erfüllt werden. Erstens: Die sprachlichen Mittel müssen sich auf den konkreten Text und das jeweilige Schreibziel beziehen. Zweitens: Die Letztentscheidung über die Trefflichkeit der sprachlichen Mittel trifft das Kind, das den Text geschrieben hat.

Die allgemeine Forderung nach „treffender Wortwahl" ist nicht hilfreich, weil die Kinder nur auf ihren Text und ihre Schreibabsicht hin entscheiden können, ob ein Wort treffend ist. In manchen Zusammenhängen mögen auch Allerweltswörter wie sagen, gehen oder machen treffend sein, Wortwiederholungen können als stilistisches Mittel verwendet werden. Bei Texten über Tiere z.B. werden die treffenden Wörter Verben sein, die die Art der Fortbewegung des jeweiligen Tiers genau bezeichnen, je nach Textsorte auch Adjektive für das

Aussehen des Tiers. Deshalb können beim Thema Tiere z.B. folgende Wortfelder erarbeitet werden: Wie sich Tiere fortbewegen. Wie Tiere aussehen. Wie Tiere wohnen. Durch Ersatzproben kann dann entschieden werden, welches Wort im konkreten Text jeweils am besten passt. (Zur Wortfeldarbeit s. das Kap. Sprechförderung S. 49 ff.)

Andere sprachliche Anregungen sind *Textanfänge* oder *Textteile*, die zu einer Geschichte ergänzt werden müssen, z.B. der Satz: „An diesem Tag war ich wieder einmal so klein wie ein Daumen" oder der Textanfang: „ ‚Steig auf', sagt der Wellensittich und flog mit mir ..."

Angeregtes und angeleitetes Textschreiben umfasst, wie an den Beispielen zu sehen ist, vielfältige Textsorten und Textfunktionen.

Freies Schreiben

Freies Schreiben ist eine Spielart der Freien Arbeit. Deren konstitutive Merkmale gelten auch hier (Bartnitzky/Christiani 1998, 18 ff.):

- das *Sinnmoment*: Die Kinder schreiben, weil sie schreiben wollen.
- das *Planungsmoment*: Die Kinder entscheiden über Zeit, Raum, Schreibmaterial, Inhalte, Textform und Textverwendung selbst.
- das *Reflexionsmoment*: Die Kinder denken über ihre Entscheidungen und ihren Schreibprozess nach.
- das *Moment der Selbstdifferenzierung*: Jedes einzelne Kind bestimmt über sein Schreiben individuell und eigenverantwortlich; es entscheidet selbst, ob, was, wann, wo und wie es schreiben will.

Ein Missverständnis ist, dass freies Schreiben wie Freie Arbeit sich von selbst trägt: Den Kindern wird Zeit gegeben, dazu Material wie kopierte Anregungen zum freien Schreiben; die Kinder können dann nach eigener Entscheidung davon Gebrauch machen. Kinder, die bereits schreibmotiviert sind, nutzen in einem solchen Unterricht Zeit und Angebote, andere Kinder trauen sich nicht an das Material. Aber auch bei schreibmotivierten Kindern führt ein nur libertäres Verständnis von freiem Schreiben auf Dauer zu Unlust. Es fehlen neue Herausforderungen und Resonanzen auf das Geschriebene. Tatsächlich ist das freie Schreiben aber eine besondere Qualität von schulischer Arbeit mit Förderung der Selbst- und Lernkompetenz, die für alle Kinder wichtig ist und die enormes Entwicklungspotenzial für Schreiblust und Schreibfähigkeit sowie für den Umgang mit eigenen Texten freisetzen kann.

Aufgabe der Lehrperson ist deshalb, Schreibgelegenheiten zu schaffen (Schreibanregungen und -begründungen, Schreibzeiten, Schreibumgebungen), notwendige Fähigkeiten, Arbeitstechniken und Vorkenntnisse sowie insbesondere Haltungen zu vermitteln, die Kinder anzuregen, zu beraten und ihnen zu helfen, dass die Texte im Sinne der Kinder verwendet werden können. Nur in einer absichtsvoll gestalteten, sich entwickelnden Schreibkultur in der Klasse kann das freie Schreiben seine Wirkung entfalten.

In einem Praxisbericht legt MARGRET OELLRICH-WAGNER dar, wie sie freies Schreiben zur Tätigkeit aller Kinder macht: „Wir (die Lehrerin mit den Kindern) ... haben miteinander festgelegt, dass jedes Kind einmal in der Woche, gleichgültig aus welchem Anlass, einen Text schreibt. Durch die beschriebene Vereinbarung gehört also das freie Schreiben in meiner Klasse zu den verbindlichen Bereichen des offenen Wochenplans und der Freien Arbeit. Die Texte dürfen allein oder mit einem Partner/einer Partnerin oder einer Gruppe hergestellt und/oder überarbeitet werden. Zu unserer Vereinbarung gehört auch, dass alle Texte, die veröffentlicht werden, fehlerfrei sein sollen. Also übernehme ich die letzte Korrektur selbst oder mit den Kindern gemeinsam." (OELLRICH-WAGNER 1998, 145)

An Schreibsituationen und Textsorten werden in diesem Unterricht die folgenden genutzt:

- persönliche Geschichten, individuell entschieden oder nach dem Erzählen im Morgenkreis auf Grund der Resonanz aufgeschrieben
- natürliche Schreibanlässe aus den übrigen Aktivitäten des Unterrichts und des Klassenlebens
- schriftliche Darstellungen der eigenen Arbeit im Rahmen der freien Arbeit, z.B. über Sachthemen
- Hörspiele oder Theaterszenen
- Weitererzählen oder Umarbeiten gelesener Literatur, oft durch die Illustrationen in den Büchern angeregt
- Schreiben auf Grund von anregendem Bildmaterial und Fotos aus Zeitschriften, Postkarten, Fotos mit Situationen der Kinder z.B. mit Situationen aus der freien Arbeit.

Die Texte werden mit der Hand geschrieben, gedruckt oder mit dem Computer gestaltet und in verschiedener Weise präsentiert: in eigenen kleinen Büchern und Projektmappen, in Themenbüchern zu Projekten der Freien Arbeit (Babybuch, Postbuch, Heiratsbuch, Waldbuch), in der halbjährlich erscheinenden Klassenzeitung. (OELLRICH-WAGNER 1998, 146 f.)

Freies Schreiben unterscheidet sich in den Schreibbegründungen und Schreibsituationen, Textsorten und Themen, Anregungen und Schreibhilfen nicht von dem, was bisher zu Unterrichts- und Lerntexten, sowie zu angeregtem und angeleitetem Schreiben ausgeführt wurde. An einem Punkt entscheidet sich, ob es sich um freies Schreiben handelt: authentisches Schreiben meint hier radikal authentisch. Jedes einzelne Kind bestimmt über sein Schreiben individuell und eigenverantwortlich, es entscheidet selbst, ob, was, wann, wo und wie es schreiben will.

Je mehr auch der übrige Unterricht authentisches Schreiben und differenziertes Arbeiten verwirklicht, umso mehr verwischen sich allerdings die Grenzen zwischen freiem Schreiben und übrigem Schreiben.

Schreibprojekte

Der Projektbegriff wird seit der internationalen Schulreformbewegung zu Anfang des 20. Jh.s bis heute unterschiedlich definiert. Im Kern geht es darum, Theorie und Praxis, Denken und Handeln zusammenzuführen und dem Lernen einen erweisbaren Sinn zu geben. Deshalb lässt sich definieren: Ein Projekt ist eine von Kindern und Lehrerin oder Lehrer gemeinsam geplante, gestaltete und verantwortete Arbeit für ein vorzeigbares Ergebnis. Bei einem Schreibprojekt kann das Schreiben zwei Funktionen haben:

- *Zielfunktion:* Das Projekt hat den gestalteten und präsentierten Text zum Ziel. Dies kann z.b. ein Buch, eine Lesung oder eine Zeitung sein.
- *Teilfunktion*: Das Schreiben hat dienende Funktion für das Projekt. Dies können z.b. für ein Ausstellungsprojekt Texte sein wie Einladungsbriefe, Ausstellungsführer, Tischreiter bei den Exponaten; für ein Veränderungsprojekt Interviews, Briefe, schriftliche Vorschläge. In Teilfunktion wird Schreiben bei allen Projekten eine Rolle spielen.

Der didaktische Gewinn von Projekten für das Schreiben liegt auf der Hand. Schreiben wird hier zum Ernstfall und der Ernstfall ermöglicht Schreibprozesse, die an der realen Verwendung orientiert sind. Die Schreibbegründungen leiten sich vom Projektziel und von der Funktion des Geschriebenen für das Projektziel her. Von hier aus werden Ansprüche an die Texte als Schreibhinweise entwickelt. Das Projektziel bleibt immer Korrektiv für das Schreiben, für Beratungen, Überarbeitung und abschließende Gestaltung. Die Kinder planen und reflektieren von Anfang an mit, sie tragen Verantwortung für die Arbeit und das Ergebnis mit.

Alle bisher genannten Schreibsituationen können in Projekten wirksam werden, wenn ein erweisbares Werk das Arbeitsziel ist und die Gestaltung der Arbeit gemeinsam verhandelt wird. In der Regel erwachsen Schreibprojekte aus Unterrichtszusammenhängen heraus, in denen sich die typischen Phasen des Projekts in gemeinsamer Verhandlung entwickeln (vgl. BUNK 1990, 11 f.):

1. die Projektidee und das Projektziel entstehen
2. die Projektplanung wird entworfen, festgehalten, zwischendurch vermutlich verändert oder ergänzt
3. die Projektdurchführung wird mit Zwischenreflexionen begleitet, wobei sich alle über den Stand der Arbeit vergewissern und die nächsten Schritte besprechen
4. der Rückblick macht Gelungenes und weniger Gelungenes deutlich und lässt über Gründe nachdenken; Erkenntnisse für weitere Projekte werden festgehalten.

Einige Beispiele sollen zeigen, wie sich Schreibprojekte aus Unterrichtszusammenhängen entwickeln:

- *Entwicklung aus festen Einrichtungen heraus*: Aus Morgenkreis-Gesprächen heraus entstehen Ideen für Texte, mit denen Bemerkenswertes, besondere

Ereignisse, interessante Informationen festgehalten werden. Diese Texte werden von einzelnen Kindern in das Klassentagebuch eingetragen. Die Klassentagebuch-Texte werden von den Kindern gelesen, dabei schärfen sich die Aspekte für Texte im Klassentagebuch: zur äußeren Gestaltung, zur Verständlichkeit, zur Auswahl der Inhalte. Das Klassentagebuch wird zum langfristigen Projekt der Klasse, in das alles eingetragen wird, was die Kinder für aufbewahrenswert erachten.

- *Entwicklung aus einer besonderen Situation heraus:* Während eines Landheimaufenthalts gibt es täglich auch eine Schreibzeit, in der Kinder aufschreiben, was ihnen am Tage wichtig war. Eine Dokumentationsgruppe hält Texte für alle Kinder fest, z.B. Tagesabläufe, Dienste, Sprüche des Tages. Aus den individuellen und den gemeinsamen Texten stellt sich später in der Schule jedes Kind sein eigenes Fahrtenbuch mit Inhaltsverzeichnis und Erinnerungsstücken zusammen.

- *Entwicklung aus Unterrichtseinheiten heraus:* Beim Thema Frühling haben die Kinder auch mit Hilfe von Gedichten und Kunstpostkarten mit Frühlingsmotiven Frühlingswörter gesammelt. Dieser Wortfundus, die Erlebnisse, Beobachtungen und inneren Bilder helfen nun, Frühlings-Elfchen zu schreiben. Aus den Texten wird mit farbigem Papier ein Gedichtbuch hergestellt, das zu Geburtstagen oder zum Muttertag verschenkt werden kann.

Im Rahmen der Unterrichtseinheit Märchen entsteht die Idee, selber Märchen zu schreiben. Märchenwörter, Redewendungen, märchentypische Personen, Tiere, Gegenstände, Orte werden gesammelt und stellen den Fundus für eigene Märchen dar. Projektziel ist ein neues Märchenbuch und ein Elternnachmittag mit dem Vorlesen eigener Märchen.

In der Unterrichtseinheit Erzählen nach Bildern von Miró entsteht eine Geschichte. Zwei futuristische, offenbar im Blauen fliegende Figuren werden mit Namen und einer Biografie versehen: wie sprechen sie, was essen sie, wie bewegen sie sich, was mögen sie gern, was gar nicht, was können sie ... Sie sollen nun durch den Weltraum fliegen und auf verschiedenen Planeten landen, für die kennzeichnende Namen erfunden werden: der Planet der süßen Bonbons, der Planet der gefährlichen Schlange, der Vulkan-Planet. In diesen Konstellationen entstehen nun Geschichten. Der Plan wächst, sie zu einem Fortsetzungsroman auszubauen, an dem alle Kinder der Klasse in einer Schreib- und Malwerkstatt mitarbeiten.

- *Entwicklung aus einem Projekt heraus:* Eine Klasse 4 ist Patenklasse für eine erste Klasse, sie hat in der Eingewöhnungszeit geholfen und hilft jetzt bei Spielen, beim Lesen und beim Schreiben am Computer. Aus Texten, die in der Klasse 3 beim freien Schreiben entstanden sind, will sie jetzt für die erste Klasse einfache Lesetexte gestalten, die mit dem Computer geschrieben und auf Karten geklebt werden. Die Texte werden ausgesucht, vereinfacht, in Sinnabschnitten aufgeschrieben und illustriert. Die Kinder probieren sie in gemeinsamen Lesestunden mit den Erstklässlern aus.

In den Beispielen gab es immer ein Projektziel der Klasse. Schreibprojekte können, wie andere Projekte auch, ebenso Projekte einzelner Kinder oder Kindergruppen sein, wenn sie in der freien Arbeit dazu eine geeignete Unterrichtsorganisation finden. Die Gruppe der Pferdenärrinnen in der Klasse erarbeitet dann ein Pferdebuch mit allem Wissenswerten über Pferde sowie Buchtipps. Oder Kinder schreiben, angeregt durch Kinderliteratur, individuell Geschichten und gestalten sie in einem eigenen Buch.

Schreibprojekte können unter unterschiedlichem zeitlichen Aspekt realisiert werden:

- Miniprojekte begrenzen sich oft auf ein bis zwei Tage. Wenn die Kinder am ersten Schultag der Klasse 1 ein Selbstporträt malen, ihren Namen dazuschreiben und daraus eine Pinnwand mit der Überschrift „Das sind wir" gestalten, dann ist dies ein solches Miniprojekt. Im Rahmen eines Umweltthemas erfindet eine Gruppe ein Würfelspiel mit Ereignisfeldern zum Thema.
- Projekte können länger dauern, wie die Beispiele oben zeigen.
- Langzeitprojekte laufen im Unterricht nebenher mit. Das Klassentagebuch ist hierfür ein Beispiel.

Alle bisherigen Schreibsituationen können zu Schreibprojekten entwickelt werden, wenn ein erweisbares Werk als Ziel die Arbeit orientiert und die Kinder auf dieses Ziel hin gemeinsam ihre Arbeit entwickeln, planen, gestalten und mitverantworten. Auch freies Schreiben kann zum Projekt werden, wenn es aus der persönlichen Orientierung (Schreiben für sich) heraustritt und die Texte öffentlich werden können. Freie Texte können zu Buchprojekten oder Lesungen gestaltet werden. Ein Beispiel hierfür stellt HEIDE BAMBACH vor:

Gegen Ende des Schuljahres werden freie Texte, die die Kinder während des Jahres geschrieben haben, bei einer Autorenlesung im „Café Pusteblume" vorgetragen und am Ende der 4. Klasse in einem Buch mit „Pusteblumen-Geschichten" veröffentlicht. Die Texte suchen die Kinder selber aus und geben sie zur Veröffentlichung frei. In der Schreibwerkstatt bereiten sich die Kinder auf diese Ereignisse vor: Plakate und Handzettel werden erstellt, die Geschichten werden unter gegenseitiger Beratung ausgewählt, sprachlich und gedanklich überarbeitet, eventuell für die Öffentlichkeit gekürzt, das Vorlesen wird mit Kassettenaufnahmen geübt, bei langen Texten, kleinen Romanen, wird ein Ausschnitt vorgelesen, der Zusammenhang wird mündlich zu erzählen geübt, bei Texten, die partnerschaftlich geschrieben wurden, wird zu zweit vorgelesen. Für das Buch werden die ausgesuchten Geschichten neu geschrieben und illustriert, ein Kurs im Schwarz-Weiß-Illustrieren ist vorausgegangen, Deckblätter werden gestaltet. Inzwischen sind Lesung und Buch zur festen Einrichtung an der Schule und im Café geworden. (BAMBACH 1993, 231 ff.)

Wenn Lernen so zum persönlichen Ernstfall wird und auch vom Kind in seinen Lebenszusammenhang integriert wird, dann wuchern geradezu die Lernmöglichkeiten.

Schreibprozesse

Seit der Didaktik der sprachlichen Kommunikation in den 70er-Jahren ist die Aufmerksamkeit auch auf den Schreibprozess gerichtet: Schreibabsicht und Adressierung werden geklärt, Textsorte, sprachliche sowie gestalterische Mittel werden gewählt, der Text wird dann unter diesen Aspekten geschrieben. Im Laufe der weiteren Entwicklung wurde erkannt, dass Schreiben nicht immer nur kommunikative Funktionen hat. Schreiben kann auch dazu dienen, eigene Gedanken, Erfahrungen, Meinungen zu entwickeln und zu klären, den Text also für sich zu schreiben in selbstklärender erkenntnisfördernder Funktion. Mehr noch: Schreiben kann auch von der Lust beflügelt sein, mit Sprache kreativ umzugehen, expressiv und imaginativ zu schreiben (s. hierzu das Kap. Kreatives Schreiben S. 98 ff.). Bei all diesen Schreibakten, so stellte die moderne Schreibforschung heraus, spielen Sprechakte, spielen Entwerfen und Verwerfen, Planen und Überarbeiten eine Rolle. Das kann sich in einer fixierten Schreibplanung und in durchgreifenden Textüberarbeitungen zeigen, häufig spielt sich dies aber nur im Kopf ab, auch als ständiges Wechselspiel von Planen und Verwerfen, Ausprobieren und Überarbeiten. Dies gilt schon für Erstklässler, wenn sie bei ihren Spontanschreibungen bei weitem nicht alles aufschreiben, was sie zum Thema erzählen möchten, sondern auswählen und dies in Sätzen niederschreiben.

Schreibförderung müsste also, so lässt sich aus dieser Einsicht ableiten, die Schreibprozesse fördern. Damit entwickelt sie die Schreibfähigkeiten besser als die Vermittlung von Aufsatzstandards. Zu den Schreibprozessen ist inzwischen eine reichhaltige Forschungs- und Veröffentlichungslage entstanden. Dabei zeigen sich auch einige strittige Punkte, deren Klärung für die Förderung der Schreibfähigkeiten erhebliche Bedeutung hat.

Schreibentwicklungs-Stufen

In einem verbreiteten Wörterbuch der Grundschulpädagogik referiert JÜRGEN BAURMANN die Entwicklungsstufen, wie sie in den 80er-Jahren in Anlehnung an PIAGETS Stufentheorie formuliert wurden: „Kinder beim Aufsatzschreiben sachkundig zu begleiten, setzt Kenntnisse über die Schreibentwicklung voraus. Am Beginn der Entwicklung steht das assoziativ-expressive Schreiben. Das Kind schreibt nieder, was ihm spontan einfällt. Assoziativ sind die Gedanken, expressiv ist die Funktion des Schreibens ... Wenn Kinder diese Art des Schreibens beherrschen, dann orientieren sie sich zunehmend an den Konventionen geschriebener Sprache. Sie wollen nun orthografisch und grammatisch möglichst korrekt und stilistisch auch ‚schön‘ schreiben ... Das Wissen um solche Normen (deshalb normorientiertes Schreiben) verbindet sich mit dem Assoziativ-Expressiven. Frühestens gegen Ende der Grundschulzeit ... wird der reale Lesende vom schreibenden Kind ausdrücklich mitgedacht. Dieses kommunikative Schreiben ... setzt voraus, dass die bisher erworbenen Fähigkeiten ... grundgelegt sind." (BAURMANN 1993 a, 255 f.)

Diese behauptete Stufenfolge ist falsch, dies lehrt schon die Alltagserfahrung in einem Unterricht mit ausgeprägter Schreibkultur von Anfang an. Kinder nehmen früh Schreibnormen wahr und realisieren sie schon bei frühen Schreibungen, z.B. die Richtigschreibung besonders schreibhäufiger und wichtiger Wörter, die zum Merkwortschatz gehören, oder die Beachtung von Wortgrenzen. Schon Erstklässler können den Leser mitdenken, wie sich an Briefen in ersten Klassen zeigen lässt. STEFFI HABERSAAT und MECHTHILD DEHN zeigen an Kindertexten, wie Schreibanfänger anspruchsvoller, d.h. komplexer schreiben, als es ihnen Schreibentwicklungstheoretiker zutrauen. Ein Beispiel: Pia aus Klasse 2 schreibt: „Ich bin Rosinchen. Ich bin die mutigste Maus. Heute wandere ich aus. Da entdecke ich einen Riesen. Ich lege mich hinein. Er streichelt mich."

HABERSAAT und DEHN weisen darauf hin, dass wir es in Pias Text „mit einer Ich-Erzählsituation zu tun haben, aber dennoch erzählt Pia nicht von sich selbst. Sie zeigt in ihrem Text, wie sich jemand anderes fühlt. Dieses in der Ich-Form tun zu können, setzt einen doppelten Perspektivwechsel voraus: Pia muss von ihrer Perspektive als Schreiberin absehen, um dann aus der Perspektive der Figur, von der sie spricht, wiederum in die Ich-Form zu wechseln ..." Sie verwendet die Schriftsprache nicht als mündliches Sprechen in Schriftform, sondern konzipiert sie als schriftlichen Text (in „konzeptioneller Schriftlichkeit", GÜNTHER 1993), sie benutzt „Sprache ... in ihrer Symbolfunktion, indem sie darstellt, wie sich eine andere Person fühlt" (HABERSAAT/DEHN 1998, 179 f.). Der unterrichtliche Zusammenhang, in dem dieser Text entstand, ist die Begegnung mit dem Bilderbuch „Rosalind das Katzenkind". Hier wird ein Konflikt thematisiert, den die Kinder gut verstehen können, er spitzt sich zu, bis Rosalind sich entscheiden muss, sich anzupassen oder wegzugehen. Die Kinder schrieben dann die Geschichte weiter und es entstanden unterschiedliche und komplexe Texte wie der von Pia. Darunter waren auch direkt kommentierende Texte, die in Distanz zum Text eine eigene Bewertung formulierten, so in Simons Text (HABERSAAT/DEHN 1998, 18): „Ich fand es schade, dass Rosalind weggegangen ist, und ich fand es lustig, als Rosalind mit dem Hund geschlafen hat."

Als Grund für diese Komplexität an sprachlichen Funktionen und Mitteln stellen die Autorinnen die folgenden Zusammenhänge her: Beim Vorlesen eines Kinderbuches, dessen Geschichte im Erfahrungshorizont der Kinder liegt, „deuten (sie) die Inhalte ... beim Hören in Bezug auf ihre eigenen Erfahrungen in individueller Weise" und schreiben sie in dieser Spur weiter. „Auch das Schreiben wird so zu einem konstruktiven Akt, bei dem die Inhalte der Bücher von den Kindern neu geordnet und gedeutet und zu ihren eigenen Erfahrungen in Beziehung gesetzt werden können ... Die Kinder bleiben in der Geschichte und erfahren Schrift als Möglichkeit des indirekten Selbstausdrucks. Indem sich die Kinder der Herausforderung stellen, eine Form zu finden für ein komplexes Thema und die Vielschichtigkeit ihrer eigenen Erfahrungen, entstehen komplexe Texte." (HABERSAAT/DEHN 1998, 183 ff.)

Vom Anregungswert ihrer sprachlichen Umwelt und ihren Herausforderungen wird auch die schriftliche Sprachentwicklung und Sprachleistung wesentlich beeinflusst. Nimmt man für Entwicklungsphasen von Kindern traditionelle Aufsätze zur Grundlage, wird man zu anderen Ergebnissen kommen, als wenn Kinder reichhaltige auch literarische Anregungen erhalten und früh selbst zu Schreibern werden. Ist nur die Lehrerin oder der Lehrer Adressat der Texte und Beurteiler, dann wird Leserorientierung und Nachdenken über Texte weniger früh ausgebildet, als wenn Kinder von Anfang an für reale Leser schreiben und Texte im Vorlesekreis, in der Versammlung, in der Schreibkonferenz mit anderen beraten werden (vgl. die Befunde bei SPITTA 1992, bes. 88 f. und SPITTA 1998, 43 ff.).

CARL BEREITER entwickelte modellhaft Schreibstrategien, die je nach Schreibsituation zum Tragen kommen. Bei der Schreibentwicklung müssten dann diese Strategien weiter ausgebildet und verfeinert werden (siehe WEINHOLD 2000, 52 ff.). Es sind dies der assoziative Schreibmodus, der normorientierte, der kommunikative, der authentische und der heuristische oder epistemische, ausführlicher S. 103 ff.. Diese Schreibmodi wurden in der deutschsprachigen Didaktik häufig als Stufenfolge missverstanden, wonach die Kinder zuerst nur assoziativ, dann durch schulischen Unterricht normorientiert, später auf Kommunikationspartner hin zu schreiben lernen. Das Konstrukt einer solchen Stufenfolge entspricht aber weder dem Modell von BEREITER noch den möglichen Schreibentwicklungen von Kindern.

Schreibprozess-Phasen

Der Schreibprozess durchläuft verschiedene Phasen. Die verschiedenen Modelle, die aus Schreibprozessabläufen gewonnen wurden, lassen sich auf diese Phasen hin generalisieren (vgl. z.B. SPITTA 1998, 20 ff.):

1. Schreibsituation und Schreibbegründungen: Die Schreibidee, das Schreibziel entsteht.
2. Schreibplanung: Die Idee wird gedanklich ausgearbeitet. Dabei werden Gedanken bereitgehalten zu Inhalten, Textsorte, sprachlichen Mitteln, gestalterischen Mitteln, Präsentation des Textes.
3. Schreiben: Der Text wird schriftlich entwickelt.
4. Bewerten: Der Text wird auf das Schreibziel und auf die Schreibplanung hin überprüft.
5. Überarbeiten: Auf Grund der Bewertung wird der Text gegebenenfalls überarbeitet.
6. Veröffentlichung

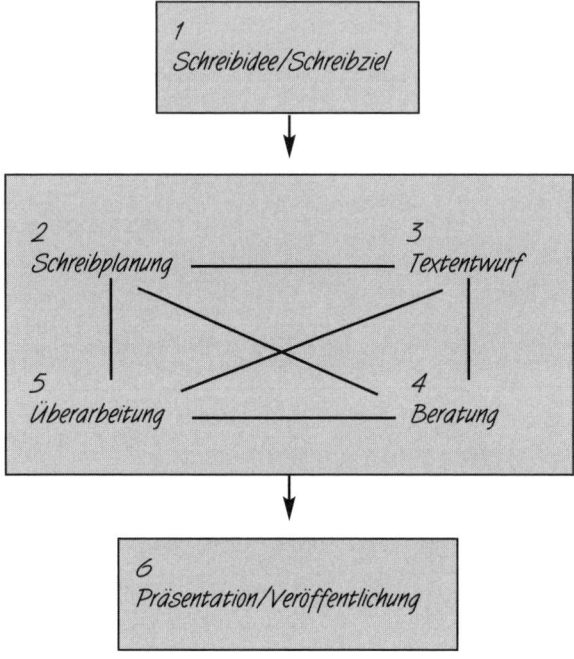

Abbildung 6: Schreibprozess

Die Binnenphasen 2 bis 4 werden in realen Schreibsituationen nicht als voneinander getrennte Stufenfolge durchschritten, sondern sind durch vielfältige Hin-und-her-Bewegungen charakterisiert. Die Planung des Textes mag zunächst noch sehr vage sein, beim Schreiben klären sich auch planerische Aspekte, z.B. die Abfolge der Darstellung, die Wortwahl, vielleicht auch die Fortführung und das Ende der Geschichte. Dabei spielen immer bewertende Aspekte eine Rolle. Schon der erste niedergeschriebene Satz ist das Ergebnis von internen Bewertungs- und Überarbeitungsprozessen, nämlich indem der gedachte Satz akzeptiert oder wieder verworfen, korrigiert oder neu formuliert wird. Je bewusster jemand schreibt, desto vielfältiger pendeln die Gedanken zwischen Planen, Schreiben, Bewerten und Überarbeiten hin und her. Die Phasen sind also in der Mikrostruktur des Schreibverlaufs ständig im Spiel.

In den Schreibprozessen sind die Phasen 1 bis 6 unterschiedlich akzentuiert. Beim spontanen Schreiben steht am Anfang eine Textidee oder ein Schreibimpuls, dann wird der Text unmittelbar geschrieben, ohne weiter beraten, überarbeitet oder veröffentlicht zu werden. Beim individuellen Tagebuch oder bei Notizen ist es ähnlich. Beim freien Schreiben entscheidet die Autorin oder der

Autor, ob eine Beratung gewünscht und eine Überarbeitung oder eine Veröffentlichung beabsichtigt ist. Kreatives Schreiben bezieht seine Impulse oft aus unbewusst ablaufenden Prozessen, distanzierte Haltungen können möglicherweise Blockaden verursachen. „In dieser Hinsicht", so akzentuiert KASPAR H. SPINNER, „bildet das kreative Schreiben ein Gegengewicht zu den Anregungen, die von der kognitiv ausgerichteten Schreibentwicklungsforschung ausgehen." (SPINNER, 1996, S. 83) Dies ist übrigens der Grund dafür, dass ich das kreative Schreiben im folgenden Kapitel als eigenen aktuellen Akzent behandle.

Zurück zum Phasenmodell: Dass Grundschulkinder bewusst schreiben und ihre Fähigkeiten in den einzelnen Phasen angeregt, gestützt und weiterentwickelt werden können, wird immer noch angezweifelt. Unter der Überschrift „Vom konkreten Schreiben zur Reflexion über das Schreiben" meint z.B. JÜRGEN BAURMANN 1996: „Ein solches Nachdenken über das Schreiben und über Schreibprozesse ist gewiss schon in der Sekundarstufe I möglich." (BAURMANN 1996, 6) Damit stellt er dies für die Grundschule in Abrede. Tatsächlich zeigen die Beispiele aus Leseversammlungen und Schreibkonferenzen, dass auch Grundschulkinder zu solchen metakognitiven Leistungen fähig sein können und dass dies ihre Schreibfähigkeiten erheblich fördert. Ein anderes Beispiel: FRANZ-JOSEF PAYRHUBER beruft sich 1998 auf FEILKE, der feststellte, dass es bei Kindern bis zu einem Alter von zehn Jahren so gut wie keine Planungspause vor dem Schreibbeginn gebe: „Nach diesen Beobachtungen ist der ... Vorschlag wenig hilfreich, den Kindern zu empfehlen, sich vor der Ausführung ihres Schreibplans Notizen zu machen." (PAYRHUBER 1998, 14 f.) Diese Feststellung stimmt, wenn den Kindern ohne situative Einbettung Stichwörter oder Planungen abverlangt werden. Sie stimmt nicht, wenn Kinder in definierten Schreibsituationen planen, z.B. wenn die Kinder Notizen zum Keimen von Bohnen machen, um daraus später einen Forscherbericht zu schreiben, wenn sie aus einer Leitidee Ideenfelder und hieraus eine Textplanung entwickeln. Zum Überarbeiten von Texten meinen BAURMANN/LUDWIG 1996: „Eigene Texte zu überarbeiten fällt Kindern schwer. Deshalb bieten sich mindestens bis zum Beginn der Sekundarstufe 1 fremde Texte an." (BAURMANN/LUDWIG 1996, 19) Die Arbeiten in Schreibprojekten und bei Schreibkonferenzen zeigen dagegen, dass auch Grundschulkinder eigene Texte nach Beratung überarbeiten können, wenn das Überarbeiten im Schreibziel seinen guten Grund hat. BARBARA KOCHAN belegte schon 1993, dass bereits Erstklässler beim selbstbestimmten Schreiben mit dem Computer gerne und erfolgreich ihre Texte im Schreibprozess überarbeiten (z.B. KOCHAN 1998, 28 ff.).

Auch die Fähigkeiten der Kinder, ihren Schreibprozess mitzugestalten und zu selbstbestimmten Texten zu kommen, können im Unterricht entwickelt werden. Schreibbegründungen sind dabei ebenso wichtig wie gemeinsame Beratungen, die im Dialog mit anderen das bewusstmachen und fördern, was individuelle Schreiber als Fähigkeit zum inneren Dialog allmählich entwickeln. Die kindlichen Schreibprozesse können dann alle Faktoren oder Phasen erwachsener Schreiber aufweisen, lediglich mit „weniger ausgefeilten Abläufen in den einzelnen Subprozessen, aber als Gesamtprozess identisch mit diesem Modell" (SPITTA 1998, 28).

Prozessförderliche Institutionen in der Klasse

Eine didaktische Alltagstheorie besagt: Schreiben lernt man nur durch Schreiben. Der Satz besticht. Dennoch ist er falsch. Natürlich gehört zum Schreibenlernen auch das Schreiben, und zwar das möglichst authentische Schreiben. Doch konstitutiv sind die Bedingungen für authentisches Schreiben: die Schreibbegründungen und anregenden Schreibsituationen, die entwickelte Schreibkultur in der Klasse und wo möglich an der Schule, Begegnungen mit außerschulischer Schriftkultur am Ort und in der Kinderliteratur, Vorlesungen, Gespräche und Beratungen über Texte, Möglichkeiten, Texte zu präsentieren und zu veröffentlichen. Gerade die Bedeutung dieser Rahmenbedingungen für die individuellen Schreibentwicklungen wurden in der modernen Entwicklungs- und Wirkungsforschung nachdrücklich belegt.

Schreibbegründungen und Schreibsituationen wurden bereits ausführlicher dargestellt. Hier sollen nun Institutionen des Klassenlebens vorgestellt werden, die zur Förderung der Prozessfaktoren des Schreibens in der Schulpraxis entwickelt wurden.

Schreibwerkstatt

Der Werkstatt-Begriff ist die Übersetzung des Atelier-Begriffs aus der FREINET-Pädagogik. Gemeint ist ein Unterrichtskonzept und eine Organisationsform, die kontrastiv zum Frontalunterricht im Klassenblock zu denken sind:

Die Kinder arbeiten auf ein ihnen bekanntes oder von ihnen entschiedenes Arbeitsziel oder ein Werk hin,
● sie nutzen dabei Arbeitstechniken selbstständiger Arbeit,
● sie finden dazu im Klassenraum Arbeitsmaterialien vor, gegebenenfalls ergänzen sie es,
● sie arbeiten individuell oder in Gruppen.

Die Praxismodelle weisen unterschiedliche didaktische Reichweiten auf: Sie reichen von Werkstätten, deren Arbeitsinhalte im Einzelnen von der Lehrerin oder dem Lehrer vorgegeben sind, so z.B. in den Lernzirkeln oder im eng geführten Stationenbetrieb (z.B. BAUER 1997), bis zu Werkstätten, die synonym zum Konzept der freien Arbeit sind (z.B. BARTNITZKY/CHRISTIANI 1998), in der Regel sind Mischformen anzutreffen. Organisatorisch können Werkstätten kontinuierlicher Teil des Unterrichtstages oder der Unterrichtswoche sein (täglich zwei Stunden Werkstatt oder einmal in der Woche ein Werkstatt-Tag), sie können aber auch bei Gelegenheit als Werkstatt-Tage oder Werkstatt-Wochen realisiert werden. Weil Kinder das selbstständige Arbeiten mit Arbeitstechniken, Umgang mit dem Materialien, freien Entscheidungen lernen müssen, ist die kontinuierliche Werkstatt-Arbeit vorzuziehen. Für die Arbeit in einer Schreibwerkstatt sind gute Schreibbegründungen Voraussetzung, das „Handwerkszeug" sind Anregungen, Materialien und Arbeitsweisen, wie sie bei Schreibsituationen dargestellt wurden.

Schreibwerkstatt ist häufig Teil einer thematischen Werkstatt, z.B. wenn bei der Themenwerkstatt Frühling als ein Angebot mit Hilfe von Wortfeldern und Strukturen wie Elfchen Frühlingstexte geschrieben werden können.

Schreibwerkstätten können auch eine eigene Spielart der Werkstatt sein. Dann ist das Schreiben Aufgabe für alle, über ihre Themen und Realisierungen entscheiden die Kinder. Häufig werden solche eigenen Schreibwerkstätten bei Schreibprojekten realisiert, z.B. bei der Erarbeitung einer Klassenzeitung, beim Gestalten von Fahrtenbüchern nach einer Klassenfahrt, bei einem Projekt kreativen Schreibens, an dessen Ende z.B. Bücher oder Lesungen stehen. Von einer themenunabhängigen Schreibwerkstatt berichtet ANNETTE BRANDEBUSE-MEYER. Sie entwickelte in Anlehnung an einen Vorschlag von WÜNNENBERG mit den Kindern die regelmäßige Verknüpfung von Schreibwerkstatt und Leseversammlung (BRANDEBUSEMEYER in BERTSCHI-KAUTMANN 1998, 139):

„1. Die Kinder schreiben ohne Themenvorgabe und orthografische Hilfsmittel eigene Texte; Materialien als Hilfestellung zur Themenfindung ... sind ihnen zugänglich.

2. Die Kinder lesen mir den fertigen Text vor, um eventuell unverständliche Textteile zu klären ...

3. Fertige Geschichten tippe ich orthografisch richtig zu Hause ab und vervielfältige sie für alle Kinder.

4. In der Leseversammlung lesen einzelne Kinder ihren Text der Klasse vor.

5. Die anderen Schülerinnen und Schüler nehmen Stellung zum Text. Dabei gelten die Verabredungen, dass der Verfasser direkt angesprochen wird und zunächst positive Rückmeldungen geäußert werden.

6. Die Geschichten werden, ergänzt durch den Computerausdruck, eine Woche im Klassenraum ausgestellt.

7. Im Geschichtenordner werden die Texte gesammelt. Mit ihnen wird schließlich ein Buch hergestellt."

Schreibwerkstätten schaffen ein Forum für angeleitetes wie für freies Schreiben sowie für kommunikativen Austausch und Beratung über Schreibideen, Entwürfe, Überarbeitung und Präsentationsweisen. Schreibkonferenzen und Versammlungen (s.u.) können in die Schreibwerkstatt-Arbeit integriert werden.

Versammlung

Der Gesprächskreis für den Austausch von Erlebnissen, Erfahrungen, Gedanken und für das offene, also nicht lehrerzentrierte Besprechen von Kindertexten hat eine lange Tradition. GERHARD SENNLAUB z.B. hatte bei seinem Ritual der Kindergespräche über Aufsätze hier angeknüpft: „Jede Geschichte wird nur einmal vorgelesen und damit in der Klasse zur Diskussion gestellt. Zu den Ritualen ... gehört auch, dass das Wort einmal ... reihum wandert ... Wer sich äußern will, meldet sich ... Wer sich nicht meldet, wird bei diesem Umlauf übergangen. Jeder kann sich zu jeder Geschichte nur einmal äußern ... Der Autor hat jederzeit das Recht zur direkten Erwiderung." (SENNLAUB 1980, 114 f.) Aus solchen Traditionen entwickelte HEIDE BAMBACH ihre Versammlung: Sie ist eine Mischung aus Erzählkreis, Klassenrat und Vorlesung mit Gesprächen. Der wichtigste Teil ist der letzte. „In jeder Versammlung ist in der Regel Zeit für drei bis fünf verschiedene Kindertexte. Meist sind es Fortsetzungen von Geschichten, die über mehr als zwei Wochen hinweg vorgelesen werden; manche füllen mehrere Hefte und das Vorlesen zieht sich über Monate hin. Damit sich jeder in der Geschichte wieder zurechtfindet, gibt der Autor zunächst ‚Stichworte' um welche seiner Geschichten es sich handelt und worum es darin geht, und erzählt dann kurz die Situation, bei der er das letzte Mal mit ‚Fortsetzung folgt' abgebrochen hat .... Die vorlesenden Kinder werden durch die ‚Fragen' und ‚Sagen' zur Geschichte nicht unterbrochen, sondern bekommen sie zu hören, nachdem sie das vorgelesen haben, was sie sich für diesen Tag vorgenommen hatten ..." (BAMBACH 1993, 35 f.).

An vielen Beispielen kann HEIDE BAMBACH nachweisen, wie nachdenklich die Kinder auf die vorgelesenen Texte reagieren und wie ihre Meinungen und Vorschläge nachhaltig beim Überarbeiten und Weiterschreiben wirksam werden – nicht als eilfertige Umsetzung von Ratschlägen, sondern in eigener souveräner Autorenentscheidung, manchmal lange nach der jeweiligen Versammlung. Ein Beispiel: Verena hatte eine Geschichte von einer alten weisen Eule vorgelesen, die ein Besucher tagsüber nicht zu Hause antrifft. Carsten hatte eingewendet, dass Eulen tags schlafen, was Verena auch wusste. Daraufhin schlug Carsten vor: „Dann schreib doch, dass dies eine besondere Eule war, sonst denkt man, du weißt es nicht." Wie solche inhaltlichen Fragen, so werden auch sprachliche Details angesprochen: „Als Steffen vorliest, dass das Gespenst durch die Wand geht, obwohl der Fels vom Schloss ‚steinhart' ist, bekommt er zu hören: ‚Felsen sind Steine; sie sind steinhart', schreib besser stahlhart oder eisenhart, wenn du ganz besonders hart meinst." (BAMBACH 1993, 36 und 40)

Zwei Bedingungen für die Qualität solcher beratenden Gespräche sind wohl unverzichtbar: die Schärfung der literarästhetischen Sinne für Sprache und Textformen durch die Begegnung mit Literatur, erinnert sei, dass in der Versammlung auch regelmäßig aus anspruchsvoller Kinderliteratur vorgelesen wird, und das vertrauensvolle Klima, das durch sensiblen Umgang miteinander entstanden ist. „Solcherart im ursprünglichen Sinn kollektive Arbeit an den Texten gelingt wohl nur dann, wenn die Kinder sicher sind, dass es hierbei um Einverständnis geht und nicht um Besserwisserei. Sie müssen als angenehm erfahren, dass die Gruppe bisweilen klüger ist als der Einzelne, weil sie zusammentragen kann, was sie weiß und versteht, und die Texte auf diese Weise präzisiert." (BAMBACH 1993, 41)

Schreibkonferenz

Schreibkonferenzen sind Versammlungen, die aber auf wenige Teilnehmer begrenzt sind, die der Autor oder die Autorin ausgesucht hat. Der Engländer DONALD H. GRAVES brachte sie in die didaktische Diskussion. Hieran knüpfte GUDRUN SPITTA an und entwickelte in Praxiserprobungen mit vielen Lehrerinnen und Lehrern folgende Form (SPITTA 1992):

- *Freie Schreibzeiten:* Regelmäßig (z.B. dreimal wöchentlich) haben die Kinder im Rahmen offener Unterrichtsformen freie Schreibzeiten. Jedes Kind kann, muss aber nicht schreiben. Das Thema wird individuell gewählt, ein Entwurf wird geschrieben.
- *Schreibkonferenz:* Während der Arbeitszeiten in der offenen Unterrichtsform kann das Autorenkind zwei Mitarbeiter zur Schreibkonferenz einladen.
  - Der Text wird vorgelesen.
  - Die Mitarbeiterkinder äußern sich spontan zum Inhalt.
  - Die Mitarbeiterkinder fragen zu inhaltlichen Einzelheiten nach, die ihnen unklar sind. Das Autorenkind macht sich gegebenenfalls Zeichen im Text, wo noch etwas verändert werden muss.
  - Die Kinder gehen den Text satzweise durch und besprechen sprachliche wie inhaltliche Aspekte. Das Autorenkind markiert Stellen, die es möglicherweise ändern will, notiert Vorschläge.
  - Der Text wird unter dem Aspekt der Rechtschreibkontrolle gelesen. Hierbei entscheidet das Autorenkind, ob es dies allein, in der Schreibkonferenz oder gegebenenfalls im Korrekturbüro, einem Arbeitstisch mit sicheren Rechtschreibern, realisiert.
- *Überarbeitung:* Das Autorenkind überarbeitet den Text inhaltlich, sprachlich, orthografisch. Es legt den überarbeiteten Text der Lehrerin zur Endredaktion in einen Korb. Die Lehrerin korrigiert bzw. bespricht im Einzelgespräch noch Rechtschreibfehler. Der Text wird auf spezielle Veröffentlichungsbögen (Schmuckblätter) übertragen.
- *Veröffentlichungsstunde:* Der Text wird in der Veröffentlichungsstunde vorgelesen. Diese Stunde findet regelmäßig statt, sie kann ähnlich ablaufen wie die oben unter „Versammlung" geschilderten Rituale.

Dieses Ablaufmodell muss sich mit den Kindern entwickeln. Die Schreibkonferenz kann z.B. zunächst unter Mitarbeit der Lehrerin als Rollenspiel erprobt werden: Im Innenkreis sitzen die an der Konferenz teilnehmenden Kinder, im Außenkreis die anderen Kinder. Durchführung und Beobachtung ergänzen sich. Im Rahmen solcher Erprobungen werden die ersten Regeln festgelegt. In metakommunikativen Gesprächen werden die Regeln im Laufe der Zeit abgeändert oder ergänzt.

Veröffentlichungsforen

In allen didaktischen Konzepten, in denen authentisches Schreiben und Schreibprozesse besondere Beachtung finden, werden Veröffentlichungsforen entwickelt und genutzt: die regelmäßige Versammlung oder die Veröffentlichungsstunde sind dazu typische Beispiele. Diese Foren der mündlichen Veröffentlichung und Beratung haben im gesamten Konzept der Schreibentwicklung mehrere Funktionen:

- Das Vorlesen stellt die reale Verwendungssituation für den Text dar („ohne diese reale Adressatensituation würden sie – die Kinder – sich der Mühe der Überarbeitung und Reinschrift kaum so intensiv unterziehen" (SPITTA 1992, 62).
- Die Kinder üben Verständnis füreinander, entwickeln einen sorgsamen Umgang mit den Mitteln Kritik und Rat, mithin also zentrale Anliegen zur Entwicklung einer humanen Gesprächskultur und der Kindergespräche.
- Die Kinder erweitern ihre eigenen Erfahrungen mit Inhalten, Sprache und Form durch Austausch und Gespräch mit anderen.
- Die Lehrerin hat hier „besonders gute Möglichkeiten, den Kindern Anregungen und Hinweise für die Gestaltung zukünftiger Texte anzubieten. Gerade während dieser Zeit scheinen die Kinder besonders empfänglich für weiterführende Überlegungen zu sein." (SPITTA 1992, 62)

Ergänzend zu diesen Vorlese-Veröffentlichungen können Schriftformen hinzukommen: Die Texte werden in der Klassenzeitung, in Geschichtenbüchern, in thematischen Büchern, ins Klassentagebuch aufgenommen. Solche Veröffentlichungsforen bestärken den realen Bezug der Texte.

Schreibhilfen

In Schreib- und Beratungssituationen geht es auch immer um sprachliche und gestalterische Mittel, bezogen auf den konkreten Text. Diese Mittel können im Laufe der Arbeit gesammelt werden und als Anregungsfundus in der Klasse präsent sein. Damit wächst das Handwerkszeug der Kinder, von dem sie bei ihren Beratungen und ihren persönlichen Entscheidungen in Bezug auf ihren eigenen Text Gebrauch machen können.

- *Schreibhilfen aus Schreibkonferenzen:* In ersten Konferenzen werden oft die stereotypen Satzanfänge angesprochen. Die Lehrerin kann mit den Kindern in der Gruppe oder auch in der Klasse an Hand von Texten der Kinder überlegen, wie man diese Gleichförmigkeit ändern kann – entweder, indem die Wendungen wie „Und da" ersatzlos gestrichen und die Sätze umgestellt werden oder indem sie durch andere Wendungen ersetzt werden. In eigenen und in fremden Texten, z.b. in Kinder- oder in Lesebüchern, können solche „Verbindungswörter" ausfindig gemacht und gesammelt werden. Diese zeitbezogenen Beziehungswörter können Adverbien wie „darauf, danach, plötzlich, auf einmal" sein, aber auch Konjunktionen wie „nachdem, als, sobald". Die Kinder werden in sprachlicher Analogie vor allem Adverbien finden. Um auch Satzneubildungen und den Gebrauch von Nebensätzen anzuregen, kann die Lehrerin Konjunktionen vorschlagen und ihre Verwendung ausprobieren lassen.die Benennung dieser Wortarten spielt allerdings in der Grundschule keine Rolle. Alle gefundenen Wörter werden in einem Wortfeld „Und dann" dokumentiert. Es wird auf einer Seite eines Posterständers eingefügt, als Plakat aufgehängt oder in eine Schreibkartei der Klasse mit Schreibtipps aufgenommen. Im Laufe der Zeit entstehen aus den konkreten Beratungen heraus weitere Schreibhilfen, z.B. zu anderen Wortfeldern (sagen, fahren, Fahrradwörter, wie sich etwas anfühlen kann usw.), zur wörtlichen Rede oder zur Gedankenrede, zum Ersatz von Nomen durch Pronomen.

Im Laufe der Zeit kann ein Plakat entwickelt werden, auf dem typische Beratungspunkte und Überarbeitungshilfen festgehalten sind. Es sollte bei den einzelnen Punkten Beispiele der Kinder aus Entwürfen und Überarbeitungen enthalten.

Das folgende Beispiel gibt den Stand in einer Klasse 3 wieder:

Beratungspunkte	Überarbeitungshilfen	Beispiele
Verständlichkeit Habe ich alles gut verstanden? Was verstehe ich nicht?	– ergänzen, was fehlt – genauer schreiben	(Hier dokumentieren die Kinder mit eigenen Beispielen Überarbeitungen)
Wortwiederholung Wiederholen sich Wörter zu oft?	– Wörter zum Wortfeld suchen – Wörter austauschen	(ebenso)
Wortwahl Welche Wörter gefallen mir gut? Welche Wörter sind ungenau?	– Wörter zum Wortfeld suchen – Wörter austauschen	(ebenso)
Satzanfänge Sind die Anfänge immer gleich?	– die Anfangswörter „Dann" oder „Und dann" wegstreichen – Sätze umstellen – Wörter aus dem Wortfeld „Und dann" einsetzen	(ebenso)
Überschrift Macht sie neugierig? Ist sie treffend?	– wenn nicht: Überschrift ändern	(ebenso)
Rechtschreibfehler	– Fehler berichtigen	(ebenso)

Neben solchen sprachlichen Mitteln können auch Ideen für eigene Texte, die die Kinder als anregend erfahren haben, gesammelt und auf Plakaten oder in der Schreibkartei festgehalten werden. Beispiele für solche Ideen finden sich im Kap. Schreibsituationen (S. 74 ff.) und Kreatives Schreiben (S. 98 ff.).

● *Schreibhilfen aus Vorlesungen:* Hier kann die Lehrerin oder der Lehrer „zum gemeinsamen Nachdenken über weitere ‚Geheimnisse des Schreibens' anregen. Eine erprobte Idee", so berichtet GUDRUN SPITTA, „ist es zum Beispiel, im Rahmen eines solchen öffentlichen Textgespräches durch eigenes entsprechendes Verhalten die ‚Sitte' einzuführen, ein nochmaliges Vorlesen einer bestimmten Textstelle ... zu erbitten, weil einem dieser Teil so besonders gut gefallen habe, man selbst aber noch nicht genau herausgefunden habe, warum... Gemeinsam kann überlegt werden, was der besondere Reiz des verwandten Stilmittels ist. Manche solcher Erkenntnisse ... können dann als ‚Schreibtipps' auf Plakaten festgehalten werden." (SPITTA 1992, 63) Eine solche sprachliche Schatzsuche und Schatzhebung hat mehrere Auswirkungen: Das besondere Hervorheben gelungener Textstellen hebt deren Qualität und bestärkt das Autorenkind; andere Kinder verwenden das Stilmittel später auch in eigenen Texten; die Gewohnheit, besondere Wendungen und Passagen zu suchen und zu finden, übernehmen die Kinder selbst in Konferenzen und Veröffentlichungsstunden.

Gemeinsam ist der Entwicklung von Schreibhilfen, dass sie aus den Schreib- und Beratungssituationen erwachsen und als Angebote in diese Situationen zurückwirken. Die Lehrerin oder der Lehrer beobachtet dazu, was Kindern wichtig ist, schätzt ein, was die Kinder wissen sollten, aber noch nicht kennen. Die Lehrerin oder der Lehrer greift auf Grund solcher Entscheidungen entsprechende Aspekte auf, erarbeitet mit den Kindern Schreibtipps, die wiederum mit Beispielen der Kinder belegt und von Kindern in deren Repertoire übernommen werden.

Diese Erarbeitung von Schreibhilfen, die sich an den Schreibentwicklungen, Texten und Beratungen der Kinder orientiert, fördert, dass Kinder schon früh bewusst mit Sprache umgehen und über Texte, auch über eigene, nachdenken und sie bearbeiten: Sie erkennen die Gegenständlichkeit von Sprache und nutzen sie für ihr Denken. Dies ist ungleich wirkungsvoller als isolierte Übungen wie „treffende Wörter suchen" oder an didaktisch zubereiteten Übungstexten angeblich belebende Adjektive einzusetzen.

Kreatives Schreiben

Wenn man mit kreativem Schreiben alles verbindet, was jenseits der bloßen Reproduktion vorgegebener Muster geschrieben wird, dann ist alles Schreiben in einem handlungsbezogenen Sprachunterricht kreativ. Lediglich die Grade an Kreativität wären unterscheidbar. Didaktisch ist dieser weite Kreativitätsbegriff wenig ergiebig, weil er nicht auf Besonderheiten kreativen Schreibens und damit auf spezifische Bedingungen und Förderaspekte aufmerksam macht.

KASPAR H. SPINNER resümierte in den 90er-Jahren die Wandlung des Kreativitätsbegriffs der vergangenen zwanzig Jahre. Er zeigte, wie die verschiedenen Definitionen aus heutiger Sicht sich ergänzende Akzente von Kreativität sind, die jeweils eigene Prinzipien von kreativem Schreiben, eigene didaktische Ansätze und Methoden in das sprachdidaktische Repertoire einbrachten (SPINNER 1993, 1996).

Prinzip: Irritation

„In den siebziger Jahren ist Kreativität als divergentes Denken verstanden worden, das zu neuen überraschenden Problemlösungen führt." (SPINNER 1993, 17) Hintergrund war: Im seinerzeit ungebrochenen gesellschaftlichen Fortschrittsglauben wurde kreatives Denken, das vorgegebene Denkbahnen verlässt, als Voraussetzung für Entdeckungen, Erfindungen, Neuentwicklungen in allen gesellschaftlichen Feldern angesehen. Je mehr Menschen in diesem Sinne kreativ denken, umso günstiger wären die Konstellationen für weiteren Fortschritt. Deshalb wurde nach Möglichkeiten gesucht, vom Gewohnten abweichendes, eben: divergentes Denken, auch systematisch zu schulen und zu fördern. Ein Beispiel soll dies illustrieren: Reizwortketten wie „Fritz – der Kirschbaum – die zerrissene Hose" provozieren konvergentes Denken und führen zu Standardgeschichten, weil der Ablauf durch die Stichwörter und die Kenntnis der üblichen Struktur von Unglücksgeschichten festgelegt ist. Reizwortketten nach dem Zufallsprinzip wie „Kirschbaum – Wüste – Hundeschwanz" provozieren divergentes Denken, weil gewohnte Denkbahnen die Wörter nicht in einen Zusammenhang bringen. Dieses Prinzip, Bekanntes oder Gegebenes in ungewohnte Zusammenhänge zu bringen, führte zu vielen methodischen Ideen für kreatives Schreiben.

- *Reizwörter:* Ungewöhnliche Reizwortketten können zum Beispiel so entstehen: Wörter aus Geschichten, aus Zeitungen und Illustrierten werden unter verschiedenen Gesichtspunkten gesammelt: Märchenwörter, Naturwörter, Autowörter, Straßenwörter, Wasserwörter, Fühlwörter ... Sie können noch einmal nach Nomen, Verben oder Adjektiven unterschieden werden. Die Wörter werden in entsprechende Kästchen einsortiert. Die drei Wörter für eine Geschichte werden nach dem Zufallsprinzip ausgewählt. Ergänzt werden kann die Sammlung durch eine Kiste mit Gegenständen (seltsam geformte Steine, Muscheln, Wolle, Spielfiguren), mit einer Fotosammlung aus Illustrierten, mit einer Sammlung von Sätzen, die in der Geschichte vorkommen müssen („Hilfe, es platzt!" – „Auf einmal stand er vor einem breiten Fluss.").
- *Textelemente mit ungewöhnlichem Inhalt*: Dies können Sätze sein, mit denen die Geschichte anfangen soll oder um die die Geschichte herumgebaut werden muss: „An diesem Tag wollte ich nur auf den Händen gehen." – „Hilfe, ich werde ja immer größer!" – „Der Polizist saß auf der Schaukel und weinte." Dies können auch Wörter sein, die neu kombiniert werden: Bilder aus Zeitschriften

werden montiert – eine Apfelsinen-Schaukel, ein Uhr-Löwe, ein Fußball-Taucher entstehen. Zu diesen neuen Wörtern werden Nachrichten oder Geschichten erfunden.

- *Textkombinationen*: Figuren aus bekannten Texten werden in Texte mit anderer Struktur eingefügt (Rotkäppchen trifft den kleinen Vampir, Pumuckl taucht bei uns in der Schule auf). Texte werden zerschnitten, aus zwei Textausschnitten wird eine neue Geschichte entwickelt. In einen Text wird ein solcher fremder Textausschnitt eingefügt und mit der Geschichte verschmolzen. Eine Geschichte wird nur bis zu einer entsprechenden Stelle freigegeben, dann werden verschiedene Fortsetzungen gesucht – lustige, traurige, mit Einführung einer neuen Person, eines anderen Ortes, eines besonderen Gegenstandes, mit Schluss-Sätzen anderer Geschichten. Insgesamt wird die Geschichte mit den unterschiedlichsten Fortsetzungen weitererzählt.

- *Spiel mit Perspektive und Textsorte:* Eine Geschichte wird aus verschiedenen Perspektiven erzählt (die Hexe erzählt das Märchen von Hänsel und Gretel, ein Stein auf dem Schulhof berichtet über die Pause). Der Schluss einer Geschichte wird variiert. Eine Geschichte wird vom Schluss-Satz her neu erzählt. Eine Geschichte wird als Zeitungsbericht, als Guten-Morgen-Anzeige, als Werbetext umgeschrieben. Eine eigener Text wird in Zeilen zum Gedicht umgebrochen, dabei können Wörter, die bei der Klangprobe stören, geändert oder weggelassen werden.

Prinzip: Expression

„In den achtziger Jahren", so Spinner, „ist eine Subjektivierung des Kreativitätsbegriffs eingetreten: Unter Kreativität wird nun in erster Linie Selbstausdruck, Entäußerung der verborgenen inneren Welt, Entwurf einer neuen subjektbestimmten Wirklichkeit verstanden." (SPINNER 1993, 17) In der internationalen außerschulischen Schreibbewegung im Erwachsenenbereich („Schreiben kann jeder") wurden neue Konzepte und Methoden entwickelt, die rasch Einlass in den schulischen Bereich fanden.

- *Clustern*: Diese besondere Form der Ideensammlung wurde von GABRIELE L. RICO entwickelt und begründet (RICO 1984). Gegeben ist ein Kernwort, das in die Mitte des Blattes geschrieben und eingekreist wird. Ein damit assoziiertes Wort wird daneben geschrieben, auch eingekreist und mit dem Kernwort durch einen Strich verbunden. Zu diesem neuen Wort werden wiederum Wörter assoziiert, sie werden um das neue Wort geschrieben, jeweils eingekreist und durch einen Strich mit dem neuen Wort verbunden. Auf diese Weise werden Wörter assoziiert und immer mit dem Wort, zu dem sie assoziiert werden, verbunden. Es entsteht ein strukturelles Ideennetz. Die freie Assoziierung, die Notierung mit Kreisrahmen, das entstehende Netzbild aktivieren beide Gehirnhälften und fördern auch Unbewusstes zu Tage, so RICO. Varianten sind Brainstorming-Verfahren oder die Entwicklung von Ideenfeldern (s. das Kap. Sprechförderung

S. 47 ff.). Das Verfahren lässt sich einzeln oder in der Gruppe durchführen, wobei in der Gruppe die Wörter der anderen Kinder stimulierend hinzutreten. Die Kinder können das Ergebnis als Anregung zum Schreiben übernehmen, sie können einzelne Wörter auswählen, die ihnen besonders zusagen, und sie zur Mitte eines Textes machen.

● *Assoziatives Schreiben:* Die Kinder erhalten oder wählen ein Ausgangswort, z.b. aus Wörterkisten mit den in der Klasse gesammelten Wörtern, oder sie beginnen mit einem Satzanfang: „Lachen muss ich, wenn ...“ Sie schreiben dann dazu, was ihnen einfällt. Die Schreibatmosphäre mag durch meditative Musik gestützt werden. Mit den so entstandenen Texten kann dann weitergearbeitet werden: Jedes Kind sucht zehn Kernwörter in seinem Text, unterstreicht sie und schreibt sie heraus. Diese Kernwörter werden als neuer Text so belassen, mit Zeilenbrüchen in eine Gedichtform gebracht, dabei werden gegebenenfalls Wörter umgestellt, weggestrichen, ergänzt, ersetzt, wiederholt. Das Ausgangsmaterial kann auch für einen neuen Text genutzt werden: Verschiedene Textausschnitte zum selben Ausgangswort werden zu einer Textcollage zusammengestellt und von verschiedenen Sprechern vorgelesen.

● *Poetisches Schreiben:* Die Kinder schreiben mit Hilfe ihrer Ideen beim Clustern, beim assoziativen Schreiben oder durch einzelne Wörter angeregt, Texte, zu denen die Strukturen vorgegeben sind und die gewissermaßen die Gefäße für die generierten eigenen Gedanken darstellen. Das *Elfchen* ist so eine Struktur, eine Erfindung der Schreibbewegung, die rasch Eingang in Grundschulen gefunden hat (s. im Kap. Schreibsituationen S. 80 ff.). Eine andere Form ist das *Schneeballgedicht* (die erste Zeile besteht aus einem Wort, die nächsten Zeilen sind um je ein Wort länger, dann kehrt es sich um: jede Zeile ist um ein Wort verringert, die letzte Zeile besteht aus einem Wort).

Eine weitere ergiebige Form ist das *Rondell*. Es ist achtzeilig. Die Zeilen 1, 4 und 7 sind gleich, ebenso die Zeilen 2 und 8. Zuerst wird ein Satz gewählt, der in die Zeilen 1, 4, 7 eingetragen wird. Was einem dazu einfällt, wird in die Zeilen 2 und 8 eingetragen. Dann werden die Zeilen 3, 5 und 6 ergänzt. Beispiele von Grundschulkindern finden sich bei INGRID BÖTTCHER (BÖTTCHER 1999, 62 und 104).

Prinzip: Imagination

„Es verbindet in gewisser Weise“, so definiert KASPAR H. SPINNER dieses Prinzip, „die Prinzipien Irritation und Expression: Es zielt auf die Überschreitung des Gewohnten, es stellt der äußeren Welt etwas gegenüber, was sich das Subjekt ausgedacht hat und in dem seine Wünsche und Ängste Gestalt gewinnen können.“ (SPINNER 1996, 82) Zeithistorisch ist dieses Prinzip den 90er-Jahren bis heute zuzurechnen und möglicherweise kongruent zu den Bemühungen um Fremdverstehen. „So wie das Kind im Spiel die Erwachsenenwelt imitiert, so ermöglicht das literarische Schreiben die fantasierende Aneignung neuer Erfahrungsweisen und damit z.b. das Hineindenken in andere Personen und Zeiten." (SPINNER 1993, 20)

- *Fantasiereisen:* Die Kinder schließen entspannt die Augen, die Lehrerin oder der Lehrer trägt einen Text vor, der die Fantasie auf Reisen schickt. Daran anschließend schreiben die Kinder. Häufig wird meditative Musik eingeblendet. Alternativ können auch Musik, ein Werk der bildenden Kunst, ein bewegendes Foto, aber auch Gegenstände wie eine Pfauenfeder, ein besonders schöner Stein oder Ähnliches Kinder auf Fantasiereisen schicken. (Nähere Hinweise und Beispiele z.b. in BÖTTCHER 1999.)
- *Kreative Ausgestaltungen:* Verschiedene Verfahren kreativer Arbeit werden kombiniert und dienen der Förderung von Imagination und sprachlicher Erarbeitung von Bildern, Vorstellungen, Gedanken. Zum Beispiel können Ausgangspunkte Kunstpostkarten oder Fotos sein, in die die Kinder sich versenken können: das Bild von einer Quelle im Wald, einem alten Mann, einem Autobahnstau, einer Wüstenlandschaft, einem Basar ... Das Kind sucht sich ein Bild aus, entwickelt dazu ein Cluster, „sucht daraus drei Wörter aus und schreibt mit diesen zwei Gedanken in einem Kurztext auf. Um seinen Text anders ... zu formulieren, wendet es das sowohl gestaltende als auch gleichzeitig revidierende Verfahren des Zeilenumbrechens an... Der Text wird automatisch inhaltlich akzentuiert und aussagekräftiger gestaltet." (BÖTTCHER 1999, 75) Dabei kann das Kind mit den Textteilen operieren – Wörter umstellen, ersetzen, ergänzen, weglassen, wiederholen, die Schreibanordnung variieren, mit dem Computer das Format verändern. Der neu entstandene Text wird zum Vortrag geübt.

Kreatives Schreiben – freies Schreiben – Schreibplanung

Im Zusammenhang der früheren Überlegungen ist das kreative Schreiben ein wichtiger ergänzender Aspekt, der viele Überschneidungen mit anderen Schreibmöglichkeiten hat, aber auch Besonderheiten aufweist.

Alle Anregungen des kreativen Schreibens können auch zum freien Schreiben genutzt werden, so wie die Anregungen beim freien Schreiben in vielen Fällen auch das kreative Schreiben fördern. Beim freien Schreiben entscheidet aber das Kind selbst, ob, was, wann, wo und wie es schreibt. Das kreative Schreiben nach den drei Prinzipien Irritation, Expression und Imagination setzt jeweils Anregungen, Auslösungen, Strukturen und Spielregeln voraus, die es in Gang setzen und in die kreative Qualität bringen. Es bedarf immer der didaktischen Inszenierung.

Der Schreibprozess hat auch beim kreativen Schreiben eine besondere Bedeutung, ihn zu fördern dienen viele Arrangements und Spielregeln. Dennoch verläuft er in Planung und Überarbeitung häufig nicht so bewusst, wie es in den meisten Schreibsituationen gerade intendiert wird. „Die Didaktik des kreativen Schreibens verlässt sich stärker auf die unbewusst ablaufenden Prozesse. Sie sieht in einer allzu distanzierten Haltung zum Schreiben die Gefahr von Blockaden." Deshalb kommt SPINNER zu der Einschätzung, das kreative Schreiben bilde „ein Gegengewicht zu den Anregungen, die von einer kognitiv ausgerichteten Schreibentwicklungsforschung ausgehen" (SPINNER 1996, 83).

Schreibmodi und Schreibstile

Die traditionellen Aufsatzformen der Grundschule Erzählung, Bericht und Beschreibung waren in Textform und Stilistik definiert. Seit der kommunikativen Wende sind Textform und stilistische Anforderungen an die konkrete Schreibaufgabe und an die Absicht des Autors oder der Autorin gebunden. Gelten damit noch generalisierbare stilistische Regeln oder sind sie nur noch fallbezogen zu definieren? Ohne Zweifel spielen generalisierte stilistische Regeln bei Bewertungen von Texten, ob bewusst oder nicht bewusst, eine erhebliche Rolle. Dies sind zum Teil offenkundig überholte generalisierte Regeln, wie z.B. dass in einer Erzählung Zeitsprünge vermieden werden müssen oder Wortwiederholungen von Übel sind, obwohl doch Zeitsprünge ebenso wie Wortwiederholungen auch in der Literatur stilistische Mittel sein können.

OTTO LUDWIG hat zu zeitgemäßen Schreibmodi und Schreibstilen einen bedeutsamen Vorschlag gemacht (LUDWIG 1994). Er basiert auf folgenden Überlegungen, die ich so zusammenfasse:
Die Entwicklungsstufen, wie sie CARL BEREITER für die Entwicklung der Schreibfähigkeiten definierte, sind zugleich grundlegende Schreibhaltungen, also Schreibmodi:
- das *assoziativ-expressive Schreiben* (als Niederschrift von Gedanken)
- das *normative Schreiben* (als Einhaltung schriftsprachlicher Normen)
- das *kommunikative Schreiben* (als Berücksichtigung des Leserbezugs)
- das *authentische Schreiben* (als Suche nach einem eigenen Stil)
- das *epistemische oder heuristische Schreiben* (als Schreiben zur Gedankengewinnung).

Diese von BEREITER als Schreibstrategien gefassten Fähigkeiten sind nach derzeitigem Erkenntnisstand keine klar voneinander abhebbaren Stufen, sondern „vielmehr Dominanzen" (LUDWIG 1994, 21). Jede Stufe bezeichnet einen dominanten Schreibmodus. Bei entsprechendem unterrichtlichen Arrangement können alle Schreibmodi auf allen Schulstufen vorkommen und gefördert werden, wenn auch in unterschiedlicher Ausprägung. Den Schreibmodi entsprechen Schreibstile. Dem kommunikativen Modus z.B. entspricht eine kommunikative Schreibhaltung, nämlich die Orientierung hin zu bestimmten Lesern, deren Erwartung und der eigenen Absicht in Bezug auf die Leser. Diese Schreibhaltung erzeugt einen bestimmten Schreibstil, der sich je nach Entwicklung des Schreibers, seiner Persönlichkeit, seinem Bezug zum Leser und dem

Inhalt konkreter ausprägt. Es sei erinnert an die gleichgerichtete These der Muttersprachlichen Bildung, dass aus der inneren Schreibhaltung heraus die Schreibform entstehe.

LUDWIG macht allerdings zwei Einschränkungen, denen ich nach dem Stand der Schreibforschung in der Grundschule nicht folgen kann:

● Er zählt die ersten beiden Schreibmodi (das assoziativ-expressive Schreiben, also die Verschriftung von Gedanken, und das normative Schreiben, also die Beachtung von Schreibnormen) zu den Grundlagen allen Schreibens, die zuerst vermittelt werden müssen. „Erst wenn diese beiden Bedingungen gegeben sind, kann eine Differenzierung in drei verschiedene Richtungen erfolgen: bezogen auf den Leser: kommunikatives Schreiben; bezogen auf den Schreibenden selbst: authentisches oder personales Schreiben; bezogen auf die Sache oder den Inhalt: sachbezogenes oder (später) epistemisches Schreiben." (LUDWIG 1994, 21) Texte von Schreibanfängern in einem schreibanregenden offenen Unterricht zeigen aber, dass auch sie durchaus weitere Schreibmodi von Anfang an einnehmen können, z.b. das kommunikative Schreiben in Briefen an den Lehrer, an Mitschülerinnen und Mitschüler, in schriftlichen Reaktionen auf Texte anderer Kinder.

● LUDWIG fragt sich, ob der epistemisch-heuristische Schreibmodus, dem der wissenschaftliche Schreibstil entspreche, noch zu den Aufgaben der Schule gehöre „oder doch der akademischen Ausbildung vorbehalten bleiben sollte" (LUDWIG 1994, 22). Dagegen lässt sich einwenden, dass der wissenschaftliche Schreibstil eine Ausprägung des heuristischen Schreibmodus ist, aber nicht die einzige. Selbst Grundschulkinder können schreibend denken, wie die Beispiele aus der Praxis zeigen.

Schreibmodi	Beispiele
assoziatives bzw. expressives Schreiben Gedanken werden verschriftet.	Spontanschreibungen Clustern Fantasiereisen
normatives Schreiben Schriftsprachliche Normen werden beachtet.	Verbindung von kindgeleitetem und normorientiertem Rechtschreiblernen Erarbeitung von Schreibhinweisen Veröffentlichungstexte Lesen und Literaturbegegnung
funktionales bzw. kommunikatives Schreiben Der Leserbezug wird hergestellt: Orientierung am Leser – für jemanden oder an jemanden etwas schreiben.	Korrespondenzen Schreibgespräche Schreibprojekte

authentisches Schreiben (im engeren Sinne) Der individuelle Sprachstil wird entwickelt. Orientierung am Schreiber – für sich, über sich schreiben.	Freies Schreiben Lesetagebuch persönliches Tagebuch
epistemisches bzw. heuristisches Schreiben Das Schreiben ist Medium der Gedankenerzeugung und -formulierung. Orientierung auf Sache und Inhalt hin – über etwas schreiben.	Ideenfelder, Cluster Lerntexte Forscherheft Nachdenk-Texte

Bei einer anregenden Schreibkultur können schon in der Grundschule alle wesentlichen Schreibmodi entwickelt werden, sicher z.t. noch mit geringerem Entwicklungsgrad – bezogen auf Kinder der Grundschule generell und noch einmal individualisiert auf die einzelnen Kinder. (Zu den Befunden aus der aktuellen Schreibentwicklungsforschung s. das Kap. Schreibprozesse S. 87 ff.)

Die Schreibbegründungen und Schreibsituationen können im Grundschulbereich so angelegt sein, dass sie alle fünf Schreibmodi beinhalten. Durch viele konkrete Schreibaufgaben zu jedem einzelnen Schreibmodus können sich die Kinder in die entsprechenden Schreibhaltungen, also Schreibmodi versetzen, sie im konkreten Einzelfall und darüber hinaus generalisierend ausarbeiten. Sie können dabei die Schreibstile entwickeln, die der jeweiligen Aufgabe und ihrer Person entsprechen.

Rechtschreiblernen: Wann beginnt das normgerechte Schreiben?

Ab wann können Kinder eigene Texte schreiben? Die frühere Antwort war: Das Schreiben eigener Texte beginnt, wenn die Kinder die Grundfähigkeiten des Lesens und Schreibens gelernt und eine gewisse rechtschreibliche Sicherheit erworben haben. Die heutige Antwort ist dagegen: Kinder können von Schulbeginn an eigene Texte schreiben, denn Schreiben soll nie bloße graphomotorische Übung sein, sondern Ausdrucksmittel des Kindes; mit dem Schreiben erarbeitet es sich einen Zugang und einen eigenen Weg in die Buchstabenschrift. Die normgerechte Rechtschreibung ist dabei zunächst kein Maßstab. Diese heutige Antwort wird durch die aktuelle Schreibentwicklungsforschung als angemessen und förderlich gestützt und durch viele Praxiserfahrungen bestätigt. Dennoch sind Lehrerinnen und Lehrer oft unsicher, ob nicht vielleicht doch die im Sinne der Rechtschreibnorm zunächst fehlerhafte Rechtschreibung den Kindern auf Dauer schadet. Ursache hierfür sind das traditionelle Fehlervermeidungsprinzip und die Wortbildtheorie. Sie sollen in einem Exkurs dargestellt werden:

Exkurs: Fehlervermeidungsprinzip und Wortbildtheorie

Seit uralten Zeiten gilt im schulischen Bereich überall, wo es ein vermeintlich eindeutiges Richtig und Falsch gibt, das Fehlervermeidungsprinzip: Falsches soll möglichst erst gar nicht entstehen. Wo aber Falsches entstanden ist, muss es möglichst sofort richtiggestellt werden. Übungen sollen sichern, dass dieser Fehler in Zukunft vermieden wird. Entsprechende Alltagserfahrung ist der verbreitete „Lehrerblick", der bewirkt, dass einem immer zuerst die Fehler ins Auge springen. Im Schriftspracherwerb war dieses Fehlervermeidungsprinzip über die Jahrhunderte Dogma und bestimmte bis in die 80er-Jahre hinein auch die Lehrerausbildung in diesem Punkt. Viele der heute im Dienst befindlichen Lehrkräfte wurden entsprechend ausgebildet. Die theoretische Fundierung legte die Wortbildtheorie, hierbei mit besonderer Wirkung die Ausprägung durch die Rechtschreibdidaktik ARTUR KERNS (KERN 1952).

KERN entwickelte folgendes Stufenschema für den Rechtschreiberwerb von der konkreten Schreibung eines Wortes bis hin zum abstrahierten und generalisierten rechtschriftlichen Muster im Gehirn.

1. Das *Wortbild*: Das Kind liest und schreibt mehrfach ein bestimmtes Wort. Beim Lesen trifft es auf ein Wortbild dieses Wortes, beim Schreiben erzeugt es selber eines. Zum richtigen Aufschreiben braucht das Kind noch eine Vorlage, es schreibt ab.
2. Die *Wortvorstellung*: Nach einiger Zeit kann das Kind das Wort auswendig schreiben. Es braucht dazu im Prinzip nicht mehr die Vorlage, muss sich die Schreibweise aber gedanklich zunächst vorstellen und im Unsicherheitsfall auch noch einmal in einer Vorlage nachsehen.
3. Das *Wortschema*: Das Kind schreibt das Wort automatisch auswendig richtig auf, weil das Gehirn durch häufige Wahrnehmung der Wortbilder das gemeinsame rechtschriftliche Schema abstrahiert hat.

In der Sprache Kerns: „Wir betonen ... noch einmal, dass beim Wortbild, besser bei der Wortgestalt, ein geschlossenes, innig gebundenes, aber doch klar gegliedertes Ganzes vorliegt, das alsdann in einem Abstraktionsprozess zur Vorstellung und schließlich zum Schema wird." (KERN 1952, 12)

Auch KERN wusste, dass Rechtschreiblernen nicht nur Speichern von Schemata bedeutet, also die Anhäufung von einzelnen Wortschreibungen, sondern dass Kinder Regelhaftigkeiten der Rechtschreibung anwenden: implizit, also regelgeleitet, ohne aber die Regel bewusst zu kennen, oder explizit durch Anwendung einer bewusst gekannten Regel. Um Regeln auf neue Wörter anzuwenden, brauchen die Kinder Lösungsmethoden: die visuelle durch Einprägen von Schreibweisen der Wörter und der Wortteile, die auch in anderen Wörtern vorkommen (z.B. Morpheme), die analoge durch Gleichschreibungen von Wörtern (z.B. mit Hilfe von Reimwörtern), die akusto-motorische durch Sprechen und Spuren, die logische durch bewusste Regelanwendung.

Die Lösungsmethoden führen dann zum 4. Schritt im Stufenschema, die *Urmuster*, auch wenn KERN sie nicht so kennzeichnete: Verfügt das Kind über eine Reihe von Wortschemata, dann abstrahiert das Gehirn im Vergleich der Schemata Rechtschreibmuster, die das richtige Schreiben auch neuer Wörter ermöglichen, in denen gleiche Muster wirken. In der Sprache KERNS: „Im Streben zur Vereinfachung des gesamten ‚Apparates' wird nun in der Gruppe das Gemeinsame herausgehoben und bleibt als Urmuster, das schemahaften Charakter besitzt, bestehen. Alle weiteren ähnlichen Bildungen werden dann vollzogen auf Grund dieses Urmusters." (KERN 1952, 28)

Die Logik dieser Schrittfolge ist nach wie vor bestechend und manches ist auch heute noch aktuell: die eigenaktive Re-Konstruktion der Rechtschreibung durch das Kind selbst in der Bildung der Schemata und der Urmuster, der Vorrang des impliziten vor allem expliziten Regelwissen. Ein Element in der Argumentationskette ist allerdings aus heutiger Sicht falsch und genau dies hat das Fehlervermeidungsprinzip mit weittragenden Folgen fundiert: die Forderung, dass nur normgerecht geschriebene Wortbilder zu einer klaren Wortvorstellung und einem eindeutigen Schema führen können, während nicht normgerecht geschriebene Wortbilder den Abstraktionsprozess stören, behindern, wenn nicht sogar verhindern. Schulpraktisch bedeutete das: Jedes fehlerhaft geschriebene Wort an der Wandtafel oder im Heft, jedes fehlerhaft niedergeschriebene Wort durch das Kind kann den Rechtschreiberwerb verunsichern und muss vermieden werden. Die Konsequenz war: keinen Fehler zu belassen; wo Fehler stehen: korrigieren, durchstreichen, überkleben, immer berichtigen; Aufsatzunterricht, also das Schreiben eigener Texte, erst ab Klasse 3, wenn das Kind über genügend gesicherte Wortschemata verfügt, und auch dann zunächst möglichst gebundene Texte mit vorher gesichertem Wortbestand.

Erstaunlich ist der Widerspruch: die Selbstgewissheit, mit der diese Position über Jahrzehnte wie eine ewige Wahrheit nicht nur von KERN, sondern von allen Didaktikern und Schulleuten vertreten wurde, und die gegenteilige Alltagserfahrung, dass normgerechte Wortbilder eben nicht die Bildung klarer Schemata garantieren. Jede Lehrkraft wunderte sich, dass die Kinder, obgleich von weitaus überwiegend richtigen Schreibweisen umgeben, trotzdem so vieles falsch schrieben. Dennoch hielt jeder an der Wortbild-Schema-Theorie fest. Diese Erfahrung sollte übrigens generell misstrauisch gegenüber didaktischen Dogmen machen, die mit dem Anspruch der einzig richtigen Konzeption auftreten, zugleich weist sie darauf hin, dass alltägliche Erfahrungen mit Kindern durchaus ein Korrektiv gegenüber glatten Theoriekonzepten sein können.

Paradigmenwechsel: kindgeleitete Schriftentwicklung von Anfang an
Was dann in den 80er-Jahren begann, war ein didaktischer Paradigmenwechsel. Die wohl entscheidende Voraussetzung dafür war das kognitionspsycholo-

gische und didaktische Interesse daran, wie Kinder jenseits der üblichen Lehrgänge die Buchstabenschrift eigenaktiv entdecken und das Zusammenspiel von
Lauten und Buchstaben im eigenen Handeln (re-)konstruieren. Kinder im Vor-
schulalter, die in Schrift nutzenden Umgebungen aufwachsen, beginnen früh
mit dem Schreiben: mit Kritzelbriefen, mit dem Abmalen von Buchstaben,
schließlich mit den ersten lesbaren Botschaften: DOFAPP (doofer Papa).
Zunächst verblüffend war die Feststellung, dass die Kinder nicht bei diesen
Schreibweisen bleiben, wie man nach der Wortbild-Theorie und dem Fehlervermeidungskonzept annehmen müsste, sondern dass sie ihre Schreibweisen
weiterentwickeln und am Ende normgerecht schreiben. Die Verblüffung wich
dem Respekt vor der Leistung dieser Kinder, die eigenaktiv die Struktur der
Buchstabenschrift entdeckten, die Geregeltheit der Schreibweisen wahrnah-
men, Rechtschreibstrukturen erkannten und beim Schreiben anwendeten bis
hin zum normgerechten Rechtschreiben.

In Untersuchungen vieler Schreibentwicklungen von Kindern aus dem eng-
lisch- und deutschsprachigen Raum, aber auch aus anderen Ländern wie Frank-
reich, Schweden, Italien wurden typische verallgemeinerbare Entwicklungs-
strukturen in der Annäherung an die orthografische Norm erkannt, bestätigt
und zu Modellen generalisiert.
Solche Entwicklungsketten können z.b. für das Wort Opa sein:

OP
OPA
OPER (in Analogie zur Schreibung von LEITER oder VATER, nachdem entdeckt ist, dass gespro-
chenes /er/ am Ende mit ER geschrieben wird)
OPA (nachdem dann erkannt war, dass das Wort Opa eben so geschrieben wird).

Damit war das Dogma des Fehlervermeidungsprinzips aufgegeben.
Die Analogie zur Sprachentwicklung bei kleinen Kindern liegt nahe. Auch sie
sprechen ja zunächst nicht in der ausgeprägten Standardsprache ihrer Umwelt,
sondern nähern sich in Lautung, Wort- und Satzbildung ihr allmählich an, sehr
zum Entzücken übrigens aller Erwachsenen.

Wichtige Förderer dieses Paradigmenwechsels waren
● der „Spracherfahrungsansatz", der an den Interessen und den bisherigen
  Sprachentwicklungen der Kinder ansetzt, damit z.b. das Schreiben als produktive Tätigkeit hoch bewertet, und zur Begründung auf lernpsychologische Axio-
  me zurückgreift (z.b. SCHEERER-NEUMANN in: BERGK/MEIERS 1985, 179 ff.)
● das Projekt „Kinder auf dem Weg zur Schrift", das HANS BRÜGELMANN 1983
  initiierte, um den Ansatz der Öffnung des Unterrichts auch auf den Schriftspracherwerb zu übertragen, mit der zentralen These, dass der Schriftspracherwerb nicht durch die Übernahme von Konventionen gekennzeichnet ist, sondern durch die (Re-)Konstruktion der Schrift durch die Kinder (BRÜGELMANN
  1983, 158 ff., BRÜGELMANN/BRINKMANN 1998)

● eine ständig zunehmende Zahl von Berichten aus einer entsprechenden Praxis und Forschungsarbeiten zum Thema (siehe z.B. SPITTA 1983, BALHORN u.a. 1998, WEINHOLD 2000, DEHN 2006 a,b)
● die hohe Popularität, die das Konzept „Lesen durch Schreiben" von JÜRGEN REICHEN gewann (REICHEN 1982).

Die Entwicklungsmodelle weisen darauf hin, dass Kinder in einer bestimmten Abfolge Strategien zur Schreibweise entdecken und verwenden:

Strategie	Beispiele
Alphabetische Strategie	2 SITONEN 1 AFL (aus einer Einkaufsliste)
Ausprägungen: – Skelettschreibung – lautentsprechende Schreibung – lauttreue Schreibung	MT (Mutter), GNA (Kinder) MUTA (Mutter), DOFEN (dürfen) AFE (Affe), SCHTRANT (Strand)
Orthografische Strategie	(Übernahme orthografischer Muster: Schreibweisen häufiger Wörter, häufiger Buchstabenkombinationen)
Morphematische Strategie	(Übernahme von Strukturen, z.B. Endmorpheme wie -er, -er; Gleichschreibung der Stammmorpheme)
Wortübergreifende Strategie	(Satz, Zeichensetzung, grammatische Unterscheidungen wie das – dass)

● *Alphabetische Strategie beim Schreiben:* Voraussetzung ist die phonologische Bewusstheit, d.h., die gesprochene Sprache wird gegenständlich betrachtet und in voneinander unterscheidbare Laute gegliedert. GERHILD SCHEERER-NEUMANN resümiert zu dieser Voraussetzung die in diesem Punkt übereinstimmende Forschungslage: Diese „Fähigkeit der phonologischen Analyse wird für den Erwerb einer alphabetischen Schrift als absolut notwendig erachtet und es ist übereinstimmend diese Entwicklungsphase, in der die meisten lese-rechtschreibschwachen Kinder zum ersten Mal scheitern." (SCHEERER-NEUMANN 1998, 39) Es soll schon jetzt darauf hingewiesen werden, dass für die Entwicklung dieser Fähigkeit das Wechselspiel von Lesen und Schreiben eine wichtige Unterstützung darstellt. Diese gegenstandsbezogene Orientierung am Laut-Buchstaben-Zusammenhang ist direkter und deshalb wirkungsvoller, als es isolierte, vom Gegenstand Buchstabenschrift losgelöste Wahrnehmungsübungen sein können.

Die alphabetische Strategie wird von Kindern in verschiedenen Ausprägungen entwickelt:

- *Sklelettschreibung:* Schreibweisen wie MT (Mutter), HS (Haus), GNA (Kinder)
  Zunächst werden vor allem die Konsonanten verschriftet. Die Erklärung
  dafür ist: Wenn Kinder sich beim deutlichen Artikulieren selbst beobachten,
  dann empfinden sie zunächst die Konsonanten als besonders auffällig, weil
  sie im Mundraum und mit dem Mund auffällig geformt werden und mit
  besonders interessanten Geräuschen verbunden sind.
- *Lautentsprechung:* MUTA (Mutter), DOFEN (dürfen)
  Fast alle Phoneme werden auch verschriftet. Besondere Konsonantenhäu-
  fungen und lange Wörter werden möglicherweise noch verkürzt wiedergegeben.
- *Lauttreue:* SCHTRANT (Strand), KHINT (Kind)
  Die Strategie ist voll entwickelt. Es kann auch zu übergenauer Artikulation
  kommen.
● *Orthografische Strategien beim Schreiben:* „Du Bist main FröniDin/ich mag
  Dich" (Brief von Karima an Sonja)

Abbildung 7

Durch Auseinandersetzung mit normgerecht Geschriebenem gewinnen die
Kinder erste Einsichten in die Geregeltheit der Rechtschreibung und sie übernehmen orthografische Muster. Dies sind die Beachtung der Wortgrenzen, das
Prinzip der Groß- und Kleinschreibung, Übernahme der Schreibweise einzelner Wörter, Übernahme von häufigen Buchstabenkombinationen als Wortbausteine. Dabei mischen sich die Strategien. Kinder schreiben Wörter noch mit
der alphabetischen Strategie, andere Wörter schon orthografisch richtig, sie
verwenden Groß- und Kleinschreibung. Auffällig in dem Brief von Karima ist
die normgerechte Schreibung der Wörter: ich, mag, dich; dies waren Merkwörter, die z.B. bei Ich-Texten häufig vorkamen, Wortgrenzen werden richtig
gesetzt, mit Groß- und Kleinschreibung wird experimentiert.

- *Die morphematische Strategie beim Schreiben:* Die Kinder erkennen die Strukturiertheit der Rechtschreibung, häufige Endmorpheme wie *-er, -en* werden übernommen, Stamm-Morpheme werden in verschiedenen Wörtern gleich geschrieben.
- *Wortübergreifende Strategien:* Die Kinder erkennen zuerst, wie Sätze gekennzeichnet sind: durch Satzzeichen am Ende und großen Anfangsbuchstaben beim nächsten Satz. Zeichensetzung, Redezeichen, grammatische Unterscheidungen (wie das oder dass) kommen später hinzu. Damit aber verlassen wir schon den Arbeitsbereich der Grundschule.

Zunächst wurde angenommen, diese Strategien seien Stufen in der Entwicklung von Kindern und das Entwicklungsmodell sei zugleich ein didaktisches Modell: Zuerst müssten die Kinder folglich die alphabetische Strategie perfekt beherrschen, dann erst könne die orthografische erworben werden. Ein solches Stufenbild war auch in JÜRGEN REICHENS Konzept Lesen durch Schreiben bestimmend (REICHEN 1982). Diese Vorstellung darf als überholt gelten. Analysen von Verschriftungen, wie beim Brief von Karima, zeigen, dass Kinder zur selben Zeit sich auf verschiedenen Stufen befinden können und dass hierbei Anregungen eine wichtige Rolle spielen. Weil dann aber der Begriff Stufen ein falsches und irreführendes Sprachbild ist, sprechen wir treffender von Strategien (vgl. SCHEERER-NEUMANN 1998, 41 ff.).

Die Kinder entwickeln zwar zunächst die alphabetische, können aber bei entsprechenden Angeboten in der Klasse, insbesondere beim Zusammenspiel von Lesen und Schreiben, früh auch schon erste orthografische Strategien entdecken und nutzen. Die morphematische Strategie wird zwar erst später entdeckt, aber auch hier können sich schon früh Ansätze dazu mit den anderen Strategien mischen. Für das Schreiben hat diese Abkehr vom didaktischen Stufenbild zur Konsequenz, dass kindgeleitetes und normorientiertes Schreiben von Anfang an miteinander verbunden werden – kindgeleitet, weil das Kind eigenaktiv seinen Weg in die Schrift geht und dabei Funktion und Strukturen entdeckt; normgerecht, weil normgerechte Schreibungen von Anfang an als Anregung der Rechtschreib-Logik angeboten werden. Das heißt auch: Eigenaktives Lernen und instruierendes, das Lernen anregende Lehren, müssen in ihrer Wechselwirkung lernwirksam werden.

Indem das Hemmnis des Fehlervermeidungsprinzips fiel, eröffneten sich im Übrigen zum ersten Mal in der Geschichte der Didaktik in vollem Umfang die Chancen für eine eigenaktiv entdeckende Schriftsprachentwicklung: Lesen und Schreiben können nun von Anfang an gleichwertig sein, beides kommunikativ, beides in individuellen Entwicklungen und beides in wechselseitiger Unterstützung.

Förderung des Rechtschreibens

Der Anfang: Schreiben und Lesen im Zusammenhang

Seit den 80er-Jahren mehren sich die veröffentlichten Praxisberichte über einen kindgeleiteten und schreibintensiven Anfangsunterricht. In der Auseinandersetzung um den Stellenwert normgerechten Schreibens gehen dabei die Konzepte auseinander. HANS BRÜGELMANN und ERIKA BRINKMANN weisen hier auf „schwierige Verwandte" hin. Als Konsens der Verwandten formulieren sie die folgenden drei Annahmen des Spracherfahrungsansatzes (BRÜGELMANN/ BRINKMANN 1998, 92):

„1. Kinder sind schon schriftspracherfahren, wenn sie in die Schule kommen. Darum: Es gibt keinen Nullpunkt für den Unterricht – weder für die Einheiten (Buchstaben, Wörter) noch für die Tätigkeiten (Lesen, Schreiben).

2. Kinder sind kompetente Lerner und ‚Sinnsucher'. Darum muss der Unterricht wegkommen von einer Belehrung über Schrift hin zu ihrem persönlichen Gebrauch und zur aktiven Erkundung ihrer Logik.

3. Lernen ist kein Transport von Wissen, sondern eigenaktive Konstruktion. Deshalb sind individuelle Wege wichtig und Fehler als Vorformen zu akzeptieren. Und deshalb ist auch kein Gleichschritt durch sachlogisch aufgebaute Einheiten möglich."

Als schwierig kennzeichnen sie Verwandte, die in Teilaspekten bedeutsame Unterschiede setzen oder die Lehrgangskonzepte veröffentlichen (BRÜGEL-MANN/BRINKMANN 1998, 91 ff.):

Bei JÜRGEN REICHENS Konzept „Lesen durch Schreiben" wird das Schreiben als Königsweg aktiver Eroberung der Schriftsprache gesetzt, auf das angeleitete Lesenlernen ganz verzichtet und das normgerechte Schreiben als Thema vorerst vertagt (siehe hierzu den Briefaustausch zwischen JÜRGEN REICHEN und HEIKO BALHORN in: BALHORN u.a. 1998, 327 ff.). BRÜGELMANN und BRINKMANN ergänzen mit Blick auf diese didaktischen Verkürzungen (1998, 93):

„Deshalb ist uns als Ergänzung wichtig,

– dass Kinder vom ersten Schultag an freien Zugang zu Literatur erhalten

– dass sie Erwachsene als Modell des Lesens und Schreibens erleben

– dass Wörter in der Normschrift von Anfang an angeboten und die Kinder auf solche orthografischen Modelle aufmerksam gemacht werden – auch wenn ihnen die richtige Schreibung nicht abverlangt wird

– dass im Klassenzimmer eine ‚Kultur' des Füreinander-Schreibens und Vorlesens entwickelt wird

– dass nicht nur Aktivitäten zum eigenständigen Entdecken des Lautprinzips, sondern anschließend auch zur Erarbeitung orthografischer Merkmale (Lack, vier, Moos usw.) und später des morfematischen Prinzips (Wald/Wälder) angeboten werden."

Andere „schwierige Verwandte" nach Brügelmann und Brinkmann sind Autorinnen und Autoren, die für die Öffnung des Unterrichts plädieren und ihn durch Fibelkonzepte unterstützen wollen (Brügelmann/Brinkmann 1998, 99): „Lehrgangsautoren

– schätzen die Lehrbarkeit von Lesen und Schreiben höher ein als wir, die wir Anregungen, Herausforderung und Unterstützung der Kinder durch die Lehrperson und das Material für möglich und für notwendig halten, eine Steuerung des Lernens aber für nicht möglich ...

– sehen in Fibeln und Lehrgängen eine Stütze und Stärkung der Lehrerinnen und Lehrer, wo wir eher eine Einschränkung und eine Verführung zur Unselbstständigkeit wahrnehmen."

In ihrem Konzept „Offenheit mit Sicherheit" fordern Brügelmann und Brinkmann parallele Aktivitäten in vier Bereichen, wobei sie Schreiben und Lesen sowie eigenaktives und angeleitetes Lernen miteinander verbinden:

- das freie Schreiben eigener Texte
- das gemeinsame (Vor-)Lesen von Kinderliteratur
- die systematische Einführung von Schriftelementen und Leseverfahren
- den Aufbau und die Sicherung eines Grundwortschatzes.

Keiner der vier Bereiche reiche für sich aus, denn Lese- und Schreibanfänger brauchten Erfahrungen in und Zugänge aus verschiedenen Perspektiven (Brügelmann/Brinkmann 1998, 99). Das bedeutet, dass Rechtschreiben von Anfang an integrierter Teil der Schreibentwicklung ist und dass Schreibentwicklung wiederum von Anfang an mit der Leseförderung verbunden wird. Aus dem Zusammenspiel ergeben sich Chancen für eigenaktive Entdeckungen der Kinder ebenso wie für Anregungen, Verstärkungen, Systematisierungen in angeleiteten Unterrichtsphasen.

Die gegenseitige Unterstützung von Lesen und Schreiben wirkt sich für die Annäherung an normgerechtes Schreiben auf folgende Weisen aus:

- Beim ersten eigenen Erschreiben erfahren die Kinder die Funktion von Schrift und die Besonderheit der Buchstabenschrift: Sie wollen etwas Gemeintes niederschreiben und finden Buchstaben, die den Lautstrom der gesprochenen Sprache fixieren. Das so Niedergeschriebene ist lesbar und damit reproduzierbar. Sie gehen entdeckend den Weg in die Schriftsprache. Dabei ist rechtschriftliche Korrektheit zunächst keine Anforderung und kein Hemmnis.
- Beim gleichzeitigen Erlesen von Wörtern und Texten erfahren die Kinder wichtige Prinzipien zur Verschriftung: das Lautspektrum, das durch Buchstaben repräsentiert wird, Wortgrenzen, Abweichungen von der elementaren Laut-Buchstaben-Beziehung, Buchstabenverbindungen, die rechtschriftliche Geregeltheit bei der Schreibweise von Wörtern.
- Beim wechselseitigen Erschreiben und Erlesen von Wörtern stützen sich die Lernprozesse gegenseitig. Zum Beispiel macht das Abtasten von Wörtern beim Erlesen deutlich, wie der Lautstrom in Einzellaute zerlegt wurde, welche Buch-

staben zugeordnet wurden, eine Erfahrung, die beim eigenen Verschriften hilft. Andererseits macht das eigene Schreiben deutlich, dass Schrift Sinnbezug hat. Lesen und Schreiben sind eben die beiden Seiten der einen Medaille Schriftsprache.

● Die *Schreibtabelle*: Ein zentrales Werkzeug für den eigenaktiven Weg in die Schrift ist die Schreibtabelle. REICHENS Buchstabentabelle (der „Reichen-Bogen") hat in dieser Funktion Didaktikgeschichte gemacht. Inzwischen gibt es solche Buchstabentabellen in vielerlei Varianten. Viele dieser Tabellen präsentieren das komplette Alphabet, oft ergänzt durch orthografische Muster wie ck, st usw. Als Werkzeug für das erste Erschreiben von Wörtern haben solche „kompletten" Tabellen irritierende Bestandteile:
Sie enthalten Buchstaben, die für das Erschreiben von Wörtern gar nicht gebraucht werden bzw. deren Lautwert von Kindern durch andere Buchstaben wiedergegeben wird: das isolierte C, das X und Y, das QU, das V. (Wie schreiben Schreibanfänger BABY? Wie sollen Kinder entscheiden, ob F oder V geschrieben wird?)
Sie enthalten häufig Buchstabenverbindungen, die Kinder nur durch Strukturierung von Wörtern und normgerechtes Rechtschreiblernen verwenden können, nicht aber bei ihren ersten lautorientierten Schreibungen anwenden: ck, ng, die Unterscheidung von EU und ÄU, die Sonderschreibungen ST, SP.
Sie enthalten Groß- und Kleinbuchstaben, obwohl die Kinder zunächst keine Entscheidungsmöglichkeiten dafür haben, wann Groß- oder Kleinbuchstaben verwendet werden, und obwohl die Kinder bei eigenen spontanen Verschriftungen zunächst eher Großbuchstaben verwenden.
Als Hilfe geben viele Tabellen für einige Buchstaben zwei Anlautbilder an, z.B. eines für den lang gesprochenen Vokal, eines für den kurz gesprochenen. Tatsächlich ist das Lautspektrum, dem ein Buchstabe zugeordnet ist, umfangreicher, zumal auch regionale und persönliche Varianten berücksichtigt werden müssen. So können bei den vier Wörtern „Apfel, Mandarine, Banane, Markt" mehrere Varianten der A-Laute unterschieden werden. Aber auch Konsonanten stehen für unterschiedliche Laute: Der Buchstabe R wird bei den drei Wörtern „Reiter, Pferd, klar" viermal unterschiedlich gesprochen. Einfacher wäre es, nur einen Lautwert anzugeben. Durch ihre Verschriftungsversuche und durch hörendes und sehendes Abtasten von Wörtern entdecken die Kinder dann das Lautspektrum, das durch einen bestimmten Buchstaben repräsentiert wird. (Zur Diskussion um Anlaut-Tabellen: THOMÉ 1995, ULRICH 1998.)
Ich schlage eine Schreibtabelle vor, die nach folgenden Prinzipien angelegt ist:
● *Zur Funktion:* Sie ist Werkzeug für die alphabetische Strategie, d.h. für die lautentsprechende Verschriftung. Sie enthält deshalb nur solche Buchstaben, die Kinder bei ihren ersten eigenen Verschriftungen brauchen. Die Schreibtabelle setzt keine orthografischen Kenntnisse voraus und verlangt keine Entscheidungen, die Kinder ohne Orthografiekenntnisse nicht treffen können.

Schreibtabelle vereinfacht

Abbildung 8: Schreibtabelle BARTNITZKY/BUNK *(2004)*

● *Zur Anordnung und Bildwahl:* Die Vokale als die Buchstaben, die am häufigsten gebraucht werden, sind im Innenbogen, die Konsonanten im Außenbogen angegeben; die weich gesprochenen Konsonanten finden sich rechts, die hart gesprochenen links. Jedem Buchstaben ist nur ein Anlautbild zugeordnet, weil die Kinder beim durchgliedernden Lesen das Lautspektrum entdecken. Bei Lauten, die dehnbar sind, haben die Anlautwörter – wo immer möglich – einen lang gesprochenen Anlaut (z.B. bei A das Wort Ameise statt Affe), nach Explosivlauten folgt immer ein Vokal, um beim jeweiligen Explosivlaut die isolierte Wahrnehmung zu erleichtern (z.B. bei K das Wort Kerze statt Krokodil).

● *Zu den Buchstabenformen:* Die erste Schreibtabelle enthält nur Großbuchstaben, weil die Kinder zunächst keine Kriterien für die Unterscheidung haben. Die Kinder ergänzen sie im Weiteren selber.

● *Zur Ergänzung von Buchstaben:* Natürlich kennen Kinder auch weitere Buchstaben. Wenn z.B. Vincent seinen Namen schreiben kann, kennt er auch V und C, und es sind für ihn wichtige Buchstaben. Kinder können auch entdecken, dass /schp/ bei spielen mit sp am Anfang geschrieben wird. Für solche Ergänzungen durch die Kinder hat die Schreibtabelle ein Leerfeld am Fuß der Bögen. Hier tragen die Kinder selbst weitere Buchstaben ein, eventuell mit einem Anlautbild. Die Kleinbuchstaben werden durch die Kinder ergänzt. Anlauttabellen im Computer machen die Tabellen leichter handhabbar und besser individuell ergänzbar.

● *Zum Umgang mit der Schreibtabelle:* Die Schreibtabelle wird vorgestellt, die Bilder werden benannt, der jeweilige Wortanfang wird besonders artikuliert, wenn möglich gedehnt („Gummiband-Sprechen"). Kinder mit Schrifterfahrung werden bei entsprechenden Schreibsituationen die Tabelle sofort nutzen, gegebenenfalls schon ergänzen. Mit der Klasse, einer Lerngruppe oder mit einzelnen Kindern werden zudem erste Wörter erschrieben. Das sind Wörter, die für die Kinder bedeutsam sind wie LESEN, SCHULE, TAFEL, FREUNDIN, OMA, OPA. Texte über Alltagsereignisse oder zu Unterrichtsthemen werden gemeinsam erschrieben, z.B. GRETA HAT EINEN HAMSTER, nachdem über Haustiere gesprochen worden war und Greta von ihrem Hamster erzählt hat.

Beim Schreiben eigener Wörter und Texte wird der folgende Ablauf unterstützt:

1. Welches Wort will ich schreiben?
2. „Gummiband-Sprechen" des Wortes
3. Die einzelnen Laute abhören, den Buchstaben zuordnen:
   – Wie klingt das Wort vorn? – Laut mit dem Mund „festhalten"
   – Welches Wort (Anlautbild) fängt so an?
   – Buchstaben finden und abschreiben
4. Das bisher Geschriebene lesen, mit dem Schreibwort vergleichen.
   Von hier geht es entsprechend ab Arbeitsschritt 3 weiter: Was ist der nächste Laut?

Rasch werden Kinder bestimmte Laut-Buchstaben-Beziehungen auswendig kennen, die Hilfe der Schreibtabelle wird in diesen Fällen überflüssig.

Unterstützt werden kann der Gebrauch der Schreibtabelle durch weitere Übungen, bei denen Laute den Buchstaben, später auch den Anlauten entsprechende Wörter zugeordnet werden (viele Anregungen finden sich bei METZE 1995). Anstelle der fibelüblichen Abhör-Aufgaben mit dem Ankreuzen der Lautposition sind die folgenden Übungsformate funktional.

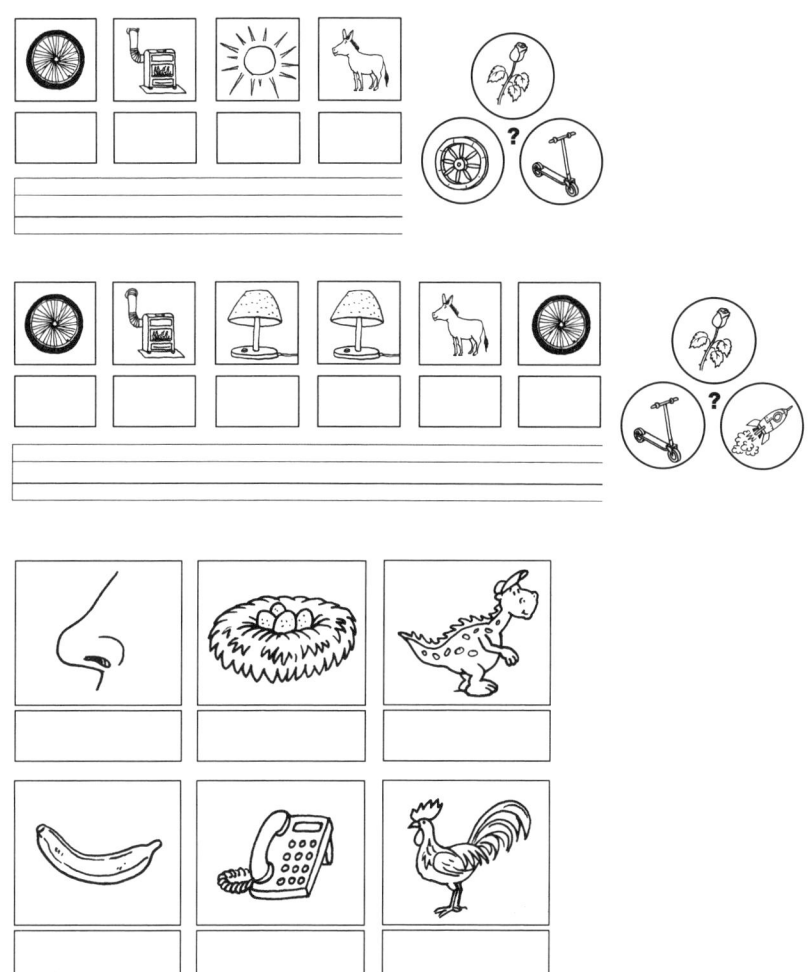

Abbildung 9: Schreib-Lese-Rätsel (oben) und
Abhörwörter zum Buchstaben/Laut N (unten)

● *Schreib-Lese-Rätsel:* Ein Wort wird durch die Abfolge der Anlautbilder präsentiert. Zu jedem Anlautbild wird nun der zugehörige Buchstabe identifiziert und daruntergeschrieben. Das neu entstandene Wort wird erlesen, als Lösungswort in vorgegebenen Bildern erkannt und farbig ausgemalt. Damit wird der Wortinhalt bestätigt. Das ganze Wort wird in die Schreibleiste geschrieben. Diese Übungsform trainiert immer wieder in neuer Mischung die Bild-Buchstaben-Zuordnung und das wortaufbauende Erlesen (Synthese). Da die Kinder zunehmend schon beim ersten oder zweiten Buchstaben mithilfe der Lösungsbilder das Lösungswort vermuten, wird das hypothesentestende Lesen geübt, eine zentrale Lesestrategie für das geläufigere Erlesen.

● *Abhörwörter:* Bei der traditionellen Form wird zu einem vorgegebenen Bild gefordert, den abgebildeten Gegenstand abzuhören und anzukreuzen, ob man einen bestimmten Laut vorn, in der Mitte oder hinten hört. Da aber die Kinder von Anfang an die Buchstaben schreiben, kann auf das Ankreuzen verzichtet werden. Die Kinder schreiben zunächst den Buchstaben für den gehörten Anlaut ins Kästchen. Nach Einführung der Schreibtabelle werden die Kinder ermutigt, ganze Wörter zu schreiben. Bei noch zögerlichen Kindern reicht es, wenn sie zunächst prüfen, ob der gefragte Laut im Wort vorkommt; sie schreiben dann den fraglichen Buchstaben in die Schreibleiste – nach vorn, nach hinten oder irgendwo in die Mitte. Andere Kinder trauen sich aber rasch, mehr zu schreiben. Sie wollen auch mit Hilfe der Schreibtabelle das ganze Wort erschreiben.

● *Schreibbegründung und Schreibsituationen:* Das beste Werkzeug nützt nichts, wenn es keinen Grund gibt, es zu gebrauchen. Hier sind es Begründungen zum Schreiben.

Schreibbegründungen können sich als freies Schreiben aus dem Alltag der Kinder, bei besonderen Ereignissen und Erlebnissen ergeben: Die Kinder schreiben ihre Lieblingswörter auf, sie notieren sich Aufgaben. Im Morgenkreis erzählen sie vom vergangenen Nachmittag, vom Fernsehen, vom Schulweg, danach können sie frei darüber schreiben. In einem Klassentagebuch werden interessante Geschichten und Mitteilungen festgehalten: in Bildern, in Bildern mit dazugeschriebenen Wörtern, in ersten Texten, mit Texten, die der Lehrerin diktiert wurden. Über die Form entscheidet das Autorenkind selbst. Jedes Kind hat ein eigenes Erzähltagebuch, in das es Bemerkenswertes malt oder schreibt. Hier können die Kinder auch Bilder und Texte über gehörte Geschichten, über Fernsehgeschichten, zu Bilderbüchern eintragen. Die Kinder schreiben Briefe, ein Klassenbriefkasten wird einmal täglich geleert und die Post an Kinder und Lehrerin verteilt. BARBARA KOCHAN zeigte in vielen Beiträgen, wie bei der Arbeit mit dem Computer Kinder durch Tastatur und leichte Veränderungsmöglichkeiten zu ausdauernden Schreibern werden und wie durch neue Kommunikationswege wie E-Mail neue Chancen für direkte Korrespondenzen entstehen können (z.B. KOCHAN 1998, 224).

Andere Schreibbegründungen ergeben sich durch Unterrichtseinheiten und durch vorgelesene Texte. Zum Beispiel können Kinder beim Thema „Meine Lieblingssachen" ihre eigenen Lieblingssachen aufmalen und dazu schreiben. Erweitert können sie ein Ich-Blatt gestalten mit Sachen, die sie besonders mögen – zum Essen, beim Fernsehen, beim Spielen. Nach dem Vorlesen der Bremer Stadtmusikanten können sie Szenen aus dem Märchen aufmalen, mit Sprechblasen die Tiere und Personen sprechen lassen. GUDRUN SPITTA berichtet von dem durch die Lehrerin inszenierten „aufregenden Briefwechsel mit einem Gespenst" (SPITTA, 1983). MARION BERGK zeigt, wie Kinder zu Themen ihre Erfahrungen und Meinungen auf Folienstreifen schreiben, die dann als Gesprächsbeitrag und als Gegenstand des Lesens projiziert werden (BERGK 1998, 138 ff.).

Immer wieder, besonders bei Texten, die veröffentlicht werden, schreibt die Lehrerin unter den Kindertext den Text in normentsprechender Schreibung, nicht als typische Lehrer-Rotstift-Korrektur, sondern als Information über die Schreibweise älterer Kinder und Erwachsener. Das Autorenkind vergleicht zumeist sehr aufmerksam die eigene Schreibung mit der Lehrerschreibung, Wort für Wort, und zieht Gewinn für die Entwicklung seines Normbewusstseins.

- *Eigene Wörter, Klassenwörter:* Beim Schreiben der Texte gibt es Wörter, die für die Kinder wichtig sind und die in ihrer Schreibweise von der einfachen Zuordnung: ein Laut – ein Buchstabe abweichen. Dies sind schon vom ersten Schultag an viele Kindernamen. Bei Ich-Blättern sind es Wörter wie ICH, MAG, GERN, FREUND, FREUNDIN. Gibt es Schildkröten oder andere Tiere in der Klasse, dann sind es die Tiernamen. Schreiben die Kinder Briefe, dann sind es Wörter wie LIEBER oder LIEBE, auch HALLO und DEINE. Solche Wörter gehören zu den Grundwortschatzwörtern. Da sie für alle Kinder wichtige Schreibwörter sind, werden sie Klassenwörter genannt. Sie werden an die Tafel geschrieben, mit den Kindern auch im Gummiband-Lesen geübt, bekannte Buchstaben werden farbig markiert, die Wörter werden in der Klasse gesammelt, z.B. auf einem Plakat notiert. Ergänzt werden die Klassenwörter durch eigene Schreibwörter der Kinder. Ein Kind, das z.B. zu Hause ein Meerschweinchen hat, will dieses Wort vermutlich auch schreiben. Erste Wörtersammlungen zum Nachschauen sind wichtig: Klassenwörter an der Wand, im Posterständer oder in einer großen Kartei und die eigenen Wörter des Kindes in einem Heft: „Meine Wörter".

Schon in Klasse 1 können orthografische Muster bewusstgemacht und geübt werden. Ein Beispiel: Weil Kinder bei Briefen an die Lehrerin statt weil wal oder wail schreiben, wird der Diphthong auf eine Karte geschrieben und wie ein Magnet über eine Wörterkiste gehalten, in der Klassenwörter und eigene Wörter gesammelt sind. Die Karte weil zieht nun alle Wörter mit ei aus der Kiste heraus. Einige Kinder werden von Sammelwut gepackt und suchen in gedruckten Texten und anderswo weitere Wörter mit ei. Als Untergruppen werden die

Wortbausteine eil und ein in mehreren Wörtern erkannt (Seil, Teil, teilen; mein, dein, sein, Stein, weinen usw.). Natürlich werden alle Wörter erlesen und die Wortbausteine ei, eil, ein eingekreist. In dieser Weise werden schon früh Rechtschreibmuster eingeübt: Das einzelne Wort fungiert als Modell für andere.

Die Arbeit mit der ersten Schreibtabelle ist Werkzeug für die alphabetische Strategie. Sie wird aber von Anfang an ergänzt: Zu Kindertexten wird die normgerechte Schreibung hinzugefügt, Grundwortschatzwörter werden als Klassenwörter und als eigene Wörter gesammelt, sie sind zugleich erste Modelle für orthografische Muster. Die Kinder wissen, dass ihre lautgebundenen Schreibungen akzeptiert sind, sie lernen aber auch, dass es vereinbarte Schreibweisen gibt, und erkennen bestimmte Rechtschreibmuster. Kindgeleitetes Erschreiben und Normorientierung ergänzen sich damit und leiten die Annäherung an normgerechtes Schreiben ein.

Aufbau eines Grundwortschatzes

Die Idee stammte seinerzeit aus der DDR. Hier hatte EDMUND WENDELMUTH in den 70er-Jahren eine Liste mit einem Mindestwortschatz vorgelegt, der in der Schule vermittelt wurde. 1981 wurde für das damalige Westberlin ein minimierter Grundwortschatz festgelegt, der durch den klasseneigenen Wortschatz ergänzt werden sollte; 1982 wurde für Bayern ein Grundwortschatz, eingeteilt nach Klassenstufen, ausgewiesen und verbindlich vorgeschrieben; 1985 wurde für Nordrhein-Westfalen das Grundprinzip grundwortschatzbezogener Arbeit festgelegt, aber keine Wörterliste vorgegeben. In die Lehrpläne auch der anderen Länder hielt der Grundwortschatz Einzug. Der zunächst überzeugende Gedanke war, dass gerade schwächere Rechtschreiber angesichts der Überfülle von Wörtern rasch mutlos werden und dass deshalb nach dem Prinzip der kleinen Schritte ein häufig verwendeter Wortschatz in normgerechter Schreibung allmählich aufgebaut wird. Hinzu kam ein Ökonomie-Aspekt: Allein bei sicherer Beherrschung der 15 häufigsten Wörter werden bereits 25 % der üblicherweise in der Schriftsprache verwendeten Wörter richtig geschrieben.

Inzwischen gibt es eine reichhaltige Forschungs- und Diskussionlage zum didaktischen Wert des Grundwortschatzes:

- Die statistisch häufigsten Wörter sind zumeist Funktionswörter wie Artikel, Präpositionen, Konjunktionen (die, der, ein, und, zu, in ...). Sie gehören oft gar nicht zu den problematischen Wörtern. Darüber hinaus zeichnen sich Kindertexte durch eine Fülle auch individuell gewählter Inhaltswörter aus, die sich in einem allgemein verbindlichen und begrenzten Grundwortschatz nicht „einfangen" lassen (Gespenst, Meerschweinchen, Schiedsrichter, interessieren, zappen, am liebsten, Inlineskater ...). Je mehr Texte von verschiedenen Kindern man untersucht, desto geringer wird die Menge gemeinsamer Wörter, desto vielfältiger werden die Wortschätze (s. den zusammenfassenden Forschungsbericht BRÜGELMANN 1994, 169 ff.).

● Normierte Grundwortschätze weisen vielerlei Kuriositäten auf. Im bayerischen Lehrplan von 1982 wurden z.b. Mädchen und Frau aufgenommen, nicht aber Mann und Junge, weinen war in Klasse 1 angesagt, lachen erst in Klasse 2. Der gleiche Zufallsfaktor gilt, wenn Rechtschreibphänomene auf die Klassenstufen hin zugeordnet werden, also z.b. Wörter mit Dehnungsmerkmal h, mit ie, mit ai in Klasse vier. Ein Unterricht, der Rechtschreiben in das Schreiben integriert und dabei auf authentisches Schreiben setzt, kann mit solchen willkürlichen Vorgaben nicht zurechtkommen. Welche Wörter für Kinder schreibwichtig sind, entscheidet sich an den Texten der Kinder selbst, welche Rechtschreibfälle bearbeitet werden könnten, entscheidet sich an den Schreibungen der Kinder und an ihrem Entwicklungsstand. Instanzen zur Entscheidung sind mithin die Kinder in ihren Texten. Dass dies auch wirkungsvoll ist, wird durch Forschungsbelege unterstrichen: Wörter, die Kindern wichtig sind, werden häufiger richtig geschrieben. SIGRUN RICHTER hat für den Ansatz an solchen Wörtern den Begriff „interessebezogenes Rechtschreiblernen" geprägt (RICHTER 1998).

● Gegner der grundwortschatzbezogenen Arbeit meinen häufig die Spielart der festgelegten Wörterliste, die im Sinne des Wörterlernens „abgearbeitet" wird. Dies ist das rigide normgeleitete Verständnis von Grundwortschatz, bei dem Wortbilder angesammelt werden. Mit einem anderen Verständnis und Gebrauch kann Grundwortschatzarbeit aber die Normorientierung des kindgeleiteten Rechtschreiblernens unterstützen: nämlich wenn sie Wörter aufgreift, die für Kinder schreibwichtig sind, die für Regelhaftigkeiten der Rechtschreibung stehen und die Kinder anregen, der Logik der normierten Rechtschreibung auf die Spur zu kommen. Grundwortschatz ist dann Gebrauchswortschatz der Kinder und zugleich Modellwortschatz für die Stärkung der orthografischen und morphematischen Strategien.

● *Klassenwörter und eigene Wörter:* In einem thematisch orientierten Unterricht mit Schreibsituationen verwenden die Kinder in ihren Texten auch gleiche Wörter, weil sie sich aus dem Thema und der jeweiligen Schreibsituation heraus ergeben: Beim Unterrichtsthema Hobbys berichten jeweils drei Kinder im Morgenkreis von ihrem Hobby, zeigen Gegenstände, die sie brauchen, und die Mitschülerinnen und Mitschüler fragen nach. Im Laufe der Zeit entwickelt sich ein Frageritual, dabei werden z.B. folgende Fragen gestellt: „Wie bist du auf das Hobby gekommen? Was macht dir dabei besonderen Spaß? Was ist schwierig? Wie viel Geld kostet es?" Die Fragen werden an der Seitentafel notiert und schließlich mit den Kindern systematisiert. In einem Hobby-Buch der Klasse soll jedes Kind über ein Hobby berichten, dazu wird aus den sortierten Fragen ein Formular für einen „Hobby-Steckbrief" entwickelt. Außerdem entsteht eine Ausstellung mit den Hobbys der Kinder und Erklärungstexten, eine Sammlung „Hobby-Geschichten" aus freien Texten, dazu Hobby-Rätsel und andere Text-Kleinformen. Alles zusammen wird in einem Hobby-Buch der Klasse dokumentiert. In den vielfältigen Schreibsituationen verwenden alle Kinder bestimmte Wörter, die z.T rechtschreibschwierig sind, z.B. Hobby, spielen, fernsehen, am liebsten. Diese Wörter sind Klassenwörter, also Grundwortschatzwörter für alle Kinder der Klasse.

Thema: Unsere Hobbys
Grundwortschatz als Gebrauchs-Wortschatz

Klassenwörter   **+ eigene Wörter**

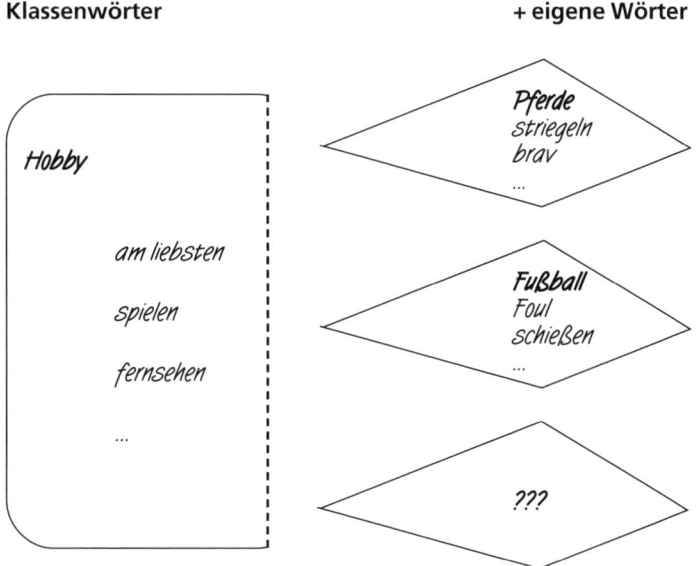

Grundwortschatz als Modell-Wortschatz

Rechtschreibmuster   **Rechtschreibregelungen**

• Hobby – Pony – Handy – Baby ...   z.B. Stamm-Morphem-Schreibung:

• sp-Wörter   (spiel) en – (Spiel) – (Spiel) platz –

                                             (schieß) en – (Schuss) –

Abbildung 10: Grundwortschatz

Neben diesen Klassenwörtern verwenden die Kinder für ihre Texte eigene Wörter; die Fußballfans Wörter wie Fußball, schießen, foul, Schiedsrichter; die Pferdenärrinnen Wörter wie Pferde, striegeln, brav usw. Dazu kommen Wörter, die möglicherweise schon im bisherigen Grundwortschatz gesammelt wurden, aber für das einzelne Kind weiterhin rechtschreibschwierig sind.

Klassenwörter und eigene Wörter werden gesammelt, z.B. in einem eigenen Abc-Heft oder in einer Lernkartei, wie sie als Lernkartei oder Lernbox auch über Freiarbeitsverlage zu beziehen ist. Das Abc-Heft hat den Vorzug, handlungsorientiert in die Wörterbucharbeit einzuführen. Zudem können Wörter, die in Texten der Kinder falsch geschrieben wurden, aber bereits im Abc-Heft stehen, durch ein Zeichen markiert werden, so dass die Kinder ihr Abc-Heft selber befragen müssen. Für die Lernkartei spricht das wiederholende Üben. Beide Arbeitsmittel können auch sinnvoll miteinander verbunden werden.

Die Kinder üben die Wörter mit eingeführten Übungstechniken, z.B.

- Abschreiben in 4 Schritten (lesen – sich merken – aufschreiben – kontrollieren)
- Wörtertreppe (das kürzeste Wort nach oben, das längste nach unten, die anderen entsprechend einsortiert)
- verwandte Wörter (Wörter der Wortfamilie) suchen und dazuschreiben, einkreisen, was bei den Wörtern gleich ist (Wortstamm)
- bei Nomen, Verben, Adjektiven bestimmte Flexionsformen bilden und aufschreiben
- im Wörterbuch nachschlagen, das Wort mit Fundseite sowie das nachfolgende Wort aufschreiben.
- Partnerdiktat

Es können mehr Arbeitstechniken sein als für eine Übungsreihe nötig, so dass die Kinder mit Beratung der Lehrerin oder des Lehrers ihr Übungsprogramm z.B. nach der Regel: „3 aus 6" selber zusammenstellen.

Solche und andere Verfahren finden sich in der Handreichungsliteratur, z.B. LESSMANN 1998, VALTIN 2000.

- *Gebrauchswörter und Modellwörter:* In der beschriebenen Weise sind die Merkwörter oder Grundwortschatzwörter die Gebrauchswörter der Kinder. Sie werden geübt, damit sie in den Texten der Kinder normgerecht geschrieben werden. Veröffentlichungstexte begründen die normgerechte Schreibweise. Bliebe Grundwortschatzarbeit dabei, dann wäre dies ein additives Verfahren in der Anhäufung von Wörtern. Rechtschreiblernen ist aber, wie schon skizziert, ein eigenaktiver Prozess, bei dem Kinder Muster, Strukturen, Regelmäßigkeiten bei den Schreibungen erkennen, generalisieren und bei den Schreibungen anderer Wörter anwenden. Dieser Prozess muss nicht in bewusster Regelbildung verlaufen, häufig ist die implizite Regelbildung wirkungsvoller. Sie anzuregen ist die Aufgabe der zweiten Funktion der Grundwortschatzarbeit, indem nämlich die Wörter als Modelle für Rechtschreibmuster und Rechtschreibregelungen verwendet werden.

Rechtschreibmuster können beim Hobby-Thema z.b. die Schreibweise mit bei Wörtern aus dem Englischen sein, die für Kinder bedeutsam sind: Pony, Baby, City, Handy. Solche Wörter werden eine Woche lang gesucht, die kritische Stelle, hier das y, wird farbig überschrieben. Wenn die sp-Schreibung noch Probleme bereitet, dann könnte das Klassenwort spielen das Modell für sp-Wörter sein, die gesucht, durchstrukturiert und geübt werden, z.b. auch im Selbst- und Partnerdiktat, als Dosen- oder Schleichdiktat. Aus den bisherigen Wörtersammlungen werden Wörter herausgesucht, die das gleiche Muster haben.

Rechtschreibregelungen sind in Bezug auf die Schreibweisen von Wörtern insbesondere verbunden mit dem morphematischen Prinzip bei der Wortbildung und der Rechtschreibung. Der Stamm-Morphem-Schreibung kommen die Kinder auf die Spur, wenn sie verwandte Wörter bzw. Wörter der Wortfamilie suchen. Das, woran man die Verwandtschaft erkennt, wird eingekreist. Bei den verwandten Wörtern: spielen – Spiel – Spielplatz – spielerisch ist das Gemeinsame der Wortstamm spiel, der eingekreist wird. Schnell finden die Kinder, dass die Verwandtschaft nicht immer gleich aussieht, manchmal gibt es Veränderungen: schießen – Schuss – geschossen. Die Kinder suchen nach Erklärungen und kommen dabei der Geregeltheit der Rechtschreibung noch differenzierter auf die Spur, hier z.b. der Schreibweise des scharf gesprochenen s-Lautes nach lang gesprochenem und nach kurz gesprochenem Selbstlaut. Wörter sammeln, sortieren, Entdecktes markieren und kommentieren, Gleiches bei anderen Wörtern suchen, sortierte Wörterlisten zusammenstellen, als Selbst-, Partner-, Dosen- oder Schleichdiktat üben – dies etwa sind geeignete Möglichkeiten, durch die das Gehirn angeregt wird, die zu Grunde liegende Regel zu erkennen und sie bei der Schreibweise anderer Wörter anzuwenden.

Rechtschreibunterricht, der auf solche Weise in das Schreiben integriert ist, wird wenig käufliche Arbeitsmittel brauchen. Das meiste wird in der Klasse mit den Kindern erarbeitet: die Klassenwörter und die eigenen Wörter, die Arbeitstechniken selbsttätiger Arbeit, das Abc-Heft, die Lernkartei, die Wörter und Texte für Übungen.

Tragfähige Grundlagen im Rechtschreiben am Ende der Grundschulzeit

Nach allem bisher Geschriebenen ist das Ziel der Grundschule nicht, dass Kinder tausend oder zweitausend Wörter richtig schreiben, noch dass sie ein Diktat möglichst fehlerarm schreiben. Ziele sind vielmehr, dass die Kinder in ihrer Annäherung an normgerechtes Schreiben so fortgeschritten sind, dass sie vieles automatisiert richtig schreiben, dass sie ein Rechtschreibgespür für Unsicherheiten haben und dann wissen, wie sie sich im Zweifelsfall helfen können, z.b. durch gezieltes Fragen oder Nachschlagen, dass falsch geschriebene Wörter zumindest lesbar sind und dass sie Arbeitstechniken kennen, um ihr Rechtschreiblernen und -üben selbst zu organisieren.

Die sechs tragfähigen Grundlagen im Rechtschreiben am Ende der Grundschulzeit und zu Beginn des Unterrichts in den Schulen der Sekundarstufe sind:

Die Kinder können ...	Erklärung
verständlich schreiben	Die Kinder schreiben z.B. die Wörter des bisher erworbenen Grundwortschatzes, nämlich – die Klassenwörter und – die eigenen Wörter richtig, schreiben andere Wörter weitgehend, zumindest lautorientiert richtig.
richtig abschreiben	Sie schreiben Wörter und Texte richtig ab und verwenden dabei eingeführte Schreibstrategien: – Gliedern schwieriger Wörter – Einprägen heikler Stellen – Abschreiben in vier Schritten (lesen, merken, schreiben, kontrollieren)
selbstständig mit Lernwörtern üben	Sie verwenden Übungstechniken zum selbstständigen Training schwieriger Wörter, z.B. – Wörter sammeln, ordnen, strukturieren – verwandte Wörter finden und markieren – Wörter verlängern und ableiten – Trainieren mit einer Lernkartei – Formen des Selbst- und Partnerdiktats
Wörter nachschlagen	Sie haben ein Rechtschreibgespür für Unsicherheit beim Rechtschreiben und schlagen Wörter in Listen, im eigenen Wörterheft (Abc-Heft) oder im Wörterbuch nach. Sie bilden Hypothesen, wo sie Wörter finden können: – in Bezug auf die alphabetische Gliederung – bei flektierten Wortformen durch Bilden der Grundform – bei Schreib-Alternativen wie Wortbeginn mit f, v, pf durch Nachschlagen an entsprechenden Stellen – bei zusammengesetzten Wörtern durch Zerlegen und Nachschlagen der einzelnen Wörter
Texte kontrollieren und korrigieren	Sie finden Fehler in anderen und in eigenen Texten, markieren und korrigieren sie.
mit Regelungen umgehen	Sie entdecken Regelungen durch Sammeln, Sortieren, Kommentieren. Sie verwenden bei ihren Schreibungen – Rechtschreibmuster (häufige Wortbausteine) und – Regelungen z.B. die Stammschreibung bei verwandten Wörtern; die s-Schreibungen; die Großschreibung.

Zur Wahl der Ausgangsschrift

Jahrhundertelang interessierte beim Schreibenlernen vor allem der schreibtechnische Vorgang. In der Reformpädagogik gab es schon Bemühungen, die kommunikative und Ausdrucksfunktion von Schrift hervorzuheben, mit Drukkbuchstaben zu beginnen und daraus eine persönliche Handschrift entwickel zu lassen. Nach dem Zweiten Weltkrieg galt jahrzehntelang in den alten Bundesländern wieder der schreibtechnische Aspekt, ergänzt durch eine musisch-ästhetische Dimension. In den 70er-Jahren setzte HANS VESTNER am Zusammenhang des Schreibens mit dem Lesen wieder an, wobei das Lesen führend war: Das Schreibdrucken sollte das Lesen begleiten. WOLFGANG MENZEL forderte dann die Integration von Lesen- und Schreibenlernen; OTTO LOCKOWANDT förderte Schulversuche, in denen die Kinder aus den Druckbuchstaben eine eigene Schrift erarbeiteten (siehe zu diesen Entwicklungen NEUHAUS-SIEMON 1981). Einen deutlichen Schub bekam die Diskussion seit den 80er-Jahren: Mit der Orientierung an den Entwicklungsprozessen des Kindes wurde das Schreiben als eine Äußerungsform von Kindern gefördert, wobei sie auf eigenen Wegen in die Buchstabenschrift und ihre Logik finden. Schreiben und Lesen gelten als zwei Seiten derselben Medaille Schriftsprache. Die von Kindern bevorzugte Schriftform ist die Druckschrift und hier zunächst mit ihren Großbuchstaben.

Damit steht die Ausgangsschrift für das Lesen und Schreiben fest: Es ist die Druckschrift und zu Anfang vorzugsweise mit den Großbuchstaben. Im Zuge der Verflüssigung des Schreibverlaufs und der individuellen Ausprägung der Schrift könnten die Kinder später aus der Druckschrift ihre persönliche Handschrift entwickeln. Eine Normierung wäre überflüssig. Hilfreich könnten allenfalls Orientierungsschriften sein, die z.B. zeigen, wie besonders häufige Buchstabenverbindungen miteinander verschliffen werden können: sch, ie, -en, -er, ver- usw. Neuere computergestützte Analysen von Schreibbewegungen könnten hierzu Hilfen geben (QUENZEL 1998, 266). Solche Orientierungsschriften könnten vermutlich noch stärker vereinfacht sein als die „Vereinfachte Ausgangsschrift". Dies ist aber noch ein Entwicklungsfeld für Praxis und Schulforschung.

Zur Zeit gelten in den Lehrplänen als Ausgangsschriften weithin noch die verbundenen Schriften:
● *Die Lateinische Ausgangsschrift:* Sie hatte 1953 die durch „Führer-Erlass" 1941 eingeführte Deutsche Normalschrift abgelöst. Sie wurde vor allem unter schreibästhetischen Gesichtspunkten entwickelt und erfordert eine intensive Schreibschulung, die im früheren Schönschreibunterricht gegeben war. Heute gilt die Schrift als ungeeignet: Es fehlt eine klare Buchstabenstruktur,
– weil die Buchstaben je nach ihren Anschlüssen unterschiedlich geschrieben werden und Buchstabengrenzen oft nicht deutlich sind (vergleiche z.B. das -e- in den Verbindungen: -er-, -re-)

– weil viele komplizierte Bewegungsverläufe verlangt werden (z.b. die Wellen-
   und Flammenlinien bei Großbuchstaben wie bei A, M, D oder der mehrfache
   Schreibrichtungswechsel in einem Buchstaben und die dabei sich überdek-
   kenden Linien, z.b. bei a, g)
– weil manche Buchstabenverbindungen kaum richtig gelingen können (z.b.
   -rz-). Verständlich, dass jeder sie später in seiner persönlichen Handschrift
   vereinfacht. Auch die Lehrkräfte, die nach wie vor für die Lateinische Ausgangsschrift plädieren, vereinfachen sie im Unterricht in der Regel, auch
   ohne es zu wissen, z.b. verzichten sie beim A auf die Flammenlinie im Auf-
   schwung, das kleine t wird entgegen der Vorlage bis zum oberen Band hoch-
   gezogen.

● *Die Vereinfachte Ausgangsschrift:* Sie ist aus der Kritik an der Lateinischen
   Ausgangsschrift hervorgegangen. Sie ist klarer gegliedert, weil jeder Buchstabe
   in jeder Verbindung seine Form behält, weil jeder einzelne Buchstabe formklar
   und einfach gestaltet ist (Ausnahmen: Köpfchen-e, s), weil die Schreibrichtung
   erheblich weniger häufig gewechselt werden muss.

● *Die Schulausgangsschrift:* Dies ist die verbundene Schrift, die in der früheren
   DDR verbindlich war und heute vorwiegend in den neuen Bundesländern verwendet wird. Sie ähnelt in manchem der Vereinfachten Ausgangsschrift, hat
   aber u.a. ein Merkmal, das sich auch in der Lateinischen Ausgangsschrift kom-
   plizierend auswirkt: Alle Buchstaben eines Wortes werden miteinander verbunden, dadurch variieren die Buchstabenformen je nach Stellung in der Buch-
   stabenfolge. Dies muss in den Buchstabenverbindungen aufwändig geübt
   werden, wenn es formklar realisiert werden soll. In den neuen Bundesländern
   hat die Schrift aus Traditionsgründen viele Anhänger. In den alten Bundesländern entwickeln diejenigen Lehrkräfte eine Sympathie für diese Schrift, die
   immer noch in der Tradition der Lateinischen Ausgangsschrift stehen und nach
   einer Variante suchen, die die Vereinfachte Ausgangsschrift vermeidet.

Der folgende Weg passt m.E. am besten in einen schreibentwickelnden Unterricht:

1. Beginn mit der Druckschrift in den Formen der Großbuchstaben: Beim
   spontanen Schreiben spuren die Kinder die Buchstaben aus den Vorlagen ab.
   Ergänzend dazu werden anhand bestimmter Buchstaben die Bewegungsgrundformen und ökonomische Schreibabläufe geübt.
2. Ergänzung der Kleinbuchstaben: Die Kleinbuchstaben werden individuell
   ergänzt. Unterstützungen wie bei den Großbuchstaben.
3. Die vereinfachte Ausgangsschrift, nicht als Ausgangsschrift, sondern als
   Orientierungsschrift zur weiteren Entwicklung der individuellen Schrift.
   Hierbei werden vor allem häufige Buchstabenverbindungen geübt. Hinzugenommen werden formklare und bewegungsflüssige Schriften Älterer,
   um an entwickelten Handschriften Möglichkeiten von Buchstabenformen
   und -veränderungen zu entdecken. Die Kinder probieren Buchstabenvari-

Bewegungsgrundformen für das Schreibdrucken

	Bewegungs-grundformen	Großbuchstaben	Kleinbuchstaben
<u>Strich</u> senkrecht, waagerecht, schräg	$\mid - / \setminus$	E F H I J K L T X Z	i j k l t x y z
zickzack	$\wedge\!\wedge\!\wedge$	A M N V W Y	v w
<u>Arkade</u>	mmm		h m n r
<u>Girlande</u>	uuuu	U	u
<u>Oval</u> - Linksoval	Ö	C G O Q	a c d e g o q
- Rechtsoval	Õ		b p
<u>Bogen</u>	⊃ 3	B D P R	β
<u>S-Bogen</u>	S	S	ε

anten und Buchstabenverbindungen aus (siehe Grundschulverband 2005, auch MAHRHOFER 2002).

In allen Phasen der Grundschulzeit müssen Schreibaufgaben einbezogen werden, die das formklare und formschöne Schreiben funktional machen:

● Schreibsituationen mit Adressierungen: Briefe an Eltern, Großeltern, an andere; Lesetexte für Erstklässler; Texte für den Aushang wie Schriften für die Pinnwand, Wandzeitungen; Schreibprojekte usw.

● Schreibsituationen mit schreibgestalterischem Charakter: Beschriftung von Spielkarten (Domino, Lotto, Würfelspiel), Piktogramme, poetisches Schreiben, kalligrafische Gestaltungen usw.

Klassenarbeiten

In allen Bundesländern sind für den schriftlichen Sprachgebrauch Klassenarbeiten vorgeschrieben, in der Regel bezogen auf das Schreiben und das Rechtschreiben. Traditionell sind hierbei der Klassenaufsatz und das Klassendiktat. Beide Realisierungsformen sind schon in der Reformbewegung zu Anfang des 20. Jh.s, nun aber auch im Licht der aktuellen Diskussionslage grundsätzlich in Frage gestellt worden:

● Die Beurteilungsforschung wies immer wieder nach, dass die Bewertung desselben Aufsatzes bei verschiedenen Bewertern über die ganze Bandbreite der Notenskala streut, dass auch bei einem einzelnen Bewerter objektiv gleiche Leistungen unterschiedlich bewertet werden und hierbei bestimmte Beurteilungsfehler zu beobachten sind, z.B. die Voreinschätzung der Leistung des Kindes, die dann die Bewertung zum Positiven oder zum Negativen hin mitprägt; Sympathie- und Antipathiewerte, die Reihenfolge beim Bewerten der Klassenarbeiten, wobei häufig zu Anfang strenger bewertet wird als am Ende eines Durchgangs. Auch bei Diktaten streuen entsprechend bei der gleichen Arbeit die Bewertungen. Hinzu kommt das Umfeld, in dem die Arbeit bewertet wird: Wer z.b. in einem leistungsstarken Umfeld eine schlechtere Note erhält, würde bei derselben Leistung in einem leistungsschwachen Umfeld eine gute Note bekommen und umgekehrt (zu diesen Zusammenhängen siehe z.b. BARTNITZKY/CHRISTIANI 1994, bes. 23 f., 63 f.).

● In einem handlungsbezogenen und entwicklungsfördernden Sprachunterricht müssen Entwicklungsleistungen von Kindern differenziert gewürdigt werden. Normierungen sowie soziale Vergleiche in Ranglisten, wie sie Zensuren darstellen, würdigen die individuellen Entwicklungen nicht. Mehr noch: Sie ziehen das Interesse von den Schreibaufgaben ab und lenken es auf die Note. Die Schreibbegründungen sind damit konterkariert. Zudem werden bei den traditionellen Formen des Klassenaufsatzes und Klassendiktats Ergebnisse bewertet, nicht aber die Prozesse, und damit bleiben wesentliche Leistungen unberücksichtigt und verlieren auch in den Augen der Kinder an Wert: nämlich Prozesse beim Schreiben, z.B. das Ideengewinnen, das gegenseitige Beraten, das Überarbeiten; beim Rechtschreiben tragfähige Grundlagen wie das Üben mit eigenen Lernwörtern, das Nachdenken über Regularitäten der Rechtschreibung, das Kontrollieren, Nachschlagen und Korrigieren.

Da aber benotete Klassenarbeiten in diesen Arbeitsfeldern vorgeschrieben sind, müssen sie, so gut dies möglich ist, in das didaktische Konzept eingepasst werden. Dies hat in den letzten Jahren zu neuen Ansätzen geführt (z.B. BAURMANN 1987 und 1996, BARTNITZKY/BRÜGELMANN/HECKER/SCHÖNKNECHT 2006).

Klassenarbeit: Schreiben von Texten

Ein Beispiel zuerst: In der Unterrichtseinheit „Was machen wir in der Freizeit?" berichten die Kinder von ihren Freizeitgewohnheiten. Sie stellen ihre Hobbys vor, untersuchen die Spielmöglichkeiten im Wohnbezirk, gestalten eine Fotowand, eine Spielzeug- und Hobby-Ausstellung, eine Freizeitkarte, ein Hobby-Buch, eine Freizeit-Geschichten-Mappe und anderes mehr. In diesem Unterricht werden auch viele Texte geschrieben: Freizeitgeschichten, Hobby-Steckbriefe, Spielbeschreibungen, Beschreibungen von Lieblingssendungen und -stars, Kritiken über Fernsehserien, über Spielplätze. Für eine Spielekartei der Klasse werden z.B. Spiele beschrieben. Ein Raster entsteht im Rahmen der ersten Entwürfe: Name des Spiels/Mitspieler/Spielmaterial/Spielort/Spieldauer/Spielbeschreibung. Die Entwürfe werden von Gruppen ausprobiert, in Schreibkonferenzen besprochen, überarbeitet, grafisch mit einer Illustration zum Spiel gestaltet. Die meisten Kinder beschreiben ein Spiel oder auch mehrere. Die Lehrerin beobachtet, wie die Kinder ihre Spielbeschreibungen entwickeln, welche Schreibhilfen sie nutzen, wie sie sich in den Schreibkonferenzen beraten, wie sie Texte überarbeiten und schließlich die Kartei auch grafisch gestalten. Für die Mappe mit Freizeitgeschichten können die Kinder während der ganzen Unterrichtseinheit freie Texte schreiben. Nach eigener Entscheidung schlagen sie eigene Texte für die Mappe vor, sie werden im Kreis vorgelesen, die Kinder beraten, die Texte werden überarbeitet und in „Sonntagsschrift" gestaltet.

Als Klassenarbeit könnten die Kinder eine Spielbeschreibung oder eine ihrer Freizeitgeschichten in ein Klassenaufsatzheft eintragen. In die Bewertung wird dann die Erarbeitung und die Überarbeitung mit einfließen; dies wird in einem persönlichen Kommentar formuliert und kommt in der abschließenden Note zum Ausdruck. Wo es rechtlich möglich ist, kann auf das besondere Klassenaufsatzheft verzichtet werden. Die Lehrerin würdigt dann in einem Text an Kind und Eltern die Schreibleistungen während der Unterrichtseinheit und fügt eine Note hinzu.

Aller Erfahrung nach kommen Kinder in einem schreibbegründenden Unterricht zu erheblich besseren Leistungen als bei der Kümmerform des Aufsatzrituals. Selten wird deshalb eine Note unter Befriedigend erteilt werden, und zwar nicht, weil die Kinder „geschont", sondern weil sie in einem klugen didaktischen Arrangement leistungsfähiger werden. Es ist Ausdruck eines pädagogischen Pessimismus, wenn auch heute noch in der Literatur darauf verwiesen wird, dass die Notenskala auszuschöpfen sei: Die „gesamte Breite der Notenskala sollte ebenso selbstverständlich genutzt werden, wie dies bei der Bewertung anderer Schülerleistungen innerhalb und außerhalb des Deutschunterrichts gehandhabt wird." (PAYRHUBER 1998, 42) Es wäre auch eine zynische Praxis, würde sie doch vorab festlegen, dass es unabhängig von der Leistungsfähigkeit der Kinder und der Qualität des Unterrichts immer Versager in der Klasse geben muss.

Die Kriterien zur Bewertung und zur Vergabe der Noten richten sich an zwei Orientierungen aus: an allgemeinen Kriterien zur Güte von Texten, die im Laufe der Schreibentwicklung auch mit den Kindern geschärft werden, und an Kriterien, die aus der konkreten Schreibaufgabe gewonnen werden.

● *Allgemeine Kriterien:* JÜRGEN BAURMANN (1996) nennt als allgemeine Kernkriterien zur Güte von Texten für alle Schulstufen den Inhalt, den Aufbau und die Sprache. Diese drei Kernkriterien bindet er in Fragen ein, die den Schreibprozess und wichtige schriftsprachliche Teilfähigkeiten betreffen:
„– Ideen und Einfälle für einen Text entwickeln (Inhalt)
– Ideen und Einfälle schriftsprachlich umsetzen (Sprache)
– Bedingungen der Schriftlichkeit wie Konventionen, Regeln, Muster beachten (Sprache, Aufbau)

- die konkrete Schreibsituation und mögliche Adressaten berücksichtigen (Inhalt, Sprache)
- Geschriebenes überarbeiten (Inhalt, Aufbau, Sprache)."
- *Aufgabenbezogene Kriterien:* Zu den allgemeinen Kriterien, so ergänzt BAUR-MANN, „ sind für jede Schreibaufgabe gesondert Einzelkriterien zu formulieren. Sie werden sich am jeweiligen Leistungsvermögen der Schreiber und Schreiberinnen und/oder am vorangegangenen Unterricht orientieren ... Beurteilt werden nicht nur Endfassungen, sondern auch Entwürfe oder Überarbeitungen." (BAURMANN 1996) Diese aufgabenbezogenen Kriterien entsprechen der Schreibaufgabe, sie sind entweder von der Lehrerin vorgegeben und erarbeitet oder im Laufe des Unterrichts und bei der Entstehung der Schreibaufgabe mit den Kindern entwickelt worden. Sie leiten das Schreiben des Textes, die Beratungen und Überarbeitungen und prägen ebenso die Bewertung durch die Lehrerin oder den Lehrer.

Einige Beispiele aus dem Unterricht einer Lehrerin: In der Unterrichtseinheit „Vom Korn zum Brot" wurden Rezepte geschrieben. Grundlagen waren dazu die Beobachtungen in einer Bäckerei, das Lesen verschiedener Rezeptformen, die Sammlung von Rezeptwörtern und Bilderfolgen. Aufgabenbezogene Kriterien waren:
- Inwieweit gibt das Kind die Handlung sachlich korrekt und in der richtigen Reihenfolge wieder? Kann das Rezept ohne mündliche Erläuterungen nachvollzogen werden?
- Inwieweit nutzt das Kind den erarbeiteten sachbezogenen Wortschatz und beschreibt Gegenstände und Vorgänge treffend und differenziert?
- Inwieweit reduziert es die Angaben auf das Wesentliche für die Anwendung eines Rezeptes?
- Inwieweit nutzt es die optische Gliederung und gegebenenfalls ergänzende Zeichnungen, um die Handlungsabfolge zu verdeutlichen?
In der Unterrichtseinheit „Wiese" wurde ein ungemähtes Wiesenstück in Schulnähe über lange Zeit beobachtet, über einzelne Pflanzen und Tiere arbeiteten Expertengruppen; Gedichte wurden einbezogen. Schließlich vergewisserten sich die Kinder in einer Rückschau über das Gelernte und persönliche Einstellungen durch Clustern. Aus den Clustern sollte sich jedes Kind Wörter für einen persönlichen Wiesentext heraussuchen. Aufgabenbezogene Kriterien waren:
- Inwieweit hat sich das Kind in seinem Text auf die Ideensammlungen und das Kernwort bezogen?
- Inwieweit hat sich das Kind in Inhalt, Textsorte, Aufbau und sprachlichen Mitteln für einen eigenen Wiesentext entschieden und ihn auf Grund dieser Entscheidung stringent gestaltet? Zum Beispiel: Hat es seine Gedanken und Empfindungen aufgeschrieben, hat es aus der Rolle eines Wiesenbewohners geschrieben, vom Leben auf der Wiese berichtet, von eigenen Erlebnissen auf einer Wiese erzählt.

- *Zensieren:* Die Kriterien liegen der mündlichen Beratung und der Leistungsbewertung zu Grunde. Muss darüber hinaus auch zensiert werden, dann ist folgende Faustregel hilfreich: Die Lehrerin oder der Lehrer definiert, was grundlegende Anforderung bei dieser Aufgabe ist. Das Erreichen dieser grundlegenden Anforderung würde aussagen, dass das Kind erfolgreich gearbeitet hat. Das Niveau der grundlegenden Anforderung wird der Note Befriedigend zugeordnet, die der Notendefinition nach erteilt wird, wenn die Leistung den Anforderungen im Allgemeinen entspricht. Texte, die über das Niveau grundlegender Anforderungen hinaus besondere Qualitäten haben, werden mit Gut oder Sehr gut bewertet. Texte, bei denen die grundlegenden Anforderungen im großen Ganzen erreicht wurden, aber einige Abstriche gemacht werden müssen, erhalten die Note Ausreichend. Texte, die nicht den grundlegenden Anforderungen genügen, erhalten eine Note unter Ausreichend. Ziel allen Unterrichts muss sein, dass alle Kinder die grundlegenden Anforderungen, auf denen weiteres Lernen aufbaut, erreichen.

Bezogen auf die beiden Beispiele entschied die Lehrerin über die grundlegenden Anforderungen:
Beim Rezepttext:
- Das Kind hat den Text übersichtlich und lesbar aufgeschrieben.
- Es hat die Handlungsschritte mit den wichtigsten Angaben und in der richtigen Reihenfolge verständlich formuliert.
Beim Wiesentext:
- Das Kind hat seinen Text verständlich geschrieben.
- Es hat sich auf das Kernwort und die ausgewählten Wörter bezogen.

In der Literatur wird bisweilen die formalistische Regelung zur Notenvergabe empfohlen: Die Kriterien werden jeweils mit einer Skala von 0 bis 2 Punkten bewertet, die Gesamtpunktzahl wird den Zensuren zugeordnet (z.B. PAYRHUBER 1998, 42). Eine solche Regelung ist nicht geschmeidig genug. Die einzelnen Kriterien haben z.B. nicht alle das gleiche Gewicht, Einschätzungen sind oft differenzierter vorzunehmen, als auf drei Ausprägungsgrade hin zu verteilen. Es hilft nichts: Bewertungen von Texten sind nicht über empirische Statistik angemessen zu würdigen. Die Qualität von Texten muss eingeschätzt werden. Um den hohen subjektiven Anteil zu objektivieren, sind erforderlich: der Bezug auf aufweisbare Kriterien, die Entwicklung der Kriterien auch mit den Schreiberinnen und Schreibern, die Anwendung der Kriterien mit den Kindern sowie als Beurteilungstraining mit anderen Lehrkräften.

Klassenarbeit: Rechtschreiben
Das traditionelle Mittel, nämlich das Klassendiktat, ist nicht geeignet, um die Rechtschreibentwicklung und relevante Rechtschreibleistungen von Kindern zu ermitteln (BARTNITZKY/BRÜGELMANN/ERICHSON 1998). Von den sechs trag-

fähigen Grundlagen im Rechtschreiben (s. Kap. Rechtschreiben S. 124 f.) kann nur eine eingeschränkt mit Diktaten überprüft werden, nämlich inwieweit Kinder verständlich schreiben können. Richtig abschreiben, selbstständig mit Lernwörtern üben, Wörter nachschlagen, Texte kontrollieren und korrigieren, mit Regelungen umgehen – grundlegende Fähigkeiten im Rechtschreiberwerb –, sind durch die traditionelle Form der Diktate nicht überprüfbar. Diktatvarianten wurden entwickelt, die den Mangel zumindest teilweise ausbessern: Kinder erhalten nach dem Diktat Zeit, um ihren Text zu kontrollieren und zu korrigieren, sie dürfen dazu Wörterlisten oder ein Wörterbuch benutzen. Bei alldem bleibt aber das Problem, dass Diktate nicht die Schreibung der eigenen Wörter der Kinder überprüfen, jener Wörter also, die für Kinder besonders bedeutsam sind, und dass sie bei der schlichten Unterscheidung in Richtig und Falsch nicht den Entwicklungsstand des Kindes erhellen. Das Wort Fahrrad ist in der Schreibweise Fahrad falsch geschrieben, obwohl von den drei Klippen (-ah-, -rr-, -d-) nur eine, zudem die schwierigste, noch nicht geschafft wurde.

Schulrechtlich sind übrigens Diktate zur Zeit (2006) nur in fünf von sechzehn Bundesländern vorgeschrieben. Folgende Varianten und Alternativen wurden entwickelt:

● *Differenzierte Diktate* (BARTNITZKY zuerst 1987)

Verteiltes Diktatschreiben: Die Kinder üben allein oder mit den Partnern Wortmaterial und Diktattext. Wenn sie sicher genug sind, dann melden sie sich „zum Diktat", das z.B. während der Wochenplanarbeit durchgeführt wird.

Zwei-Phasen-Diktat: Das Diktat wird traditionell geschrieben. Bei Unsicherheiten markiert das Kind die entsprechende Stelle. Nach dem Diktat erhalten die Kinder genug Zeit, um die fraglichen Wörter nachzusehen und dann zu korrigieren.

Stufendiktat: Das Diktat hat einen ersten für alle verpflichtenden Teil, den Grundtext. Es folgt ein zweiter erweiterter Text, der je nach Einschätzung der eigenen Leistungsfähigkeit und nach Beratung durch die Lehrerin oder den Lehrer mitgeschrieben werden kann. An der Tafel steht als dritter Teil eine ergänzende Aufgabe zum Inhaltsbereich des Diktats, die frei bearbeitet werden kann. Die weitgehend fehlerlose Schreibung des Grundtextes entspricht den grundlegenden Anforderungen, dafür gibt es die Note Befriedigend. Zusatzregel: Für jeweils fünf richtig geschriebene Wörter im Zusatzteil wird ein Fehler wettgemacht. Diese Details sind variabel und können mit den Kindern ausprobiert werden.

● *Alternative Überprüfungsverfahren*

Die tragfähigen Grundlagen im Rechtschreiben lassen sich durch andere Verfahren in ihrem Entwicklungsprozess und in ihrem Entwicklungsstand überprüfen.

Kinder können *verständlich schreiben*: Bei eigenen Texten der Kinder wird geprüft: Sind sie verständlich? Zeigen sie Entwicklungsfortschritte vom lauttreuen Schreiben zur vermehrten Verwendung von Rechtschreibmustern und

-strategien? Schreibt das Kind die Grundwortschatzwörter richtig? – Als Aufgabe könnten die Kinder bearbeiten: „Schreibe in 20 Minuten so viele Merkwörter wie möglich auf, von denen du weißt, dass du sie richtig schreiben kannst." Zur Eingrenzung könnten Oberbegriffe vorgegeben werden, z.B.: Wortfeld Schule, Freizeit, Lesen.

Kinder können *abschreiben*: Hierher gehören die Diktatvarianten wie Dosendiktate, Lauf- und Schleichdiktate, Drehdiktate (auf der Rückseite des Abschreibheftes ist eine Klarsicht-Folientasche geklebt, ein ausgewählter Text wird eingesteckt, zeilenweise eingeprägt und ins Heft geschrieben).

Kinder können *selbstständig mit Lernwörtern umgehen*: Die Kinder werden bei ihrer Selbstübung z.B. mit der Lernkartei beobachtet.

Kinder können *Wörter nachschlagen*, kontrollieren und korrigieren: Die Fähigkeitsentwicklung wird beobachtet. Dies ist gut möglich, wenn Korrekturen immer mit einer anderen Farbe durchgeführt werden.

– Kinder kontrollieren und korrigieren einen vorgegebenen Text auch mit Hilfe des Wörterbuchs.

– Bei Lehrerüberprüfung werden die Anforderungen an selbstständiges Verbessern je nach Fähigkeitsstand der Kinder gestuft: Markieren der Fehlerstelle, Markieren des fehlerhaft geschriebenen Wortes, Markieren nur der Zeile, Fehlerzahl unter dem Text.

– Zwanzig ungeübte Wörter werden diktiert und untereinandergeschrieben. Dann überprüfen die Kinder mit Hilfe des Wörterbuches die Schreibung. War sie falsch, dann streichen sie durch und schreiben aus dem Wörterbuch die richtige Schreibweise daneben.

Kinder können mit *Regelungen umgehen*: Die Kinder entdecken Strukturen bei Wörtergruppen, z.B. verwandte Wörter mit Übereinstimmungen und Abweichungen. Rechtschreibfälle, die in der Klasse bearbeitet wurden, werden eigens überprüft, z.B. in kleingeschriebenen Texten wird die Großschreibung korrigiert; diktierte Wörter werden verlängert, um die Schreibweise am Ende des Wortes zu ermitteln. Die Schreibweisen vorgegebener Wörter werden begründet.

● *Standardisierter Rechtschreibtest*

Standardisierte Tests, die nur die Kategorien falsch und richtig kennen, sind für Aussagen zur Entwicklung der Kinder nicht tauglich. Bei den Wörtern, die Kinder schreiben sollen, muss zudem immer geprüft werden, ob sie für die Kinder relevante Wörter sind. Die Hamburger Schreib-Probe liegt als besonderer Rechtschreibtest für die Klassen 1 bis 9 vor (Kurznamen: HSP 1 bis HSP 9). In diesem Test werden Schreibungen daraufhin analysiert, was ein Kind auf dem Weg der Annäherung an normgerechtes Schreiben bereits kann und was es noch lernen soll. Er ist trotz des hohen Anspruchs einfach zu handhaben und auszuwerten. (MAY o.J.)

● *Zensieren*

Auch hierbei gelten die Prinzipien, wie sie oben bei den Texten der Kinder schon vorgestellt wurden. Die Lehrerin oder der Lehrer muss festlegen, was in der Klasse als grundlegende Anforderung gelten kann. Für Leistungen, die dem entsprechen, erhalten die Kinder die Note Befriedigend.

Leistungsbewertung im Sprachunterricht

Ich habe mich bei diesem Kapitel nur auf das enge, aber oft bedrückende Thema der vorgeschriebenen Klassenarbeiten beschränkt. Leistungsbewertung abseits dieses Instruments ist im Sprachunterricht durchgehend eine wichtige metakognitive Dimension des Sprechens und Schreibens und eingebettet in die Entwicklung selbstständigen und mitverantwortlichen Lebens und Lernens: Gemeinsame und individuelle Ziele werden erarbeitet, vereinbart, Arbeitsplanungen werden entwickelt, Arbeitsprozesse und -ergebnisse werden an den Zielen und Planungen entlang orientiert. Diese Überlegungen führen dann zu Bewertungen auch mit den Kindern und hieraus werden weitere Arbeitsperspektiven gewonnen. Dies ist die Idealfigur eines Unterrichts, der Lernkompetenz als Schlüsselqualifikation bei Kindern entwickelt. Sie konkretisiert sich in den vielen Arbeitsformen und Arbeitsweisen, wie sie z.B. mit Begriffen wie Lerngespräche, Lerntexte, Beratungsgespräche, Projekte verbunden sind.

Klassenarbeiten sind für solche Entwicklungen von Rechenschaft und Evaluierung immer Störungen, weil sie Kinder in Vergleich zueinander setzen mit hoher Aufmerksamkeit z.B. der Eltern, weil sie Leistungsentwicklungen auf punktuell Überprüfbares reduzieren, weil sie abseits aller notwendigen Differenzierung auf Uniformität der Anforderungen hin angelegt sind. Soweit sie schulrechtlich vorgeschrieben sind, muss deshalb nach Wegen gesucht werden, sie mit dem entwicklungsbezogenen Konzept des Sprachunterrichts leidlich verträglich zu machen. Dazu dienten die Vorschläge.

Zur Leistungsbewertung im Fach Deutsch von Klasse 1 bis 4 siehe die Materialien des Grundschulverbandes: BARTNITZKY/BRÜGELMANN/HECKER/SCHÖNKNECHT 2005 und 2006, darin besonders die Hefte Deutsch.

Überblicke: Schriftliches Sprachhandeln heute

Didaktische Felder

Typen von Schreib-situationen	Schreiben von Unterrichtstexten	Schreiben von Texten zum Klassenleben	Schreiben von Lerntexten	Angeleitetes Schreiben	Freies Schreiben	Schreibprojekte
Schreibabsichten	Erlebtes und Erdachtes nachvollziehbar schreiben	schriftlich erzählen, fabulieren	Leser zu etwas anregen, zu etwas verpflichten	etwas dokumentieren, über etwas informieren	sich beim Schreiben über etwas klar werden	
Orientierungen beim Schreiben	sozial: an andere oder füreinander schreiben	personal: für mich schreiben	sachbezogen: über etwas schreiben			
Schreibmodi	assoziatives bzw. expressives Schreiben	normatives Schreiben	kommunikatives Schreiben	authentisches Schreiben	heuristisches Schreiben	
Phasen der Textentwicklung	planen	aufschreiben	sich beraten	überarbeiten	für eine Veröffentlichung gestalten	
Rechtschreiben	verständlich schreiben	richtig abschreiben	selbstständig mit Lernwörtern üben	Wörter nachschlagen	Texte kontrollieren und korrigieren	mit Regelungen umgehen

Zur Planung, Analyse und Evaluierung von Unterricht können Unterrichtseinheiten daraufhin untersucht werden, welche didaktischen Felder ausführlich berücksichtigt und bearbeitet wurden bzw. werden sollen. Sie werden in einem Raster (S. 136) markiert. Dadurch werden didaktische Schwerpunkte von Unterrichtseinheiten ermittelt; auf längere Sicht können im Vergleich Schwerpunkte, aber auch Fehlstellen ausgemacht werden.

Beispiel: Schreiben von Rezepten zum Brotbacken für ein „Kochbuch der Klasse"

● *Schreibsituationen:* Die Schreibidee entsteht im Rahmen des Unterrichtsprojekts „Vom Korn zum Brot" u.a. mit dem Besuch beim Bäcker und dem Lesen und Befolgen von Rezepten. Sie wird weiterentwickelt zum Schreibziel: Rezepte für unser Kochbuch. Damit ist die Schreibsituation auch als Schreibprojekt gekennzeichnet. Die grundlegenden Schreibsituationen sind hier: Schreiben eines Unterrichtstextes und Schreibprojekt.

● *Schreibabsichten:* Leserinnen und Leser sollen informiert werden, wie z.B. ein besonderes Brot gebacken wird, zugleich sollen sie aber auch animiert werden, dieses Rezept auszuprobieren, z.b. durch eine Zeichnung oder sogar ein Foto des fertigen Brotes, durch die besondere Namensgebung. Die Schreibabsichten, die hier verfolgt werden, sind: an erster Stelle über etwas informieren, an zweiter Stelle zum Tun anregen, nämlich selber zu backen.

● *Orientierungen beim Schreiben:* Der Text wird für das Kochbuch der Klasse, vielleicht auch für eine weitere Veröffentlichung z.B. als Weihnachtsgeschenk für die Eltern, geschrieben, also füreinander bzw. für andere; er beschreibt aber auch einen Sachverhalt, nämlich das Brotbacken. Die Orientierungen sind hier: die soziale und die sachbezogene.

● *Schreibmodi:* Der Text ist als formalisierter und veröffentlichter Text normiert. Die Kinder haben Rezepte gelesen und die Merkmale der Textsorte festgestellt, auch durch eigenes Tun bewertet, wie ein Anleitungstext beschaffen sein muss, um eindeutig, nicht irritierend und übersichtlich zu sein. Dazu muss er die richtigen Fachbegriffe verwenden und normgerecht geschrieben sein. Die hier in Frage kommenden Schreibmodi sind: der normative und der kommunikative.

● *Phasen der Textentwicklung:* Vom Planen bis zur Gestaltung für das Kochbuch sind alle Phasen in dieser Schreibsituation enthalten.

● *Rechtschreiben:* Auch hier sind alle Faktoren der Rechtschreibförderung einbezogen: Verständlich schreiben heißt hier wegen der Veröffentlichung der Texte: normgerecht; richtig abschreiben müssen die Kinder die Fachbegriffe und den Endtext aus der überarbeiteten Vorlage; selbstständig mit Lernwörtern üben die Kinder besonders die schwierigen Wörter; eventuell müssen sie auch nachschlagen; die Texte müssen für die Schlussfassung kontrolliert und korrigiert werden; mit Regelungen werden die Kinder beim Schreiben umgehen müssen, z.B. mit der Gleichschreibung des Wortstamms -back-.

Lernentwicklung und Lernziele

Aktivierung und Erweiterung der Schreibfähigkeit	Schreibförderung
Grundlage: Aufbau einer Schreib-Lese-Kultur (siehe S. 212) – Schreiben und Lesen begründen – Materialien, Zeiten, Orte, Anregungen zum Schreiben und Lesen arrangieren – frei schreiben – über Schreiben und Geschriebenes (Lesen und Gelesenes) miteinander kommunizieren	

Alltäglich schreiben
– Schreibsituationen im Alltag sehen und nutzen als Schreiben für sich und Schreiben für andere
– als Werkzeug von Anfang an Schreibtabelle und Liste wichtiger Wörter nutzen, später Abc-Heft bzw. Wörterbuch
– Schreibkonventionen wie Verständlichkeit, Anrede und Gruß bei Briefen beachten
– die Schreibkultur in der Klasse mitentwickeln und nutzen

Erzählen
– etwas nachvollziehbar, auch durch Bild-Text-Kombinationen erzählen
– unter bestimmten gestalterischen Gesichtspunkten ausgeformt erzählen
– kreativ erzählen

Sachbezogen schreiben
– etwas erklären, über etwas informieren
– etwas sprachlich dokumentieren, auch als Kombination aus Gegenstand oder Zeichnung und Text
– eine Meinung verständlich aufschreiben
– denkschreiben (Gedanken verschriftlichen, beim Schreiben denken)

appellativ schreiben
– Leser anregen, etwas zu tun, z.B. mit Spielregeln oder Einladungen
– Leser verpflichten, etwas zu tun, z.B. mit Vereinbarungstexten

poetisch schreiben
– sich durch Literatur zum Schreiben anregen lassen
– nach strukturellen Vorgaben z.B. Gedichte schreiben

Schreibakte und Schreibmodi üben
– beim Erzählen: etwas verständlich mitteilen; bestimmte Gestaltungsmerkmale üben, z.B. Leseranrede, wörtliche Rede, qualifizierende Adjektive; aus innerer Vorstellung heraus schreiben; Unterschiedliches in einen Erzählzusammenhang bringen
– beim sachbezogenen Schreiben: einen Vorgang zeichnerisch-sprachlich, rein sprachlich festhalten, informieren, eigene Gedanken verschriftlichen
– beim appellativen Schreiben: Schreib- und Gestaltungsmuster in Texten untersuchen und selber anwenden, z.B. bei Einladungen, Plakaten, Regeln
– beim poetischen Schreiben: Vorbilder und Strukturen nutzen

Texte planen
– Ideenfelder entwickeln
– Ideen als Anregung nutzen
– Erzählschritte entwickeln
– aus Schreibanregungen einen Schreibplan entwickeln, z.B. Erzählkarten, Bilderfolge
– Schreibplan nutzen
– Fragen der Textgestaltung klären
– einen Text mündlich und teilmündlich probierend entwickeln

Sprachmittel erarbeiten und verwenden
– Wortfelder zusammenstellen, strukturieren, anwenden
– sprachliche Operationen durchführen: weglassen, ergänzen, ersetzen, umstellen

über Schreiben und Geschriebenes nachdenken	normgerechtes Schreiben entwickeln und üben
– Schreibsituationen und Schreibziele klären, Texte planen – sich über Texte beraten – über Inhalt, Sprache und Form nachdenken und entscheiden – Texte überarbeiten – förderliche Rückmeldungen an Autorinnen und Autoren geben – sich für freies Schreiben entscheiden, über die Verwendung der Texte verfügen	– Rechtschreibstrategien entwickeln – zu Anfang die alphabetische Strategie nutzen, normorientierte Schreibungen kennen lernen und verwenden – Wörter des Gebrauchswortschatzes (Klassen- und eigene Wörter) üben – Wörter als Modellwortschatz nutzen, dabei auch verwandte Wörter finden, Wörter flektieren, Wörter strukturieren – Arbeitstechniken selbstständigen Übens anwenden, besonders: Abschreiben in vier Schritten, Texte kontrollieren und korrigieren, nachschlagen, Selbst- und Partnerdiktat

Ausgewählte Literatur

Vorbemerkung: Zum schriftlichen Sprachgebrauch gibt es eine überreiche Literaturlage in allen Textsorten: in Praxisberichten, in Handreichungsliteratur und in Sammelwerken mit Zusammenfassungen von Forschungsergebnissen, Praxiserfahrungen und Vorschlägen. Die Auswahl ist deshalb in diesem Fall in besonderer Weise nur exemplarisch.

Zum Schriftspracherwerb, besonders Klassen 1 und 2

Hans Brügelmann, Erika Brinkmann: Die Schrift erfinden. Lengwil (Libelle) 1998

Der Sammelband fasst nach 15 Jahren des Projektes „Kinder auf dem Weg zur Schrift" den aktuellen Stand zur Lese- und Schreibdidaktik zusammen und akzentuiert sie als Vorschläge zu einem offenen Anfangsunterricht. Entwicklungsmodelle werden anhand von dokumentierten Fällen beschrieben. Anregungen zur Erweiterung und Verfeinerung des methodischen Repertoires werden in der „didaktischen Landkarte" zusammengefasst.

Heiko Balhorn, Horst Bartnitzky, Inge Büchner, Angelika Speck-Hamdan: Schatzkiste Sprache 1. Von den Wegen der Kinder in die Schrift. Frankfurt am Main (Grundschulverband und Deutsche Gesellschaft für Lesen und Schreiben) 1998

Die Gliederung macht die Ebenen deutlich, die in diesem Band bearbeitet werden: Wesentliches (im Sinne von Grundsätzliches), Beispielhaftes (zu einzelnen Kindern und einzelnen Aspekten des Schriftspracherwerbs), Spezielles (zu Sonderfragen wie Schreiben mit PC, Rechtschreibdiagnose). Der Band versammelt dabei zu allen Aspekten des Schriftspracherwerbs Einzelbeiträge zum didaktischen Diskussionsstand und zu Einblicken in die Unterrichtspraxis. Allen auch zum Teil unterschiedlich akzentuierten Beiträgen gemeinsam ist der Spracherfahrungsansatz.

Mechthild Dehn (2006): Zeit für die Schrift I. Lesen lernen und Schreiben können. Berlin (Cornelsen Scriptor)
Mechthild Dehn/Petra Hüttis-Graff (2006): Zeit für die Schrift II. Beobachtung und Diagnose. Berlin (Cornelsen Scriptor)

Der erste Band eröffnet Einblicke in die unterschiedlichen Lernprozesse der Kinder und interpretiert Lernentwicklungen. Formen offenen Lernens werden mit stärker gelenkten Unterrichtsformen verbunden. Viele Materialien, Arbeiten von Kindern und Einblicke in Unterricht zeigen konkrete Praxis. Der zweite Band vermittelt Diagnoseverfahren und Beispiele für gezielte Förderung.

Spezielle Aspekte

GUDRUN SPITTA:
Kinder schreiben eigene Texte: Klasse 1 und 2. Berlin (Cornelsen Scriptor) zuerst 1985
Von der Druckschrift zur Schreibschrift. Berlin (Cornelsen Scriptor) zuerst 1988
Schreibkonferenzen in Klasse 3 und 4. Berlin (Cornelsen Scriptor) zuerst 1992

Diese drei Bändchen waren wichtige Anstöße für eine sich verändernde Schulpraxis: für das freie Schreiben von Anfang an und die neue Sicht auf kindgeleitetes Rechtschreiblernen. Die ersten beiden Veröffentlichungen betreffen die Klassen 1 und 2, sie bieten Einblick in die Praxis von Lehrerinnen und Lehrern und stellen theoretische Bezüge her. Die dritte Veröffentlichung entwickelt auf diesem didaktischen Fundament das Konzept der Schreibkonferenzen und stellt seine Realisierung mit Praxiseinblicken vor – als eine Form der kindgeleiteten Beratung über eigene Texte, die zum freien Schreiben adäquat ist.

GUDRUN SPITTA (Hrsg.): Freies Schreiben – eigene Wege gehen. Lengwil (Libelle) 1998

Sechs Jahre nach dem Bändchen über Schreibkonferenzen resümiert Gudrun Spitta hier die derzeitige Erkenntnislage zu Schreibprozessen und zur Schreibentwicklung von Kindern. Eine Reihe von Lehrerinnen und Lehrern stellen dazu ihre Praxis vor. Bei gemeinsamem Grundverständnis zeigen sich dabei unterschiedliche Praxisvarianten, was besonders anregend sein mag.

INGRID BÖTTCHER (Hrsg.): Kreatives Schreiben. Berlin (Cornelsen Scriptor) 1998

Ingrid Böttcher referiert den Diskussionsstand zum kreativen Schreiben und stellt ein anregendes Methodenrepertoire zusammen. Es folgen von verschiedenen Autorinnen Beispiele und Anregungen zum kreativen Schreiben in allen Fächern der Grundschule.

INGRID BÖTTCHER/MICHAEL BECKER-MROTZEK: Texte bewerten – bearbeiten – benoten. Berlin (Cornelsen Scriptor) 2003

Vom aktuellen Stand der Schreibdidaktik in Forschung und entwickelter Praxis ausgehend, werden Kriterien entwickelt, wie Texte auch mit Kindern bearbeitet, überarbeitet und bewertet werden können. Am Ende werden Vorschläge zum heiklen Thema Benoten gemacht. Auch hierbei wirken die Kinder (über das Portfolio) mit.

HEIDE BAMBACH: Erfundene Geschichten erzählen es richtig. Lengwil (Libelle) 1993

Dies ist ein besonders kindbezogener Praxisbericht – mit Anschaulichkeit, sensiblem Nachspüren und pädagogischem Nachdenken. Ein Kerngedanke ist, dass Kinderliteratur auch zum eigenen Schreiben anregen kann. Die Autorin liest in der „Versammlung" den Kindern aus der Kinderliteratur, die Kinder lesen ihre eigenen Geschichten vor und beraten sich darüber.

Die gegenseitige Anregung von Lesen und Schreiben wird deutlich: wie literarische Erfahrungen die Schreibfähigkeiten erweitern und wie das eigene Schreiben zugleich Auseinandersetzung mit Literatur sein kann.

Rechtschreiben

HANS BRÜGELMANN, SIGRUN RICHTER (Hrsg.): Wie wir recht schreiben lernen. Lengwil (Libelle) 1994

Dieses Sammelwerk stellt Erfahrungen und Diskussionsstände nach zehn Jahren des Projekts „Kinder auf dem Weg zur Schrift" vor. Autorinnen und Autoren gehen auf die verschiedenen Aspekte des Schriftspracherwerbs ein, bei denen die Rechtschreibentwicklung integriert ist. In besonderer Weise geht es dann um die eigenaktive Rechtschreibentwicklung von Kindern – um Forschungsergebnisse, Konzepte, Fallbeispiele und methodische Anregungen.

BEATE LESSMANN: Schreiben und Rechtschreiben. Heinsberg (Elke Dieck) 1998

Dieses „Praxisbuch zum individuellen Rechtschreibtraining" steht für Praxisberichte einer Lehrerin, die vorstellt, wie sie von Klasse 1 bis 4 die Schreibfreude und die Schreibfähigkeiten der Kinder fördert. Darin eingeschlossen und hier besonders ausführlich dargestellt ist der Weg der Kinder von ihren ersten Schreibungen, den kindgeleiteten Rechtschreibentwicklungen bis zum normgerechten Schreiben, unterstützt durch ein aufbauendes methodisches Arrangement der Lehrerin.

RENATE VALTIN (Hrsg.): Rechtschreiben lernen. Frankfurt am Main (Grundschulverband) 2000

Dieser Band versammelt Beiträge namhafter Autorinnen und Autoren aus Wissenschaft, Lehrerbildung und Schulpraxis zu allen Aspekten der Rechtschreibung: zur Forschungslage, zur Unterrichtspraxis der Klassen 1–6, zur Leistungsbeurteilung, zur Rechtschreibreform, zu Lese-Rechtschreib-Schwierigkeiten, zu aktuellen Arbeitshilfen u.a.m.

2.3 Umgang mit Texten und Medien

Einleitung: „Lesekompetenz hat eine Schlüsselfunktion ..."

Seit der ersten Veröffentlichung der internationalen Leistungsstudie PISA im Jahre 2001 stehen das Lesen und die Förderung der Lesekompetenz in der öffentlichen Diskussion. Daran änderten auch die viel besseren Ergebnisse der IGLU-Grundschulstudie nichts, die 2003 veröffentlicht wurden. Lesekompetenz gilt seitdem nicht nur unter Fachleuten sondern auch in der öffentlichen Diskussion als wesentlicher Indikator für Bildungserfolg; ihr wird eine Schlüsselfunktion für Bildung und Teilhabe am öffentlichen Leben zuerkannt. (siehe dazu GRUNDSCHULVERBAND 2006).

Dahinter verschwindet die Diskussionslage, die zuvor bestand. Seinerzeit ging es um die Frage, ob nicht die kompetente Nutzung der neuen und neusten Medien ein vorrangiges Lernziel sei und das klassische Lesen von Gedrucktem in den Hintergrund treten müsse. Nehmen wir aus heutiger Sicht beides zusammen, die Kompetenz, Gedrucktes zu lesen, und zugleich die Fähigkeit, die neuen Medien intelligent zu nutzen, dann stellen sich folgende Zusammenhänge dar:

Textverständnis für geschriebene und gedruckte Texte ist unbestritten eine Basisfähigkeit für Schulerfolg, bestimmen doch weitgehend schriftliche Texte an der Tafel, auf Arbeitsblättern, in Heften und Schulbüchern das schulische Lernen. Lesefähigkeit ist aber auch Voraussetzung für den kompetenten Umgang mit den Medien, z.B. die Informationsentnahme aus Anleitungstexten, das Finden von Informationen mit Hilfe von Suchregistern, das Lesen von Programmzeitschriften oder Menüs. Das Internet schließlich ist nur mit Hilfe schriftsprachlicher Fähigkeiten zu nutzen.

Zwischenresümee könnte sein: neue Schwerpunktsetzung auf den Umgang mit den neuen und neueren Medien, Verstärkung des Sachlesens zur Förderung der Medienkompetenz, dafür Rücknahme des Lesens von unterhaltenden und poetischen Texten.

Die Schriftlichkeitsforschung hat darauf aufmerksam gemacht, wie HURRELMANN und ELIAS resümieren, „dass der Umgang mit geschriebener Sprache äußerst wichtig ist für den Aufbau grundlegender, auch persönlichkeitsbildender Kompetenzen ... Wir dürfen ... annehmen, dass mit dem Lesen verschiedenste sprachliche, kognitive und emotionale Lernprozesse eng verknüpft sind." (HURRELMANN/ELIAS 1998, 3)

In sprachlicher Hinsicht wird beim Lesen die Begriffsbildung gefordert und gefördert: Begriffe werden aus dem Kontext heraus erschlossen. Sprachlich vermittelte Informationen werden allmählich zu Bildern von Personen und Ereignissen, zu gedanklichen Zusammenhängen kombiniert. Das Eintauchen in eine Geschichte, in einen Zusammenhang wechselt ab mit dem Distanznehmen;

dies gilt insbesondere für längere Texte, die nicht in einem Zug gelesen werden. Dadurch werden Sprache und sprachliche Gestaltung bewusster.

Kognitive Prozesse werden beim Lesen ständig in Gang gesetzt. Der Text wird mit dem bisherigen Verständnis, den individuellen Erwartungen an den Text, den Vorkenntnissen über Strukturen und Inhalte von Texten gelesen. Beim Lesen stellt der Leser die Korrespondenz her zwischen seinen Vorkenntnissen und Erwartungen und dem, was er liest. Bestätigungen oder Revisionen sind die Folge. Die geistige Beweglichkeit wird ständig geübt, wenn Textinformationen zu Handlungen, Personencharakteristiken, Stimmungslagen, Gedanken kombiniert und ergänzt, wenn unterschiedliche Personenperspektiven und Weltansichten gedanklich mitvollzogen und dabei eigene Meinungen entwickelt und geschärft werden.

● Das Lesen fiktionaler Texte ist zudem ständiges Übungsfeld für emotionale und soziale Entwicklungsprozesse: Leserinnen und Leser fühlen sich in andere Personen ein, wechseln die Personenperspektive, stellen Beziehungen zwischen den verschiedenen Perspektiven her, setzen sich mit Handlungsweisen, Charakteren, Lebensentwürfen auseinander. Dabei nehmen sie an Ereignissen und Erfahrungen Anteil, die ihnen in ihrer realen Lebenswelt nicht begegnen. Empathie, einfühlender Wechsel der Sichtweisen, sozial-emotionale Fantasie werden gefördert.

Der unschätzbare Vorteil des Lesens liegt bei alledem in seiner Beschwernis: Lesen ist ein gegenüber dem Ansehen eines Films mühsamerer, langsamerer Prozess, weil nur die Sprache in ihrem Nacheinander der Informationen zu Gebote steht, aus der die Bilder und Gedanken erst allmählich konstruiert werden. Lesen übt deshalb wichtige Fähigkeiten, die auch für den Umgang mit Medien generell gelten, aber dies besonders herausfordernd, intensiv und nachhaltig. Vermutlich ist das der Grund, warum Lesen „als Schlüssel zur Medienkultur" gelten kann (HURRELMANN 1994, 17). Die förderlichen Effekte sind nachgewiesen: „Regelmäßige Leser unter den Jugendlichen profitieren aus informativen Sendungen des Fernsehens mehr als die gewohnheitsmäßigen Fernsehkonsumenten unter ihnen", zitiert HURRELMANN eine Untersuchung von BONFADELLI und SAXER (HURRELMANN 1994, 21). Der Schweizer Medienforscher ULRICH SAXER kommt zu dem Schluss: „Fleißige Leser sind auch verständigere Fernseher, weil sie es gewohnt sind, den im Vergleich zum Zeigemedium Fernsehen immer relativ abstrakten Schrifttext durch eigene Kombinationen und Schlüsse zu ergänzen, statt einfach in die Bilderflut einzutauchen. Als wirksamste Medienpädagogik kann denn auch immer noch ein effizienter Leseunterricht bezeichnet werden, auf dem freilich eine umfassende Medienalphabetisierung aufzubauen wäre."

Es kann mithin nicht darum gehen, in der Schule das Lesen durch den Umgang mit anderen Medien zu ersetzen. Vielmehr behält es seinen Stellenwert, muss aber durch Umgang mit den neueren und neuesten Medien ergänzt werden. Dabei können Fähigkeiten genutzt werden, die Kinder beim Lesen entwickeln, sowie Fähigkeiten, die Kinder als Mediennutzer bereits in die Schule mitbringen, denn sie bringen in der Regel ungleich mehr Fernseh- als Bucherfahrung mit.

Die Medienforschung belegt, dass das Medieninteresse von Grundschulkindern insbesondere dem Fernsehen sowie den Hörspielkassetten gilt. Dabei wird das Interesse und damit auch die Medienwahl besonders wirkungsvoll durch Fernsehfilme und -serien bestimmt. Was hier geschätzt wird, weckt auch den Wunsch, die Geschichten oder Figuren ergänzend in anderen Medien zu rezipieren: auf Hörkassette, in Comics, in Büchern, in denen Gesehenes selbstversunken nacherlebt werden kann. Dementsprechend wird die mediale Vermarktung betrieben: Zum Film, zur Serie gibt es die Hörkassette bzw. das Buch. „Da den Medienkonzernen an medialen Verbünden in allen Richtungen gelegen ist ... und da Verbundangebote kapitalintensiv vermarktet und beworben werden müssen, werden sie immer bedeutsamer als Teil der Kinderkultur, sind Anlass und Inhalt von Kommunikation. Das Buch als Ergänzung zum Film oder zur Fernsehserie wird also in den kommenden Jahren noch an Bedeutung zulegen." (HEIDTMANN 1996, 172) Fernsehfilme und -serien, aktuelle Sendungen, die Kinder interessieren, Kindersendungen sowie aktuelle Hörkassetten bzw. CDs und Filme auf DVD sind deshalb ebenso wichtige Unterrichtsgegenstände wie die Medienproduktion und -vermarktung.

Bleibt zu fragen: *Was soll wie gelesen werden?*
- Zum *Was*: Sollen nur solche Texte gelesen und Medien einbezogen werden, die gerade aktuell sind – das Buch zur Serie etwa? Oder ist es sogar beliebig, was gelesen wird – Aktuelles aus dem Fernsehen, Interessantes wie Indianergeschichten, Dinosaurier-Sachtexte? Oder gibt es einen Text-Kanon mit Texten, die in der Grundschule gelesen werden sollten – alte und neue Klassiker-Texte z.B. von „Des Kaisers neue Kleider" für Viertklässler bis „Sofie macht Geschichten" für Leseanfänger? Gehören Gedichte dazu und in welchem Ausmaß? Gilt ein Qualitätsanspruch für Schultexte? Sollen Texte vorzugsweise den Alltag spiegeln, sollen sie aufklären oder erzieherisch beeinflussen oder sollen sie vor allem wertvolles Literaturgut und Hochsprache vermitteln?
- Zum *Wie*: Sollen die Kinder vor allem „frei" lesen und ist ihr Lesegenuss vorrangig? Oder sollen die Kinder mit Texten „handlungsbezogen und produktionsorientiert" umgehen lernen? Ist das „Besprechen" von Texten noch zeitgemäß? Gelten bei den Interpretationen von Texten feststehende Ergebnisse oder sind Interpretationen subjektiv? Sollen Kinder mit Dichtung eher verehrend umgehen, sollen sie Dichtung als Texte wie alle anderen bearbeiten oder sollen sie auch Dichtung „kritisch lesen"? Ist kritisches Lesen überhaupt schon ein Ziel der Grundschule?
- Zum *Weg*: Soll Literatur schon am Leseanfang einbezogen werden oder ist hier

erst einmal das elementare Lesenlernen wichtig, dann dessen Weiterführung im weiterführenden Lesen, bevor man sich später der Literatur zuwendet? Soll das Lesenlernen am Anfang stehen oder nicht besser das handlungsbezogenere Schreibenlernen? Oder sollen Lesen- und Schreibenlernen von Anfang an gemeinsam gefördert werden und wie ist dann ihre Beziehung?

Auf solche Fragen müssen Lehrerinnen und Lehrer eine Antwort haben, wenn sie Texte für ihre Arbeit mit Grundschulkindern aussuchen, wenn sie über Ziele und Methoden entscheiden. Bei vielen Fragen ist es hilfreich, einen Blick in die didaktische Vergangenheit zu werfen: Was ist mit guten Gründen verworfen worden? Was ist auch für heute wichtig? Aber auch: Was lohnt die Wiederentdeckung?

Rückblick: Von der Erziehung durch Dichtung zum Umgang mit Texten

Muttersprachliche Bildung: Erziehung durch Literatur

Bis in die 70er-Jahre hinein sollte durch Dichtung erzogen werden, und dies in sprachlicher sowie in moralischer Hinsicht: Sprachlich gesehen wurde die Dichtung selbst als Ideal der Einheit von „Sinngestalt und Sinngehalt" verstanden, als reinste Verwirklichung der Stimmigkeit von Form und Inhalt, sie galt damit als Vorbild für allen Sprachgebrauch. Moralisch gesehen sollte Dichtung Wertvorstellungen vermitteln und Lebenshilfe bieten. Für die Grundschule galt dies alles im Rahmen der volkstümlichen Bildung: In den Lesebüchern standen neben Märchen, Sagen, Fabeln und Gedichten kindgerechte Erzählungen und heimatbezogene Geschichten, die oft von den Lesebuchautoren selbst geschrieben waren. Sie ersetzten anspruchsvollere Literatur und sollten sie vorbereiten, zugleich vermittelten sie Werte wie Heimatgefühl und Heimatverbundenheit, das Lob der Arbeit, die Schönheit der Natur.

Alle diese Texte waren sprachlich vorbildlich und führten beispielhaftes Handeln vor. Die sprach- und moralerzieherischen Wirkungen sollten von den Texten ausgehen und mussten im Unterricht zur Wirkung gebracht werden.

Kernmethode der literarischen Erziehung war mithin die Textbegegnung. Der Lehrer musste dazu vom Text persönlich ergriffen sein, ihn für die Kinder zum Erlebnis machen, im gelenkten Gespräch versprachlichen und Fragen, die sich daraus ergaben, im Text selbst klären. Der hermeneutische Zirkel der Literaturwissenschaft wurde auf die unterrichtliche Arbeit übertragen: Im Wechselspiel von Gesamterlebnis zum Texteinzelnen und vom Texteinzelnen zum Gesamteindruck erschlossen sich „Gehalt und Gestalt", so dass am Ende „begriffen" werden konnte, was am Text den Leser „ergreift" (Interpretation will „begreifen, was uns ergreift", so EMIL STAIGER, Literaturwissenschaftler dieser Jahre).

Die werkimmanente Methode ging hier einher mit der Erlebnispädagogik, die das Erlebnis – hier des dichterischen Textes – ins Zentrum stellte. Verlaufsfigur des Unterrichts war etwa die folgende:

1. Einstimmung auf das Gedicht oder den Prosatext, um die Kinder innerlich aufzuschließen
2. Gestalteter Lehrervortrag, der den Text zum Erlebnis machen sollte
3. Gespräch über den Text, bei dem die Kinder ihre Eindrücke versprachlichen und ihre Fragen an den Text stellen
4. Arbeit am Text, bei der den Fragen nachgegangen und die Einheit von Form und Inhalt erarbeitet wurde (häufig wurde dazu der Text abschnittweise von den Kindern erlesen und vorgelesen)
5. Sinnfrage, bei der über die „Botschaft" des Textes und dahinter die des Dichters nachgedacht wurde
6. Textgestaltung durch gestaltetes Vortragen, wobei das Ersterlebnis der Dichtung am Anfang des Unterrichts nun durch die unterrichtliche Arbeit zu einem vertieften Erlebnis werden konnte.

Man erkennt unschwer, dass hiermit ein didaktisches Muster zum Standard wurde, das auch heute noch praktiziert wird, nämlich der Dreischritt von Textbegegnung – Textinterpretation – Textgestaltung. Andererseits ist hier aber auch ein idealisiertes Bild von Unterricht wirksam: durch einen Text Erlebnis und emotionale Betroffenheit hervorzurufen, was sich oft gar nicht einstellen mag, schon gar nicht gleichzeitig bei allen; die Phase der „spontanen Äußerungen", bei der oft nur routinierte Standardmeinungen und Standardfragen an den Text geäußert werden.

Fundamentale Kritik: Die Realität des Lesers

Die Kritik an der literarischen Erziehung mit ihrer Vorstellung der Erziehung durch Dichtung ging aber tiefer und war aspektreicher. Sie betraf den Gegenstand, nämlich die Begrenzung auf die sog. hohe Literatur, bzw. in der Grundschule ihre vermeintliche Hinführung durch Autorentexte, die Intention der Lebenshilfe durch Dichtung sowie die werkimmanente Methode in der erlebnispädagogischen Einbettung.

Die „hohe Literatur" als Hauptgegenstand des Unterrichts

Begonnen hatte diese Diskussion schon in den 50er-Jahren. Seinerzeit hatte der französische Germanist ROBERT MINDER den Lesebüchern vorgeworfen, sie zeichneten mit ihrer Auswahl an kanonisierten Texten ein Land von Bauern und Hirten. Die Inhaltsdiskussion bekam durch die kommunikative Wende in den 70er-Jahren aber eine grundlegend neue Orientierung: Nun wurde gefragt, welche Texte in der Lebenswelt präsent sind und welche Texte Kinder tatsächlich außerschulisch lesen. Comics, die sog. „Groschenhefte", Werbetexte, Zeitschriften kamen in den Blick, aber auch die aktuelle Kinder- und Jugendlitera-

tur. Zögerlicher wurden Radio, Tonband, Film und Fernsehen hinzugenommen. Stichwort war: weiter Literaturbegriff als Gegenstand des Unterrichts, also alle medial vermittelten Texte, insbesondere auch solche, die Kindern in ihrer Lebenswelt begegnen (z.B. Werbung, Zeitschriften, Gebrauchsanweisungen), und solche, die Kinder selber bevorzugt rezipieren (insbesondere
Comics). Hinzu kamen Aspekte des Medienmarktes als Unterrichtsgegenstände, also die Herstellung und die Verbreitung von Texten.

Die Intention der Lebenshilfe

Von zwei Seiten aus wurde der Auftrag des Literaturunterrichts, moralische
Lebenshilfe zu bieten, kritisiert: zum einen aus *literarästhetischen*, zum anderen aus *pragmatischen* Überlegungen.

Für die literarästhetische Konzeption stand Ende der 60er-Jahre HERMANN
HELMERS. Er forderte, „Aufgabe der literarischen Bildung" sei „das Erschließen
literarischer Strukturen im lebendigen Umgang mit der Dichtung" (HELMERS
1969, 288). Nur wem die poetischen Strukturen vertraut gemacht worden seien,
könne die Dichtung verstehen. Lebenshilfe dürfe nicht direkt durch den Unterricht vermittelt werden, vielmehr könne sie sich für den kundigen und verständigen Leser nur indirekt durch die Dichtung ergeben. Ein Lesebuch, das literarästhetisch konzipiert war, trug den nüchternen Titel: „Lesebuch". Es gliederte
die Texte nicht mehr nach Themen, sondern nach literarischen Gattungen. Das
„Lesebuch 3" für die dritte Klasse versammelte
– im epischen Teil: Geschichten aus Kinderbüchern – Märchen – Heiligenlegenden – Sagen – Schwänke und lustige Geschichten – Tierfabeln
– im lyrischen Teil: Gedichte und Reime
– im dramatischen Teil: zwei Kasperspiele (AMMON u.a. 1967).
In der Grundschule fand diese literarästhetische Didaktik wenig Resonanz. Sie
passte nicht in die politische Aufbruchstimmung jener Jahre, die mehr auf
Umgang mit Massenmedien und Alltagssprache setzte als auf Literaturkanon
und poetische Didaktik. Und sie passte nicht in die grundschulpädagogischen
Überlegungen, die zwar Wissenschaftsorientierung aber auch Umweltbezug
favorisierten. Hier zeigte sich, was auch in anderen Fächern Parallelen hat: Eine
lediglich auf das Niveau von Grundschulkindern heruntergeschnittene Fachsystematik kann in den eigenständigen pädagogischen Zusammenhang der Primarstufe nicht integriert werden.

Die kommunikative Wende orientierte sich dagegen primär am Leser und an
der Leserin, für sie war Lebenshilfe mit dem pragmatischen Ansatz gegeben: Die
Texte der Lebenswelt sollten die Kinder lesen und gebrauchen lernen. Kritische
Ansätze forderten darüber hinaus: Die Wirkung von Texten auf den Leser müsse erkannt werden, Leser müssten Manipulationen von Texten zurückweisen
und selbstbewusst Texte auswählen können. „Was hilft es, ein Goethe-Gedicht
zu kennen, aber auf jeden Werbespruch hereinzufallen", war ein geflügeltes didaktisches Wort jener Jahre. Lebenshilfe war damit nicht mehr bezogen auf

identifikatorisches Lesen und unbefragte Übernahme der vermittelten Werte. Lebenshilfe wurde Hilfe zum kritischen und selbstbewussten Umgang mit Texten.

Das Erlebnis der Dichtung

Mit der damals aktuellen Forderung, im Grundschulunterricht die Kindorientierung mit der Wissenschaftsorientierung zu verbinden (DEUTSCHER BILDUNGSRAT 1970), mit der Wende zur kommunikativen Didaktik und ihrer pragmatischen Leserorientierung schienen Konzepte obsolet zu sein, die auf Erlebnis und Identifikation setzten. Texte sollten vielmehr in Beziehung zur eigenen Situation gesetzt, ihre Wirkung und ihre Machart sollten untersucht werden. Kritische Ansätze forderten, dass Texte – wie ein Schlagwort jener Jahre hieß – „hinterfragt" wurden, also dass z.B. Manipulationsabsichten erkannt werden sollten.

Die kommunikative Wende: Pragmatisierung und kritisches Lesen

Die kommunikative Wende brachte die Orientierung an der Lesewirklichkeit des Kindes: Was lesen Kinder, welche Medien nutzen sie? „Hohe Literatur" gehört sicher in aller Regel nicht zum kindlichen Lesestoff. Für die weitaus meisten Erwachsenen gilt dies ebenso, obwohl sie in der Schule mit und zu „hoher Literatur" reichlich erzogen wurden. Diese Erkenntnis ist für die Schule deprimierend, sie verstärkte nun die Hinwendung zur pragmatischen Sichtweise. Allein die Hinwendung zu den Lesetexten der Kinder würde aber nur bestätigen, was Kinder ohnehin schon tun, und würde die Manipulationen z.B. durch bestimmte Comics, durch Werbung nur noch verstärken. Das kritische Element ist mithin unverzichtbar: das Durchschauen der Machart, der möglichen Wirkungen und manipulativen Tendenzen in Texten und Medien, die bewusste Gegenwehr und letztlich die vom eigenen aufgeklärten Interesse geleitete Auswahl. „Nicht was ein Text (Autor) sagen will (wollte) ist ... wichtig, weil das objektiv gar nicht feststellbar ist, sondern was er mir in meiner konkreten Situation sagen kann und an Informationen übermittelt, die für diese Situation Bedeutung haben. Damit wird der passive Wertungsprozess auf Grund eines durch Literatur erlebten ‚Anrufs' ersetzt durch einen aktiv-rationalen, vom Leser gesteuerten Aneignungsprozess, in dessen Verlauf der Leser die Rolle eines Subjekts der literarischen Kommunikation übernimmt." (DAHRENDORF u.a. 1974, XXVIII)

In der politischen Debatte Ende der 60er- und Anfang der 70er-Jahre gab es zum Stichwort „Kritisches Lesen" sehr unterschiedlich weit reichende Ansätze – bis hin zu radikal gesellschaftskritischen Konzepten: „Aus der Klassenbedingtheit der Ideologie (des Kunstwerks, H.B.) ergibt sich, dass es in jeder nationalen Literatur zwei Traditionslinien gibt. Die eine ist mehr mit der herrschenden Klasse und ihrer Ideologie verbunden, während die andere im Gegensatz zu ihr steht. Die Geschichte der Literatur muss deshalb in Abhängigkeit von der Geschichte der Klassen dargestellt und die Ablösung einer Traditionslinie durch die andere untersucht werden." (BREMER KOLLEKTIV 1974, 328) Solche radikalen Konzepte wurden fachdidaktisch heftig erörtert. Den Literaturunterricht der Grundschule erreichten sie nicht, schon weil der intellektuelle Anspruch die kindgemäße Verwirklichung im Unterricht erschwerte: Das gesellschaftskritische Erkenntnis- und Veränderungsinteresse müsste von außen an die Grundschulkinder herangetragen werden; sie hätten es zu akzeptieren, ohne es beurteilen zu können. Dies wiederum stünde im Widerspruch zum Leitziel der Emanzipation. Aber auch die gesellschaftliche Akzeptanz für radikal gesellschaftskritische Didaktik-Konzepte war nicht gegeben.

Leserbezogene Konzepte, die pragmatische Textauswahl mit kritischem Hinterfragen von manipulativen Tendenzen verbanden, hatten dagegen größere Wirkung. Sie veränderten das didaktische Denken und erzeugten tiefe Spuren, die sich in heutigen Konzepten wiederfinden. Am Beispiel eines Lesebuch-Werks soll Typisches veranschaulicht werden.

Lesebuch-Diskussion

Herausgeber des Lesebuch-Werks war einer der führenden Vertreter der kommunikativen Wende im Bereich der Textrezeption: MALTE DAHRENDORF. Das Lesebuch stand seinerzeit im Mittelpunkt der politischen und didaktischen Diskussion.

Schon die Titelwahl macht Grundsätzliches deutlich. Hieß ein Lesebuch der 60er-Jahre noch „Lesen und lauschen" (VAUPEL 1965) und signalisierte damit identifizierendes erlebnishaftes Rezipieren von Texten, hieß ein Lesebuch mit literarästhetischem Anspruch sachlich nüchtern „Lesebuch 3", so heißt das hier gemeinte nüchtern-lakonisch „Drucksachen", bzw. für Grundschulkinder etwas freundlicher „Bunte Drucksachen". Der Titel weist darauf hin, dass kein Literaturkanon, sondern jedwede Texte in Rede stehen und dass sie in Gebrauch genommen werden.

Der Band für Klasse 3 stellt die Texte zu folgenden „Textsequenzen" zusammen:

- *Zuhause:* Hier sind zu Anfang drei Texte mit Familienszenen von Kinderbuchautoren versammelt (von Christine Nöstlinger, Peter Härtling, Irina Korschunow), authentische Äußerungen von Kindern und einer berufstätigen Mutter zur Familiensituation, eine Geschichte über eine berufstätige allein erziehende Mutter und ihre Tochter und eine über die vom Kind als schmerzhaft erfahrene Trennung der Eltern. Insgesamt geht es um verschiedene Familienkonstellationen, Rollenbilder, Beziehungen der Kinder zu den Eltern und ihre Gefühle.

• *Erziehung:* Hier finden sich eine Geschichte mit einem Erziehungskonflikt zwischen Mutter und Tochter, die Bilder-Geschichte vom Daumenlutscher aus dem Struwwelpeter, ein Zeitungsausschnitt als Paralleltext über eine drakonische Strafe, ein Charlie-Braun-Comic, ein authentischer Kindertext, eine Bilderfolge und das Gedicht von Susanne Kilian: „Kindsein ist süß?":

Tu dies! Tu das!	Mach die Tür leis zu!
Und dieses lass!	Lass mich in Ruh!
Beeil dich doch!	
Heb die Füße hoch!	Kindsein ist süß?
Sitz nicht so krumm!	Kindsein ist mies!
Mein Gott, bist du dumm!	
...	

Die weiteren Sequenzen haben die Titel: Geschwister – Kinder in anderen Ländern – Witz und List – Spannung und Abenteuer – Zum Sprechen und Hören – Junge und Mädchen – In der Gruppe – Vorurteile – Gemeinsam oder jeder für sich – 3mal Elefant – Fantastisches – Werben, Verkaufen, Kaufen – Über das Fernsehen (mit Ausschnitten aus Fernsehprogrammen, Briefen an die Fernsehredaktion von Kindern, Ausschnitten aus einem Kinderbuch zu einer Fernsehserie, Erklärungen zur Fernsehproduktion) (BECKER/DAHRENDORF u.a. 1974).

Der harte Schnitt zur Textauswahl der älteren Lesebücher ist deutlich: Statt heldenhaftem Verhalten problematisches Alltagshandeln, statt hoher Literatur Texte aus der Lebenswelt auch mit Comics, mit authentischen Äußerungen, mit Werbung, statt Reduktion auf Gedrucktes auch verschriftete mündliche Äußerungen und Einbezug anderer Medien, z.B. des Fernsehens, statt bestätigendem Lesen Herausforderung zur Auseinandersetzung mit den Texten, Einbezug aktueller Kinderliteratur.

Die Zielperspektiven des Unterrichts mit diesen Texten wurden auf zwei Ebenen angesetzt: Neue, textlich vermittelte Erfahrungen sollten ermöglicht und Ideologiekritik sollte entwickelt werden (die Zielbeschreibungen im Folgenden nach: DAHRENDORF/BECKER u.a. 1974, XIX f.):

Neue Erfahrungen sollten solche Texte eröffnen, die andere Lebenssituationen als die bisher erfahrenen und vertrauten vorstellten, z.B. andere historische, kulturelle, soziale Situationen, Extremsituationen, Familien mit anderer Rollenverteilung, Kinder, die sich anders verhalten, Menschen mit anderen Empfindungen; die Texte der ersten Sequenz Zuhause stellen entsprechend unterschiedliche Familienkonstellationen dar: Geschwisterstreit, allein erziehende und berufstätige Mutter, Trennung der Eltern, „Besuchsvater".

Ideologiekritik, die zweite Ebene der Zielperspektiven, sollte auch in der Grundschule schon entwickelt werden. Hierzu sollten in Texten durch Textvergleich unterschiedliche Sprachebenen unterschieden werden – mündliche Rede von Schrifttexten, appellative Texte von erklärenden, der Daumenlutscher-Text als drastischer Erziehungstext vom Zeitungstext, der lakonisch über eine Bestrafung berichtet, dagegen der authentische Kindertext über Bestrafung und eigene Meinung zu Recht und Ungerechtigkeit. Textabsichten sollten dabei erkannt werden, z.B. welche Interessen ein Text verfolgt, inwieweit er Leser beeinflussen, konflikthafte Situationen harmonisieren will, ob er Sachverhalte verschleiert oder aufklärt. Was z.b. will der Daumenlutscher-Text, was wollen Eltern, wenn sie diese Geschichte Kindern vorlesen, ihnen das Buch schenken? Schließlich sollten sich Kinder ihres eigenen Rezeptionsverhaltens bewusst werden: die eigene Situation auf dem Hintergrund des Textes klären, Erwartungen an Texte und Lesehaltungen präzisieren, die Anfälligkeit gegenüber Beeinflussung durch Texte kennen und sich dessen beim konkreten Text bewusstwerden. Dies zum Beispiel wäre durch die Arbeit mit dem Kilian-Gedicht „Kindsein ist süß" möglich:

Die Appell- und Verbotsflut im Gedicht kann mit der eigenen Situation verglichen werden, sie wird bestätigt, reduziert, ergänzt, erweitert. Der Schluss „Kindsein ist mies!" fordert zur Zustimmung, Ablehnung oder zu differenzierten Stellungnahmen heraus. Kinder sammeln z.B. „schöne Sätze" der Eltern, angenehme, liebevolle Gesten und Situationen. Daraus kann ein Gegentext entstehen, bei dem die letzten beiden Verse gedreht werden: „Kindsein ist mies?/Kindsein ist süß!" Beide Texte werden nebeneinandergestellt und eröffnen das weitere Nachdenken über das Kindsein.

Dieses didaktisch aufklärerische und anspruchsvolle Konzept geriet in den tagespolitischen Streit. Den Kultusministerien als den Genehmigungsbehörden für Schulbücher wurden Texte wie der von Susanne Kilian entgegengehalten. Die politischen Attacken unterstellten das in der Öffentlichkeit bekannte Muster der älteren Lesebücher, dass alle Texte, die im Unterricht behandelt würden, vorbildliche Texte mit nachahmenswerter Sprache und beherzigenswerten Handlungsmustern seien. Von solcher Unterstellung her war es leicht, diese Texte als Schultexte öffentlich zu brandmarken und die Kultusminister dem Volkszorn auszuliefern. Natürlich steckte dahinter die Normenfrage: Dürfen Kinder über Autoritäten kritisch nachdenken, sie möglicherweise kritisieren und nach Alternativen suchen? Damit ging es um die Frage, welche Funktion Schule hat: Emanzipation oder Anpassung? Aber auch um die lern- und entwicklungspsychologische Frage, wie viel kritisches Denken Grundschulkindern schon zuzumuten und ihnen möglich sei.

Bezeichnenderweise überschrieb die ZEIT einen Artikel über die Kontroverse mit einem Zitat konservativer Gegner: „Drucksachen – Drecksachen" und dem Untertitel „Eine neue Generation von Lesebüchern erregt die Gemüter. Die Polemik gegen sie ist oft unfair und ahnungslos." (WERNER KLOSE in DIE ZEIT vom 10.1.1975) Der Verlag des Lesebuch-Werkes brachte im Weiteren verharmlosende Überarbeitungen heraus. Die Langzeitentwicklung war aber nachhaltig: Die Lesebuch-Werke insgesamt wurden harmloser, Lehrerinnen und Lehrer trauten sich häufig an Texte mit problemhaltigen Situationen und heiklen Inhalten nicht heran. Dies ist bis heute so geblieben.

Fibeln und Erstleseunterricht

Die kommunikative Wende veränderte auch viele Fibeln und die Didaktik des Erstleseunterrichts. Die Inhalte der Fibeln waren längst in die Diskussion geraten: Sie enthielten, so die Vorwürfe, ausschließlich Heile-Welt-Geschichten und seien von traditionellen Klischees geprägt, z.b. dem mit Puppen spielenden Mädchen, das leicht weinerlich reagiert, und dem mit Autos hantierenden aggressiven und bestimmenden Jungen, der Mutter mit Schürze und dem Vater mit Zeitung. Typischer Fibelanfang ganzheitlicher Fibeln waren z.b. bestätigende Sätze: „das ist Susi" – „das ist Emil". Im Anschluss spielten die Kinder dann harmonisch miteinander. Nun kamen Fibeln auf den Markt, die kommunikative Situationen vorstellten und die die lesenden Kinder zu Stellungnahmen herausforderten: Streitsituationen und Entscheidungssituationen wurden vorgestellt, mit Fotos wurden Realsituationen signalisiert.

Eine Fibel z.b. begann mit den beiden Ganzwörtern „ja" und „nein", auf Fotos waren Spielsituationen mit und ohne Streit abgebildet. Die abgebildeten Kinder konnten jeweils ja oder nein sagen, aber auch die Fibelbenutzer konnten mit ja oder nein, mit Zustimmung oder Ablehnung die Bilder kommentieren und die Situationen auf ihre eigenen Erfahrungen beziehen. „Mein" und „dein" waren die nächsten Wörter, wieder eingebunden in kommunikative durch Fotos vorgestellte Situationen. Dadurch forderten die Fibelseiten zur Kommunikation über das Dargestellte und zur Meinungsbildung heraus, aber auch zum Einbeziehen eigener Situationen und Erfahrungen, die im Gespräch dann ausgetauscht und miteinander besprochen werden konnten. Diese Fibel trug im Übrigen den kennzeichnenden, Kommunikation postulierenden Titel: „miteinander lesen". (NIEMEYER/ROTH u.a. 1978)

Schriftzüge aus der Lebenswelt, Ausschnitte aus Zeitungen und Fernsehprogrammen, Einladungen und Plakate, Fotos und Sprechblasen gehörten von nun an zum Textstandard in den meisten Fibeln.

Was geblieben ist: Erfahrungsbezug, weiter Literaturbegriff, kritisches Lesen

Seit der kommunikativen Wende ist das Leitbild des Literaturunterrichts nicht mehr der verehrende Dichtungskenner, sondern der emanzipierte Leser und Mediennutzer. Dazu muss der Unterricht an den Texten und Medien ansetzen, die zum Lesealltag der Kinder gehören, und die Haltungen und Fähigkeiten zur Rezeption aufgreifen, die die Kinder bereits mitbringen. Damit gehören zum Textspektrum alle Texte, die Kinder rezipieren – Gedrucktes wie Aufschriften, Plakate, Spielanleitungen, Fernsehzeitschriften, Comics, Werbetexte, Texte am Computerbildschirm, Kinderbücher; Gehörtes wie Hörkassetten, Lokalradio; Gesehenes wie Filme, Fernsehsendungen, Werbung.

Die bereits wahrgenommenen und genutzten Texte müssen um solche ergänzt werden, die Kinder kennen lernen sollten, um ihre bisherigen Erfahrungen zu erweitern, um Zugänge zu weiteren Textsorten zu gewinnen, um am Ende auch kompetent und selbstbewusst ihr Leseverhalten steuern zu können. Strittig ist in der Wertung der kommunikativen Wende, welche Bedeutung und Funktion dabei literarische Texte haben: Sind sie Texte unter Texten oder kommt ihnen eine bevorzugte Stellung zu? Der kommunikative Sprachunterricht hatte auf den Literaturunterricht der Muttersprachlichen Bildung mit seiner Kanonbildung und Verehrungsdidaktik zunächst mit einem Pendelausschlag zur anderen Seite reagiert: Poetische Texte wurden an den Rand gedrängt, bestenfalls waren sie den pragmatischen Texten gleichgeordnet. In der weiteren Diskussion wurde dann die besondere Bedeutung poetischer Texte auch für einen erfahrungsbezogenen Unterricht schärfer herausgearbeitet: als Texte, die mit ihren besonderen Möglichkeiten der Erfahrungsverdichtung, der Experimente mit Situationen, Handlungsweisen, Lebensentwürfen und der Interpretationsoffenheit besondere Lese- und Lernchancen anbieten. Kinderbücher erhalten hierbei einen Stellenwert.

Die kommunikationsbezogene Bearbeitung von Texten darf auf der Textebene nicht stehen bleiben, sondern muss die Erarbeitung, die Präsentation und den Vertrieb von Texten einbeziehen:
- Wie entstehen Texte, wie werden Bücher, Filme, Werbungen „gemacht", unter welchen Bedingungen und mit welchen Absichten?
- Wie wird die Präsentation vorgenommen, z.B. durch die Ausstattung und Illustration von Büchern, das Zusammenspiel von Sprache, Bild, Musik im Fernsehen, die Gestaltung von Seiten mit dem Computer?
- Wie werden Texte und Medien vertrieben, an Leserinnen und Leser und Zuschauer gebracht, z.B. durch Aufmachung, Werbung, Zielgruppenansprache, durch den Folgemarkt, z.B. wenn zur Fernsehserie Bücher und vielfältige weitere Produkte erscheinen?

Mithin ist der Gegenstandsbereich des Literaturunterrichts seit der kommunikativen Wende auf einen weiten Literaturbegriff ausgerichtet, der mit Texten alle medial vermittelten Texte meint, also geschriebene und gedruckte Texte, gehörte Texte, Bild-Text-Kombinationen, audiovisuelle Texte.

Die Ziele des Unterrichts, die mit diesen Texten verfolgt werden sollten, definierten sich aus der Gegenposition zum alten Literaturunterricht: Waren sie dort durch Bestätigung des sakrosankten Textes bestimmt, so hier durch kritisches Hinterfragen: Der Text sollte in kritische Distanz gerückt, auf seine Absichten und seine Ideologie hin überprüft und vom Leser dann nach eigenem bewusstgewordenen Interesse abgelehnt bzw. genutzt werden. Hierbei traten aber mehrere Dilemmata auf:

- *Zur Unterhaltungsfunktion von Texten:* Der Unterricht bezog Texte aus dem alltäglichen Rezeptionskonsum der Kinder ein, z.B. Comics, Bücher von Enid

Blyton, Serienfilme. Die Kinder rezipierten diese Texte, weil sie Freude am damit vermittelten Spaß und an der Spannung hatten, auch als Rückzug aus alltäglichen Stress-Situationen. Wie konnte nun der Unterricht diese Texte in kritische Distanz rücken, ohne auf Gegenwehr der Kinder zu stoßen? Und nahm der Unterricht, wenn er solche Texte kritisch zu hinterfragen versuchte, den Kindern nicht Rezeptionsmotive, die für sie wichtig waren?

DAHRENDORF hatte, so resümiert BETTINA HURRELMANN, zunächst gefordert, „die Diskriminierung eines Literaturbereichs (habe) um der Leser willen zu unterbleiben", „Trivialliteratur (befriedige) legitime Entlastungsbedürfnisse ... In seinen späteren Veröffentlichungen hat er diesen Konflikt so zu bearbeiten versucht, dass er der Ausbildung einer kritischen Lesefähigkeit als Voraussetzung der Emanzipation der Schüler den Vorrang gibt." (HURRELMANN 1983, 18) Der Wunsch nach unkritischem Lesegenuss war dadurch didaktisch nicht legitimiert.

● *Zur Normenfrage:* Inwieweit Texte manipulieren oder aufklären, inwieweit sie verletzen oder unterstützen, inwieweit sie menschenverachtend oder menschenfreundlich sind, inwieweit sie von wichtigen Fragen ablenken und in Fluchtwelten locken – die Antwort auf solche Fragen an Texte, ihre Aussagen und Wirkungen ist an Normen orientiert, die außerhalb des Textes liegen. Die Normen wurden als gegeben vorausgesetzt. Im Zusammenhang des behavioristischen Lernmodells der 70er-Jahre mit kleinschrittigen Lernzielen wurde kritisches Lesen häufig im eng geführten Unterricht auf das angestrebte Erkenntnisziel hingesteuert. „Ideologiekritik schließt aber den Diskurs über die Geltung der gegeneinandergestellten Normen, d.h. ihre Begründung und Rechtfertigung im Bezug auf allgemein gültige moralische Prinzipien, notwendig ein." so HURRELMANN (1983, 21). Bindet man diese Forderung nach Diskurs auf die Möglichkeiten von Grundschulkindern zurück, dann muss akzeptiert werden, dass sie auf prinzipiellem Niveau Normen nicht begründen und erörtern können, sondern nur „von (ihren) individuellen Erfahrungszusammenhängen" her (HURRELMANN 1983, 25).

Diese Einwände führten im Weiteren zu neuen Entwicklungen: genießendes Lesen, der Aufbau einer Lesekultur, die nicht jeden Text zur kritischen Betrachtung nutzt, sondern auch den lustvollen Umgang mit Texten pflegt, individuelle Bedeutungen von Texten für die Kinder statt lehrergesteuerter Engführung, die Entdeckung eigener Wege im eigenaktiven Umgang mit Texten.

Als Gewinn des kritischen Lesens der kommunikativen Wende bleibt aber festzuhalten:

● Texte sind nicht unantastbare Gebilde, sondern von Menschen hergestellte – mit den Sichtweisen, Einstellungen, Wertungen und Wirkungsabsichten der Autorinnen und Autoren. Über sie kann an Hand des Textes nachgedacht werden.

● Leserinnen und Leser lesen Texte mit ihren eigenen Absichten, ihren Erfahrungen und Wertungen. Über sie kann ebenfalls nachgedacht werden.

- Leserinnen und Leser sollten Texte nach ihren Interessen nutzen, die Interessen deshalb definieren, die Texte danach aussuchen und die Texte dementsprechend auch lesen können.
- Texte stehen immer in einem Marktzusammenhang. Dies sollte erkannt werden, um bewusst und kritisch mit den Angeboten umzugehen.

Subjektivismus: Gegen verordnetes Lesen und Interpretieren – für eigene Wege

So begann es: die Leseecke

Bei der schulpraktischen Neuorientierung hin zu einem differenzierten Unterricht nahm die Klassenraumgestaltung einen zentralen Platz ein: Die Umwandlung „vom Klassenzimmer zur Lernumgebung", so ein Titel, wurde als „Baustein für eine fördernde Grundschule" verstanden (KASPER 1979). Die disziplinierende Aufforderung aus der alten Stillsitz-Schule: „Geh in die Ecke" wurde umgedeutet zur Lernchance, weil nämlich das Klassenzimmer mit Angebots- und Lernecken ausgestattet wurde, zu denen hin Kinder sich frei bewegen konnten. „Wie viele Ecken hat unsere Schule?", so der Titel, war damit auch die Frage danach, inwieweit sich die Klassenzimmer zu Orten individuellen und sozialen Lernens bereits entwickelt hatten (BURK/HAARMANN 1979).

Bei der Umgestaltung der Klassenzimmer spielte die Leseecke eine Vorreiterrolle. Eine Fortbildnerin berichtete: „Wir beobachten in Fortbildungsveranstaltungen immer wieder, dass die Einrichtung einer Leseecke häufig ein erster Schritt zur Veränderung des Klassenraums ist." (BUSCHBECK 1991) Oft begann es mit der Leseecke als Zeitpuffer für schneller Lernende, langsamer arbeitende Kinder kamen hierbei aber nie zum Lesevergnügen. Diese Beobachtung führte zur Einrichtung fester Lesezeiten: „In den ersten zwanzig Minuten nach dem Klingeln geben wir den Kindern ab der zweiten Klasse Raum, Zeit und Gelegenheit, sich ganz individuell mit Gedrucktem zu beschäftigen: Mit Büchern von zu Hause, aus der Klassenbücherei, der Schulbibliothek oder der Gemeindebücherei", so ein Schulleiter (PURMANN 1991). Ein anderer berichtete von der Nutzung der Schulbücherei: „Jede Klasse hat nun im Stundenplan eine Büchereistunde: Die Lehrerin geht mit den Kindern zusammen in die Bücherei, lässt frei suchen, schmökern und lesen, gibt Anregungen, Suchaufträge, schaut mit Kindern Bilderbücher an, liest vor, lässt in einer Sitzgruppe oder im rasch gebildeten Kreis erzählen, welche Bücher ausgewählt wurden, ob sie gefallen haben usw. Die Mütter, die umschichtig zur Ausleihe kommen, lassen sich gerne in diese Arbeit einbeziehen, so dass auch mehrere Gruppen gebildet werden." (BARTNITZKY 1981)

Selbst ausgesuchte Bücher dürfen in freien Lesezeiten oder im Rahmen freier Arbeit gelesen werden. Die Bücher stammen aus Spenden, aus dem Erlös des Schulfestes oder werden in Stadtteil- oder Gemeindebibliotheken für eine bestimmte Zeit ausgeliehen. Dabei spielen Leseinteressen der Kinder eine ent-

scheidende Rolle: Was mögen Kinder lesen, wofür kann man Kinder aufschließen? Bücher, die Kinder nicht beachten oder rasch aus der Hand legen, wären
für die Leseecke oder die Schulbücherei wenig nützlich.

Das gegenüber der Literaturdidaktik der kommunikativen Wende Neue ist,
dass hier das subjektive Leseinteresse der Kinder akzeptiert und entwickelt
wird, dass Lesesituationen durch Leseangebote, durch Raum- und Zeitgestal-
tung geschaffen werden, in denen Kinder sich ins Lesen versenken, aber auch
über Gelesenes austauschen können, in denen sie in Leseecken, auf dem Tep-
pich, am Tisch, sitzend oder bäuchlings lesen. Damit werden

- das genießende Lesen wertgeschätzt
- das Lesen ohne direkte didaktische Zubereitung und unterrichtliche Verwer-
  tung akzeptiert
- Unterhaltungs- und Trivialliteratur „schul-fähig" gemacht
- Lesen als individuelle Entscheidung des Lesers über Lesestoff, Lesezeit und
  Leseort gefördert.

Spracherfahrungsansatz: „Kinder auf dem Weg zur Schrift"

Mit seinem Buch „Kinder auf dem Weg zur Schrift" machte HANS BRÜGEL-
MANN den Spracherfahrungsansatz hierzulande bekannt (BRÜGELMANN 1983).
Er bezog sich zwar vor allem auf den Schriftspracherwerb und auf das Schreiben, einschließlich des Rechtschreiblernens, doch war das Lesen auch über den
Erstleseunterricht hinaus indirekt mit im Spiel. Grundannahme ist die konstruktivistische These, dass Kinder Sprache nicht als Konvention übernehmen,
ihren bisherigen Fähigkeiten hinzuaddieren, sondern dass sie die Sprachäuße-
rungen der Umwelt für die eigenen Bedürfnisse nutzen. Das Kind deutet aktiv,
was es erlebt, es macht sich seinen Reim auf die Umwelt und ordnet Erfahrungen in einer Weise, die für es selbst möglichst ökonomisch und bedeutsam ist"
(BRÜGELMANN 1983, 161). Das Kind konstruiere so auch selbst die Schrift. An
seinen vor- und außerschulischen Erfahrungen gelte es anzusetzen und seinen
eigenaktiven Weg in die Schrift weiter zu unterstützen.

Bezogen auf den Erstleseunterricht nahm JÜRGEN REICHEN die Extremposi-
tion ein: Da Kinder die Schrift aktiv auf ihren eigenen Wegen durch Schreiben
entwickeln, spiele das Lesen zunächst keine Rolle. Lesefähigkeit stelle sich später von selbst ein. „Lesen durch Schreiben" ist hier Titel wie Programm (REI-
CHEN 1982). MARION BERGK und KURT MEIERS formulierten moderater: „Schulanfang ohne Fibeltrott", und meinten damit einen Unterricht, in dem
möglicherweise auch eine Fibel verwendet wird, aber in dem die Fibel nicht das
Lernen zu gängeln versucht (BERGK/MEIERS 1985). Andere Autorinnen und
Autoren bezogen in den Ansatz individueller Schrifterfahrung und Schriftkon-
struktion von Anfang an die Lese-Umwelt und Anregungen zum Lesen als wichtiges Pendant zum Schreiben ein. UTE ANDRESEN (1991) z.B. verdichtete ihre
Erfahrungen mit Kindern auf zwei Modellkinder, Felix und Felicitas.

Ihre Schilderung ist ein Plädoyer auch für Lesen von Anfang an – mit Angeboten, die für Kinder verlockend sind und die sie in ihrer Lesefreude und ihrer Fähigkeit stärkt, auf eigenen Wegen die Welt der Schrift zu erobern. Damit wird der Aufbau einer Lesekultur mit Leseecke und freien Lesezeiten nicht ein Additum zum übrigen Leseunterricht, z.B. für Entspannungsphasen, sondern zum notwendigen Arrangement für einen eigenaktiven Weg in die Schrift.

Konstruktivismus: Leserorientierter Literaturunterricht

Lesen wurde zur Zeit der Muttersprachlichen Bildung und auch danach als Sinnentnahme definiert: Der im Text steckende Sinn müsse aus der Schrift entnommen werden. Resultat bei allen lesekundigen Lesern wäre dasselbe Ergebnis: der identische Sinn. Ihn herauszufinden wäre dann z.B. Aufgabe des textinterpretierenden Unterrichts. Seit den 80er-Jahren und der neuerlichen Beachtung kognitivistischer Lerntheorien wurde diese Definition als irrig erkannt: „Literarische Werke (sind) nicht objektive Erkenntnisgegenstände, die jedem Betrachter zu jeder Zeit den gleichen Anblick bieten, sondern ... subjektive Bezugsgegenstände, d.h. dass Texte erst vom Leser ‚konkretisiert‘ werden, und zwar je nach dessen Vorwissen, Erwartungen, Reaktionsmustern usw. in anderer Weise." (MECKLING 1983, 516)

In dieser Betrachtungsweise liegen gewichtige didaktische Chancen für die Identitätsentwicklung auch durch Literatur im engeren Sinne: Poetische Texte zeichnen sich unter anderem durch Deutbarkeit aus. Unformuliertes, Offenes, Zwischen-den-Zeilen-Stehendes muss erkannt und formuliert werden. „In einer solchen Formulierung des Unformulierten", so zitiert MECKLING ISER, „liegt immer zugleich die Möglichkeit, uns selbst zu formulieren und dadurch das zu entdecken, was unserer Bewusstheit bisher entzogen schien. In diesem Sinne bietet Literatur die Chance, durch Formulierung von Unformuliertem uns selbst zu formulieren." (MECKLING 1983, 518)

Die Konsequenzen für den Literaturunterricht liegen auf der Hand: Die individuellen Erfahrungen mit und Auffassungen über den Text müssen zur Sprache kommen und dürfen nicht durch eine vermeintlich allgemein-gültige Interpretation als richtig oder falsch gelten. Instanzen sind allein der Text als gemeinsamer Bezug und das individuelle Leserverständnis. In der Auseinandersetzung über die Leserverständnisse werden unterschiedliche Sichtweisen deutlich, nähern sich Sichtweisen an oder schärfen sich in ihrer Unterschiedlichkeit. Das erfordert vom Literaturunterricht, dass er neben dem individuell genießenden Lesen und dem informierenden Sachlesen auch die individuelle und gemeinsame Auseinandersetzung über Texte der Kinderliteratur und der poetischen Literatur pflegen muss.

Dass dies von Anfang an, also im schulischen Raum von Klasse 1 an, gilt, kann ein beliebiges Beispiel im Umgang mit Literatur belegen. In der Klasse 1 wird das Märchen von den Bremer Stadtmusikanten vorgelesen. Die Kinder erarbeiten die Erzählschritte, indem sie Bilder malen und sie in die Erzählreihenfolge bringen. Reden und Gedanken der Tiere und Personen werden in Sprech- oder Denkblasen geschrieben und zu den Bildern montiert. Die Kinder stellen mit Hilfe kopierter Bilder und eigener Textergänzungen ein gemeinsames Bilderbuch oder individuelle Bilderbücher her. In diesem Unterricht denken die Kinder auch über die Handlungsweisen der Menschen, der Tiere, der Räuber nach und äußern ihre Meinungen dazu. Dabei geht es um Themen wie: Tiere als Nutztiere, Suche nach einem Lebenssinn, Einsamkeit und Gemeinsamkeit, Vertreibung und Hausbesetzung. Möglichkeiten, über solche Themen in der Textherstellung nachzudenken, ergeben sich viele: Beim Vorlesen kann an entsprechenden Stellen innegehalten werden; beim Erzählen zu ihren Bildern denken die Kinder auch über eine mit dem Bild verbundene Frage nach; in den Sprech- und Denkblasen äußern sich die Tiere über ihre früheren „Herren", über die Räuber; die Kinder erspielen oder malen andere Möglichkeiten der Tiere als in das Räuberhaus einzubrechen. Am Ende spinnen sie die Geschichte weiter: Werden die Tiere wohl einmal „Bremer Stadtmusikanten"? Beim eigenen Bilderbuch kommentieren die Kinder durch eigene Texte – mündlich und/oder schriftlich das Geschehen.

Bei all diesen Überlegungen und Fantasien bringen Kinder ihre Erfahrungen, ihre Denkweisen und Gefühle ein und füllen damit das Unformulierte im Märchen, sie erzeugen ihren Text. Dabei sind unterschiedliche Sichtweisen, Gedanken und Vorschläge nicht nur legitim, sondern wichtig – als Gegenbilder, als Anregung zur Nachdenklichkeit. Eine Reihenfolge, wie sie JÜRGEN BAURMANN konstruiert, nämlich dass im Grundschulunterricht dem Erstlesen das weiterführende Lesen folge und dann erst der Literaturunterricht, ist mithin weder erforderlich noch wünschenswert (BAURMANN 1993 b). Wichtige Lese- und Leselernmotive, Anregungen zum Nachdenken über neue Situationen mit Hilfe ihrer bisherigen Verstehensmöglichkeiten können gerade aus dem Literaturunterricht von Anfang an erwachsen.

Gegenüber der Literaturdidaktik der kommunikativen Wende

- wird nunmehr poetische Literatur für die Identitätsentwicklung hoch geschätzt und erhält einen besonderen Stellenwert im Unterricht, Kinderliteratur als Unterhaltungsliteratur wird hier eingeschlossen
- wird das Interpretationsmonopol der Lehrerin oder des Lehrers aufgehoben zugunsten der subjektiven Interpretationen aller Leserinnen und Leser
- werden impulsgesteuerte oder fragend-entwickelnde Interpretationsgespräche über Texte durch handelnde Umgangsweisen mit Texten ergänzt oder sogar ersetzt. Dazu später mehr.

Aktuelle Akzente

Begründungen für das Lesen und den Umgang mit Medien

Leseerziehung

Lesen ist im Vergleich etwa zu Fernsehen zunächst eine mühevollere Handlung. Deshalb gilt hier, was schon für das Schreiben herausgestellt wurde: Es muss für Kinder Gründe geben, solche mühevolleren Handlungen durchzuführen. Dazu reichen Einstiegsmotivationen auf Dauer nicht aus. Vielmehr müssen überdauernde Motive das Mühevolle als reizvoll und als lohnend erscheinen lassen.

Die Ausgangslage ist bei Kindern unterschiedlich: Ist für die einen das Lesen schon eine längst begründete und erwünschte Handlung, muss für andere Kinder überhaupt erst ein Zugang zur Schrift und zum Lesen geschaffen werden. Die Forschungen zur Lesesozialisation verweisen hierbei auf folgende Zusammenhänge:

- Kinder aus Familien, in denen Lesen geschätzt und im Alltag praktiziert wird, haben gute Chancen, dauerhaft zu Lesern zu werden. Dies können Familien sein, in denen viel gelesen wird, aber auch Familien, in denen das Lesen zu dominanter genutzten Medien wie Fernsehen, Video und Computer hinzukommt. Begründungen für das Lesen werden hier offenbar grundlegend und mit Langzeitwirkung vermittelt.
- Kinder aus buchfernen Familien bleiben dagegen in der Regel und langfristig gesehen buchfern. Begründungen, sich dem mühevollen Medium Drucktext dauerhaft zuzuwenden, sind nicht vorhanden.

Belegt werden kann die Feststellung, dass die vor- und außerschulische Lesesozialisation das Leseverhalten dauerhaft prägt, mit folgender Tatsache: Über die Jahrzehnte hinweg ist der Anteil der Buchleser in der Gesellschaft mit etwa einem Drittel konstant geblieben – obwohl die Schulzeit sich verlängert hat, obwohl die Zahl der Jugendlichen mit höheren Bildungsabschlüssen erheblich größer geworden ist, obwohl das Durchschnittseinkommen ebenso wie die freie Zeit erheblich gestiegen sind (siehe HURRELMANN 1994, bes. 21 f.). Die Schule hat, so wäre die fatalistische Folgerung, keinen veränderbaren Einfluss auf die Dispositionen, die Kinder aus ihrer vor- und außerschulischen Sozialisation bereits mitbringen.

Die lesepädagogische Interpretation dieses Befundes gewinnt eher eine optimistische Perspektive. Sie bezieht die für die Schule zunächst deprimierende Erkennntnis auf eine fundamentale Fehlannahme der traditionellen Lesedidaktik: Grundmotivation aller Kinder zum Lesen wird unterstellt, so dass die Methodik lediglich auf den jeweiligen Text einstimmt, bevor der Text erlesen und besprochen wird. Es wird versucht, Kinder mit Leseschwierigkeiten durch

Training der Lesetechnik zu fördern, auch bei ihnen wird aber ein grundständiges Leseinteresse vorausgesetzt. Dabei wird übersehen, dass der größere Teil der Kinder erst gar keine nachhaltigen Begründungen für das Lesen in die Schule mitbringt. BETTINA HURRELMANN hat deshalb den ursprünglich engen Begriff der Leseförderung im Sinne des Trainings für „leseschwache Kinder" in einen weiten Begriff umgemünzt: „Lesen als kulturelle Praxis" verstanden, bei der „die Einübung dieser Praxis möglichst unverschult und ‚natürlich' bleiben soll, aber doch auf pädagogische Unterstützung angewiesen" (HURRELMANN 1994, 17).

Für den Aufbau einer Lesekultur in der Schule ist der Blick in die Familien hilfreich, in denen Kinder zu Lesern werden. Hier sind Faktoren wirksam, die im traditionellen Leseunterricht von der Schule nicht berücksichtigt werden. HURRELMANN und ELIAS verweisen auf drei Faktoren: Diffusität, Alltäglichkeit und personale Grundierung: „Diffus soll heißen, dass die Einflüsse die gesamte kommunikative Erfahrung umfassen und nicht (durchweg) intentional sind; Alltäglichkeit meint, dass sie permanent sind – kein zeitlich oder räumlich begrenztes Lernarrangement –; personale Grundierung bedeutet, dass die Beziehungen zwischen Personen das Erleben und die Sinnzuschreibungen durchdringen, die sich mit dem Handlungsfeld ‚lesen' verbinden." (HURRELMANN/ELIAS 1998, 5 f.) Bücher sind nicht nur vorhanden, sie werden auch gelesen, sie sind für die Leser bedeutungsvoll, sie tragen mit zum Gesprächsstoff in der Familie bei; die Leserinnen und Leser sind für das Kind wichtige Bezugs- und Beispielpersonen; Kindern wird von klein auf vorgelesen, die Freude am Text teilen sich Vorleser und Kinder. Solche Erfahrungen schließen offenbar für die Welt der Bücher dauerhaft auf.

Will die Schule hiervon lernen, dann muss sie von Anfang an eine Lesekultur entwickeln – mit einer anregenden Leseumwelt in der Klasse und in der Schule mit Leseorten und freien Lesezeiten, mit Vorlesen und mit Leseanregungen, mit Texten und Büchern, die frei oder vereinbart gelesen werden können, weil sie Genuss, Spannung, Erheiterung, Identifikationen versprechen, ohne gleich unterrichtlich bearbeitet zu werden.

Lese-Begründungen bei Mädchen und bei Jungen

Eine geläufige Alltagstheorie ist, dass Mädchen besser lesen als Jungen. Ist Lesen für Mädchen begründeter bzw. ist es schwieriger, bei Jungen das Lesen zu begründen? Empirische Untersuchungen der letzten Jahre machten deutlich, dass die Alltagstheorie so allgemein nicht zutrifft, dass aber dennoch die Begründung für das Lesen auch geschlechtsspezifische Schwerpunkte hat. Die Lektüreinteressen weisen schon bei den Frühlesern, Kindern also, die bei Schulbeginn lesen können, deutliche Unterschiede auf: „So bevorzugen Mädchen unter den Frühlesern Abenteuerbücher und Bücher über Tiere und Pflanzen, während die Jungen mehrheitlich Büchern über Sterne und Planeten und

Micky-Maus-Büchern den Vorrang geben." (NEUHAUS-SIEMOn 1994) In einer internationalen Lesestudie wird, bezogen auf die Klassenstufen 3 bis 8, festgestellt: Mädchen bevorzugen narrative, also erzählende Texte, während Jungen Sach- und Gebrauchstexte vorziehen. Diese Tendenz bleibt über die Grundschulzeit hinaus bestehen. Männliche Jugendliche bevorzugen Sachbücher und sog. typisch männliche Trivialliteratur, wie Kriminalromane, Sciencefiction, Horror, weibliche Jugendliche Belletristik und sog. typisch weibliche Trivialliteratur, vor allem Liebesromane (LEHMANN 1994, 99 ff.). In diesen Textsorten entwickeln Mädchen und Jungen ihre speziellen Lesekompetenzen. Mädchen lesen, so das Fazit, nicht besser als Jungen, sie lesen bevorzugt anderes und sie lesen anders.

Eine Konsequenz für das Textangebot der Schule muss sein:
Die offenbar für Mädchen und für Jungen unterschiedlichen Begründungen für das Lesen werden akzeptiert, entsprechende Leseangebote müssen mithin vorhanden sein: Sachbücher, Kinderkrimis, Tierbücher, Freundschaftsbücher. Auch sollten Kinder die von ihnen bevorzugten Bücher in die Schule bringen, um hier weiterzulesen, um Bücher vorzustellen und zu tauschen, um über Gelesenes miteinander zu sprechen. Auf diese Weise wird das Lesen verstärkt und Noch-nicht-Leser mit ihren (auch geschlechtsspezifischen) Interessen angesprochen.

Umgang mit Medien

Die Schule muss Kindern keine Begründungen für audiovisuelle und für auditive Medien vermitteln. Sie gehören zu ihrem Medienalltag vor der Schule und neben der Schule. Praktisch alle Kinder sind Fernseher bzw. Filmseher, wenn auch die Dauer, die Konsuminhalte und die Intensität der Rezeption unterschiedlich sind. An zweiter Stelle in der Beliebtheit der Medien stehen für Grundschulkinder Hörkassetten, von denen sie im Durchschnitt dreißig besitzen. Hierzu gehören neben den Musikkassetten Original-Hörkassetten wie Bibi Blocksberg, für Hörkassetten inszenierte Literatur wie Die kleine Hexe, Soundtracks von Filmen wie die der Pippi-Langstrumpf-Filme sowie Lesungen. Computer-Nutzung ist demgegenüber nicht so verbreitet wie oft angenommen; hier nutzen die Jungen eher das Medium als Mädchen, bevorzugt mit Computerspielen.

Da besonders die audiovisuellen und die auditiven Medien zum Alltag der Kinder gehören, muss die Frage beantwortet werden, ob dann eine besondere unterrichtliche Berücksichtigung überhaupt noch erforderlich ist. Die Frage spitzt sich angesichts der traditionellen Schrift- und Literatur-Präferenz der Schule noch zu. Tatsächlich spielen die angesprochenen Medien im derzeitigen Schulalltag keine oder nur eine beiläufige Rolle.

Die medienpädagogische Diskussion macht dagegen auf mehrere Aspekte aufmerksam, die den Einbezug dieser Medien zwingend machen.
- Kinder, die ohne Leseerfahrung in die Schule kommen, sind dennoch in rei-

chem Maße rezeptionserfahren. Die Schule muss in einem lebenswelt- und erfahrungsbezogenen Unterricht diese vorhandenen Kompetenzen annehmen und weiter fördern.

• Das Leitziel des kritischen Lesens gilt auch für den Umgang mit den nichtschriftlichen Medien, das heißt z.b.: der Machart auf die Spur kommen, offene und versteckte Botschaften entdecken, eigene Vorlieben und Abneigungen klären, medial angebotene Erfahrungen mit eigenen Erfahrungen spiegeln.

• Vom Medienalltag der Kinder gehen Leseanreize aus. „Obgleich das Buch kein Leitmedium mehr ist", so konstatiert z.b. die Medienpädagogin JUTTA WERMKE, „sind Buch und Literatur immer noch stärker mit der Medienkultur verwoben, als das postmoderne und andere kulturkritische Befürchtungen vom Niedergang der Literalität vermuten lassen." (WERMKE 1997, 109) Kinder kennen literarische Figuren wie Aschenputtel, Heidi, Pippi Langstrumpf, die kleine Hexe und viele andere. Sie kennen sie aber primär aus Filmen oder von Hörkassetten. Soweit Kinder lesen, lesen sie die Geschichten und Bücher in der Regel als Folge der Begegnung im Fernsehen oder auf der Hörkassette. Die Medienindustrie hat dies längst zum Produktionsprinzip gemacht: zuerst das Fernsehen, der Film, die Hörkassette, dann das Buch dazu. Auch wenn das Buch zuerst da war, beginnt die große Produktion wegen der sprunghaft ansteigenden Nachfrage erst mit der Ausstrahlung im Fernsehen oder, wie z.B. bei den Disney-Filmen, mit der Kino-Bespielung (siehe z.B. HEIDTMANN 1996, 166 ff.). „Buchtitel, die sich durch ihre vielfältige Medienpräsenz praktisch von selbst bewerben, die also keine Beratung erfordern, dominieren seit Jahren den Kinder- und Jugendbuchabsatz auf allen Nichtbuchhandelsschienen." (HEIDTMANN 1996, 171)

Aus diesem Befund folgert JUTTA WERMKE: „Für die Leseerziehung könnte das heißen, dass nicht die Unterschiede, die Besonderheit, die Fremdheit der Literatur und damit die Distanz am Anfang stehen sollen, wenn es darum geht, Schüler überhaupt zum Lesen zu motivieren, sondern das Wiedererkennen, der Transfer, das Entdecken von Gemeinsamkeiten zwischen Literatur und Medien aus der Sicht ihrer Rezipienten. Die Vertrautheit der Medien zur Annäherung an die Literatur zu nutzen ist die leitende Idee." (WERMKE 1997, 111) Filme oder Hörkassetten könnten z.b. am Anfang stehen, das anlesende Vorlesen und das eigene Weiterlesen könnten folgen. Gemeinsamkeiten und Unterschiede zwischen Film und Buchtext sind Gesprächsanlässe, die sich dann fast von selbst ergeben.

• Der Medienverbund selbst als medienpolitisches Charakteristikum ist ein Unterrichtsfeld, wie beim Lesen das Bücherschreiben und Büchermachen sowie das Ausleihen in der Bücherei.

Die Medienkompetenzen, die Kinder vor und neben der Schule erwerben, beinhalten auch Erwartungen an Medien und Rezeptionsweisen, die Kinder ebenso an Gedrucktes richten. „Kinder und Jugendliche sind heute auf schnelle Wechsel in der Wahrnehmung trainiert und empfinden, je geringer die Übung, umso demotivierender die Langsamkeit der Informationsentnahme beim Lesen." (WERMKE 1997, 108) Neuere Literatur entwickelt im Übrigen entsprechende Gestaltungsweisen, z.B. mit raschem Szenenwechsel und „Schnitt" im Erzählduktus, mit Perspektivenwechsel usw. Experimentelle Umgangsweisen mit Texten können an den Erfahrungen der Kinder ansetzen, indem Texte z.B. neu montiert, in Comics umgeformt, aus anderen Perspektiven erzählt, in Szene gesetzt werden.

Lesekultur

Die vorhandene Lesekultur im familiären Feld begünstigt die Entwicklung der Kinder zu Lesern, so eine Kernaussage der lesesoziologischen Forschung. Deshalb ist es hilfreich, von der gelungenen Lesesozialisation in der Familie für den Unterricht zu lernen. BETTINA HURRELMANN formuliert als Faktoren: „Man braucht, um Leser zu werden, eine anregende Leseumwelt und erwachsene Lesevorbilder, die ihre eigene kulturelle Orientierung persönlich verbindlich und kompetent auch zu erkennen geben. Man braucht alltägliche, ‚gemischte‘ Lesesituationen mit individuellen Rückzugsmöglichkeiten, aber auch praktische Handlungszusammenhänge, für die die Eigeninitiative im Lesen unerlässlich ist. Man braucht Gesprächspartner, um Verständnisschwierigkeiten auszuräumen, um Leseeindrücke auszutauschen, um das eigene Urteil zu schärfen. Und vor allem: Man braucht einen Konsens, dass Lesen Freude machen, Genuss bereiten und der je persönlichen intellektuellen Neugier folgen darf ...“ Ergänzend: „Die Schule sollte aber auch darauf setzen, dass sie nicht die Familie ist ... Die Leseinteressen der Gleichaltrigen und gegenseitige Leseanregungen der Peers können in der Schule viel stärker zum Zuge kommen als in der Familie ... Anders als in der Familie kann die Schule durch vielerlei fachliche Impulse Anschlussstellen für die Lektüre schaffen ... Schließlich kann die Schule selbst eine Leseöffentlichkeit bieten, in der literarisches Leben stattfindet." (HURRELMANN 1994, 23 f.)

Leseförderung in diesem Sinne ist eine systemische Aufgabe, das heißt: Sie ist Teil der Schulkultur des Systems, der jeweiligen Grundschule und der einzelnen Klasse. Sie realisiert sich in den Strukturen und Angeboten des Schultages, sie ist hier eine ständig anwesende selbstverständliche Arbeitsspur. Systemische Leseförderung schafft erst die Voraussetzung für die gezielte Leseförderung, für die Entwicklung von Lesefähigkeiten und -fertigkeiten, weil sie Lesen als eine bereichernde und weiterbringende Daseinsfunktion erfahren lässt. Sie gilt vom Beginn der Grundschulzeit an.

Im Grundschulunterricht der letzten Jahre wurden hierfür vielfältige Beispiele entwickelt und in Publikationen dokumentiert. Sie werden im Folgenden zu Aspekten zusammengefasst:

Lesevorbilder und Vorlesen

Vermutlich liegt hier sogar der entscheidende Schlüssel: Kinder erfahren lange bevor sie selbst kompetente Leser sind, dass Lesen eine von einer wichtigen Bezugsperson sehr geschätzte Tätigkeit ist, dass Geschichten die Zeit vergessen machen und dass über Texte und das Texterleben miteinander zu sprechen bereichert. In der Schule beginnt dies am ersten Schultag, wenn die Lehrerin oder der Lehrer Kindern vorliest. Diese Vorlesezeit wird als gute Gewohnheit beibehalten, sei es am Beginn des Tages im Morgenkreis, zum Abschluss des Schultages, bei besonderen Anlässen z.b. aus dem Geburtstagsbuch. Kinder können in die Vorleserrolle hineinwachsen: Die Lehrerin liest in Klasse 1 das Märchen von Frau Holle vor, zwei Kinder lesen die zuvor geübten Rufe der Brote und der Äpfel; aus einem Buch wird reihum vorgelesen, das Vorlesekind nimmt dazu das Buch am Vortag mit nach Hause; später lesen Kinder aus ihrem Lieblingsbuch Kostproben vor. Das Vorlesen sollte über die ganze Grundschulzeit beibehalten werden. Welche Auswirkungen das Gehörte auch als Schreibanregung, zur Förderung von Kreativität und Stilentwicklung hat, wurde bereits an anderer Stelle beschrieben (s. Kap. Schriftlicher Sprachgebrauch: Prozessförderliche Institutionen in der Klasse S. 92 ff., sowie SCHULZ 2000).

Lesezeit und Leseorte

Um zum eigenen Lesen anzuregen, brauchen Kinder Lesezeiten, in denen sie mehr Zeit haben als bei der Zeitpuffer-Regelung: „Wer fertig ist, darf schon etwas lesen." Und sie brauchen Orte, die zum Lesen anregen und eine individuelle Haltung ermöglichen. Auch Erwachsene lesen selten gerade sitzend am Arbeitstisch. In einer Schule kann z.b. der Schulvormittag mit dem freien Lesen beginnen. In einer anderen Klasse gibt es die regelmäßige freie Lesestunde mit Lesestoffen aus der Klassen- und Schulbücherei, mit zusätzlichen Büchern, die aus der Stadtteilbücherei ausgeliehen wurden. „Wir stellen die Bücher so auf, dass ihre Buchdeckel sichtbar sind; die bunt gestalteten Covers, die Titel und die Namen der Autorinnen und Autoren ziehen an und erleichtern vielen Kindern die Auswahl. Der Leseraum bietet ... auch Rückzugsmöglichkeiten für die Leserinnen und Leser: Nischen, Kissen, ein Sofa, Matratzen ... (Die Kinder) verkriechen sich mit ihrem Buch auch gerne einmal unter den großen Schreibtisch der Lehrerin, hocken sich auf Heizkörper oder machen es sich auf dem Boden sitzend einigermaßen bequem." (LEHMANN/WENZINGER 1998, 24)

Der Verlauf der wöchentlichen Lesestunde gestaltet sich in drei Phasen (siehe LEHMANN/WENZINGER 1998, 25 f.):

- *Vorlesung durch Lehrerin oder Kinder:* Ein Buch wird angelesen, ein besonders interessanter Ausschnitt wird vorgelesen, auf neue Bücher wird verwiesen, Kinder geben Lektüretipps.
- *Bücherwahl:* Bücher werden ausgewählt, getauscht, Kinder beraten sich individuell gegenseitig; wer schon seinen Lesestoff hat, beginnt mit dem Lesen.
- *Lesen:* Die Kinder lesen individuell, die Lehrerin hilft individuell – liest gemein-

sam einen Buchanfang, lässt sich erzählen oder liest auch selber; manchmal flüstern die Kinder miteinander – lesen sich etwas vor, lesen gemeinsam, erzählen sich etwas zum Gelesenen. In dieser Zeit wird auch ins eigene Lesetagebuch geschrieben, dazu später mehr.

Wieder an einer anderen Schule öffnet sich die Lesestunde für die Kinder mehrerer Klassen. Die Bücher der Klassen stehen für alle zur Verfügung. Kinder ab Klasse 3 können als Lesepaten für die Kleineren fungieren: Sie lesen vor und lassen sich vorlesen. (Siehe BERTSCHI-KAUFMANN 1998, 43 ff.)

Eine besondere Gestaltung von Zeit und Ort fürs Lesen stellt die *Lesenacht* dar. Sie kann ein Höhepunkt für Kinder und Lehrer sein, wenn sich eine Lesekultur in der Klasse bereits entwickelt hat. Die Bücher für die Lesenacht werden aus eigenen Beständen und aus der Stadtteilbücherei Tage vorher in der Klasse ausgestellt, so dass die Kinder sich schon vorab orientieren können. Für einen Freitagabend möglichst in der dunkleren Jahreszeit wird ein Klassenraum oder die Schulbücherei vorbereitet: Störendes Mobiliar wird ausgeräumt, der Raum mit Isomatten, Luftmatratzen, Schlafsäcken, mit Steh- und Nachttischlampen ausgestattet, dazu genug Mineralwasser und Becher. Die Kinder kommen nach dem Abendbrot und dem Zähneputzen in die Schule. Sie richten sich im Raum ein, die Lehrerin oder der Lehrer liest zur Einstimmung vor. Dann lesen die Kinder so lange, bis ihnen die Augen zufallen, manche lesen bis zum frühen Morgen. Möglicherweise wird zwischendurch etwas vorgelesen. Am Samstagmorgen bereiten Eltern in einem anderen Raum ein gemeinsames Frühstück vor. Anschließend gehen die Kinder nach Hause.

Lese-Kommunikation

Gespräche entwickeln sich häufig nebenbei. Kinder tauschen sich über Gelesenes informell aus, zeigen sich komische, spannende, gruselige Stellen, geben sich Tipps zu Büchern, Heften, Zeitschriften, üben das Vorlesen mit verteilten Rollen. Daneben können Gespräche angeregt und angeleitet werden. Im Vorlesekreis können Gesprächsimpulse verabredet werden, die als Angebot im Klassenraum veröffentlicht sind, z.B.

Darüber können wir nach dem Vorlesen sprechen:
Worum ging es in dem vorgelesenen Text? Was hat mir besonders gut gefallen? Was hat mir nicht gefallen? Hab ich so etwas auch schon erlebt wie die Personen oder die Handlung? Wie kann die Geschichte weitergehen? Wie soll sie nicht weitergehen? Warum nicht? Wie soll sie weitergehen? Warum?

Die Kinder können an einer Lesewand Beiträge über Gelesenes anheften: Meinungen zu einem Buch, Warnungen und Vorschläge, Einladungen zum Tausch oder zum gemeinsamen Lesen über ein Lieblingsthema, Büchersuche, eigene Bilder oder Szenen nach Texten und anderes mehr. Zu einem Buch, das mehrere Kinder gelesen haben, können Meinungen auch wiederum schriftlich kommentiert werden, so dass ein Schreibgespräch über das Buch entsteht. Die

Lesewand kann informelle Gespräche zwischen Kindern anregen, aber auch Gesprächsstoff für die Klasse bieten, indem die Kinder ihre Aushänge zunächst vorstellen.

Individuelle Verarbeitung: Das Lesetagebuch

Die Schweizer Lesepädagogin ANDREA BERTSCHI-KAUFMANN hat in die fachliche Diskussion die Arbeitsweise mit einem „Lesejournal" bzw. in Deutschland dem „Lesetagebuch" eingeführt. Lesetagebücher sind zunächst leere Hefte, die sich während des Schuljahres mit den individuellen Gedanken des Kindes zum Gelesenen füllen. BERTSCHI-KAUFMANN weist auf die besonderen Funktionen dieser Art von Tagebüchern hin – für die Kinder und für die Lehrkraft:

> „Für die Kinder sind sie Begleiter auf den Wegen, die sie wählen, wenn sie sich für ein Buch entscheiden, sich auf seine Mitteilungen einlassen und Verstehensarbeit leisten. Ihrem Lesetagebuch teilen sie mit, was sie lesen, was sie dabei beeindruckt oder ärgert, vielleicht auch ratlos lässt. Sie halten für sich fest, womit sie sich lesend gerade beschäftigen und erhalten gestaltete Dokumente, in denen sie immer wieder zurückblättern und die eigenen Lernschritte beobachten können ... Vor allem teilen die Kinder mit ihren Eintragungen auch ihrer Lehrerin oder ihrem Lehrer mit, was sie ausgewählt, wie sie gelesen haben und welche Hilfen sie brauchen, und sie können mit kurzen Antworten ... rechnen. Das Lesejournal wird zum Hin-und-her-Buch zwischen dem Kind und seinem Lehrer bzw. seiner Lehrerin ..." (BERTSCHI-KAUFMANN 1998, 91 ff.).

Lesetagebücher können die Kinder von Klasse 1 an führen. Zum Beispiel können Erstklässler in einem Formular eintragen: Autor/Autorin und Titel; zu einem Uhrsymbol mit Ja oder Nein, ob sie kurze oder lange Zeit gelesen haben; mit dem Ankreuzen von Symbolen, ob das Buch interessant/spannend/lustig oder schlecht oder langweilig war; in ein freies Feld geben sie einen wichtigen Ausschnitt des Gelesenen in einem Bild wieder. Individuell wird in diesem Feld allmählich zunehmend auch geschrieben. Im Laufe der Schuljahre wird ein Anregungsspektrum aufgebaut, aus dem die Kinder das für sie und das Buch Passende jeweils aussuchen. Solche Anregungen können sein:

- zusammenfassen, was zuletzt passierte
- Stellen aufschreiben, die besonders witzig, traurig waren, oder besondere Wörter
- aufschreiben, worüber man nachgedacht hat: über einen Menschen, eine Handlung, eine Situation, ein Problem, über sich selbst
- aufschreiben, wie es weitergehen kann
- aufschreiben, was wirklich passiert sein kann, was auf jeden Fall erfunden ist
- einschätzen, ob es langweilig oder spannend, leicht oder schwer zu lesen war, wem man das Buch empfehlen kann
- etwas zum Buch malen, zeichnen

● einen Brief an eine Person im Buch, an die Autorin/den Autor schreiben
● eine andere Fortsetzung, einen neuen Schluss schreiben.
(Ideen aus: BERTSCHI-KAUFMANN 1998, 29 – 34)

Thematische Lese-Impulse

Wenn der fachbezogene oder fächerübergreifende Unterricht nicht in Lektionen, sondern in längeren Unterrichtseinheiten organisiert ist, gewinnen die Kinder eher lang anhaltendes Interesse an einem Thema und an Büchern zum Thema. An manchen Schulen wurden Bücher der Schulbücherei in Themenkisten zu Standardthemen sortiert, in denen sich auch Zeitungsausschnitte, Projektmappen von Vorgängerklassen und anderes mehr befinden kann. Für bestimmte Themenfelder wird dies in Form von *Bücherkisten* von den städtischen Büchereien angeboten, überörtlich gibt es entsprechende Möglichkeiten als Rucksackkoffer oder Lesekoffer, z.B. von Landeseinrichtungen, von der Stiftung Lesen, für alle Themen der Dritten/Einen Welt als Ausleihservice vom Projekt „Eine Welt in der Schule" (Adressen S. 214). In größeren örtlichen Büchereien werden auch für Themen der Klasse entsprechende Bücherkisten zur Ausleihe gepackt, ergänzt mit audiovisuellen Medien. Die klassenbezogenen Bücherkisten der örtlichen Bücherei haben den Vorteil, dass auch die Kinder selbst die Besteller, Abholer, Ausleiher und Rückbringer sein können und die Stadtteilbibliothek damit als Medienzentrum durch die Kinder genutzt wird.

Bücherkisten tragen die Differenzierung und die Öffnung des Unterrichts bereits in sich. Zum selben Titel gibt es nur einen oder zwei Bände. Die Titel selbst sind gemischt über verschiedene Textsorten, z.T. mehr text-, z.T. mehr bildorientiert, unterschiedlich im Leseanspruch und oft vielfältig in den Einzelthemen. Die Bücher können zum individuellen freien Lesen während der Unterrichtseinheit ausgeliehen werden; meistens nehmen die Kinder die Bücher auch mit nach Hause, um weiterzulesen. Büchertipps und Lesewand, Vorlesungen von Auszügen durch die Kinder, Buchausstellungen bereichern quasi nebenbei die thematische Arbeit. Kinder können auch z.B. durch einen Vortrag, den sie mit Hilfe von Büchern und anderen Materialien vorbereiten, direkt zum Unterrichtsthema beitragen.

Leseöffentlichkeit

Die bisherigen Aspekte der Leseförderung bezogen sich auf das individuelle Lesen, auf das Vorlesen, Lesen und die Lese-Kommunikation in der Klasse. Schon die Kontakte mit der Stadtteilbibliothek verlassen die Schule. Hierbei erfahren die Kinder, dass Lesen und Umgang mit Büchern nicht nur eine schulische Einrichtung ist, sondern Teil der Kultur in der erfahrbaren Lebenswelt. Auch für diesen Schritt aus der Schulklasse in die Leseöffentlichkeit gibt es viele schulpraktische Beispiele:

● *Autorenlesungen* in der Schule oder in einer außerschulischen Bücherei: Kon-

takte zu Autorinnen und Autoren vermittelt z.b. der Bundesverband der Friedrich-Bödecker-Kreise (Adresse S. 214). Die Kinder können auch selbst die
Autorinnen und Autoren sein, wie bei den Lesungen im Literaturcafé, einem
kulturell ambitionierten Café im Stadtteil. Hierfür werden die Texte individuell
und in gemeinsamer Beratung ausgewählt und zusammengestellt, der Vortrag
wird mit Hilfe von Kassettenaufnahmen geübt (siehe BAMBACH 1993, 231 ff.).
Ein Lesecafé kann auch in der Schule eingerichtet werden.

- *Lese-Inszenierungen* in der Bücherei: Im Mittelpunkt kann ein einzelnes Buch
stehen, mehrere Bücher zu einem Thema, aber auch eine Autorin oder ein Autor
mit einigen Büchern. Das Programm besteht aus Vorlesungen, Spielszenen,
Illustrationen, zu denen erzählt wird, aus Ausstellungen der Bücher, Kinder-
Illustrationen, Szenenbilder, z.B. dem Nachbau von Orten des Buches in offenen Schuhkartons, dazu kostümierte Knetfiguren (s. auch Kap. Handelnder
Umgang mit Texten S. 182 ff.).
- *Gestaltung eines Schaufensters:* In einer Buchhandlung oder einem Schreib-
warengeschäft gestalten die Kinder ein Schaufenster. Neben ausgewählten
Büchern wird das Fenster z.B. mit Kinderzeichnungen und Szenenbildern
gestaltet, dazu liegen Flugblätter mit Lesetipps und Leserätseln oder eine Lese-
zeitung aus.
- Ausweitung zu einer *Kinderbuchwoche* im Stadtteil: Eine Projektwoche wird
dem Kinderbuch gewidmet: mit Autorenlesungen in Schulen, in Büchereien
und Buchhandlungen, mit Leseinszenierungen der Kinder, mit Ausstellungen
und Buchprojekten wie Lesenacht, Leserallye, Bücherbasar, Vorlesungen in
Kindergärten, im Seniorenheim, einer Bücherzeitung, die während der Woche
z.B. mit Interviews von Lesern und Autoren, mit Autogrammen, mit Büchertipps und Leserätseln entsteht ...

Wem bisher ein Hinweis auf die traditionellen Lese-Wettbewerbe fehlte, dem
sei entgegnet: Das konkurrierende Vorlesen der besten Vorleserinnen und Vorleser unterstützt nicht die Leseförderung möglichst aller Kinder, sondern macht
Vorlesen zur Spezialität weniger Experten. Das aber ist hier nicht das Ziel.

Systemische Leseförderung durch Auf- und Ausbau einer Lesekultur in der
Klasse und an der Schule geht dem gezielten Lese- und Literaturunterricht voraus und fundiert ihn. Sie ist eine Arbeitsspur der ganzen Grundschulzeit und
darüber hinaus.

Von diesem Verständnis her sind aktuelle Positionen, die den Umgang mit
Literatur und die Entwicklung einer Lesekultur von Anfang an aus dem
Anfangsunterricht ausblenden, als didaktisch unzulässige Verengungen zu
kennzeichnen. Dies betrifft auch stufig aufbauende Lehrgangskonzepte auf der
einen Seite, wie sie z.B. BAURMANN postuliert mit dem Dreischritt: zuerst Erstlesen, dann weiterführendes Lesen und am Ende, gewissermaßen als Krönung,
der Literaturunterricht (BAURMANN 1993 b, 277 f.) oder die Stufenfolge, die
GERHARD HAAS „klar zu unterscheiden" vorgibt, nämlich zuerst die „Ausbildung von Lesefertigkeit", dann die „Entwicklung von Lesebereitschaft und
Lesebedürfnissen", danach erst „Wille und Fähigkeit zum reflektierten Lesen"
(HAAS 1997, 46), als sei nicht Lesebereitschaft und Lesebedürfnis vor allem

anderen zu fördern und sei Lese-Anfangsunterricht auch heute noch auf Entwicklung von Lesetechniken zu reduzieren.

Lese-Erwartungen und Lesemodi

Wie beim Schreiben (verschiedene Schreibhaltungen, Schreibmodi), so gibt es auch beim Lesen verschiedene Lesehaltungen. Sie werden durch die jeweilige Leseerwartung gesteuert werden und erfordern je eigene Lesetechniken.

Lese-Erwartungen

Gesteuert wird das Lesen von der jeweiligen Leseerwartung. Dies gilt für die *generelle Leseerwartung* an einen Text: Sie kann eine diffuse Neugier auf den Text sein, weil das Titelbild neugierig macht, weil der Titel anregend ist, weil der Autorenname bekannt ist, weil der Text empfohlen wurde, weil der Text einen Inhalt des eigenen Interessenbereichs hat, weil der Leser einen lustigen Text vermutet usw. Die Erwartung kann aber auch eine präzisierte Neugier sein, weil der Leser Fragen hat, auf die der Text vermutlich Antworten geben kann, weil er etwas Bestimmtes erfahren möchte. Bisherige Erfahrungen mit Texten spielen in der Präzisierung der Erwartung eine wichtige Rolle.

Die Steuerungsfunktion der Leseerwartung gilt aber auch für jeden Lesemoment: Die *konkrete Leseerwartung* im jeweiligen Lesevorgang steuert den Leseprozess. Seit GOODMANN sprechen wir vom Lesen als von einem „hypothesentestenden Prozess". Der Leser liest unter einer bestimmten Erwartung, auf die hin er liest, dabei kann die Erwartung „verstärkt, verworfen oder verbessert werden müssen, wenn das Lesen fortschreitet" (GOODMANN in GÜMBEL 1993, 151). Diese Leseerwartung macht erst das rasche und weniger anstrengende Lesen möglich. Der routinierte Leser nimmt nämlich nicht mehr die einzelnen Buchstaben oder Buchstabengruppen wahr, sondern orientiert sich an wenigen Zeichen, lässt sich von seiner Erwartung steuern und konstruiert mit Hilfe seiner Kenntnisse von Wort- und Satzbau, von Sinnzusammenhängen den Textinhalt. Erst wenn ein sinnvoller Inhalt nicht mehr zustande kommt, z.B. weil ein Wort unbekannt ist oder „verlesen" wurde, wenn ein Satz offenbar keinen Sinn ergibt, wird wort- und satzgenauer erlesen.

Die Leseerwartung ist auf allen Stufen der Leseentwicklung auch ein wichtiges Übungsfeld – als generelle und als konkrete Leseerwartung. Gefördert wird sie, wenn die Kinder Vermutungen über den Fortgang des Textes anstellen: auf der Buchstabenebene beim hypothesentestenden Wortaufbau, auf der Wortebene bei der Vermutung, welche Wörter nun folgen mögen, auf der Textebene bei allen antizipierenden Verfahren (s. die Kap. Handelnder Umgang mit Texten S. 182 ff., Diskursive Methoden S. 191 ff.).

Fünf Lesemodi

Die generelle Leseerwartung führt zu einem Lesemodus. Im Zuge des Lesens kann der Lesemodus gewechselt werden: Beim genießenden Lesen eines

Romans mag man z.B. auf den medizinischen Namen eines Arzneimittels stoßen, das eine wichtige Rolle spielt, das man aber nicht kennt. Will man ihn nicht
übergehen, muss er buchstabenweise erlesen werden, möglicherweise mag man
sich in einem Lexikon genauer informieren, bevor man sich dem genießenden
Lesen wieder zuwendet. Manche genießenden Leser oder Leserinnen, denen zu
große Spannung den Genuss trübt, blättern zwischendurch bis zum Schluss
weiter, um im überfliegenden Lesen schon Informationen über den Fort- oder
Ausgang der Geschichte zu erhalten, bevor sie genießend weiterlesen.

Für die Entwicklung der Lesefähigkeiten ist neben Ausbildung von Leseerwartungen auch die Übung der verschiedenen Lesemodi wichtig.

- *Das selbstvergessene Lesen* ist offenbar eine bedeutsame Grunderfahrung auf
  dem Weg zum lebenslangen Lesen. Es ist lange Zeit in der Schule nicht berücksichtigt worden, vermutlich weil es zu privat, zu wenig anstrengend und zu
  wenig didaktisch ist. Mit der Kenntnis über die Schlüsselfunktion des selbst-
  vergessenen Lesens und den didaktischen Konzepten zum Aufbau einer Lesekultur und Zonen individuellen Lesens in der Schule muss es aber als ein wichtiger Lesemodus in der Schule gefördert werden.

- *Das informierende Lesen* geschieht in der Schule ständig, z.B. beim Lesen von
  Tafelnotizen, von Tages- und Wochenplan, von Arbeitsanweisungen, von Infor-
  mationstexten in Schulbüchern. Informierendes Lesen wird häufig aber nebenbei gelernt, ohne bewusst gelehrt zu werden. Leistungsstarke Leserinnen und
  Leser entwickeln ihre eigenen Techniken, andere Kinder haben zunehmende
  Schwierigkeiten, die sich im weiteren Bildungsverlauf verhängnisvoll auswir-
  ken können: Ist doch das informierende Lesen eine wesentliche Grundfähigkeit
  für Schul- und Berufserfolg. Es ist auch Bedingung, um im Alltag selbstständig
  bestehen zu können, man denke nur an Automatennutzungen, an die wachsende Zahl der technischen Handbücher im privaten Bereich, an die Ratgeber-
  Literatur. Im Grundschulbereich muss deshalb der Lesemodus informierendes
  Lesen mit geeigneten Arbeitstechniken gefördert werden. Hierzu gehören
  sowohl das individuelle interessebezogene Lesen wie auch das Sachlesen in
  unterrichtlichen Zusammenhängen, das Lesen von Handlungsanweisungen,
  wobei Lesen und Handeln in direkten und sich korrigierenden Zusammenhang
  gebracht werden, wie z.B. bei Rezepten, Spielregeln, Bastelanleitungen. An
  Arbeitstechniken werden aus inhaltlichen Zusammenhängen heraus Lesefragen entwickelt, die dann der Text beantworten kann, entsprechende Stellen
  werden gesucht, markiert; Kernwörter werden ausgemacht, Informationen des
  Textes in andere Symbolebenen umgesetzt, z.B. in eine Zeichnung, eine Grafik,
  ein Pfeil-Diagramm, eine Stichwortsammlung; die Informationen werden z.B.
  mit Hilfe der anderen Symbolebene mündlich referiert.

- *Interpretierendes Lesen* konstruiert den Text, Teile oder Ebenen des Textes vom
  eigenen Textverständnis her. Es identifiziert sich mit Personen und Handlungsweisen und es nimmt Distanz, es bezieht den Text auf eigene Erfahrungen in der
  Lebenswelt und mit anderen Texten. Es schafft eigene Texte über den Text. Die

Verfahren werden mit den handelnden und den diskursiven Umgangsweisen beschrieben.

● *Kritisches Lesen* ist eine Sonderform des interpretierenden Lesens: Es bezieht Stellung zum Text auf Grund eigener Erfahrungen, mit Hilfe von Leitkriterien, durch Textvergleiche.

● *Selektierendes Lesen* ist ein Lesemodus, der allgemein gesehen jedes Lesen mitbestimmt. Nie werden alle Informationen eines Textes vollständig wahrgenommen, immer konstruiert der Leser den Text auf Grund seiner eigenen Erfahrungen, lässt vieles unberücksichtigt, weil es ihm nicht wichtig ist oder weil er dazu keinen Bezug hat. Im Speziellen ist das selektierende Lesen aber ein Lesemodus, der besonderer Übung bedarf: Zum Beispiel wird in einem Erzähltext die Stelle gesucht, in der eine Person zum ersten Mal auftritt, in einem Sachtext eine bestimmte Information, im Lexikon oder in Registern ein Stichwort. Der Text liegt also als Ganzes vor, wird aber bewusst nur schemenhaft wahrgenommen. Mit Hilfe einer Suchrichtung wird der Text überflogen, ohne Einzelheiten wahrzunehmen, bis eine Textstelle gefunden wird, die ein Angebot in Hinsicht auf die Suchrichtung enthält.

Die Lesemodi im Überblick:

Lesemodi	Beispiele
selbstvergessenes Lesen	– Vorlese-Situationen – freie Lesezeiten – Lesekultur in der Klasse, Sonderarrangements wie Lesenacht – Verbindung von schulischem und häuslichem Lesen mit Einbezug von privatem Lesestoff
informierendes Lesen	– interessengebundenes Lesen – Sachliteratur zu Themen der Unterrichtseinheiten – handelnde Methoden – diskursive Methoden
interpretierendes Lesen	– handelnde Methoden – diskursive Methoden – Vortragen
kritisches Lesen	– Vergleiche: eigene Lebensweltzusammenhänge und Text – Vergleiche zwischen Texten – Kritische Leitfragen als Sonden zur Textbefragung
selektierendes Lesen	– Suche nach Belegstellen – Orientierung in Büchern, Lexika, Inhaltsverzeichnissen, Zeitungen und Zeitschriften usw., Auffinden bestimmter Texte oder Textstellen

Die Lesesituation unterstützt oder behindert den Lesemodus: Selbstvergessenes Lesen braucht neben animierenden Texten Lesezeit, -räume und ein
begünstigendes Leseklima; informierendes Lesen braucht Informationsbedarf
der Leserinnen und Leser, kindgerechte Infomationstexte und Verwendungsmöglichkeiten für die erarbeiteten Informationen.

Lesenlernen: Eigene Wege der Kinder in die Schrift

Schreib-Lese-Kultur und Spracherfahrungsansatz

Durch den Aufbau einer Schreib-Lese-Kultur von Anfang an vermitteln sich
die guten Gründe für die Verwendung der Schriftsprache. Vom ersten Schultag
an ist die Lehrerin oder der Lehrer durch Vorlesen Lesevorbild. Zugleich erfahren die Kinder auch die persönliche Bereicherung, die Texte vermitteln können.
Zum Vorlesen von Geschichten, Bilder- und Kinderbüchern werden animie-
rende Lesematerialien, Hefte und Bücher ergänzt. Situationen freien Lesens
werden geschaffen durch feste Lesezeiten in der Schulwoche und Leseorte in
Klassenraum oder in der Schule, an denen Kinder gern versunken lesen mögen.
Schreib- und Lesesituationen gehören zum Schulalltag, z.B. werden Briefe gelesen, im Klassenbriefkasten gesammelt und durch Postboten in der Klasse verteilt, werden vor den Augen und Ohren der Kinder und zunehmend mit den
Kindern Texte geschrieben wie die Anschrift des Tagesplans, die Verabredungen
zu freier Arbeit. Schreib- und Lesesituationen erwachsen aus dem Unterricht
wie   beim   Thema: „Fotos   von   früher“:   Bildunterschriften,
Ich-Blätter mit Fotos, Geschichten zu den Fotos; oder beim Thema „Tiere“:
Sachtexte, Ansehen und Lesen in ersten Lexika, eine Ausstellung mit Beschrif-
tungen, freie Texte über Haustiere; oder beim Thema „Die Bremer Stadtmusikanten“ das Vorlesen des Märchens, das Nachspielen einzelner Szenen, der
Umgang mit dem gedruckten Text durch Illustrieren, durch Zusammensetzen
des in Teile zerschnittenen Textes, durch eigene Texte zu Bildern usw. Und bei
allem wird die Lesekommunikation gepflegt, also Gespräche über Geschriebenes, über Vorgelesenes und Gelesenes.

Auf diese Weise greift der Unterricht die bisherigen Erfahrungen der Kinder
mit Schrift auf und eröffnet den Weg zu neuen Erfahrungen. Der Spracherfahrungsansatz fordert die eigenaktive Schriftsprachentwicklung der Kinder heraus: Sie nehmen schreibend und lesend Schrift in Gebrauch und entdecken
dabei die Struktur der Buchstabenschrift – mit typischen Strategien und Annä-
herungen an die normgerechten Schreibweisen. Sie erschreiben zunächst laut-
gemäß, dann mit Verwendung von Rechtschreibmustern, von Regelungen bis
hin zum normgeleiteten Schreiben. (S. das Kap. Rechtschreiben: Wann beginnt
des normgerechte Schreiben? S. 105 ff.) Beim Erlesen von Texten entdecken sie
Wortgrenzen, die Schreibweisen ihnen wichtiger Wörter (z.B. ICH), Rechtschreibmuster, die Geregeltheit der Schreibweisen. Visuell und auditiv tasten
sie Geschriebenes ab und ziehen daraus ihre Schlüsse. Bedingungen sind: gute

Gründe für das Schreiben und gute Gründe für das Lesen sowie Werkzeuge für das eigenaktive Arbeiten – eine Schreibtabelle, ein Wort-Bild-Lexikon, oder eine Wortschatzkiste für gesammelte Merkwörter. Damit wird die Linearität des

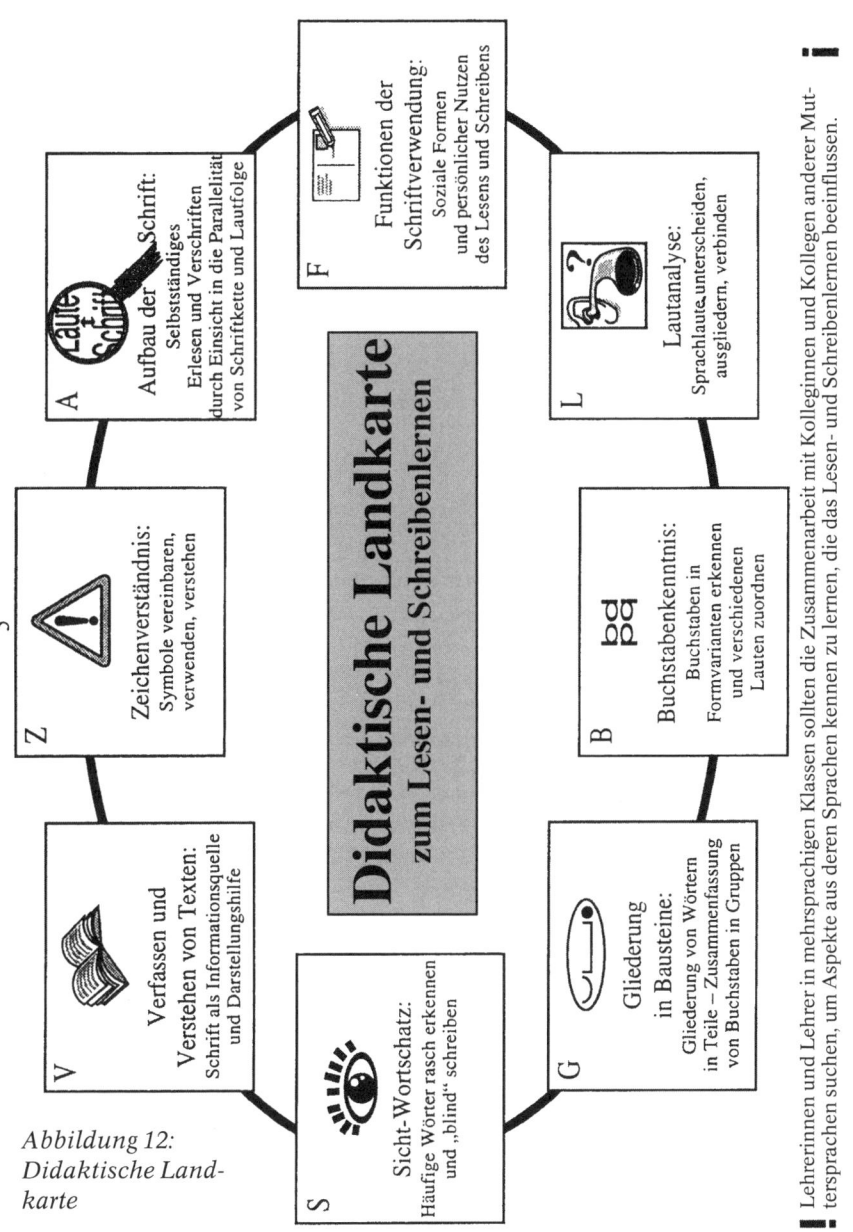

Abbildung 12: Didaktische Land- karte

Leselehrgangs mit der festgelegten Progression von Buchstaben aufgehoben zugunsten des sich gegenseitig anregenden und stützenden Lesens und Schreibens als den beiden Seiten derselben Medaille Schriftsprache.

Lernfelder beim Weg zur Schrift

HANS BRÜGELMANN skizzierte 1983 eine „didaktische Landkarte". Sie zeigt solche Lernfelder auf, die wichtige Übungsfelder ausmachen. Später ordnete er den Lernfeldern konkrete Aktivitäten zu (BRÜGELMANN/BRINKMANN 1998, 103 ff.). Die didaktische Landkarte macht deutlich, dass gerade auch in einem offenen Unterricht, der die Spracherfahrungen der Kinder aufnimmt und sie zu weiteren Erfahrungen anregt, nicht dem Irrglauben „natürlichen Lernens" gehuldigt wird, sondern die grundlegenden Umgangsformen mit Schrift „ins Spiel" kommen und gefördert werden müssen. Dabei „gewinnen die Kinder grundlegende Einsichten", „erwerben spezifische Kenntnisse" und „festigen elementare Kenntnisse".

Während traditionelle Lehrgänge eine Progression „vom Leichten zum Schweren" versuchen, einzelne Teilfähigkeiten in ein Nacheinander ordnen, werden mit der didaktischen Landkarte alle wichtigen Aspekte der Schrift und die ihnen entsprechenden Kenntnisse und Fertigkeiten im Zusammenspiel berücksichtigt. „Alle Aspekte der Schrift sind von Anfang an wichtig und sie sind mit einem einmaligen Durchgang nicht ‚erledigt'. Nur gehen die Kinder später zunehmend anspruchsvoller mit ihnen um. (Fortsetzung s. S. 176)

Gegenstands-bereich	Lernfelder („Didaktische Landkarte")	Methodische Möglichkeiten
Funktionen der Schrift	Funktionen der Schrift	Schrift im Schulalltag verwenden: Tischreiter mit den Namen, Listen mit Namenseintrag, Beschilderung der Schule, Tagesplan, Pinnwand mit Stundenplan, Wahlen für die freie Arbeit, Klassenbriefkasten, Hausaufgaben und Notizen; aus Büchern vorlesen …
	Verstehen und Verfassen von Texten	Vorlesen in Fortsetzungen, dabei Rückfragen besprechen: Wo haben wir gestern aufgehört? Über Vermutungen nachdenken: Wie mag es weitergehen? Was kann der Junge jetzt machen? Verbindungen zu Erfahrungen der Kinder herstellen: Hast du auch schon mal so etwas erlebt, gedacht, gesagt? Möchtest du das auch mal erleben? Was gefällt dir, was gar nicht? Zerschnittene Texte in die richtige bzw. in eine mögliche Reihenfolge bringen; in Lückentexte Wörter aus einer Liste einfügen; zwei satzweise gemischte Geschichten trennen und jede Geschichte rekonstruieren; beim Aufschreiben an der Tafel, am Projektor laut die Überlegungen beim Aufschreiben sprechen …

Struktur der Buch-stabenschrift	Zeichenverständnis	Vorlesen und dabei den Text präsentieren, auf Wörter, auf Verse zeigen; wiederholt denselben Text vorlesen, der dann immer identisch bleibt; lange Wörter – kurze Wörter in Schrift und beim Sprechen vergleichen.
	Aufbau der Schrift	Buchstaben und Laute miteinander verbinden: mit Hilfe der Schreibtabelle Wörter erschreiben – zu Lauten die Buchstaben suchen; Vergleichswörter auditiv und visuell abtasten: Mama – Lama – Lampe; Wörter aufbauen und bei jedem Schritt vermuten, welches Wort wohl entsteht …
	Gliederung der Schrift in Bausteine	Durch Lesen die Gliederung in Wörter feststellen; beim eigenen Schreiben Zeichen zwischen die Wörter setzen; lange, zusammengesetzte Wörter in einzelne Wörter zerschneiden; Selbstlaute und Mitlaute in verschiedenen Farben schreiben, zwischen Silben eine Lücke lassen; mit „Wortbau-Maschinen" Wörter bilden: z.B. ein Papierstreifen mit Präfixen, einer mit Wortstämmen, einer mit Suffixen (weg – renn – en) …
Elemente der Schrift	Buchstabenkenntnis	Buchstabenformen aus Zeitungen und Illustrierten ausschneiden, auf Buchstabenplakate verschiedene Formen zum selben Buchstaben kleben; Buchstaben schreiben (nicht nachlaufen, mit Bändern legen, in gebackener Form essen, sondern gegenstandsgerecht verwenden: schreiben, drucken, tippen); in einer Schreibtabelle neue Buchstaben selber eintragen („wachsende Schreibtabelle") …
	Lautanalyse	Bei Versen („Fischers Fritz …"), bei Liedern („Drei Chinesen …") auf die Lautseite der Sprache aufmerksam werden; Gegenstände mit dem gleichen Anlaut aus einer Sammlung von Gegenständen heraussuchen, die Wörter deutlich artikulieren; Wörter langsam durchlautieren; Mundstellung beim Sprechen von Lauten beobachten: mit einem Spiegel sich beobachten, den Partner beobachten, darüber sprechen …
	Sichtwortschatz	Grundwortschatzwörter rasch erkennen und auswendig richtig schreiben: eigene schreibwichtige Wörter in einem eigenen Heft, in einer Wörterschatzkiste sammeln; die Wörter sich selbst diktieren: als Dosen- oder Schleichdiktat; Stellen, an denen das Kind sich verschrieben hat, farbig markieren; Wörter in vier Schritten üben: lesen – merken (blind schreiben, langsam lautierend sprechen, beim Schreiben mitsprechen, schwierige Stellen markieren) – schreiben – kontrollieren …

Die Lernwege der Kinder sind deshalb nicht mit einer Treppe zu vergleichen, auf der man von Stufe zu Stufe steigt ... Die Idee des linearen Lehrgangs ist zu ersetzen durch die Vorstellung einer Spirale mit wiederholten Durchgängen durch dieselben Lernfelder – aber auf anderem Niveau." (BRÜGELMANN/BRINK-MANN 1998, 104) Zu den methodischen Konkretisierungen (nach BRÜGEL-MANN/BRINKMANN 1998, 108 ff.) s. die Übersicht S. 174 – 175.

Lesenlernen: Aktuelle Didaktikfehler

Gegenwärtige Konzeptionen des schriftsprachlichen Anfangsunterrichts behaupten nahezu alle, den Prinzipien eines entdeckenden Weges der Kinder in die Schrift zu folgen. Misst man sie am Grundsatz, dass alle wichtigen Aspekte der Schrift von Anfang an im Zusammenspiel berücksichtigt werden müssen, dann zeigen viele Konzepte ihre Schwachstellen. Es sind didaktische Fehler (ausführlicher in: BARTNITZKY 1998).

Die Trennung von Analyse und Synthese statt ihres Zusammenspiels

Die früheren Konzepte der Synthetiker und der Ganzheitler machten den Fehler, synthetische und analytische Akte zeitlich voneinander zu trennen. Beides sind aber wichtige Suchbewegungen beim sinnfindenden Lesen und beim sinnfixierenden Schreiben.

Das soll kurz erläutert werden: Das Erlesen und Erschreiben erster unbekannter Wörter sind zunächst vor allem synthetisierende Akte. Immer wieder müssen die Kinder aber beim Erlesen die Lautfolge des jeweiligen Wortes mit den Klangbildern von Wörtern vergleichen, die sie im Gedächtnis haben und die an dieser Textstelle sinnvoll wären. Finden sie ein textlich passendes Wort im Sinnzusammenhang, dann können sie es erlesen. Beim Schreiben müssen die Kinder die Lautfolge herausfinden, die sich durch Buchstaben kennzeichnen lässt und die dem Klangbild des gemeinten Wortes nahe kommt („Wie schreibe ich Fußball? FUSBAL."). Diese Abgleichungen mit sinnhafter gesprochener Sprache sind analytische Akte. Beide, synthetische wie analytische Akte, müssen also von Anfang an aufeinander bezogen sein, um in sinngesteuerten Lese- und Schreibakten der Beziehung von Lauten und Buchstaben auf die Spur zu kommen. Die scheinbare Erleichterung, Synthese und Analyse zunächst zu trennen, ist also tatsächlich eine Erschwernis auf dem Weg in die Schrift und verkürzt die Lernmöglichkeiten, Strategien zum Umgang mit Schrift zu entwickeln.

Solche falschen Vereinfachungen treffen wir in allen verkappt synthetischen oder ganzheitlichen Konzepten. Ein verkappt synthetisches Konzept liegt zum Beispiel vor, wenn zuerst Buchstabe nach Buchstabe eingeführt wird, die jeweils irgendein Kunstwort ergeben, oft sind dies heute Namen. In einem extremen Fall Anfangswörter wie *Amo – Lola – Olma – Loloma* ...

Immer noch wird auch in der Praxis und in Lehrwerken ein Verfahren angewendet, das angeblich die Synthese und Analyse miteinander verbindet: der Abbau und der Aufbau von Wörtern. Hieran lässt sich noch einmal verdeutlichen, in welchem Zusammenhang Synthese und Analyse stehen müssen, um einen schriftdidaktischen Wert zu haben. Ein Wort wird buchstabenweise abgebaut, dann wird von diesem Buchstaben aus ein neues aufgebaut:

ENTE
ENT
EN
E
ES
ESE
ESEL

In der Regel verbleibt die Übung auf der Ebene des Lautierens. Da der Sinnbezug fehlt, ist dies eine leseferne Übung ohne förderlichen Wert. Der Abbau eines Wortes führt, wie man früher sagte, zu „Wortruinen". Der Sinn wird demontiert. Das nun noch übrig bleibende reine Lautieren ist auch deshalb widersinnig, weil die Kinder ja zuvor das vollständige Wort bereits erlesen haben. Der Rückschritt im übertragenen Sinne wird hier zur Methode. Der anschließende Wortaufbau ist dann nicht mehr als das verzögerte Erlesen eines Wortes. Was sich beim eigenen Schreiben oder beim Stecken der Buchstaben an der Tafel sinnvoll ergibt, wird hier auf mehrere Zeilen verteilt. Solche Übungen werden auch nicht dadurch sinnvoll, dass man sie kindertümlich mäntelt, z.B. mit einem Lesekrokodil.

Allerdings kann man den Wortaufbau in eine sinnvolle, die Erlesefähigkeit stärkende Übung verwandeln: Bei jedem neuen Buchstaben überlegen die Kinder, welches Wort nun wohl entstehen kann. Je mehr Buchstaben freigegeben werden, umso weniger Wörter kommen noch in Frage:

E: Elfi, Erika, Elefant, Ente, essen ...
ES: Esel, essen
ESE: bestimmt Esel!

Dabei wird die Leseerwartung geübt und anschließend nach Freigabe weiterer Buchstaben das Testen dieser Leseerwartung, insgesamt also wichtige Fähigkeiten des Lesers. Die quasi natürlichste Form des Wortaufbaus findet sich im Übrigen beim eigenen Erschreiben von Wörtern (siehe auch S. 117).

Die Trennung auditiver und visueller Arbeit statt ihres Zusammenspiels

Die Arbeit mit Vergleichswörtern hatte VESTNER für die „direkte Hinführung zur Struktur der Buchstabenschrift" als einen bedeutsamen methodischen Ansatz herausgestellt (VESTNER 1978). Das klassische Minimalpaar war „Oma – Opa". Tatsächlich ist das gleichzeitige auditive und visuelle Abtasten und Vergleichen von fundamentaler Bedeutung für das Entdecken der Laut-Buchstaben-Beziehung. Die Kinder entdecken das Baukastenprinzip der Buchstaben, ihre inhaltliche Leere, die Entsprechung zu Lauten der gesprochenen Sprache, die Zuordnung von Buchstaben zu einer Bandbreite von Lauten. Vielleicht noch bedeutsamer für den Beginn sind folgende Erfahrungen: Nur das Zusammenspiel von auditiver und visueller Arbeit kann zeigen, wie Gesprochenes, das Kinder als unendlichen Lautstrom wahrnehmen, in Wörtern gegliedert aufgeschrieben wird, wie nur bestimmte Laute ihre Entsprechung zu Buchstaben haben, nämlich die Phoneme, andere aber, nämlich Übergangslaute, nicht verschriftet werden, wie manche Schreibweise von der elementaren Laut-Buchstaben-Zuordnung (ein Laut entspricht einem Buchstaben, ein Buchstabe einem Laut) abweicht. Ein Kind schreibt zum Beispiel: ICH HEMA GERN MIT HAMAUNTNEGL. Die Lehrerin schreibt dazu die normgerechte Schreibweise: ICH HÄMMER GERN MIT HAMMER UND NÄGEL. Das Kind vergleicht seine „private" Schreibweise mit der der Lehrerin. Gerade durch die Korrespondenz von strukturierender Betrachtung und strukturierender Artikulation entdecken die Kinder die Schriftgliederung.

Schriftkundige Erwachsene unterschätzen oft diese Probleme von Schriftanfängern. Sie wissen, dass Sätze in Wörter gegliedert sind, dass nur bestimmte Laute mit bestimmten Buchstaben notiert sind, sie glauben sogar zu hören, dass man „Pferd" mit Pf und r schreibt. Hören kann man dies bei der Alltagsrede nicht, weil die übliche Sprechweise weder das Pf artikuliert, noch das r rollt. „Wir meinen zu hören, was wir eigentlich sehen ... Ein Anknüpfen der Schrift an Wort- und Lauteinheiten, über die das Kind noch gar nicht verfügt, gleicht dem Versuch, ein Schiff im Wasser zu verankern." (BRÜGELMANN 1983, 80) Für Schriftanfängerinnen und -anfänger ist deshalb die Korrespondenz von Gesprochenem und Geschriebenem eine grundlegende Lernhilfe.

Dies wird aber in Konzepten ausgeklammert, die nach dem Prinzip „Lesen durch Schreiben" nur auf das Schreiben setzen und die Konfrontation mit Schrift sowie die beschriebenen Korrespondenzen zunächst vermeiden. Die vermutete Vereinfachung auf dem eigenaktiven Weg in die Schrift ist tatsächlich eine Erschwernis. Kindern, die keine vor- und außerschulischen Schrifterfahrungen haben, wird die Schrift als Gliederungsstütze vorenthalten. Allen Kindern wird die Regelerfahrung vermittelt, unsere Buchstabenschrift folge einer 1:1-Zuordnung von Lauten und Buchstaben. Damit werden keine Chancen eröffnet, Abweichungen zu entdecken und früh Strategien des Rechtschreiblernens als Annäherung an normgerechtes Schreiben zu entwickeln.

Lauttreue statt Lautvarianzen

Eine falsche Vereinfachung aller lautierenden Verfahren war die Annahme, es gebe den Normallaut und in der Folge das Normalwort, das aus eben solchen Lauten zusammengesetzt sei. Dies steht in Widerspruch zu dem Lautsystem der deutschen Sprache und zu ihren Laut-Buchstaben-Entsprechungen.

Diese Vereinfachung kennzeichnet einige aktuelle Lehrgänge, die im Übrigen Analyse und Synthese, auditive und visuelle Arbeit miteinander verbinden.

Hier wird die Normalwortmethode des 19. Jh.s mit dem modernen Prinzip der Arbeit an Vergleichswörtern kombiniert. Beispiele hierfür sind die Kunstnamen, die entsprechend konstruiert sind, wie in einer Fibel, in der auf den ersten 10 Seiten die Lesewörter ausschließlich aus solchen Namen bestehen: neben *Mama* und *Oma* sind es *Amo, Lola, Olma, Lola, Loloma, Malo, Imala, Imo, Lili, Mimi, Toto* ... Aber auch die reine Form des Konzepts „Lesen durch Schreiben" unterstellt die Lauttreue der Schreibung, hier begründet durch den Lernprozess der Kinder, der eine solche Phase notwendig mache: „Das wesentliche Lernziel ist die Fähigkeit des Schülers, ein beliebiges Wort in seine Lautfolge zu zerlegen und danach phonetisch vollständig aufzuschreiben." (REICHEN 1989, 8) Das wesentliche Lernziel ist aber das sinnfixierende Schreiben und sinnentnehmende Lesen mit dem System der Buchstabenschrift. Es ist also komplexer und muss bei aller didaktischen Reduktion doch diese Komplexität von Anfang an beinhalten.

Das Nacheinander von Lesen und Schreiben statt ihrer Gleichzeitigkeit

Mit dem Spracherfahrungsansatz und dem rechtschreibdidaktischen Paradigmenwechsel vom Fehlervermeidungsprinzip zur Sicht vom „Fehler als Weg" konnte die Forderung eingelöst werden, dass Kinder ihr eigenes Schreiben als persönliches Ausdrucks- und Mitteilungsmittel von Anfang an nutzen. Mit der Wahl der Druckschrift als der gemeinsamen Anfangsschrift für das Lesen und Schreiben steht dazu auch ein wichtiges Instrument bereit, das für das gleichzeitige sinnbestimmte Lesen und Schreiben sowie für die Entdeckung der Korrespondenzen zwischen Lautcharakter und Buchstabenfixierungen hilfreich ist (siehe SPITTA 1988). Dass die Großbuchstaben die günstigste Schriftform für den Anfang sind, hat vor Jahren RENATE VALTIN ausführlich begründet (VALTIN 1990). (s. auch das Kap. Ausgangsschrift S. 126 ff.)

Diese Chance, Lesen- und Schreibenlernen als sich gegenseitig anregende und unterstützende Prozesse zu nutzen, liegt bei aktuellen Konzepten brach, die das Lesen und Schreiben in ein Nacheinander bringen. Dabei wird auch übersehen, was uns bei undogmatischem Blick die Kinder und deren Lebenswelt täglich lehren können: Manche Kinder können bereits lesen, wenn sie in die Schule kommen, und wollen auch weiterhin lesen, zumindest müssen ihre Leselust und Lesefähigkeiten weiter angeregt und ausgebaut werden. Die meisten Schulanfänger möchten auch lesen lernen. Die Lebenswelt der Kinder ist voll von Lesetexten, die Kinder wahrnehmen, an denen sie Entdeckungen machen können, wenn sie erst die Spur dazu aufgenommen haben. Schließlich können aus Lesetexten vielfältige Anregungen zum Schreiben erwachsen. Das alles bedeutet, dass ein Nacheinander von Lesen und Schreiben oder die Unterordnung des einen unter das andere, in welcher Reihenfolge auch immer, nur vermeintlich den Schriftspracherwerb vereinfacht, tatsächlich kappt es Interessen von Kindern und verkürzt deren Lernmöglichkeiten.

Verengung auf die Schriftsprache statt der Einbindung in
Unterrichtszusammenhänge

Die Diskussion um die Neuorientierung des Schriftspracherwerbs fokussiert das Interesse vor allem auf Erfahrungen und aktuelle Interessen der Kinder sowie auf Lernentwicklungen, die durch die Kinder selbst gesteuert werden. Dies ist – historisch betrachtet – eine bedeutsame Umakzentuierung gegenüber einem Unterricht, in dem Themen und Lehrwege im Einzelnen vorgezeichnet sind. Die traditionelle Fibel und der Lese- und Schreib-„Lehrgang" bilden denn auch in der Regel die Negativfolie, von der sich die verschiedenen Konzepte des Spracherfahrungsansatzes absetzen. Wie so oft bei neuen Konzepten besteht auch hier die Gefahr, dass der leitende Aspekt verabsolutiert wird und andere auch bedeutsame Momente ausgeblendet werden. Beim Spracherfahrungsansatz gilt oft die vorwiegende Aufmerksamkeit dem Schriftaspekt; dabei können die übrigen Bereiche eines integrativen Deutschunterrichts aus dem Blick geraten, ebenso wichtige Inhaltsfelder:

● Soweit das Schreiben in den Vordergrund gestellt wird und hierbei vor allem die eigenen Texte der Kinder gemeint sind, wird vervielfältigt, was die Kinder aus eigener Erfahrung bereits wissen und können. Anregungen zur Erweiterung des Wortschatzes, der syntaktischen Möglichkeiten, der Textfunktionen bleiben hierbei begrenzt. Sie müssten aber in einem thematisch orientierten Unterricht erarbeitet und beim Lesen von Texten gewonnen werden.

● Soweit vor allem eigene Texte der Kinder im Mittelpunkt stehen, werden Texte ausgeklammert, die Kinder noch nicht kennen und zu denen sie möglicherweise nie von sich aus greifen würden wie Gedichte, Märchen, szenische Texte. Damit unterbleiben auch vielfältige Gespräche über solche Texte, bei denen Kinder ihre Meinungen und Erfahrungen zu einem Text miteinander austauschen. Solche breite Leseförderung und Kommunikation über Texte sind Voraussetzungen dafür, dass sich individuelle Zugänge zu Texten, Meinungsbildungen über Texte, Klärung von Meinungen, Erfahrungen und Sachverhalten sowie Lesehaltungen entwickeln können.

● Soweit der Akzent ausschließlich auf vorfindliche Erfahrungen der Kinder gesetzt wird, bleibt unberücksichtigt, dass die Schule Kinder auch für neue Erfahrungen und objektiv wichtige Inhaltsbereiche aufschließen muss. Dies sind Inhalte, die auf „Schlüsselfragen" bezogen sind, wie den pfleglichen Umgang mit der Natur, die Herstellung und den Erhalt von Frieden, Inhalte aus der kulturellen Tradition und Praxis, fantasiebewegende Inhalte und anderes mehr. Aufgabe der Schule ist, auch solche objektiv bedeutsamen Inhaltsbereiche in den Verstehens- und Handlungshorizont der Kinder zu bringen und ihre bisherigen Erfahrungen um neue Erfahrungsfelder zu erweitern.

Man sollte meinen, dass solche Verkürzungen in Lehrwerken, also auch Fibeln, vermieden werden. Der Nachteil, nicht die vorfindlichen Erfahrungen und die Lernentwicklungen der jeweiligen Kinder direkt aufgreifen zu können, müsste durch den Vorteil aufgewogen werden, ein planvolles Angebot bereitzustellen – von Sprachstrukturen, Textvielfalt und Inhalten, von Anregungen für thematische Unterrichtseinheiten und Projekte. Tatsächlich gibt es Lehrwerke für den Anfangsunterricht, denen dies gelingt. Dennoch reduzieren verschiedene aktuelle Fibeln diese Möglichkeiten, indem sie z.B. Sprachstrukturen versimpeln, nur wenige Textsorten anbieten, ein schmales Inhaltsfeld anbieten. Einige Beispiele:

- Lesen wird in den ersten Wochen auf Kunstwörter wie Fibel-Namen (siehe oben), auf beschreibende Texte begrenzt. Beispiele hierfür sind Texte wie: Nina ist am ... Moni ist im ..., bei denen die Texte im Übrigen lediglich spiegeln, was die Illustration zeigt. Beschreibende Texte hatten schon die Fibeln des sog. Anschauungsunterrichts des 19. Jh.s charakterisiert, gegen die die Reformpädagogik zu Beginn des 20. Jh.s Texte mit lebendiger, die Vorstellung und Erzählfreude der Kinder anregender Sprache gesetzt hatte.
- Stereotype Situationen sind z.B. die immer sich wiederholenden Rufsituationen mit der einen immer gleichen Verbform: *ruft*, die zudem in immer gleicher Satzstruktur angeboten wird: *Mama ruft Nina. Moni ruft Mama. – Oma ruft an. Oma ruft Nina an. Nina ruft Mama an. Mama ruft Oma an.* Dies führt zu einer sprachlichen Reduktion von Redemitteln, über die Kinder längst verfügen.
- In manchen Fibeln sind die Textsorten und Textinhalte bewusst radikal reduziert. Sie folgen der didaktischen Idee, ein erlebnisbezogenes Kinderbuch als erstes Lesebuch zu präsentieren, und bieten deshalb ausschließlich Texte mit Erzählduktus. Eine extreme Ausprägung dieses Typs folgt dem Tag einer Bärenfamilie, wobei zudem durch fragwürdige Anthropomorphisierung falsche Sachinformationen vermittelt werden.

Lesenlernen mit oder ohne Fibel?

Die radikale Ablehnung von Fibeln gehört fast zum Selbstverständnis vieler Spracherfahrungs-Anhänger. Die neue Lagertheorie teilt dann in das progressive kindgemäße fibelfreie Lager und das altmodische, im Kern kinderfeindliche Fibellager. WILFRIED METZE hat sich als Fibelautor ausführlich und fair mit den Argumenten auseinandergesetzt und kommt zu differenzierteren Überlegungen (METZE 1995, 6 ff.).

Die Polarisierung ist töricht. Schon auf Grund der Literaturlage lassen sich Problemstellen, falsche Vereinfachungen und Verkürzungen in beiden „Lagern" nachweisen. Die Nachweise fallen bei den gedruckt vorliegenden Fibelwerken naturgemäß immer leichter als bei eigengestalteten Lehrgängen oder Eigenfibeln, die sich der öffentlichen Überprüfung entziehen. Die Annahme aber, dass all die didaktischen Schwächen, die sich in gedruckten Werken zeigen, in lehrwerkunabhängigem Unterricht nicht auftreten, wäre naiv.

Blicke in die Unterrichtspraxis unterstreichen diese Erkenntnis: Nicht die Verwendung eines Lehrwerks oder die Inanspruchnahme eines didaktischen

Konzepts entscheidet über die Qualität des Unterrichts, sondern die didaktische Kompetenz der Lehrkraft. Es gibt unter den skizzierten Ansprüchen schlechten Unterricht mit und ohne Lehrwerk, ebenso verhält es sich mit gutem Unterricht. Richtig ist, dass viele Fibeln traditionellerweise eine kleinschrittige Progression nahelegen. Aber es gibt daneben auch Fibeln, oder vielleicht besser: Lehrwerke für den Anfangsunterricht, die zur Öffnung des Unterrichts herausfordern und Lehrkräften wie Kindern aspektreiche Hilfen anbieten. Entscheidend in dem einen wie anderen Fall ist, dass die Lehrerin oder der Lehrer der Verführung entgeht, das Lehrwerk als Programm zur Abarbeitung eines Lehrganges zu benutzen.

Ein gutes Lehrwerk kann vermeiden, dass die Inhalte des Unterrichts beliebig werden, es kann Materialien zur Entwicklung von Strategien zum Schriftspracherwerb und gemeinsame Bezugspunkte für den Unterricht anbieten, es kann helfen, der derzeit latenten Gefahr individualistischer Vereinzelung in einem differenzierten Unterricht zu entgehen – immer vorausgesetzt, die Lehrkraft geht entsprechend damit um. Die Lehrerin oder der Lehrer kann dies alles aber auch ohne Schulbuch leisten – vorausgesetzt, sie oder er hat die Zeit und Kraft dazu und ist entsprechend kompetent.

Handelnder Umgang mit Texten

WOLFGANG MENZEL verdeutlicht eine Spielart des handelnden Umgangs mit Texten am Gedicht „Nebel" von Wolfgang Bächler (hierzu und im Folgenden: MENZEL 1994, 73 f.):

Nebel
Der Nebel ist unersättlich.
Er frisst alle Bäume, die Häuser,
die parkenden Autos,
die Sterne, den Mond.

Der Nebel rückt näher,
unförmig gemästet,
wird dicker und dicker,
drückt gegen die Mauer,
leckt an den Fenstern
mit feuchter Zunge,
mit grau belegter,
frisst alles,
frisst dich.

Das Gedicht spricht vertraute Erfahrungen mit dem Nebel an: „dass er dicht, grau, nass, undurchdringlich sein kann, dass er etwas umhüllt, verdeckt oder unsichtbar macht"; dabei verblüfft das Gedicht aber durch unvertraute Bilder, irritiert und erweitert das Empfinden und das bisherige Bildrepertoire: „der Nebel als verlebendigtes und gefräßiges Wesen". Das Ende „kann so nicht geschehen, es kann so nur gefühlt werden".

Das Gedicht könnte, so MENZEL, traditionell erlesen werden: zeilenweiser Vortrag, Antizipationen der Fortsetzungen, Weiterlesen, später mit den Kindern Vortragsgestaltung. Die erste Begegnung mit dem Gedicht könnte aber anders arran-

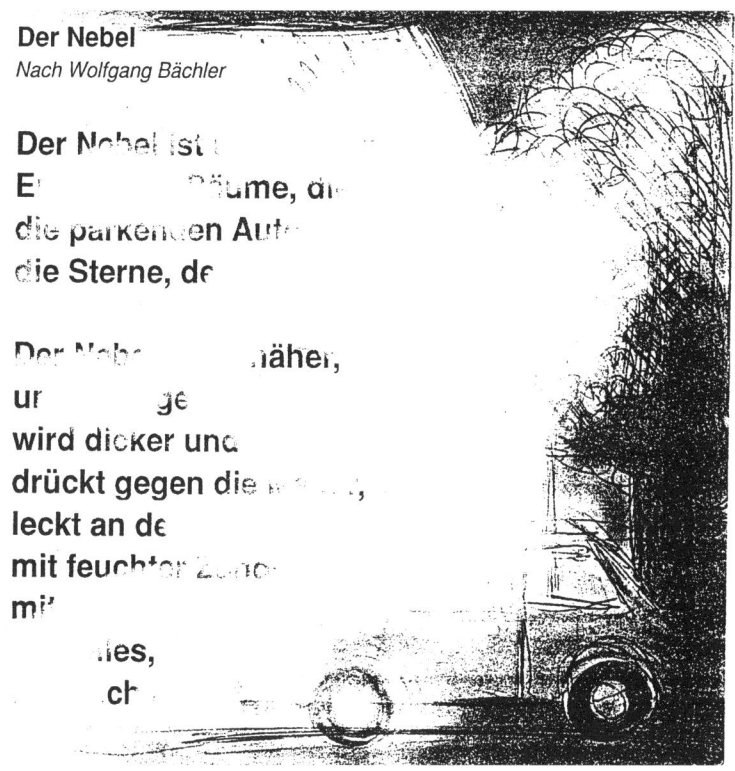

Der Nebel
Nach Wolfgang Bächler

Der N....l ist
E   ....ume, d.
d.e parke.....en Aut.
d.e Sterne, d.

D.r N.b.   ..äher,
ur   .e
wird dicker un.
drückt gegen die ......,
leckt an d.
mit feuc..... c
m.'

            .ies,
        ch

Abbildung 13: (Re)konstruktion eines Gedichts

giert werden, wobei die Kinder sich intensiver und eigenaktiver mit der Bildlichkeit des Gedichtes auseinandersetzen müssen, so dass sie sich „über dieses lyrische Bild wundern, dass sie von ihm irritiert werden, dass es ihnen möglichst lange im Gedächtnis bleibt". Dazu werden die Stellen, die besonders herausgearbeitet werden sollen, geweißt, also gleichsam vom Nebel gefressen.

Diese Art der Präsentation des Gedichts ist damit „ein sehr gezieltes didaktisches ‚Dérangement'". Die Kinder setzen probeweise Wörter ein, prüfen sie inhaltlich, rhythmisch, sprachlich; sie lesen sich ihre Gedichte gegenseitig vor und vergleichen sie. Dann erst lesen sie, nach dieser eigenen Vorarbeit zumeist besonders gespannt, den Originaltext. Das Gespräch entwickelt sich mit dem „Handlungsvorsprung" der Kinder fast von selbst: „Warum ist das im Text so – und nicht so wie bei uns?" Schließlich, so MENZEL, werden „am Ende einer solchen Einheit die Texte der Kinder um das authentische Gedicht herum gruppiert: Das haben wir gemacht, das hat Wolfgang Bächler geschrieben. Das kann auf einer Wandzeitung geschehen oder in einem Klassen-Lyrik-Bändchen. Der Text des Dichters steht im Mittelpunkt, die Texte der Kinder erhalten ihre angemessene Präsentation." (MENZEL 1994, 74)

Die Kinder werden bei dieser Erarbeitung in den schöpferischen Prozess einbezogen: Die für sie sichtbaren Teile des Originaltextes legen Spuren, geben Regeln vor. Die Kinder werden zu sprachexperimentierenden Akteuren. Dies geschieht nicht aus purer Lust an Aktivismus, vielmehr fordert das eigene Experimentieren in den gelegten Spuren die eigenen Sprachmöglichkeiten heraus, führen die Varianten in der Klasse zum „Abschmecken" der inhaltlichen und sprachlichen Entscheidungen, schärft sich am Ende das Verständnis des vom Autor gewählten Sprachbildes. Lesen provoziert eigenes Handeln, sprachliches Experimentieren und führt zum Nachdenken und tieferen Verstehen.

Spielarten und Reichweiten

Die Quellen für solchen handlungsbezogenen Umgang mit Texten sind verschiedener Art: Da ist die Erfahrung, dass der traditionelle Literaturunterricht mit der „Behandlung" von Texten auf Dauer nicht lesemotivierend ist; andere Verfahren, die Kinder weniger als Rezipienten, sondern mehr als Akteure ansprechen, wurden gesucht. In den 70er-Jahren führte die Leitidee der Kreativitätsförderung zu neuen Verfahren bei der Texterfindung und beim Textumgang, sie waren zunächst vom Gedanken der Verfremdung geprägt. Im Rahmen des kommunikationsbezogenen Sprachunterrichts wurden auch Möglichkeiten gesucht, wie die Schülerinnen und Schüler nach Vorlage von Beispieltexten oder Textstrukturen Literatur selber erzeugen können – z.B. eine Abenteuergeschichte, ein Rezept, ein Gedicht –, um Eigenheiten von literarischen Texten und ihrer Präsentation zu erkennen (HAAS 1997, bes. 29 und 43).

Mit dem Konstruktivismus wurde die Begründung grundsätzlicher: Lesen ist danach nicht einfach Infomationsentnahme aus einem Text, vielmehr schafft der Leser im Leseakt den Text mit, er konstruiert ihn für sich neu. Dann liegt es nahe, den Umgang mit Texten auch von den Verfahren her nicht als nachvollziehendes Verstehen zu methodisieren, sondern auf eigenaktives Konstruieren zu konzentrieren (HAAS/MENZEL/SPINNER 1994, 17 ff., HAAS 1997, 18 f.).

● *Operative Verfahren* nennt WOLFGANG MENZEL entsprechende Vorgehensweisen. Sie fordern die Schülerinnen und Schüler zum Experimentieren mit Textelementen auf. Ziele sind ein größeres Interesse und ein umfassenderes Verständnis für den Text, wobei Erkenntnisziele durchaus vorgegeben sind. Beispiele für operative Verfahren sind: Ausgelassene Textstellen werden ergänzt, zwei ineinandergesteckte Texte werden entflochten, ein auseinandergeschnittener und ungeordneter Text wird gemeinsam und argumentativ geordnet, die Erzählperspektive wird geändert, z.B. indem eine handelnde Person die Geschichte aus der Ich-Perspektive erzählt. MENZEL betont, dass operative Verfahren den „üblichen gesprächsbestimmten Literaturunterricht keineswegs in Frage stellen oder ihn gar durch den so genannten ‚handlungsorientierten'

Unterricht vollkommen ersetzen" sollen (MENZEL 1994, 72 f.). Operative Verfahren träten vielmehr ergänzend hinzu.

● *Produktive Verfahren* nennt sie KASPAR H. SPINNER. Sein leitendes Interesse ist, dass die Kinder lernen, fremde Perspektiven und Sichtweisen einzunehmen, sich in andere hineinzuversetzen und für und gegen Handlungsweisen argumentieren zu können. Die Erkenntnisziele sind hierbei, anders als bei MENZEL, nicht vorab festgelegt. Die Kinder erarbeiten sie im Prozess mit, verschiedene produktive Zugänge können dabei auch zu verschiedenen Ergebnissen führen. Verfahren hierfür sind zum Beispiel: Der Text wird mit persönlichen Kommentaren ergänzt, die handelnden Personen teilen ihre im Text unausgesprochenen Gedanken mit, Briefe werden aus der Sicht der Personen des Textes geschrieben, alternative Handlungsweisen werden entworfen, der Text wird entsprechend anders weiterentwickelt, einzelne Szenen werden spielerisch ausgeführt. Produktive Verfahren erweitern das übrige rezeptionsmethodische Repertoire um Möglichkeiten besonderer Sensibilisierung für Handlungs- und Sichtweisen.

● *Handlungs- und produktionsorientierter Literaturunterricht* nennt GERHARD HAAS die von ihm favorisierte Konzeption, die „einen anderen Literaturunterricht" meint, nicht als Ergänzung, sondern als Gegenmodell zum analysierenden, Texte besprechenden Unterricht. Allerdings weist HAAS sehr deutlich darauf hin, dass damit „analytisch-kognitive Leseprozesse" nicht ausgeklammert sind, sondern „grundsätzlich auf jeder Stufe des Unterrichts als ein zweiter Schritt möglich" sind, bzw. „immer wieder aus jedem handelnden Umgang mit Texten auf ganz natürliche Weise herauswachsen" (HAAS 1997, 47). HAAS wählt den Doppelbegriff „handlungs- und produktionsorientiert", weil der Begriff des produktionsorientierten Unterrichts auf ein zuvor definiertes Ziel zuarbeitet, während der handlungsorientierte Unterricht offener ist und auch Ergebnisse erzeugen kann, die erst im Laufe des Prozesses von den Akteuren selbst definiert werden, auch ist er ohne sicht- und vorweisbares Ergebnis möglich (HAAS 1997, bes. 44).

Inzwischen gibt es eine reichhaltige fachdidaktische Diskussionslage um die grundsätzliche Berechtigung und um die Reichweite handelnder Verfahren. Generelle Ablehnungen leiten sich vom Eigenwert und der Würde von Texten ab, die hier didaktisch unzulässig manipuliert würden. Einschränkungen werden gegenüber der Position von HAAS gemacht, der den „handlungs- und produktionsorientierten Unterricht" als heute einzig vertretbares Modell behauptet. (Zur Diskussion siehe z.B. HAAS/MENZEL/SPINNER 1994, 22 ff.; BELGRAD/MELENK 1996; BELGRAD/FINGERHUT 1998.)

Im Grundschulbereich fördert der handelnde Umgang den eigenaktiven Zugang zu Texten, einen sinnlich anschaulichen Umgang mit den Texten, aus dem das Nachdenken erwächst, und damit ein persönliches und vertieftes Textverständnis, oft auch ein fruchtbares Wechselspiel von Schreiben und Lesen. Allerdings muss vorausgesetzt werden, die Kinder hantieren nicht nur mit Texten, sondern setzen sich fachbezogen mit ihnen auseinander, experimentieren und untersuchen, argumentieren und gestalten. Ein Anspruch auf Ausschließlichkeit solcher Verfahren würde aber die Möglichkeiten der Kinder verkürzen, sich mit Texten auseinanderzusetzen und fachbezogene Arbeitsweisen angeleitet zu erlernen. Deshalb sind zum Beispiel auch Gespräche über Texte als erster und wo möglich sogar als einziger Schritt beim Umgang mit einem Text sinnvoll. Ich ergänze deshalb die handelnden Umgangsweisen durch diskursive Verfahren (siehe das nachfolgende Kapitel).

Als Sammelbegriff verwende ich nicht den sich einbürgernden Doppelbegriff „handlungs- und produktionsorientiert", weil er unnötig umständlich ist. Mit dem einfacheren Sammelbegriff „handelnder Umgang mit Texten" ist ein vom eigenen Handeln der Kinder mitbestimmter Unterricht gemeint, der ergebnisorientiert, aber auch ergebnisoffen sein kann. Die Methoden werden als „handelnde Verfahren" bezeichnet.

Typen des Umgangs mit Literatur

Die Möglichkeiten handelnden Umgehens mit Texten sind zahllos. Sie lassen sich auf drei Typen zurückführen:
- der Text wird in Kenntnis von Textelementen antizipiert oder vorausgestaltet
- der Text wird in Kenntnis des ganzen Textes bearbeitet
- es werden Texte über den Text geschrieben als metatextliche Arbeit, die Distanz zum Text einnehmen.

Viele Verfahren können in verschiedenen Medien realisiert werden: rein textlich, visuell, auditiv und inszenierend mit einer Mischung der Medien.

Oft wird bei einem Text nicht nur ein Verfahren zum Tragen kommen, sondern mehrere Verfahren werden miteinander kombiniert. Auch ist in der Regel nicht ein Verfahren bei einem bestimmten Text der Königsweg, sondern es sind prinzipiell verschiedene möglich – je nach Entscheidung der Lehrerin oder des Lehrers, nach Möglichkeiten und Vorlieben der Kinder. Deshalb lege ich der folgenden Darstellung drei didaktische Anregungen aus der Literatur mit jeweils einem Text zu Grunde, an denen auch die Vielfalt in der Nutzung der Verfahren gezeigt werden kann. Zugleich stehen die Texte für unterschiedliche Textsorten des Grundschulunterrichts; sie zeigen zudem, dass handelnde Verfahren nicht an Klassenstufen oder an die Länge von Texten gebunden sind. Die Texte sind: ein Bilderbuch für die Eingangsklassen, ein Gedicht und ein Kinderroman für die Klasse 4.
- *Das Bilderbuch:* Wir gehen jetzt auf Bärenjagd von MICHAEL ROSEN/HELEN OXENBURY.

Das Bilderbuch erzählt von der Bärenjagd, die als Bewegungsspiel bekannt ist. Kinder brechen mit Vater und Hund zur Bärenjagd auf, „durchqueren fünf ‚gefährliche‘ Gegenden, bis sie zur Höhle des Bären gelangen: eine Wiese mit hohem, nassem Gas, einen kalten Fluss, eine schlammige Bucht, einen dunklen Wald, einen wirbeligen Schneesturm. Sie überwinden die Gefahren, indem sie sich immer wieder gegenseitig Mut zusprechen. Dazu dient ein Kinderreim, der formelhaft wiederholt, eine gleichsam magische Wirkung entfaltet:

,Wir gehen jetzt auf Bärenjagd,
wir fangen einen ganz großen.
Und wenn ihr uns fragt,
wir haben keine Angst
in den Hosen.‘ "

Auf dem Höhepunkt taucht der Bär auf. Kinder, Vater und Hund treten die Flucht an, wieder durch die bekannten Gegenden und fragen am Ende: „Wann gehen wir wieder auf Bärenjagd?" Von der Spannung zwischen Abenteuerlust und Rückzug in die Geborgenheit lebt die Geschichte.

● *Das Gedicht:* Der Pflaumenbaum von Bertolt Brecht, didaktische Anregungen aus: Schulz 1997, 54 ff.

Der Pflaumenbaum
Im Hofe steht ein Pflaumenbaum
Der ist klein, man glaubt es kaum.
Er hat ein Gitter drum
So tritt ihn keiner um.

Der Kleine kann nicht größer wer'n.
Ja, größer wer'n, das möcht er gern.
's ist keine Red davon
Er hat zu wenig Sonn.

Den Pflaumenbaum glaubt man ihm kaum
Weil er nie eine Pflaume hat
Doch er ist ein Pflaumenbaum
Man kennt es an dem Blatt.

„Der Gedanke des Wachsens und Reifenwollens durchzieht das Gedicht, ist einer seiner Leitgedanken, den Kinder erfassen, weil Brecht mit der Sicht auf den kleinen Baum sie selbst in ihrer Befindlichkeit anspricht."

● *Der Kinderroman:* Ben liebt Anna von Peter Härtling, didaktische Anregungen aus: Grenz 1999, 159 ff. In diesem Roman geht es um Kinderliebe: Ben liebt das Aussiedlermädchen Anna, das neu in die Klasse gekommen ist. Auch Anna mag Ben.

● *Antizipierende Verfahren:* Elemente oder Teile des Textes werden vorgegeben. Die Kinder antizipieren oder rekonstruieren den Text oder sie gestalten mit den Vorgaben einen eigenen Text.

Die operative Methode „Auslassungen ausfüllen" demonstrierte Menzel am Gedicht „Nebel", s. Anfang dieses Kap., S. 183. Beim Bilderbuch von der Bärenjagd wird – medienbedingt – zunächst vorwiegend visuell gearbeitet: Die Bilder werden bis zur Stelle, wo der Bär auftaucht, gezeigt. Die Lehrerin liest dazu den Text vor. Die Kinder lernen dabei die Struktur der Geschichte, die Wiederkehr der Verse kennen. Die Kinder vermuten nun, wie es weitergehen mag, und gestalten Fortsetzungen in eigenen Bildern. Möglichkeiten: Die Bilder werden zur Wandzeitung zusammengestellt; großformatig werden die Handlungsträger gemalt, ausgeschnitten, auf Tonpapier wird eine Szene als Hintergrund gemalt, die ausgeschnittenen Figuren werden dazugeklebt; die Kinder fertigen ein eigenes Bilderbuch, ergänzen die Bilder individuell mit Texten; auf dem Projektor werden Szenen präsentiert, die Kinder fügen Denk- und Sprechblasen hinzu. Immer wieder wird darüber gesprochen, die Geschichte weitererzählt, verschiedene Fortsetzungen werden miteinander verglichen, es wird argumentiert.

- *Textbearbeitende Verfahren:* Der Text ist insgesamt vorgegeben. Die Kinder erweitern ihn, setzen ihn fort, ändern die Erzählperspektive oder experimentieren auf andere Weise damit.

Zum Gedicht „Der Pflaumenbaum" schreiben die Kinder ein Gegengedicht. Zuvor hatten sie das Brecht-Gedicht mit verschiedenen, von ihnen gefundenen Überschriften vorgelesen, sie hatten mit Sprechgestaltungen experimentiert. Dadurch entwickelte sich bei den Kindern ein Gefühl für die Struktur und den Klangcharakter des Gedichts, wie man an den Texten der Kinder ersehen kann. Ein Gegengedicht lautet (in berichtigter Rechtschreibung):

Im Garten steht ein Pflaumenbaum
der ist groß man glaubt es kaum
er hat ein kleines Beet herum
da tritt ihn keiner um.

Weiterführend überlegten die Kinder, wohin der Baum verpflanzt werden könnte. Sie malen einen neuen Pflanzort (visuelle Verfahren) und schreiben eigene Verse darüber (textbezogene Verfahren):

Man hat den Pflaumenbaum umgepflanzt,
jetzt ist er nicht mehr zwischen Mauern verschanzt.
Jetzt ist er nicht mehr allein
und auch nicht mehr klein.
Jetzt hat er viel Freiheit und Raum
und ist ein wahrer Pflaumenbaum.
Er steht nun auf einer Wiese,
er ist jetzt ein wahrer Riese.

Eine andere Möglichkeit ist der Wechsel der Erzählperspektive: Die Bilderbuchgeschichte von der Bärenjagd z.B. erzählen die Kinder aus der Perspektive eines der Kinder, des Vaters, des Hundes.

Mit weiteren Medien und inszenierenden Zugriffen ergibt sich eine Fülle von zusätzlichen Möglichkeiten:

Der Bilderbuchtext wird mit verteilten Rollen vorgelesen: Den nächsten Handlungsschritt liest ein Kind, z.B. „Huhu! Ein Fluss! Ein nasser, kalter Fluss!" Den sich wiederholenden Kinderreim „Wir gehen jetzt auf Bärenjagd ..." liest ein Chor, ein anderer den Kehrreim „Drüber können wir nicht ..." Die lautmalerischen Wörter wie „Wischel, waschel! – Quitsch, quatsch! – Holper stolper! Huuuh, wuuuh! – Tipp, tapp!" werden musikalisch untermalt, hierzu dienen Orffsche Instrumente, aber auch Körperinstrumente wie Hände, Füße mit

Klatschen, Scharren usw. Am Ende kann das ganze Bilderbuch als Inszenierung vorgetragen werden. Bilder der Wandzeitung, Bilder auf dem Projektor oder ein Schattenspiel auf dem Projektor visualisieren die Handlung.

Im Rahmen der szenischen Interpretation des Romans „Ben liebt Anna" wird die Einfühlung in die handelnden Personen dadurch begünstigt, dass die Kinder Rollen aus dem Roman übernehmen und damit Szenen ausspielen. Vorbereitend können verschiedene Verfahren hilfreich sein: Beim Standbildverfahren wählt ein Kind die Spieler aus und arrangiert sie ohne Worte so, wie es für die Situation im Text passend ist. Das Kind und andere Kinder können hinter die still verharrenden Spieler treten und ihre möglichen Gedanken sagen. So wurden Ben und Anna nach ihrem Zusammensein in der Hütte nun eng nebeneinander auf den Schienen beim Lesen von Heften als Standbild geformt. Als Gedanken wurden gesagt:

„Anna:
Die Mickymaus sieht aber aus, hihihi.
So einen netten Jungen habe ich noch nie erlebt.
Hoffentlich küsst er mich gleich. (Gekicher)
Machen wir zusammen das Rätsel?
Ben ist wirklich nett."

Vor dem szenischen Spiel werden die Rollen verteilt. Jedes Kind erhält eine Rollenbiografie für die jeweils gewählte Romanfigur. In der Rollenkarte stehen wichtige Textausschnitte und Merkmale der Figur, dazu Fragen zu „Leerstellen in der Darstellung der Figur" im Roman, die durch „eigene Imagination" gefüllt werden müssen (z.B. nach der Lieblingsbeschäftigung, dem Aussehen, den Wünschen der Figur). Zum Lehrer Seibmann hatte der Schüler am Ende geschrieben:

„Ich heiße Herr Seibmann, bin 38 Jahre alt und lebe mit Frau und Kind. Ich habe ein Arbeitszimmer und sehr viel zu tun in meinem Beruf als Lehrer. Was ich besonders gut kann, ist unterrichten und in meiner Klasse (dem 4. Schuljahr) rumschreien …"

● *Metatextliche Verfahren:* Die Kinder schreiben einen Text über den Text.
Eine Möglichkeit hierzu wurde mit dem Lesetagebuch bereits vorgestellt (s. Kap. Lesekultur S. 165 f.). Bei der Lektüre des Romans „Ben liebt Anna" übernehmen die Kinder im Rahmen der szenischen Interpretation auch die Rollen der Romanfiguren und spielen Szenen des Romans. Dabei schreiben sie aus ihrer Rolle heraus Briefe an eine Romanfigur. Zum Beispiel schreibt die Spielerin von Annas Mutter an Lehrer Seibmann:

„Lieber Herr Seibmann!
Warum ist Anna traurig nach Hause gekommen? Sie hat mir erzählt, dass die Kinder über sie gelacht haben. Anna hat gesagt, dass Katja gesagt hat, meine Tochter würde stinken. Ich finde das nicht schön, bringen Sie Ihren Kindern Manieren bei. Anna hat auch geweint zu Hause.
Ute Mitschek"

Am Ende verabschieden sich die Kinder von ihrer Rolle. Ein Kind schreibt an Ben:

„Lieber Ben Körbel:
Ich fand an dir nicht gut, dass du nicht Fußball spielen konntest, weil ich in Wirklichkeit näm-lich in einem Verein als Stürmer spiele. Sonst fand ich an dir alles gut, und ich vermisse dich bestimmt, und ich heiße in Wirklichkeit ...
Lebe wohl, Ben Körbel"

Übersicht über handelnde Verfahren

(Grundlagen sind unter anderem die Zusammenstellungen in: HAAS/MEN-
ZEL/SPINNER 1994, 24; MENZEL 1994, 75, SCHULZ 1997, 98 f. Natürlich ist die
Liste nicht „vollständig".)

Methoden des Textumgangs	Handelnde Verfahren
Antizipierende Verfahren Elemente oder Teile des Textes werden vorgegeben. Der Text wird antizipiert oder rekonstruiert.	– ausgelassene Wörter, Satzteile einfügen – ausgeschnittene und verwürfelte Textteile zum Text zusammensetzen – ein ohne Versgliederung präsentiertes Gedicht in Versform setzen – zwei ineinander geschobene Texte entflechten – von einem Textteil aus (Titel, Anfang, Ende, Redeteile, Schlüsselwörter, Personen in einer Textsituation, Illustration u.a.) den Text erfinden
Textbearbeitende Verfahren Der Text ist insgesamt vorgegeben. Er wird sich versenkend oder experimentell bearbeitet, er wird weiter ausgearbeitet oder weitergeführt.	**textbezogene Verfahren:** – die Vorgeschichte erfinden – Fortsetzungen erfinden – in die Geschichte eingreifen und andere Fortführungen, Handlungsweisen einführen und den Text damit weiterspinnen – die Erzählperspektive ändern – einzelne Teile weiter ausführen, zum Beispiel durch Gedanken, Dialogelemente, Einführung weiterer Personen – einen Gegentext, einen analogen Text schreiben **visuelle Verfahren:** – den Text „schreibgestalten", das heißt textadäquat schreiben (Ideogramme, Piktogramme, Farbgestaltung, Formgestaltung ...) – Bilder zum Text zeichnen oder malen – Bilder zum Text oder Gegenbilder aus Zeitungen usw. auswählen, zum Text montieren **auditive Verfahren:** – Vortragsgestaltungen erproben – den Text musikalisch oder mit Klängen begleiten – den Text vertonen **inszenierende Verfahren:** – Dialoge, Verse mit verteilten Rollen vortragen – Textsituationen als Standbild (lebendes Bild) formen, Gedanken der Personen dazu äußern – Rollenbiografien aus dem Text heraus entwickeln, die Personen durch Ergänzung weiterer Informationen verlebendigen – eine Textstelle pantomimisch darstellen – eine Textstelle dialogisieren – Text oder Textteil als szenisches Spiel darstellen (Personenspiel, Puppenspiel, Schattenspiel, Kartontheater, Videoszene)
Metatextliche Verfahren Die Kinder schreiben einen Text über den Text.	– ein Lesetagebuch führen – Kommentare, eigene Meinungen zum Text aufschreiben – Buchtipp schreiben – den Text rezensieren – dem Autor/der Autorin schreiben – an Personen im Text schreiben mit eigener Meinung, mit Fragen ...

Diskursive Methoden

Selbst der entschiedene Protagonist eines „handlungs- und produktionsorientierten Literaturunterrichts" als „eines anderen Literaturunterrichts",
GERHARD HAAS, akzeptiert, dass es auch analytisch-kognitive Leseprozesse
gibt. Allerdings, so HAAS, nur aus dem handelnden Umgang mit Texten erwach-
send und nur dann, wenn sie aus dem Handeln heraus für die Schülerinnen und
Schüler begründet sind (HAAS 1997, 47). Unterrichtsgespräche über Texte lehnt
er scharf ab und charakterisiert sie so: „Faktisch besteht das Unterrichtsgespräch aus wie freundlich auch immer abgenötigten Äußerungen, die in aller
Regel von den immer gleichen, relativ wenigen Schülern erbracht ... werden."
(HAAS 1997, 48). HAAS meint das lehrerzentrierte aufgezwungene Lehrge-
spräch, an dem Schüler sich mehr taktisch als inhaltlich interessiert beteiligen.
Er exekutiert damit generell das Unterrichtsgespräch im Rahmen des Literaturunterrichts. Bleibt die Frage, wie denn die zuvor akzeptierten analytisch-kogni-
tiven Leseprozesse in Gang gesetzt, geführt und ausgewertet werden sollen,
wenn nicht auch durch Gespräche.

Die Frage nach Methoden jenseits handelnder Verfahren stellt sich noch
dringlicher bei allen Konzepten, die nicht den Alleinanspruch handelnder Verfahren behaupten, sondern vom Sowohl-als-auch ausgehen. Erstaunlich ist,
dass es eine Methodendiskussion jenseits der handelnden Verfahren in den
letzten Jahren kaum gibt. Dennoch bestimmen solche Methoden den Schulalltag in weitaus größerem Maße als die handelnden. Dabei finden sich Fehlformen wie die oben von HAAS skizzierte Spielart der Unterrichtsgespräche wie
auch andere, die mehr auf selbstständiges Lernen der Kinder setzen.

Für die Notwendigkeit solcher Methoden sprechen mehrere Gründe:
- Kinder können Arbeitsverfahren am ökonomischsten lernen, wenn sie im erar-
  beitenden Unterricht vermittelt und geübt werden. Dies gilt z.B. für Lesestrategien wie genaues Lesen, überfliegendes Lesen, selektives Lesen. Dies gilt dann
  auch für dabei nützliche Arbeitstechniken wie bestimmte Stellen heraussuchen
  und anstreichen, Leseschritte feststellen und markieren, Lesefragen beim Lesen
  beachten und Textinformationen zur Antwort nutzen.
- Genaues Lesen auch als eine Lesehaltung wird durch Rückfragen an den Text,
  durch ständiges Suchen von Belegstellen, durch Argumentieren mit dem Text
  im Gespräch geübt. Bei dichten, schwierigen oder verschlüsselten Texten ist
  hierbei auch ein schrittweises Miteinander-Erlesen und -Besprechen hilfreich.
- Gespräche miteinander sind unverzichtbar, um die Unterschiedlichkeit des
  individuellen Leseverständnisses, der eigenen Erfahrungen in Bezug auf Handlungsweisen, die im Text vorgestellt werden, der eigenen Sichtweisen von Personen, Handlungen, Situationen im Text zu offenbaren und wahrzunehmen.
  Nur durch solche Gespräche werden die Kinder zu Argumentationen herausgefordert und schärfen ihre Sichtweisen und Meinungen.

• Zum Lesen wie zur Rezeption anderer medial vermittelter Texte gehört auch eine literarische Geselligkeit: Kinder tauschen sich über Gelesenes, Gehörtes, Gesehenes aus, zeigen sich, was sie beeindruckt hat, geben sich Tipps, verabreden sich. Literarische Geselligkeit gehört zur Lesekultur, aus den informellen Gesprächen können formelle Gesprächsrunden entwickelt werden.

Das methodische Repertoire umfasst Unterrichtsgespräche, die vom Lehrer oder von der Lehrerin gesteuert werden, Unterrichtsgespräche, die als Kindergespräche kindgeleitet und offen geführt werden, aber auch Einzel-, Partner- oder Gruppenarbeiten mit offenen oder geschlossenen Aufgabenstellungen. Ich nenne diese Methoden jenseits der handelnden Verfahren diskursiv, weil sie Verständigungen über das Textverständnis zur Selbstvergewisserung und im Gedankenaustausch anstreben.

Diskursive Methoden müssen dem aktuellen Lernverständnis entsprechend in Lesesituationen eingebettet sein, die für die Kinder begründet sind, und setzen den Aufbau einer Lesekultur in der Klasse voraus. Sie haben immer auch die wachsende literarische Selbstständigkeit der Kinder zum Ziel. Sie gelten mithin nicht mehr als bedingungsloses Methodenarsenal, wie dies noch in den 60er- und 70er-Jahren z.B. HERMAN HELMERS vertrat, der die lehrerzentrierten Methoden als Verfahren der „Steuerung durch den literaturkundigen Lehrer" schätzte gegenüber offenen Verfahren mit den „zufälligen Einflüssen durch die weniger literaturkundigen Mitschüler" (HELMERS 1969, 296 ff.). Die Radikalität in aktuellen Positionen wie die von GERHARD HAAS hat offenbar auch hier ihren Ausgangspunkt und ihre Negativfolie.

Beispiele für diskursive Methoden aus der Unterrichtspraxis können das Spektrum dieser Methoden zeigen:

1. Beispiel: eng geführte Texterschließung

Im Rahmen einer Unterrichtseinheit „Sich streiten – sich vertragen" wird auch die bekannte Geschichte „Herr Böse und Herr Streit" (Heinrich Hannover) gelesen. Ausgangssituation ist ein Apfelbaum auf der Grenze zwischen den Gärten von Herrn Böse und Herrn Streit, von dem die Äpfel geerntet werden. Zunächst pflückt Herr Böse heimlich alle Äpfel, im nächsten Jahr macht dasselbe Herr Streit schon einen Monat früher. Der Streit eskaliert. Am Ende fällt Herr Böse den Baum. „Von da ab trafen sie sich häufiger im Laden beim Äpfelkaufen."

Die Lehrerin hat den Text auf Folie kopiert. Er wird nun schrittweise erlesen: Jeweils nach einem weiteren Schritt im Streit kommentieren die Kinder das Gelesene und überlegen, wie es weitergehen könnte. Das Verhalten der Streithähne im Text wird in einem Schaubild an der Tafel notiert, dabei wird die Streitkette mit der ständigen Eskalation der Taten ins Groteske deutlich.

Danach könnten die Kinder eine Gegengeschichte schreiben: „Herr Nett und Herr Freundlich". Weitere Geschichten mit Streitsituationen können die Kinder selbstständig erlesen und das hier Erarbeitete verwenden: Streitketten, Möglichkeiten des Aussteigens aus dem Streit und alternative Handlungsmuster. Solche Geschichten könnten z.B die Kalendergeschichte von Hebel „Die beiden Fuhrleute" oder die Fabel von La Fontaine „Von zwei starrköpfigen Ziegen" sein.

An diskursiven Methoden werden hier verwendet:

- schrittweises Erlesen im textgesteuerten Unterrichtsgespräch
- Erarbeiten einer Ereignisstruktur als Schaubild im textgesteuerten Gespräch
- Transfer von erkannten Strukturen auf andere Texte in Einzel- oder Partnerarbeit bzw. in Gruppengesprächen

2. Beispiel: gelenkte Texterschließung

Im Rahmen einer Unterrichtseinheit „Unterwegs in der Welt" in Klasse 3 wird auch der Erzähltext „Tobias und Ines unterm Regenschirm" (Ursula Fuchs) gelesen. Hierbei geht es um Reisefantasien: Tobias möchte nach Spanien, weil er im Urlaub dort war und es ihm am Meer so gut gefallen hat und weil Ines, die aus Spanien stammt, ihn daran erinnert. Ines möchte dorthin, weil sie aus Spanien kommt. Beide verabreden sich zu einer Fantasiereise.

Als Einstieg schreibt die Lehrerin das Wort „Spanien" an die Tafel. Die Kinder assoziieren frei ihr Vorwissen. Die Lehrerin ergänzt an der Tafel den Titel der Geschichte: „Tobias und Ines unterm Regenschirm". Die Kinder verbinden den Titel mit dem Stichwort Spanien und fantasieren, wie beides in einer Geschichte zusammenpassen könnte. Dabei entstehen unterschiedliche Textentwürfe, z.B. die Kinder sind in Spanien oder sie sind in Deutschland und träumen von Spanien, sie freuen sich auf die Ferien. Dann lesen die Kinder die Geschichte, während die Lehrerin drei Leseaufträge an die Tafel schreibt:

1. Warum denkt Tobias gern an Spanien?
2. Warum denkt Ines gern an Spanien?
3. Wie geht die Geschichte am Ende wohl weiter?

Die Kinder notieren Antworten. Im anschließenden Gespräch tauschen sie die Antworten aus und belegen sie mit den entsprechenden Textstellen. Die Weiterarbeit ist mit verschiedenen handelnden Verfahren möglich:

- Die Geschichte wird fortgesetzt, eventuell durch Illustrationen, möglicherweise als Angebot im freien Schreiben.
- Die Fantasiereise von Tobias und Ines (Schifffahrt mit Tischen und Stühlen) wird als lebendes Bild geformt, die Gedanken der beiden Kinder werden eingesagt.
- Da der Text viel wörtliche Rede der beiden Kinder enthält, wird er in Dreiergruppen zum Vortragen geübt. Weil hier jeder auf seinen Einsatz achten muss, wird zugleich das überschauende Lesen gefestigt.

Bei diesem Unterricht werden folgende diskursive Methoden verwendet:
● Gespräche mit unterschiedlichem Grad an Offenheit vom Leitwort „Spanien" an, über die ergänzte Überschrift des Textes bis zum ergebnisorientierten Gespräch nach dem Lesen der Geschichte mit Hilfe der ersten beiden Leseaufträge.
● Arbeit mit Leseaufträgen
● metakommunikative Gespräche über die Möglichkeiten zur Weiterarbeit, wenn die Gestaltungsarbeit geplant wird.

3. Beispiel: vorbereitete freie Texterschließung

Vom Gedicht „Meine zweimal geplatzte Haut" (Hanna Hanisch) werden die ersten beiden Zeilen an die Tafel geschrieben. Die Kinder überlegen in Gruppen, welche Wörter hier eingesetzt werden können. Sie schreiben sie einzeln auf Klebezettel. Die Wörter werden in der Klasse vorgestellt, begründet und in ein Wortfeld eingeklebt. Das Wortfeld wird geordnet, z.B. zu engeren Wortfeldern „ich fühl mich gut" – „ich fühl mich schlecht" – „andere Wörter". Dann erhalten die Kinder den gesamten Text.

Meine zweimal geplatzte Haut

Ich könnte platzen.	Ich könnte platzen.
Aus allen Nähten könnte ich platzen vor Wut.	Aus allen Nähten könnte ich platzen vor Glück.
Meine Hände zittern.	Meine Hände winken.
Meine Stimme bebt.	Meine Stimme lacht.
Meine Haut tut mir weh von so viel Wut.	Mein Bauch gluckert von so viel Glück.
Ich fühle mich krank in meiner Haut,	Ich fühle mich wohl in meiner Haut,
weil du so bös zu mir warst.	weil du so lieb zu mir warst.

Die Kinder sprechen nun frei über den Text. Nach der Vorarbeit werden sie den Text mit eigenen Erfahrungen zusammenbringen.
An diskursiven Methoden werden verwendet:
● freies Assoziieren im Gespräch, in Einzel- oder Partnerarbeit
● offenes Gespräch über den Text

Überblick über diskursive Verfahren

Diskursive Verfahren beim Umgang mit Texten realisieren sich zum einen in Unterrichtsgesprächen mit verschiedenen Öffnungsgraden, zum anderen in Einzel-, Partner- oder Gruppenarbeit, die von der Aufgabenstellung her ebenfalls verschiedene Öffnungsgrade haben können: Unterrichtsgespräche als offene Gespräche, als impulsgesteuerte Gespräche oder als textgesteuerte Gespräche sowie Einzel-, Partner- oder Gruppenarbeit als Arbeit mit offenem Auftrag oder als Arbeit mit konkreten Leseaufträgen.

Methoden des Textumgangs	Diskursive Verfahren
Antizipatorische Verfahren Die Kinder kennen Textelemente oder Textteile (Illustration, Titel, Textabschnitt, bestimmte Sätze, Schlüsselwörter ...).	**Offenes Gespräch:** – sich im Gespräch frei äußern **Arbeit mit offenem Auftrag:** – individuell oder in Gruppen schriftlich assoziieren (Gedanken, Vermutungen, Schreibgespräch, Wortfeld ...) – aufzeichnen, wie es weitergehen kann; die Ergebnisse miteinander austauschen – Fragen zum weiteren Text formulieren **Textgesteuertes Gespräch:** – Text schrittweise erlesen und jeweils den Fortgang antizipieren
Textbearbeitende Verfahren Die Kinder kennen den ganzen Text.	**Offenes Gespräch:** – sich frei zum Text äußern **Arbeit mit offenem Auftrag:** – sich individuell oder in Gruppen schriftlich äußern (Schreibgespräch, Wortfelder, Texte) **Impulsgesteuertes Gespräch:** – Lehrgespräch über den Text führen – ein Schaubild, eine Tabelle, eine Ereignisskizze o.Ä. anhand des Textes erarbeiten – erarbeitete Textstruktur/Textaussage u.Ä. an anderen Texten überprüfen **Arbeit mit Leseaufträgen:** – Text mit Hilfe von Leseaufträgen gerichtet lesen und die Ergebnisse miteinander besprechen – ein Schaubild, eine Tabelle, eine Ereignisskizze o.Ä. anhand des Textes erarbeiten – erarbeitete Textstruktur/Textaussage u.Ä. an anderen Texten überprüfen **Textgesteuertes Gespräch:** – Text strukturieren und schrittweise besprechen
Metakommunikative Verfahren Die Kinder denken über ihren Umgang mit dem Text nach.	**Impulsgesteuertes oder offenes Gespräch:** – nachdenken, wie man zu welchen Ergebnissen gekommen ist – überlegen und entscheiden, wie weitergearbeitet werden kann – Texte für die weitere Arbeit aussuchen und eventuell Verfahren vorschlagen

Kinderliteratur

Zur literarischen Qualität

Jahr für Jahr erscheinen etwa 3000 neue Titel auf dem Markt der Kinder- und Jugendliteratur. Die allermeisten davon werden nur einmal aufgelegt. Das Angebot ist so vielfältig wie die Erwachsenenliteratur: Comics, Anthologien und Sammelbände, Bilderbücher, Erzählungen und Romane, Sachbücher und Kinderlexika, Lyrikbücher, dazu Kinderzeitschriften, Hörkassetten, Kinderliteratur auf CD-ROM. Die literarische Qualität des Angebots ist ebenso wie in der

Erwachsenenliteratur höchst unterschiedlich: Im großen Bereich der erzählenden Literatur kann unterschieden werden in Trivialliteratur, Unterhaltungsliteratur und poetische Literatur.

Trivialliteratur ist so genannte Schemaliteratur, also Literatur, die mit stere-
otypem Personal und festen Handlungsmustern arbeitet und die Erwartungen
der Leser voll befriedigt. Beispiele hierfür sind Serien mit dem immer gleichen
typisierten Personal, der gleichen Bühne und den gleichen Handlungsverläu-
fen. Die Enid-Blyton-Serien sind hierfür ein bekanntes Beispiel: Kinder klären
autonom ein Verbrechen auf. Gut und Böse sind auf Anhieb erkennbar, die Rollenbilder sind fest geprägt, der Romanablauf ist immer identisch, von der
Feriensituation der Kinder mit Spuraufnahme über die Gefahrensituationen bis
zur Lösung mit Übergabe der Verbrecher an die Polizei. In den 70er-Jahren war
die Schemaliteratur bevorzugter Gegenstand des kritisches Lesens, konnten
hier doch Machart und in den stereotypen Mustern des Personals und der
Handlung auch präsente Ideologien aufgedeckt werden. Damit war Trivialite-
ratur zur „Schlachtung" freigegeben (HURRELMANN 1998, 16). Als pädagogisches Problem blieb die Diskriminierung von Literatur, die von Kindern wie von
Erwachsenen bevorzugt wird, weil ihr leseerleichternder Schematismus und die
Bestätigung der Leseerwartungen beim Lesen den Unterhaltungs- und
Gebrauchswert ausmachen: Der Wunsch nach entspannendem Lesen findet
hier seinen Lesestoff. Unberücksichtigt blieb aber vor allem, dass (minderwer-
tige) Trivialliteratur in Gegensatz zur (hochwertigen) poetischen Literatur
gebracht wurde und damit ein großer Literaturbereich mit abgewertet wurde:
die Unterhaltungsliteratur.

Unterhaltungsliteratur ist im traditionellen Verständnis „das Ensemble von
Texten, die in einer gedachten Werthierarchie die Mittelschicht zwischen
Kunst- und Trivialliteratur ausmachen", so fasst BETTINA HURRELMANN die Vorschläge zur Unterscheidung zusammen (HURRELMANN 1998, 17). Solche Unterhaltungsliteratur gibt es im fiktionalen wie im sachbezogenen Bereich. „Für
unterhaltende Sachliteratur ist oft eine erzählende Aufbereitung oder Persona-
lisierung der Wissensvermittlung charakteristisch, für fiktionale Literatur
lineares und überwiegend szenisches Erzählen, das Angebot von Identifika-
tionsfiguren, emotionalen Beteulungsmöglichkeiten, Spannungsstrukturen,
Komik: eine insgesamt robuste Darstellungsweise, die die Orientierung in
der fiktionalen Welt erleichtert und zunächst einmal vor allem Identitätserlebnisse ermöglicht ... Ganze Subsysteme der Literatur, wie z.B. die Kinder- und
Jugendliteratur, stehen von ihren dominanten Strukturprinzipien her der
Unterhaltungsliteratur nahe." (HURRELMANN 1998, 17) Der wesentliche Unterschied zur Trivialliteratur liegt im, wie HURRELMANN es bezeichnet, „Spielcharakter" der Unterhaltungsliteratur: Die robuste Erzählform wird gewählt, also
eine grundlegende und bekannte Erzählstruktur, in der schon unzählige Texte
erzählt wurden, wie z.B. Aufbruch – Abenteuer – Heimkehr. Diese Erzählform
wird aber in Thematik und Ausgestaltung so variiert, dass einerseits zwar das

Muster erkennbar ist, andererseits Neugier auf Variationen gefördert und gestillt wird. Dadurch wird das Spiel mit Fiktionen erfahrbar und erkennbar. Unterhaltungsliteratur hat gerade auch im Grundschulbereich ihren weitreichenden Platz,

- weil sie einen Großteil der Kinderliteratur ausmacht,
- weil das Rezipieren von Unterhaltungsliteratur in den verschiedenen Medien die meistpraktizierte Form alltäglichen Lesens darstellt,
- weil Leseneugier und genießendes Lesen wichtige Grundlagen im Aufbau einer Lesekultur in der Schule sind,
- weil mit der Unterhaltungsliteratur zentrale Ziele im Bereich „Umgang mit Texten" erreichbar sind, wie Identitätserlebnisse, Einfühlung, Spiel mit anderen Sichtweisen und Handlungsmöglichkeiten, Gestaltungsprinzipien,
- weil „Lesestudien übereinstimmend zeigen: Wer nicht in der Jugend ein faszinierter Unterhaltungsleser war, wird auch im späteren Leben an Literatur kaum Interesse finden" (HURRELMANN 1998, 16).

Hochliteratur ist dann solche Literatur, die anerkannt zeitübergreifend poetischen Rang hat. Im Grundschulbereich sind dies z.B. Klassiker wie Eulenspiegel oder Pinocchio, Der kleine Häwelmann oder Der kleine Prinz.

Sosehr viele Leserinnen und Leser sicher sind, Texte zuordnen zu können, ob sie trivial, unterhaltend oder hochwertig sind, so ist literaturtheoretisch keine befriedigende, weil allgemein gültige treffsichere Definition zu erkennen. Dies liegt einmal daran, dass konkrete Texte oft eher in Mischungsbereichen einzuordnen sind. Zum anderen muss kunstsoziologisch gesehen die Zuweisung von Literatur zu einer der drei Kategorien immer historisch eingeordnet werden: Sie wird in der jeweiligen historischen Situation von den meinungsführenden Kritikern und Bildungsschichten vorgenommen und fungiert dabei auch als Selbstdefinition des Lesers „anspruchsvoller Literatur". Daraus ist der Schluss zu ziehen: Gerade die Mischungen von leicht zugänglich, verlockend, einladend und anspruchsvoll, überraschend sind didaktisch besonders ergiebig. Umgang mit Kinderliteratur gehört deshalb in der literaturpädagogischen Diskussion zu den bevorzugten Themen.

Zur Textauswahl

- *Aktualität:* Der Subjektivismus der 80-Jahre hat auch die Kinderliteratur verändert. Zugleich sind mit der neueren Kinderliteratur auch zeitgemäße literaturdidaktische Möglichkeiten gegeben, die zur Selbstfindung beitragen können.

Ein Beispiel: Der Kinderroman „Sonntagskind" von Gudrun Mebs erschien zuerst 1983. Er erzählt von einem Mädchen, das im Heim groß wird und auf „Sonntagspaaneltern" wartet, die es jeweils für den Sonntag aus dem Heim holen. Schließlich kommt eine Frau, die ganz anders aussieht, als sich das

Sonntagskind es vorgestellt hat. Allmählich gewöhnen sich beide aneinander und es entwickelt sich Zuneigung. Die Frau will das Mädchen adoptieren, braucht dazu aber einen Ehemann und will ihren Freund heiraten. Am Ende gibt es noch keine Adoption, aber ein gemeinsames Zusammenleben auf Probe. Erzähltechnisch ist die Geschichte ein innerer Monolog, die Dialoge werden von dem erzählenden Kind wiedergegeben, häufig sind selbstreflektierende Einschübe. Neuere Kinderliteratur wie dieser Roman nimmt aktuelle Entwicklungsfragen von Kindern auf: Verlustängste und die Suche nach Geborgenheit, die Erfahrung der Unvollkommenheit auch der Erwachsenen, die Entwicklung eines eigenen Standpunkts, das Zurechtkommen in Krisensituationen. Solche Motive gehen einher mit Erzählweisen, wie sie aus der Erwachsenenliteratur übernommen sind: die Ich-Erzählung, die Mitteilung von Gedanken, der Wechsel der Sichtweisen. Gefördert werden Empathie als Hineinversetzen in andere Erlebnis- und Sichtwelten, Distanz im Vergleich zu eigenen Erfahrungen und Sichtweisen, Perspektiven zur individuellen Meinungsbildung und Selbstfindung, zugleich der Umgang mit modernen Erzähltechniken.

● *Medienmarkt:* Im Kapitel „Begründungen für das Lesen und den Medienumgang" wurde schon darauf verwiesen, dass Leseanreize oft von auditiven oder audiovisuellen Medien ausgehen:

Kinder lernen Figuren und Geschichten durch das Fernsehen oder auf Hörkassetten kennen und werden möglicherweise auf das Buch neugierig. Zu den Produktionsprinzipien des Medienmarktes gehört heute, dass mit Ausstrahlung des Films, der Serie im Fernsehen auch eine hohe Buchauflage angeboten wird. Lesedidaktisch kann man hieraus zweierlei folgern:

1. Der Weg vom Film zum Buch kann auch ein Weg sein, für das Lesen zu interessieren.
2. Der Reiz, Bekanntes aus dem Film im Buch wiederzuerkennen, aber auch Unterschiede wahrzunehmen, mediale Besonderheiten auszumachen, kann mediendidaktisch genutzt werden.

Ein Beispiel: 1989 erschien der Kinderroman „Rennschwein Rudi Rüssel" von Uwe Timm, der 1990 den Deutschen Jugendliteraturpreis erhielt. 1994 wurde das Buch als Kinder- bzw. Familienfilm verfilmt, es gibt ihn inzwischen als DVD. Schon der Titel reizt zu Antizipationen. Die Kinder vermuten an Hand des Titels, worum es im Film gehen mag. Dann sehen sie sich den Film als Ganzes an. Die folgenden Anstöße werden gegeben. Sie können bei den freien Meinungsäußerungen genutzt werden:

Am besten hat mir diese Stelle im Film gefallen: ...
Diese Stelle fand ich besonders lustig/traurig: ...
Diese Stelle im Film hat mir gar nicht gefallen: ...
Bestimmte Filmsequenzen können noch einmal vergleichend angesehen werden. Das Buch werden die meisten Kinder dann gern lesen wollen. Gespräche

über Gemeinsamkeit und Unterschiedliches von Film und Buch entwickeln sich nahezu von selbst. Dabei werden auch medienspezifische Besonderheiten entdeckt.

● *Klassiker:* Seit den 90er-Jahren hat sich der Trend zu Kinderbuchklassikern stabilisiert (s. HURRELMANN 1994, HURRELMANN 1995). Ein Grund hierfür ist offenbar eine Gegenbewegung gegen die Flut der jährlichen Neuerscheinungen. Klassiker, also Literatur, die auch der Eltern- und Großeltern-Generation bekannt sind, schaffen Überschaubarkeit und Vertrautheit. Struwwelpeter, Häschenschule oder Max-und-Moritz z.b. finden jedes Jahr ihre Käufer. Neue Buchklassiker, mit denen die jüngeren Generationen heranwachsen, scheinen primär über die Fernsehausstrahlungen zu entstehen: z.b. die Janosch-Bücher mit der Tigerente oder Käpt'n Blaubär-Geschichten. Untersuchungen zu den meistverkauften Klassenlektüren in der Grundschule verweisen auf eindeutige Spitzenreiter: Auf der Basis der Absatzzahlen von 1993 war dies mit weitem Abstand Ursula Wölfels „Fliegender Stern", sicher im Zusammenhang mit dem beliebten Unterrichtsthema Indianer. Gefolgt von Packard „Die Insel der 1000 Gefahren" und Nöstlingers „Wir pfeifen auf den Gurkenkönig" (RUNGE 1997, 52 und 69).

Bei aller Relativierung der Klassiker, auf die hier nicht näher eingegangen wird, gibt es gute Gründe, über den Bestand an Kinderbuchklassikern nachzudenken und sie im schulischen Bereich als gemeinsamen Textbestand zu vereinbaren:

– Sie stellen ein literarisches Grundwissen dar, unabhängig von den sozialen Schichten. Damit machen sie auch Gespräche über die Generationen hinweg über Literatur, Literaturerfahrung und über literarische Bilder möglich, wie sie z.b. in Märchen, in den Volksbüchern, in neueren Kinderbüchern von Kästner oder Lindgren, in Gedichten präsent sind.

– Sie stellen Historizität her, wenn sie andere Zeit- und Weltzusammenhänge darstellen, z.b. Armut in vielen Märchen wie in dem vom süßen Brei, von Hänsel und Gretel, vom dicken fetten Pfannekuchen, zudem in einer Sprache, die nicht mehr die heutige ist. Klassisch sind sie aber nur, wenn sie auch heute betroffen machen, weil überzeitliche Lebenslagen, Ängste und Wünsche, Handlungsalternativen erkennbar sind, wie Suche nach Anerkennung, Verlassenheit und Geborgenheit, Auseinandersetzung mit Moralität: gut und böse, solidarisches Handeln.

– Sie stellen Interkulturalität her, wenn sie klassische Texte aus anderen Kulturen einbeziehen, z.b. neben Eulenspiegel-Geschichten solche von Nasredin Hodscha, Pinocchio, Pu der Bär, Märchen aus aller Welt, aber auch Texte, die „um die Welt wandern" wie das Märchen von Rotkäppchen.

● *Sachbücher:* In der schon zitierten Untersuchung zu den Programm- und Verkaufszahlen wurde, bezogen auf einen großen Kinderbuchverlag (Ravensburger) und auf das Jahr 1993, festgestellt: Im Bereich der Klassen 1 bis 4 macht der Anteil der Sachbücher am Verlagsprogramm 43 % aus. Aber nur 10 % der verkauften Klassensätze sind Sachbücher. Am häufigsten waren dies die Titel „Dinosaurier" und „Stolze Burgen. Edle Ritter", „Kartoffeln" und „Brot" sowie Tiersachbücher und „Der Sternenhimmel" (RUNGE 1997, 48). Das bedeutet, dass an Kinderbüchern die erzählenden Bücher weitaus mehr in der Schule eingesetzt und gelesen werden als Sachbücher. Hier wirkt sich die Tradition des Literaturunterrichts mit dem Schwerpunkt im erzählerischen Bereich aus. Dies ist aus zwei Gründen eine falsche Prioritätensetzung:

1. Informierendes Lesen gehört neben dem identifikatorischen Lesen zu den wichtigsten Lesemodi, die in der Grundschule entwickelt werden müssen. Neben der gemeinsamen Lektüre ist hier besonders das individuelle interessegebundene Lesen in größeren Zusammenhängen wichtig, das zugleich überfliegendes und selektives Lesen, ergänzendes Lesen von Bild und Text, genaues Lesen im Gebrauch trainiert. Sachbücher zu Unterrichtsthemen und zu Interessethemen sind deshalb so wichtig wie erzählende Bücher.
2. Lesesoziologische Untersuchungen belegen, dass Jungen eher Sachbücher, Mädchen eher erzählende Texte bevorzugen. Lesedidaktisch folgert daraus u.a., dass Jungen durch Sachbuch-Angebote in ihrem Interessebereich als Leser angesprochen werden müssen, dass aber bei Mädchen durch Sachbücher, die ihren Interessenbereich betreffen, die entsprechenden Lesemodi des informierenden Lesens entwickelt werden müssen.

Lesen von „Ganzschriften" bzw. Langtexten

Zu den methodischen Varianten liegt mit den handelnden und diskursiven Umgangsweisen sowie dem freien Lesen in der Lesekultur der Schule ein reichhaltiges Repertoire vor. Bei den kürzeren Texten, wie sie zum Beispiel die Lesebücher versammeln, ist die Lesezeit auch im üblichen unterrichtlichen Rahmen gut zu realisieren. Beim Lesen von Langtexten, also „Ganzschriften" nach älterer Terminologie, Kinderbüchern, Kinderromanen, Sachbüchern, entstehen zusätzliche Probleme mit der Lesezeit: Zum einen brauchen längere Texte viel Lesezeit, die oft in schulisches und häusliches Lesen eingeteilt wird, zum anderen gehen die Lesezeiten bei den individuellen Unterschieden im Lesetempo bei längeren Texten umso mehr auseinander. Hinzu kommt, dass es von einem bevorzugten Buch möglicherweise nur wenige oder nur ein Exemplar gibt, zum Beispiel, weil das Buch nicht mehr im Handel erhältlich ist.

Sofern die Bücher mit der Klasse bearbeitet werden sollen und nicht nur dem individuellen Lesen überlassen bleiben, haben sich folgende Varianten herausgebildet:

● *Individuelles Lesen:* Mehrere Bücher stehen in der Klasse zur Auswahl. Die Kinder lesen individuell das Buch ihrer Wahl und führen dabei ein Lesetagebuch. Zwischengespräche mit den Kindern, die dasselbe Buch lesen, werden geführt, um die Leseerfahrungen auszutauschen und die Leseerwartungen zu schärfen; dann aber auch, um zu überlegen, wie das Buch den anderen in der Klasse vorgestellt werden kann. Die Kinder mit demselben Buchtitel bilden dann die Vorbereitungsgruppe für die Präsentation.

● *Klassenbezogenes individuelles Lesen:* Alle Kinder haben in einer Taschenbuchausgabe dasselbe Buch. In einer ersten Phase werden Leseerwartungen geweckt und womöglich präzisiert. Dann bieten sich zwei Varianten an:
a) Die Kinder erlesen kapitelweise das Buch. Nach jedem Kapitel wird das Gelesene bearbeitet, neue Erwartungen werden präzisiert. Dies kann mit allen Kindern in der Klasse geschehen, z.b. indem die Kapitel zum Teil vorgelesen, z.T. zu Hause gelesen werden. Die Kinder können ihrem individuellen Lesetempo entsprechend die Kapitel erlesen, in der Klasse ist eine Werkstatt mit Stationen für jedes Kapitel aufgebaut, an denen die Kinder je nach Lesestand individuell und in Gruppen arbeiten.
b) Die Kinder erlesen das Buch als Ganzes. Eventuell liest die Lehrerin zunächst einen Teil des Buches vor, die Kinder lesen dann in der Schule und zu Hause weiter. Aus den offenen Gesprächen über das Buch werden die weiteren Arbeiten entwickelt. Dabei können die Kinder auch arbeitsteilig weiterarbeiten.

● *Klassenbezogenes Vorlesen:* Das Buch existiert nur in einem Exemplar. Die Lehrerin oder der Lehrer liest es insgesamt vor. Dabei besteht die Möglichkeit, bei Gesprächsbedarf unmittelbar Zeit und Gelegenheit für ein Gespräch einzuschieben. Diese Gespräche können offen, also durch die Gesprächsbeiträge der Kinder geleitet, gestaltet werden, aber auch impulsgesteuert. Dies wird man vom Thema des Buches, von dem Redebedarf der Kinder und den didaktischen Absichten abhängig machen. Zwischendurch oder am Ende des Buches können Text und Texterfahrungen mit handelnden Methoden bearbeitet werden. Bei Bilderbüchern können die Bilder z.B. auf Folie kopiert präsentiert werden.

Integrierte Medienerziehung

Die Kinder wachsen in eine Welt hinein, die von Medien wesentlich mit geprägt ist. Sie gehen oft ganz selbstverständlich auch mit neueren Medien um: mit Fernsehen, mit Video und DVD, Computer und moderner Telekommunikation. Bald werden alle Grundschulen ans Internet angeschlossen sein und die Kinder können mit Menschen auch in entfernteren Regionen umstandslos kommunizieren, elektronisch Botschaften und Bilder austauschen und vieles mehr. Erste Schulpartnerschaften im Grundschulbereich realisieren sich bereits über das Internet. Ältere Medien sind schon so vertraut, dass sie in der aktuellen Mediendiskussion kaum noch mit genannt werden: Plakat, Zeitung, Foto, Film, Tonaufnahmen. Durch das Medienangebot sind auch die Kinder mit einem Überfluss an optischen, akustischen, textlichen Informationen konfrontiert, mit medienspezifischen Darstellungs- und Präsentationsweisen, mit medienbestimmten Eindrücken und Erlebnisweisen.

Aufgaben der Medienerziehung

Zu den unbestrittenen Aufgaben der Schule heute gehört deshalb die Medienerziehung. Die Kultusministerkonferenz formulierte 1995 hierzu drei Zielaspekte für die Schule insgesamt. Es sei, so die Konferenz, „erforderlich, dass die Schülerinnen und Schüler:

– sich in der Medienwelt zurecht finden können ...
– die durch Medien vermittelten Informationen, Erfahrungen und Handlungsmuster kritisch einordnen können ...
– sich innerhalb einer von Medien bestimmten Welt selbstbewusst, eigenverantwortlich und produktiv verhalten können ...“

Eine Möglichkeit wäre, für die Medienerziehung ein eigenes neues Unterrichtsfach zu schaffen. Doch dies wird schulpolitisch nirgendwo beabsichtigt. Es ist fachlich auch nicht erforderlich. Denn die Leitziele sind seit der kommunikativen Wende der Deutschdidaktik Bestandteil der Sprachdidaktik, wenn auch eher auf Printmedien, auf Film und Fernsehen bezogen. Sie sind aber auf alle Medien beziehbar und sind offen für neue Medienentwicklungen.

JUTTA WERMKE plädiert für die Integration der Medienerziehung in den Fachunterricht, in erster Linie in den Deutschunterricht. Deutsch- bzw. Sprachunterricht dürfe nicht mehr allein „buchzentriert“ sein; Lesen und Schreiben seien heute eben nicht nur an Buch und Heft gebunden, Sprache und Literatur nicht nur an Schrift. Die Printmedien seien ein Medium unter anderen, zum Teil mit anderen Medien verflochten (das Buch zum Film). Sie seien deshalb nicht mehr die Leitmedien des Unterrichts, wie dies im traditionellen Sprachunterricht der Fall ist, noch seien im Gegensatz dazu nun ausschließlich die neuen Medien die Leitmedien. Aus der Perspektive der Kinder gedacht: Die vielfältigen außerschulischen Rezeptionserfahrungen der Kinder seien in den Unterricht einzubeziehen. (WERMKE 1997, 45 ff.)

Im „Rahmenkonzept für die Medienerziehung in der Grundschule“, einem Projekt der Bund-Länder-Kommission für Bildungsplanung und Forschungsförderung in den Ländern Nordrhein-Westfalen und Sachsen, werden die folgenden Aufgaben einer integrierten Medienerziehung genannt (nach: Ministerium für Schule und Weiterbildung, Wissenschaft und Forschung des Landes Nordrhein-Westfalen 1998, 8 ff.):

– Medienangebote sinnvoll auswählen und nutzen
– eigene Medienbeiträge gestalten und verbreiten
– Mediengestaltungen verstehen und bewerten
– Medieneinflüsse erkennen und aufarbeiten
– Bedingungen der Medienproduktion und -verbreitung durchschauen und beurteilen.

Diese Aufgaben sind in allen Fächern zu verfolgen – in fachbezogenen und in fachübergreifenden Unterrichtseinheiten.

Integrierte Medienerziehung im Sprachunterricht

Wenn wir die Aufgaben auf den Sprachunterricht beziehen, dann sind sie sowohl mit traditionellen medialen Textsorten wie dem Kinderbuch, mit Comics, Zeitungs- und Zeitschriftentexten, mit Broschüren, Gebrauchsanweisungen oder Plakaten zu realisieren, ebenso aber auch mit neueren und neuesten Medien, also z.b. mit Film, Videoclip, Hörszene, Fotogeschichte, Computertexten, sowie für die Medienverbünde, z.b. mit dem Buch zum Film, dem Kinderbuch auf CD-ROM. Einige Beispiele:

Aufgaben	Beispiele aus verschiedenen Medienbereichen
Medienangebote sinnvoll auswählen und nutzen	eine Bücherei nutzen; aus Frühlingsgedichten ein Lieblingsgedicht auswählen und gestalten; zum Sachthema im Lexikon, in Sachbüchern, im Internet Informationen finden und verarbeiten; Fernsehzeitschriften zur Programmauswahl nutzen; Kinderbücher, Hörspiele, Filme begründet auswählen, sich unterhalten, imaginieren, belehren, zum Gespräch anregen lassen usw.
eigene Medienbeiträge gestalten und verbreiten	ein Buch, eine Zeitung, eine Plakatwand, eine Ausstellung für andere gestalten; ein Foto, eine Hörszene, einen Videofilm, einen Werbetext, einen Werbefilm, eine Nachrichtensendung gestalten; eine Botschaft über das Internet verbreiten, z.B. mit einer Patenschule e-mailen oder eine Homepage der Schule gestalten; technische Aspekte durch Probieren und Analysieren entdecken und bewältigen, z.B. beim Kopieren und Herstellen eines Buches, bei der Handhabung von Mikrofon oder Videokamera, bei Nutzung des Internets usw.
Mediengestaltungen verstehen und bewerten	„die Sprache der Medien" untersuchen: sprachliche, bildnerische, grafische, filmische Mittel; verschiedene Gestaltungsformen miteinander vergleichen, z.B. Prosatext und Gedichttext, Werbung in der Zeitung, auf Plakat und im Fernsehen, Kinderbuch und Film, schriftlicher Text und Fotogeschichte; Absichten z.B. bei Werbungen, bei Informationen, bei Lehrtexten erkennen; Sichtweisen in Mediengestaltungen klären: über Menschen, über Handlungsweisen und Handlungsziele, über den Umgang mit der Natur oder mit der Technik usw.
Medieneinflüsse erkennen und aufarbeiten	sich der Einflüsse auf Gefühle, auf eigene Fantasien, auf das Nachdenken, auf eigene Entscheidungen bewusst werden, z.B. durch Malen zu Bildern, zu Filmen, durch Weitergestaltung über den Medientext hinaus, durch Kommentieren von Handlungsweisen; Texte und Filme mit der Realität vergleichen, z.B. realitätsnahe Texte, sog. Alltagsserien, Krimis, Werbefilme; Verhaltensweisen in der Realität beobachten, die in Medien dargestellt werden: zur Rolle von Jungen und Mädchen, zum Kauf von Kleidung und Genussmitteln, zu Gesten und Moden usw.
Bedingungen der Medienproduktion und -verbreitung durchschauen und beurteilen	durch eigene Gestaltung Bedingungen von Produktion und Verbreitung erfahren, z.B. anhand eines Plakats, einer Wandzeitung, einer Klassenzeitung, eines Buchprojektes, einer Fotogeschichte, eines Videofilms, einer Homepage; einen Medienort aufsuchen und durch Beobachtung und Gespräche Informationen gewinnen, z.B. in der lokalen Zeitungsredaktion, im Lokalfunk; Informationen über Medienarbeit durch Lesen und audiovisuelle Medien erwerben; Zusammenhänge von Medienverbund und Merchandising an aktuellen Produkten ermitteln, z.B. zu einer aktuellen Fernsehserie das Buch oder die Zeitschrift lesen, beides miteinander vergleichen, Fan-Artikel zusammenstellen, über Zielgruppen und Marktstrategie Erkenntnisse gewinnen ...

Beispiele für den Umgang mit auditiven, audiovisuellen und elektronischen Medien

- *Geräusch- und Interviewaufnahmen:* HELGA JUD-KREPPER schlägt für den Umgang mit dem Kassettenrekorder folgende Möglichkeiten vor (JUD-KREPPER 1996, 257): „Nach der Einführung in die technische Handhabung von Aufnahmegerät und Mikrofon machen die Schülerinnen und Schüler Geräusch- und Interviewaufnahmen. Dies passiert in Partnerarbeit – zunächst während schulischer Lerngänge, später in der Ausführung von ‚selbstgesteuerten‘ Höraufgaben. Gelungene Sequenzen werden überspielt und archiviert. Über einen längeren Zeitraum hinweg entsteht ein akustisches Album, das an Personen, Räume und Ereignisse erinnern hilft und das beim Hören stets Erzählen initiiert.

  Ebenso wichtig wie diese Erinnerungsspuren gemeinsamer Unternehmungen wird das Interview als kommunikative Situation: Mit Hilfe des Tonbandes traue ich mich, fremde Menschen anzusprechen und sie zu ihrem Tun zu befragen – zum Beispiel den Polizisten, die Verkäuferin, den Busfahrer ... Das Mikrofon wird zum Schutz und Vermittler und die Kommunikationssituation ist vorhersehbar, weil Versatzstücke wie Eingangssatz und Abschlusswendung erlernbar sind.“

- *Medienbeiträge im Klassenstudio:* Schon in den 70er-Jahren wurde mit dem „Karton-Kino“ unterrichtspraktisch experimentiert: Eine Geschichte wird in Erzählschritte eingeteilt. Zu jedem Erzählschritt wird ein Bild gemalt. Die Bilder werden in der Abfolge der Geschichte auf eine Papierrolle geklebt. Aus einem größeren Karton wird äußerlich ein Fernsehapparat gebaut, anstelle des Bildschirms wird ein Sichtfenster eingeschnitten. Die Papierrolle wird so durch den Karton gezogen, dass Bild nach Bild im Sichtfenster erscheint (auf der einen Seite wird dabei die Rolle ab-, auf der anderen Seite aufgerollt). Dazu wird die Geschichte erzählt, Dialoge werden gesprochen, Musik wird eingeblendet. Der gesamte Ton kann auch vorher auf Kassette aufgenommen werden. Die Kinder lernen hierbei, eine Geschichte in Bilder einzuteilen, Bild, Text und Ton zu gestalten und miteinander zu arrangieren.

Wenn der Karton groß genug ist, dass zwei Kinder als Nachrichtensprecher hinter dem Sichtfenster sitzen können, dann sind Nachrichten aus dem Klassenstudio vorzutragen. Die Kinder sammeln Nachrichtenthemen aus der Klasse, aus der Schule, aus dem Ort. Sie schreiben Nachrichten auf, zeichnen Bilder für den Projektor dazu.

Ein Beispiel: „Die Kinder aus der Klasse 3 haben eine Gemüsesuppe gekocht. Allen Kindern hat es geschmeckt. In der ganzen Schule roch es gut. Nun wollen die Kinder einer anderen Klasse auch mal eine leckere Suppe kochen. Sie sammeln schon Vorschläge.“

Zu einzelnen Nachrichten können die Kinder auch eigene Meinungen als Kommentare verfassen und dazu sprechen. Die Kinder lernen, Nachrichten auszuwählen und dabei Gesichtspunkte für Auswahl und Gestaltung der Nachrichten zu erarbeiten, Nachrichten und Kommentare zu unterscheiden und die Präsentation zu bedenken und zu gestalten. Dabei kommt unweigerlich als Vorbild und zum Vergleich das reale Fernsehen immer mit in den Blick der Kinder.

Natürlich können Film und Nachrichten, aber auch ergänzend Werbung oder ein Sachbeitrag mit Videokamera aufgenommen werden. Dann sind Aufnahme, Darstellung und Rezeption näher an der Fernsehwirklichkeit. Aber die spielerische Simulation mit dem Papp-Fernsehapparat hat für Kinder ihren eigenen Reiz.

- *Fernsehkritik:* Die Kinder vereinbaren eine Fernsehsendung, die alle ansehen können. Sie wird auf Video aufgezeichnet, so dass in der Klasse ein mehrmaliges Ansehen auch von Ausschnitten möglich ist. Die Fernsehkritik kann folgende Aspekte und Fragen berücksichtigen:
Inhalt: Worum geht es in der Sendung?
Beurteilung: Was hat mir gut gefallen? – Warum?
Was hat mir nicht gefallen? – Warum?
Empfehlung: Wem kann ich die Sendung empfehlen?

Unterschiedliche Meinungen werden ausführlich diskutiert, Belegstellen auf dem Video angesehen. Bei der gemeinsamen Arbeit werden die Aspekte und Bewertungsmöglichkeiten geschärft. Anschließend werden von einzelnen Kindern oder Gruppen eine Zeit lang Fernsehsendungen verfolgt und bewertet. Die Bewertungen können dann mit Vorschlägen zum Programm an die Fernsehsender geschickt werden, z.B. per E-Mail. Die Kinder lernen hierbei Gesichtspunkte zur Beurteilung von Fernsehsendungen kennen und anzuwenden, verschiedene Meinungen auszutauschen, abzugleichen und auch zu akzeptieren und ihre Meinung an die Sender zu formulieren.

- *Gestaltungen von Fernsehserien* (nach: HEIDTMANN 1993, 29 ff.) Die Kinder sehen als Video-Mitschnitt den Anfang einer Serienepisode, den Aufbau des Konflikts. Dann erzählen sie weiter, lösen den Konflikt, führen die Handlungen zu Ende. Variante: Die Kinder sehen eine kurze Serienepisode ohne Ton und schreiben den Dialog selbst. Später sprechen sie zum stummen Film. Ihre eigene Vertonung wird dann mit dem Originalton verglichen. Besonders geeignet sind Trickfilmsequenzen. Die Kinder lernen, Handlungs- und Sprachschablonen zu erkennen.

Die Kinder vergleichen einfach animierte, stereotyp erzählende japanische Trickfilme als Serienmitschnitt mit amerikanischen Trickserien, die reicher und komplexer animiert sind, z.B. Disney-Kurzfilmproduktionen. Dabei erkennen sie Charakteristiken industrieller Serienanfertigungen und der Billigversionen. Inzwischen gibt es Sachbücher für Kinder, die zusätzlich Informationen über Fernsehen, Film- und Trickfilm-Herstellung vermitteln.

● *Offline-Medium: Kinderbuch auf CD-ROM* (nach PENGER-SCHLATTERER 1998, 165 ff.) Offline-Medien sind elektronische Medien, mit denen die Kinder ohne Verbindung zum Netz im Klassenraum arbeiten, z.B. Diskette oder CD-ROM.

Während des Lesens der Ganzschrift „Meine Oma lebt in Afrika" von Annelies Schwarz setzte die Lehrerin in einer Klasse 3 auch die CD-ROM ein mit der Geschichte von Rudyard Kipling: „Wie der Leopard seine Flecken kriegte" (Microsoft). Die CD-ROM ermöglicht, dass über Links je nach Interesse zusätzliche Informationen als Text, Ton oder Kurzfilm eingeblendet werden. Die Geschichte selbst wird als Bildergeschichte in 15 Kapiteln erzählt. Kurzfilme können geschaltet werden, die Einblick in Afrikas Tierwelt und Vegetation geben; Begriffe wie „Pfeil", „Bogen", schwierige Wörter wie „sandgelbbräunlich", Informationen über den Autor und über Afrika können angeklickt werden. Außerdem gibt es Spieleseiten, ein visuelles und akustisches Puzzle und ein Malprogramm, mit dessen Hilfe die Hauptfiguren der Geschichte, der Leopard und sein Freund, der Äthiopier, verschiedene Tarnfarben und -muster erhalten, um sich ihrer Umwelt besser anzupassen und erfolgreich jagen zu können.

Im Unterricht arbeiteten jeweils einige Kinder am Computer, während die anderen am gedruckten Text Aufgaben erledigten. In einem eigenen Lernheft hielten die Kinder individuell fest, was sie besonders interessierte, beschäftigte und was sie gelernt hatten. Die Kinder können die Möglichkeiten erkennen, die ein „Multimedia"-Programm enthält, also eins in verschiedenen Ebenen, in die man per Links kommen kann, um sich bei wichtigen, interessanten oder unverständlichen Stellen Informationen zu holen, zugleich mit verschiedenen Textsorten im Schrifttext, im Bild, im Film und in Tönen. Sie können über ihr Lesetagebuch und über Gespräche zum Umgang mit der CD-ROM erfahren, wie man sich in der Fülle der Angebote verlieren kann. Damit können sie auch lernen, sich ihres eigenen Interesses bewusster zu werden und gezielter auszuwählen.

● *Online-Medium:* In den letzten Jahren wurden im Internet viele Angebote für Kinder entwickelt, die ständig auf Kindgerechtheit überprüft werden und verschiedene Aktivitäten ermöglichen: Kinder können sich über Sachverhalte und über Bücher informieren, Texte ausdrucken, sie können eigene Texte einstellen, im Chat Meinungen mitteilen und diskutieren, über Homepages anderer Grundschulen in direkten Kontakt miteinander treten und dabei zeitgleich mit Menschen an anderen Orten schriftlich kommunizieren.

Da die Möglichkeiten vielfältig sind und sich auch über die Zeit verändern, seien hier nur exemplarisch einige Angebote vorgestellt:

– Kinderseiten: Zu Kinderseiten gelangt man über eine Adresse, auf der die verschiedenen Kinderseiten miteinander vernetzt sind, zum Beispiel blinde-kuh, wasistwas, geolino, zzzebra, rossipotti. www.seitenstark.de
– Antolin, ein Buchportal für Kinder (www. antolin.de): Über 5000 Kinderbü-

cher, Klassiker wie Neuerscheinungen, sind hier alphabetisch aufgeführt. Wenn die Kinder eines der Bücher gelesen haben, können sie Fragen zu dem Buch beantworten. Sie können auch eigene Bücher ins Netz stellen und Fragen dazu gemeinsam erarbeiten. Bedingung ist, dass die Schule gegen eine geringe Gebühr eine Lizenz zur Nutzung des Angebots erwirbt. Informationen: www.antolin.de/all/howto.jsp

– Kinderlexikon: Eine Grundschule in Gummersbach hat ein von Kindern geschriebenes Kinderlexikon ins Netz gestellt und ruft auf, es zu erweitern. Hier können also Kinder und Klassen sowohl Informationen aufrufen als auch selbst Lexikonbeiträge beisteuern. www.kinderlexikon.de

– Eigene Buchvorstellungen: Leselilli ist ein Projekt zur Leseförderung in den Klassen 1 bis 6. Die Kinder können multimedial ihre Lieblingsbücher vorstellen, z. B. einen Text dazu schreiben, eine Illustration ergänzen und eine Leseprobe geben, die als Audio-Datei im Internet abrufbar ist. Die einzelnen Arbeitsschritte sind vorgegeben. Die Kinder können auch die Buchvorstellungen anderer Kinder und Klassen abrufen und darauf reagieren. Mit einer Power-Point-Präsentation „Leseförderung durch und an neuen Medien für die Klassen 1 bis 6" kann das Projekt im Kollegium vorgestellt werden. www.leselilli.de

– Interaktives Online-Literaturmagazin für Kinder: Das gibt es mit dem Namen Rossipotti. Es erscheint periodisch, informiert über Literatur für Kinder und regt die Kinder an, auch selber zu schreiben und die eigenen Texte einzustellen. www.rossipotti.de

– Einen Chat für Kinder bieten viele Kinderseiten, unter anderem findet man einen bei www.seitentark.de/chat. Der Chat wird in Zusammenarbeit mit der Universität Leipzig verwaltet.

– Klassenkorrespondenz: Viele Grundschulen haben heute eine eigene Homepage und eine E-Mail-Adresse. Damit ist möglich, dass schneller und unkomplizierter als mit der traditionellen gelben Post Kinder in Kontakt treten können, auch über Länder- und Sprachgrenzen hinweg.

Präferenz von Schrift und Literatur

Der sprachdidaktische Bereich, der in diesem Kapitel bearbeitet wird, heißt „Umgang mit Texten und Medien". Von dem hier skizzierten Verständnis der integrierten Medienerziehung meint dies nicht:

● Texte = Gedrucktes oder Geschriebenes
● Medien = die neueren auditiven, audiovisuellen und elektronischen Medien.

Denn Gedrucktes präsentiert sich in Medien – in älteren wie dem Buch und in neueren auf dem Bildschirm. Mit dem doppelten Begriff Texte und Medien sind vielmehr die beiden zentralen Gegenstände des Aufgabenbereichs gemeint: Texte als Botschaft, gleich in welcher Form und in welchem Medium sie präsentiert werden, und Medien als Transport- und Präsentationsmittel.

Bei der Öffnung des Sprachunterrichts hin zu den verschiedenen Medien und dem damit weit gefassten Textbegriff bleibt aber die schulische Präferenz von Schrift und Literatur erhalten:

- Das traditionelle Lesen und Schreiben als Alphabetisierung mit der Buchstabenschrift gilt weiterhin als Basisqualifikation für den Umgang mit allen Medien. Es ist Voraussetzung für weiteres schulisches Lernen, für eine autonome und kritische Mediennutzung und für die Teilhabe an vielen Möglichkeiten der Lebensgestaltung und Mitwirkung.
- Das Lesen von gedruckter Literatur ist weiterhin bevorzugtes Arbeitsfeld. Lesen insbesondere von fiktionaler Literatur kann nach den Befunden der Leseforschung als „Schlüssel zur Medienkultur" gelten, weil es wesentliche Fähigkeiten im Umgang mit Texten und mit ihrer medialen Präsentation entwickeln hilft.

Mit drei Zugriffsweisen werden aber die anderen Medien und ihre Textspezifika in den Sprachunterricht einbezogen:

a) Die Modi des Textumgangs und die Lesemodi gelten für den Umgang mit Texten in allen Medien: Kinder antizipieren, wie es weitergehen mag, sie arbeiten am Text mit handelnden und mit diskursiven Verfahren, sie kommunizieren über den Text und den Umgang mit dem Text. Selbstvergessenes, informierendes, interpretierendes, kritisches und selektierendes Lesen, oder besser: Rezipieren, gelten auch hier als Rezeptionsmodi.

b) Medienspezifische Arbeitsweisen ergänzen dieses Repertoire. Kinder können lernen zu fotografieren, zu filmen, Tonaufnahmen zu machen, das Aufgenommene wiederzugeben und zu präsentieren, Texte am Computer zu verarbeiten, offline und online interaktiv zu arbeiten.

c) Durch die Erweiterung des Medienmarktes und die sich entwickelnden Medienverbünde schärft sich der Blick für die Besonderheiten und die Zusammenhänge. Der Vergleich z.B. zwischen dem Kinderbuch, einer Filmfassung und den interaktiven Möglichkeiten mit dem elektronischen Buch auf CD-ROM macht textliche und mediale Unterschiede augen- und ohrenfällig.

Überblicke: Umgang mit Texten und Medien heute

Didaktische Felder

Umgang mit verschiedenen Medien	mit Printmedien umgehen	mit Hörmedien umgehen	mit Sehmedien umgehen	mit audiovisuellen Medien umgehen	mit interaktiven Medien umgehen
Umgang mit verschiedenen Textsorten	mit erzählenden Texten umgehen	mit lyrischen Texten umgehen	mit szenischen Texten umgehen	mit informierenden Texten umgehen	mit appellativen Texten umgehen
Rezeptionsmodi	selbstvergessen rezipieren	informierend rezipieren	interpretierend rezipieren	kritisch rezipieren	selektierend rezipieren
Handelnde Methoden des Textumgangs	den Text antizipieren	den Text bearbeiten	über den Text Texte schreiben (Metatext)		
Diskursive Methoden des Textumgangs	den Text antizipieren	den Text bearbeiten	über den Textumgang miteinander kommunizieren (Metakommunikation)		
Aufgaben der integrierten Medienerziehung	Medienangebote auswählen und nutzen	Medienbeiträge gestalten und verbreiten	Mediengestaltungen verstehen und bewerten	Medieneinflüsse erkennen und aufarbeiten	Bedingungen der Medienproduktion und -verbreitung durchschauen und beurteilen

Zur Planung, Analyse und Evaluierung von Unterricht können Unterrichtseinheiten daraufhin untersucht werden, welche didaktischen Felder ausführlich berücksichtigt und bearbeitet wurden bzw. werden sollen. Sie werden in einem Raster wie oben markiert. Dadurch werden didaktische Schwerpunkte von Unterrichtseinheiten ermittelt, auf längere Sicht können im Vergleich Schwerpunkte aber auch Fehlstellen ausgemacht werden.

Ein Beispiel: Bei der Unterrichtseinheit „Es war einmal" können folgende Ziele verfolgt werden:
● *Umgang mit Medien:* Die Kinder hatten von zu Hause mitgebracht, was sie lesen, anhören oder ansehen. Darunter waren auch Märchenkassetten. Märchen wurden als ein unterrichtlicher Schwerpunkt gesetzt. Die Kinder tauschten miteinander aus, welche Märchen sie kennen und woher sie sie kennen. Einzelne Märchenbücher wurden gezeigt, aus der Stadtteilbücherei und aus

dem Besitz der Lehrerin wurde ergänzt. Im Lehrmittelraum der Schule fanden sich noch alte Märchen-Wandbilder, die die Aufmerksamkeit auf Märchenillustrationen lenkten. Ein Puppentrickfilm zum Märchen „Die Bremer Stadtmusikanten" wurde angesehen. Über das Internet wurden Grundschulkinder gefragt, welche Märchen ihnen besonders bekannt sind. In diesem Fall waren alle Medien einbezogen.

- *Umgang mit Textsorten:* Beim Lesen und Erzählen der Märchen fielen bestimmte Redestandards, Erzählmuster, Handlungsträger und Handlungstypen auf, die neben weiteren „Märchenwörtern" auf verschiedenen Plakaten gesammelt wurden. Die Märchen auf Hörkassetten wurden mit den gedruckten Märchenfassungen verglichen, dabei fielen zwei verschiedene Gestaltungsmöglichkeiten auf: das Erzählen des Märchens und die Mischung aus Erzählung und Dialogen. Ein Märchen wurde von den Kindern für eine Tonaufnahme mit Erzählerin und Dialogen umgeschrieben, dazu wurde Musik aufgenommen. Dieses Märchen wurde übrigens später mit Stabpuppen und der Tonaufnahme als Playback anderen Klassen vorgespielt. Ungewöhnliche Gerichte (Hirsebrei, fetter Pfannekuchen) führten zur Frage, wann und wo so etwas gegessen wurde. Informationstexte über die Entstehung bzw. Sammlung der Märchen und über frühere Lebensumstände wurden erlesen. An Textsorten stehen bei diesem Thema natürlich erzählende Texte im Mittelpunkt, hierbei mit den Besonderheiten märchenhaften Erzählens; mit den Hörkassetten kommen auch szenische Texte in den Blick sowie eher am Rande informierende Texte.
- *Methoden des Textumgangs:* Alle drei methodischen Zugriffe kommen zum Zuge, z.T. mit handelnden, z.T. mit diskursiven Verfahren. Handelnde Verfahren: Anfangssätze noch unbekannter Märchen führten zu Antizipationen, in der Textbearbeitung wurden z.B. Gegentexte geschrieben (die liebe Hexe), Märchen illustriert, vorgetragen, dialogisiert, zum Puppenspiel gestaltet. Diskursiv: „Märchenwörter", märchentypische Wendungen, Personen und Orte wurden in Märchen gesucht, metakommunikativ dachten Kinder z.B. darüber nach, wie sie Märchen kennen gelernt hatten, warum ihnen bestimmte Märchen besonders gefallen, andere weniger.
- *Rezeptionsmodi:* Die Kinder lasen in vereinbarten Lesezeiten und zu Hause Märchen, sie interpretierten sie mit handelnden und diskursiven Methoden (s.o.) sowie in Vortragsgestaltungen, sie lasen sie kritisch z.B. zum Schwarzweißbild von Gut und Böse, sie übten das selektive Lesen, wenn sie z.B. aus einem Märchentext „Märchenwörter" oder Belegstellen heraussuchten. Alle relevanten Rezeptionsmodi wurden mithin gefördert.
- *Aufgaben der integrierten Medienerziehung:* Durch den Einbezug der Hörkassetten und der Märchenbücher, durch das Puppenspiel zu einem Märchen und ein Märchenbuch mit eigenen Märchen der Kinder wurden mehrere Aufgabenfelder bearbeitet: Medienangebote wurden ausgewählt und genutzt, eigene Medienbeiträge gestaltet und verbreitet, Mediengestaltungen, hier die Präsentation in Büchern und auf Hörkassetten, einbezogen und bewertet.

Möglicherweise können in den Gesprächen über eigene Märchenerfahrungen auch Medieneinflüsse erkennbar und aufgearbeitet werden, z.B. bestimmte Ängste, Verwunderung über Typen wie die „böse Stiefmutter", die Unterscheidung von Gut und Böse, die Freude am „guten Ende".

Dass in diesem Fall der größte Teil der Felder des Umgangs mit Texten und Medien einbezogen wurde, liegt am dankbaren Thema Märchen und an der großräumig angelegten Unterrichtseinheit von etwa vier Wochen bei täglich etwa drei Stunden Themenarbeit im Fächerverbund von Sprache/Deutsch, Sachunterricht, Kunst und Musik. Bei kleiner angelegten Unterrichtseinheiten oder beim Umgang mit einem einzelnen Text werden weniger Felder berührt werden. Hilfreich ist in jedem Fall, sich über die jeweils einbezogenen didaktischen Felder klar zu sein, um über die Grundschuljahre hinweg in allen Bereichen Entwicklungen bei den Kindern zu fördern.

Lernentwicklung und Lernziele

Aktivierung und Erweiterung der Text- und Medienkompetenzen	Leseförderung
Grundlage: Aufbau einer Lese-Schreib-Kultur (siehe S.138) – gute Gründe für das Lesen und Schreiben haben – vorgelesen bekommen und selber lesen – Materialien, Zeiten, Orte, Anregungen zum Lesen und Schreiben nutzen – über Lesen und Gelesenes (Schreiben und Geschriebenes) miteinander kommunizieren	

• Rezeptionsmodi
selbstvergessen rezipieren
– interessengebunden lesen
– durch Anlesen, Vorgelesenbekommen, Büchertipps auf bestimmte Texte neugierig werden
– frei lesen, dabei schulisches und häusliches Lesen miteinander verbinden

informierend rezipieren
– in thematischen Zusammenhängen Bücher und andere Medien zur Sachinformation nutzen
– mit handelnden und diskursiven Verfahren Informationen gewinnen
– Lesestrategien und -techniken informierenden Lesens gewinnen (s. auch Leseförderung)

interpretieren
– mit handelnden und mit diskursiven Verfahren antizipieren und Texte bearbeiten
– in Texten Empathie, einfühlenden Wechsel von Sichtweisen, sozial-emotionale Fantasie üben
– Texte aus allen Qualitätsebenen einbeziehen (Hoch-, Unterhaltungs- und Trivialliteratur)
– Texte verschiedener literarischer Sorten einbeziehen (erzählende, lyrische, szenische, informierende Texte)

über Textrezeption nachdenken
– Metatexte schreiben
– metakommunikativ über Umgang mit Texten nachdenken
– Texte kritisch lesen
– Einflüsse von Texten und Medien auf die Rezipienten vermuten/ermitteln

• Erstlesen
Funktionen von Schrift erfahren
– relevante Funktionen des Schreibens erfahren (z.B. für Notizen, Ich-Botschaften, Projekte)
– relevante Funktionen des Lesens erfahren (z.B. durch Vorgelesenbekommen, zur Erinnerung, zur gemeinsamen Vereinbarung, zur Unterhaltung, zur Information)
– Schrift in der Umwelt in verschiedenen Funktionen wahrnehmen

Struktur der Buchstabenschrift erkennen
– die Lautebene der Sprache bewusst erfahren, Wörter durchlautieren, sich und andere beim Lautieren beobachten
– elementare Beziehungen zwischen Lauten und Buchstaben erkennen und (für das Schreiben) nutzen
– ähnliche Wörter (Vergleichswörter) auditiv und visuell abtasten und miteinander vergleichen
– Abweichungen von der elementaren Zuordnung von Lauten und Buchstaben erkennen und nutzen
– normierte Schreibweisen individuell wichtiger Wörter erkennen und für das Schreiben und Lesen nutzen
– Leseerwartungen aufbauen und für das Erlesen nutzen (Buchstaben-, Wort- und Satzebene)

• Weiterführendes Lesen
mit Leseerwartungen lesen
– auf der Satz- und Textebene mögliche Fortführungen antizipieren
– durch handelnde Verfahren Leseerwartungen aufbauen und darüber kommunizieren
– durch Lesefragen die Leseerwartungen richten

• Mediale Kontexte mediale Zusammenhänge erkennen und nutzen – verschiedene Medien im Unterricht nutzen – medienspezifische Gestaltungsweisen erkennen – durchschauen und bewerten, wie Medien produziert werden – durchschauen und bewerten, wie Medien verbreitet werden – Kriterien zur selbstbewussten Mediennutzung gewinnen **Medien gestalten** – eigene Texte mediengerecht präsentieren – eigene Texte über Medien verbreiten – Lese- und Medienöffentlichkeit herstellen	**geläufiger lesen** – „Blitzlesen" üben – das Lesefeld allmählich erweitern (Wort- und Satzebene: Worterweiterungen, längere Zeilen, Zeilenumbruch im Sinnabschnitt) – Texte, in denen sinntragende Wörter markiert sind, erlesen – sinntragende Wörter in Texten ausmachen, sich darüber austauschen, sie markieren **selektiv lesen** – bestimmte Stellen im Text rasch finden – bestimmte Texte in einem Buch rasch finden

Ausgewählte Literatur und Adressen

Zum Lesen- und Schreibenlernen

Siehe die Literaturhinweise zum Schriftspracherwerb S. 139 ff.

Umgang mit Texten

ANDREA BERTSCHI-KAUFMANN (Hrsg.): Bücher öffnen Welten – Lesen und Schreiben im offenen Unterricht. Zürich (sabe) 1998

In diesem Sammelband berichten und reflektieren Lehrer, wie sie „Lesewelten" im Klassenzimmer und in der Schule einrichten und was sie bei lesenden Kindern beobachtet haben. Schwerpunkte liegen auf dem Bücherlesen, der Entwicklung einer Lesekultur und den individuellen Lesewegen der Kinder, Erfahrungen mit Lesetagebüchern eingeschlossen.

GERHARD HAAS: Handlungs- und produktionsorientierter Literaturunterricht. Theorie und Praxis eines „anderen" Literaturunterrichts für die Primar- und Sekundarstufe. Seelze (Kallmeyersche) 1997

Das Buch bietet eine Fülle an methodischen Varianten und anregenden Beispielen für einen handelnden Umgang mit Gedichten und mit erzählerischen Texten. Zu Anfang entwickelt der Autor aus historischen und aktuellen Didaktik-Zusammenhängen heraus die „andere Didaktik des Literaturunterrichts", wobei auch deutlich wird, dass es sich nicht um eine kurzlebige Modeerscheinung handelt. Der Erkenntnisgewinn wird allerdings durch die polemische Ablehnung diskursiver Methoden geschmälert.

GRUNDSCHULVERBAND (Hrsg.) (2006): Lesekompetenz. Ein Lese- und Arbeitsbuch des Grundschulverbandes. Franfurt a.M. (Grundschulverband)

Die Beiträge in diesem Band sind eine Folge der Diskussion um die Ergebnisse zur Lesekompetenz in den internationalen Vergleichsstudien PISA und IGLU. Sie klären den Begriff Lesekompetenz, setzen sich mit diagnostischen Möglichkeiten auseinander und stellen dazu alltagstaugliche, konkrete Beispiele für die Entwicklung einer Lesekultur und Leseförderung in der Grundschule vor.

KASPAR H. SPINNER (Hrsg.) (2006): Lesekompetenz erwerben, Literatur erfahren. Berlin (Cornelsen Scriptor)

Im Grundlagenteil werden Fragen der Lesekompetenz und der Basisfähigkeiten bearbeitet. Der umfangreichere zweite Teil bietet erprobte Bausteine zur Leseförderung für die Unterrichtspraxis.

GUDRUN SCHULZ: Umgang mit Gedichten. Berlin (Cornelsen Scriptor) 1997

Die Autorin belegt mit vielen Beispielen aus Grundschulklassen, wie vielfältig, aktivierend und textgerecht handelnder Umgang mit Gedichten sein kann. Dabei wird „unter der Hand" ein reiches Repertoire an Umgangsweisen mit Gedichten anschaulich.

GUDRUN SCHULZ: Geschichten lesen, erzählen, schreiben, gestalten. Berlin (Cornelsen Scriptor Verlag) 2000

Das Buch zeigt an vielen Beispielen, wie Kinderliteratur Kinder zum eigenen Schreiben und Gestalten anregen kann.

Integrierte Medienerziehung

HARTMUT MITZLAFF/ANGELIKA SPECK-HAMDAN (Hrsg.): Grundschule und neue Medien. Frankfurt am Main (Grundschulverband) 1998

Dies ist ein Sammelband mit vielen erhellenden Grundlagentexten zu Einzelfragen des computergestützten Unterrichts, zu Lernprozessen und Software sowie mit Berichten aus der Unterrichtspraxis vieler Klassen, hierbei auch einige Beispiele für den Umgang mit Texten. Weiterführend sind neben der reichhaltigen kommentierten Literaturliste die Internetadressen für Grundschüler und Unterrichtende.

Adressen

Stiftung Lesen, Fischtorplatz 23, 55116 Mainz, www.stiftunglesen.de
Bundesverband der Friedrich-Bödecker-Kreise, Fischtorplatz 23, 55116 Mainz
Projekt „Eine Welt in der Schule", Universität Bremen FB 12 Postfach 330 440, 28334 Bremen
Beispiel eines Bildungsservers learnline: http://www. learnline.nrw.de
www.lesen-in-deutschland.de

2.4 Untersuchen von Sprache

Einleitung: „Reduziert auf grammatikalisches Wissen ..."

Oft wird dieses Aufgabenfeld in der Schulpraxis reduziert auf grammatikalisches Wissen von den Wortarten, den Satzgliedern und den Satzarten. Die Gründe dafür liegen vermutlich in Eigenerfahrungen der Lehrerinnen und Lehrer sowie in den Außenerwartungen. Selbst erfahren wurde in der Regel formaler Grammatikunterricht mit Wortartenbestimmung, Satzanalyse und Wortflexionen. Der Deutschunterricht lieferte dabei dem Fremdsprachenunterricht das begriffliche Voraussetzungswissen. Die Außenerwartungen sind die vermuteten oder tatsächlichen Erwartungen weiterführender Schulen an die Grundschule, dass ebensolches Voraussetzungswissen zu schaffen sei.

Bei allem Bemühen sind die Erfolge im Bereich formalen Grammatikwissens am Ende der Grundschulzeit aber eher deprimierend. Ein Blick auf Kinderdefinitionen zeigt, was falsch angesetzt ist:
- Zur Frage nach *Adjektiven* oder *Wiewörtern*: „Die Kätzchen haben weiße und schwarze Flecken. ‚Weiße und schwarze Flecken' sind Wiewörter, weil die Kätzchen so aussehen." – „ ‚Fleißig' ist ein Verb, da tut man was."
- Zur Frage nach *Nomen*: „Wolken ist kein Namenwort, weil die ja über den Himmel laufen tun." (Beispiele berichtet von Wolfhard Kluge)

Die Antworten sind sprachinhaltlich, also semantisch, treffend und klug, sie sind formal-terminologisch aber falsch. Grundschulkinder denken von ihren Erfahrungen in der Lebenswelt her. Sie können sich sprachliches Handeln und sprachliches Gefühl durch Untersuchen und Nachdenken allmählich bewusster machen. Metasprachliches Denken entwickelt sich dabei auf dem Rücken des eigenen Sprachgebrauchs. Formales Sprachwissen, das nur vermittelt wird, bleibt bestenfalls auf der Ebene von Worthülsen ohne Verständnis stecken. Zumeist ist die Wirkung für das Sprachkönnen kontraproduktiv: „Mit verfrühten und sie überfordernden Aufgaben werden Grundschulkinder nicht nur in ihrem Vertrauen zu ihrem Sprachkönnen irritiert und verunsichert, es wird auch wertvolle Schülerlebenszeit vertan, in der sie ihre Sprache auf ihren Wegen entwickeln könnten" (KLUGE 1999, 145).

Dies ist ein Votum gegen den verbreiteten formalen und deduktiven Grammatikunterricht, nicht aber gegen Grammatikunterricht überhaupt. Im Gegenteil. Sprachanalytische Arbeit kennzeichnet das Lernen von Grundschulkindern von Anfang an: „Auf dem Weg des Schreibenlernens lernen sie, den Gedankenstrom in Sätze, den Sprechstrom in Worte zu gliedern, lernen sie das Erkennen und Wiedererkennen der grammatischen Morpheme, lernen sie Kasusformen, deren Morpheme in der Sprechsprache oft nur als Murmellaute realisiert sind, zu beachten, lernen die oft minimalen, aber entscheidenden Differenzen zwischen ihrer regionalen Umgangs- und der Schriftsprache wahrzunehmen, zu erkennen und ‚übersetzend' mit ihnen umzugehen." (KLUGE 1999,

144) Sie lernen, bezeichnende Begriffe wie Satz und Wort, Laut und Buchstabe und viele andere kennen und nutzen. Sie lernen sie, weil sie bei der Entwicklung ihrer schriftsprachlichen Fähigkeiten auf diese Phänomene stoßen, mit ihnen operieren und die Begriffe als Arbeitswörter für ihre Verständigung nutzen.

Was für den anfänglichen Schriftspracherwerb gilt, das gilt für den Sprachunterricht generell: Sprache untersuchen und über Sprache nachdenken ist eine durchgängige Dimension aller sprachlichen Arbeit. Metasprachliche Ziele finden sich denn auch in allen bisher beschriebenen Arbeitsfeldern des Sprachunterrichts. Ihre Realisierung ist allerdings an Voraussetzungen gebunden:

- Eigenes sprachliches Handeln ist Ausgangslage und Grundlage des Nachdenkens.
- Eine sprachbezogene Schwierigkeit, eine Auffälligkeit, eine sprachliche Aufgabe fordert das Nachdenken heraus.
- Das Nachdenken wird durch Operieren und Experimentieren, durch Sprachforschen in Gang gehalten und zu Erkenntnissen gebracht.
- Soweit hierbei Begriffe wichtig werden, werden sie beim Operieren gewonnen oder eingeführt und als Arbeitssprache weiter verwendet.

Um es auf eine Formel zu bringen: Vom Konkreten zum Kategorisieren, von Kategorien wieder zum Konkreten (s. MENZEL 1995, 14).

Zu fragen bleibt: Welches sind die inhaltlichen Schwerpunkte, auf die hin Sprache untersucht werden soll? Welches die des speziellen Grammatikunterrichts? Welches Grammatikmodell soll zu Grunde gelegt werden? Welche Begriffe sollen Kinder am Ende der Grundschulzeit „können"? Welche Methoden des Operierens, des Experimentierens, des Sprachforschens sind grundschulgemäß? Ist das Sprache-Untersuchen immer integrativ als metasprachliche Dimension allen Sprachunterrichts zu realisieren oder ist auch z.B. eigenständiger kursartiger Grammatikunterricht möglich oder sogar nötig? Wenn die Begründung als Vorleistung für das Fremdsprachenlernen entfällt – wie ist Grammatikunterricht dann begründbar?

Zu diesen Fragen wurden seit Jahrzehnten Antworten entwickelt. Es lohnt sich, in einem Rückblick festzustellen, welche Fragen und Antworten überholt sind und welche Antworten auch heute hilfreich sind und zum didaktischen Verständnis sowie zum methodischen Repertoire beitragen können.

Rückblick: Von der Grammatik-Systematik zur Situation

Der traditionelle Kern dieses Arbeitsfeldes, der Grammatikunterricht, geht auf die mittelalterlichen Lateinschulen zurück. Hier war ein Regelwerk wichtig, um in lateinischer Sprache zu lesen, zu sprechen und zu schreiben. Die Volksschule des 19. Jh.s übernahm dann die Wortarten- und Satzgliedgrammatik des Lateinischen als formal bildenden Lehrgegenstand. Dies war zunächst eine

Aufwertung der sich neu gründenden Volksschule, führte dann aber, wie WOLF-
HARD KLUGE feststellt, zu dem Ergebnis, „dass bald von den Absolventen der
Grundschuljahre die Beherrschung dieser Disziplin als Eingangsbedingungen
für die Aufnahme in die Gymnasien gefordert werden konnte". KLUGE schließt
den Seufzer an: „So nahm das Schicksal seinen Lauf." (KLUGE 1999, 148)

Tatsächlich sind alle weiteren didaktischen Entwicklungen in diesem
Arbeitsfeld Gegenbewegungen gegen diesen sich hartnäckig haltenden formal-
systematischen und deduktiven Grammatikunterricht.

Muttersprachliche Bildung: Inhaltsbezogene Sprachlehre und Sprachkunde

Das Kind wächst, so die Grundannahme der Didaktik Muttersprachlicher
Bildung, mit seiner sprachlichen Entwicklung in das Weltbild und die geistigen
Möglichkeiten seiner Muttersprache hinein. Die Muttersprache wiederum ist
das Gemeinschaftswerk der jeweiligen Sprachgemeinschaft. Von dieser Grundannahme her konnte sich der Sprachunterricht nicht auf eine vorgeblich uni-
versale Grammatik beziehen, nämlich die der lateinischen. Vielmehr musste sie
sich an einer Grammatik orientieren, die der deutschen Sprache entspricht, z.B.
mit anderen Satzmustern als der lateinischen Subjekt-Prädikat-Objekt-Struk-
tur, mit den für die deutsche Sprache typischen Erscheinungen wie Wortzu-
sammensetzungen und Verbklammer. HANS GLINZ hatte eine solche Grammatik des Deutschen entworfen (z.B. GLINZ 1952). Das Kind sollte zudem mit
seinem Nachdenken über Sprache an seinen eigenen bisher gewachsenen
Sprachmöglichkeiten ansetzen. Aus diesem sprachlichen Wachsen, so die Stufen LEO WEISGERBERS, entsteht das sprachliche Können des Kindes, hieraus
kann das sprachliche Wissen entwickelt werden sowie das sprachliche Wollen
als verantwortliche Haltung der Muttersprache gegenüber. (WEISGERBER 1963,
102 ff.)

Ein Beispiel hierfür aus einem seinerzeit verbreiteten Handbuch (IBLER
1968): In Klasse 2 sollen die Kinder „Wiewörter" erkennen. Dazu wird das Rate-
spiel „Blinde Kuh" gespielt. Einem Kind werden die Augen verbunden. Ein
anderes Kind holt nun aus einer Schachtel einen Gegenstand, hält ihn hoch und
sagt, wie er ist. Dann reicht er ihn weiter. Auch die nächsten Kinder sagen eine
Eigenschaft: „Das Ding ist gelb. – Es ist weich. – Es ist rund. – Es ist kalt. ..."
Schließlich rät das Kind richtig: „Das ist ein Schwamm." Die Adjektive werden
an der Tafel festgehalten. Ähnlich wird mit anderen Gegenständen gesprochen
und geraten. In weiteren Phasen wird der Schwamm noch einmal angefasst:
„Der Schwamm ist feucht." Andere Dinge werden genannt, die auch feucht
sind: Mehrere Schwämme werden gezeigt: einer ist feucht, einer trocken. Auch
das wird versprachlicht, neue Adjektive werden notiert. Ebenso wird mit anderen Gegenständen verfahren. Dann schreiben die Kinder Sätze z.B. zur Überschrift: „Wie der Lappen sein kann".

Eigenerfahrungen der Kinder werden in solchen Unterrichtseinheiten aktiviert und versprachlicht, Wortmaterial wird gesammelt und für mancherlei Sprachübungen genutzt. Schließlich wird die Erkenntnis abstrahiert: „Wie sieht das Ding aus? Wie ist es geformt? Wie fühlt es sich an?" Das Fragewort *wie* wird unterstrichen. Mit Verweis auf die umfangreiche Sammlung von Adjektiven sagt der Lehrer dann: „Für die vielen Wörtchen suchen wir aber endlich einen passenden Namen. Diese Wörtchen sagen uns, wie das Ding ist. Sie heißen darum Wiewörter." Es folgen weitere Übungen mit den erarbeiteten und strukturierten „Wiewörtern". (IBLER 1968, 61 ff.)

Diese inhaltsbezogene und induktiv erarbeitende Sprachbetrachtung war ausdrücklich Gegenmodell zum formalen und deduktiven Grammatikunterricht. Didaktische Aspekte und methodische Wege wurden entwickelt, die z.T. nach wie vor bedeutsam sind:

- *Der Weg vom natürlichen Spracherwerb zum sprachlichen Erkennen:* „Sprachlehre geht ... dem naiven Gebrauch der Sprache nicht voran, sondern setzt erst ein, wenn dieser Gebrauch schon lange da ist und eine gewisse Sicherheit erreicht hat. Von da an begleitet und vertieft die Sprachlehre diesen Gebrauch, indem sie ihn geistig durchleuchtet, und sie vermag so den naiven Gebrauch ebenso zu festigen wie zu schmeidigen." (GLINZ 1963, 232) Dieser Entwicklungsbezug ist nach wie vor ein Grundprinzip des Sprachunterrichts.

- *Die Ergänzung der Sprachlehre (Grammatik) durch Sprachkunde:* Hierbei geht es um die Bedeutung von Wörtern und Wendungen – um Wortfelder, die Wörter inhaltlich zueinander in Beziehung bringen, um Wortfamilien, die vom gleichen Wortstamm nach ihrer inhaltlichen Verwandtschaft fragen lassen, um Inhalt und Herkunft von Wendungen und Redensarten (s. z.B. GLINZ 1963). Solche didaktischen Möglichkeiten sind in den letzten Jahren wieder vermehrt in den Blick gekommen.

- *Die linguistischen Proben:* HANS GLINZ hatte sie von den 40er-Jahren des 20. Jh.s an als empirische Methoden der Sprachwissenschaft entwickelt, um durch Operationen mit vorhandener Sprache zum Erkennen von Strukturen dieser Sprache zu gelangen (GLINZ 1952): die Klangprobe (durch betonendes Sprechen z.B. ermitteln, ob ein Satz stimmig gebildet ist oder was in einem Satz der Redekern ist), die Verschiebeprobe (z.B. einen Satz umstellen, um Bedeutungsänderungen auszuprobieren und festzustellen, welche Wörter umstellbar sind – auch eine Methode, um die Satzglieder zu identifizieren), die Ersatz-, die Umform-, Erweiterungs- und Weglassproben.

Dieses Methodenarsenal ermöglicht, auch mit Kindern sachgerecht grammatische Kategorien zu entdecken. Zudem stellt es grundlegende Arbeitsmethoden zur Verfügung, die beim Schreiben und Überarbeiten von Texten sowie beim handelnden Umgang mit Texten genutzt werden können. Im aktuellen handlungsorientierten und aktiv-entdeckenden Sprachunterricht gewinnen diese Proben als operative Untersuchungsmethoden eine neue Wertschätzung.

Beim Sockelsturz der Muttersprachlichen Bildung geriet auch ihre Sprachlehre und Sprachkunde in Verruf: Sprachsoziologische Untersuchungen der 60er-Jahre verwiesen darauf, dass die „Muttersprache" als Hochsprache mit dem ihr eigenen Weltbild tatsächlich Sprache und Weltbild einer bürgerlichen Schicht sei. Die Aufmerksamkeit wurde auf die Sprachvarianten gerichtet, die für den sprachlichen Alltag der Kinder kennzeichnend sind. Damit traten auch die Alltagskommunikation und deren sprachliche Situationen in den Blickpunkt. Die Diskussionen um das Leitziel Emanzipation führte in Sachen Grammatik zum Ergebnis, dass grammatikalisches Wissen nur sinnvoll sei, wenn es zu wirkungsvollerem eigenen Sprachgebrauch und zum Durchschauen von manipulativem Sprachgebrauch anderer tauge. Damit rückte die Pragmatik als Wirkungsebene an die Stelle, die zuvor die „Einsicht in den Bau der Sprache" eingenommen hatte.

Um es am Beispiel zu zeigen: Das Spiel „Blinde Kuh" und die damit verbundenen Übungen mit Wiewörtern aktivierte zwar auf lustvolle Weise die Sprache der Kinder. Es war aber eine schulisch spielerische Situation, die ausschließlich zur funktionalen Gewinnung der Wortart Adjektiv veranstaltet wurde. Die Sätze waren schulisch genormte Sätze, die nicht der Alltagskommunikation entsprachen. Eine für Kinder in ihrem Alltag belangvolle Situation war es nicht und die Gewinnung der Wortart würde vermutlich die Kinder reale Situationen nicht besser bewältigen lassen.

Die kommunikative Wende: Sprache untersuchen – situativ und pragmatisch

Erheblichen Einfluss auf die weitere Diskussion hatte der Entwurf von WOLFGANG BOETTCHER und HORST SITTA für einen „anderen Grammatikunterricht" (BOETTCHER/SITTA 1978). Sie stellten sprachliche Situationen in den Mittelpunkt allen Nachdenkens über Sprache:
–   Sprechakte wie Sich-Begrüßen, Sich-Entschuldigen, Streiten, Nachfragen
–   Irritationen, Auffälligkeiten, Missverständnisse in der Kommunikation.

Diese Situationsorientierung war einmal sprachdidaktisch begründet: „Lernen ist nur dann intensiv möglich, wenn es in der Sicht des Schülers bedeutsam, wichtig ist; diese Wichtigkeit erhält es am ehesten dadurch, dass es sich auf gegenwärtige Lebenssituationen des Schülers bezieht, wo diese Wichtigkeit ,am eigenen Leibe' erfahrbar wird." (BOETTCHER/SITTA 1983, 387). Zum anderen war die Situationsorientierung sprachtheoretisch orientiert: „Erst in Sprachverwendungssituationen aktualisieren sich die möglichen Sprachfunktionen, und nur im Kontext solcher Situationen sind diese Funktionen und ihre Wirkungsbedingungen erforschbar" (BOETTCHER/SITTA 1983, 387 f.).

Die Auswahl grammatikalischer Inhalte sollte danach so erfolgen, dass „vorrangig solche traditionellen grammatischen Regularitäten thematisiert (werden), die zur rekonstruierenden Erfassung und Erklärung bestimmter sprachlicher Wirkungen besonders hilfreich sind" (BOETTCHER/SITTA 1983, 377).

Ein Beispiel: Es geht um Tätigkeiten und Verben. Die Situation wird durch ein Rollenspiel vorgestellt, das von einer Schülergruppe auf Grund eines authentischen Falles vorbereitet wurde. Eine ältere Schwester hat Schwierigkeiten, die Leistungen ihrer jüngeren Schwester anzuerkennen. Zum Beispiel sagte sie im Anschluss an zwei kritische Bemerkungen: „Das hast du aber alles sehr gut gemacht." Die Kinder halten das Lob für unglaubwürdig. Sie sammeln Äußerungen, die sie dagegen als anerkennend empfinden würden. Durch Vergleich und Bewertung verschiedener Äußerungen finden sie heraus, dass dann Anerkennungen glaubwürdig sind, wenn sie sich auf eine bestimmte, konkret benannte Tätigkeit beziehen. Als Übung suchen sie anerkennungswürdige Tätigkeiten des gestrigen Schultages und schreiben dazu, warum sie anerkennungswürdig sind („Ich helfe meinem Nachbarn beim Rechnen. Diese Tätigkeit ist anerkennungswürdig, weil Fritz die Hausaufgaben dann besser versteht.") Im Laufe dieser Untersuchungen werden die Verben als Informationsträger für die Tätigkeiten identifiziert – in Form und Leistung also erkannt. (TYMISTER/WALLRABENSTEIN 1982, 81 f.)

Im Beispiel wird eine Alltagssituation durch ein vorbereitetes Rollenspiel simuliert, Erfahrungen der Kinder werden dazu projiziert. Ziel ist, Wirkungen von Sprache in ihren Ursachen zu durchschauen und wünschenswertes sprachliches Handeln zu entwerfen, zu üben und im Alltag zu erkennen. Dabei wird auch die Wortart Verb in ihrer Leistung für den Sprechakt *anerkennende Äußerung* als grammatische Kategorie erkannt. Verstärkt wurde hier der Gegensatz zum weiterhin oft praxisbestimmenden formalen Grammatikunterricht. Neu war die radikale Orientierung an realen Sprachverwendungssituationen und der Verzicht auf eine begrifflich fixierte grammatische Systematik von Kenntnissen. Andere Konzepte waren im Übrigen radikaler: „Für die Grundschule ist der Grammatikunterricht durchweg abzulehnen." (SCHWENK 1983, 325)

Besonders drei Einwände führten wohl mit dazu, dass sich das Konzept nicht in der Breite durchsetzte: der oft als Bruch empfundene Wechsel von der realen Situation hin zur grammatischen Reflexion, der verschulte und konstruiert wirkende Charakter vieler Situationen, gerade auch der Sprachbuch-Fälle, und dann wohl auch der Mangel an grammatischer Systematisierung und Übung.

Die zugleich geführten Gefechte um das schulgemäße Grammatikmodell hatten keine Auswirkung auf die Grundschule. Allerdings können wir heute bei der Suche nach operativen Zugriffen auf Sprache auf den zentralen Ansatz einiger Grammatikmodelle zurückgreifen, die wie die Dependenzgrammatik das Verb in das Satzzentrum stellen, von dem aus die anderen Satzglieder erfragbar sind. Dazu später mehr.

Was geblieben ist: Situationsorientierung, experimentelles Untersuchen, Integration und Kurs

Zum Thema Sprache untersuchen und, darin eingebunden, zum Grammatikunterricht in der Grundschule gibt es wenig Literatur. Immer wieder erscheinen zwar in den Fachzeitschriften Themenhefte hierzu, Fachbücher aber sind rar. Dennoch ist das Arbeitsfeld in den metasprachlichen Zielbereichen implizit vorhanden: Das Nachdenken über Sprache und die Entwicklung eines eigenen Sprachbewusstseins haben in der Diskussion unter Stichwörtern wie Meta-Kognition und Metakommunikation einen besonderen Stellenwert. Ansätze für einen operativen Grammatikunterricht sind zudem erkennbar. Aus all dem lassen sich Akzente und Konzepte für das Arbeitsfeld „Sprache untersuchen" gewinnen. Dabei sind drei didaktische Ansätze aus der Didaktikgeschichte zu berücksichtigen:

- *Situationsorientierung:* Es geht um etwas anderes als den formalistisch-systematischen Grammatikunterricht. Ausgang und Gegenstand sind Situationen aus dem Alltagsleben und aus der Lebenswelt der Kinder. Hier sind es Auffälligkeiten, Schwierigkeiten, Irritationen, die zum metasprachlichen Nachdenken herausfordern. Im Zuge des Nachdenkens wird auch Verallgemeinerbares entwickelt, erkannt. Ein Ziel des Nachdenkens ist die klarere Sicht auf die Situation, die Klärung der Irritation, die Bewältigung der Schwierigkeit. Ein anderes Ziel kann die Erkenntnis einer sprachtheoretischen Kategorie sein.

- *Experimenteller Umgang mit Sprache:* Damit Kinder eigenaktiv handelnd Kategorien und Strukturen entdecken, sollten sie mit Sprache spielen und experimentieren, Sprachstücke (Bausteine, Wörter, Satzglieder, Sätze) sammeln, sortieren, in Beziehung zueinander setzen. Hier ist anzuknüpfen an die linguistischen Proben, an die Arbeit mit Wortfeldern und Wortfamilien, an das spielerische und experimentelle Umgehen mit Situationen, auch an Sprachspiele älterer Didaktiken (s. das Beispiel „Blinde Kuh").

- *Integration und Kurs:* Von GLINZ bis BOETTCHER/SITTA wurde immer darauf verwiesen: Zuallererst ist das Nachdenken über Sprache in die übrige sprachliche Arbeit integriert, also in das Sprechen, Schreiben, Rezipieren. Daneben kann es aber auch eigene Unterrichtsphasen für das Untersuchen von Sprache geben. „Solche systematikorientierten Unterrichtsphasen haben dabei teils Übungscharakter, teils wirken sie komplettierend, vertiefend, zusammenhangstiftend. Unter solchen Zielen sind also in einen situationsorientierten Grammatikunterricht Systematikphasen integrierbar." (BOETTCHER/SITTA 1983, 395)

Aktuelle Akzente

Andere Sprachen als Chance

Neue und radikal vermehrte Chancen zur Entwicklung eines Sprachbewusstseins, zum Erkennen von Sprachstrukturen durch Vergleiche haben sich in den letzten Jahrzehnten durch Migration, also durch Zuwanderung von Kindern aus anderen Herkunftsländern, und durch Einführungen von fremdsprachlichem Unterricht in der Grundschule ergeben. Diese Chancen wurden zunächst gar nicht, später eher selten diskutiert; vor allem das Konzept „Begegnung mit Sprachen" hat die Diskussion hierzu weiter angeregt. Doch müssen hierbei alle Sprachfelder einbezogen werden, die zur Mehrsprachigkeit in der Grundschule beitragen: Deutsch als Zweitsprache, andere Herkunftssprachen, Fremdsprache und Begegnung mit Sprachen.

Kinder z.B., die mit zwei Sprachen zurechtkommen müssen oder die nach ihrer Erst- und Familiensprache in der Schule eine zweite oder dritte Sprache lernen, aktivieren beim Sprachenlernen ihre bisher erworbenen sprachlichen Fähigkeiten, ihre Strategien zum Verstehen, auch wenn sie nicht jedes Wort verstehen. Dabei klären sich Unterschiede in Wortbedeutungen und Strukturen, in der Aussprache. Hierzu kann der Unterricht wichtige Unterstützungen geben. Wenn Kinder im Sprachfeld Begegnung mit Sprachen die Sprachen ihrer Umwelt wahrnehmen und miteinander vergleichen, vergegenständlichen sie Sprache und entdecken sprachliche Phänomene,

- den Lautcharakter von Sprachen, wenn sie z.B. sammeln und vergleichen, wie das Hundebellen in verschiedenen Sprachen lautsprachlich ausgedrückt wird
- kulturelle Besonderheiten, wenn sie z.B. vergleichen, wie man sich zu verschiedenen Tageszeiten in verschiedenen Ländern grüßt
- Sprachverwandtschaften, wenn sie z.B. Monatsnamen in Kalendern mit mehreren Sprachen miteinander vergleichen
- Satzstrukturen, wenn sie in ihren Sprachen Sätze wörtlich ins Deutsche übersetzen und die Folge der Wörter miteinander vergleichen.

Da die Chancen solcher Untersuchungen schulbezogen sehr unterschiedlich sind, gehe ich im Folgenden nur von der deutschen Sprache aus. Der mehrsprachliche Aspekt ist dann gesondert im Kapitel Mehrsprachigkeit ausgeführt. (s. S. 250 ff.).

Metakommunikation und Metasprache

Metakommunikation ist Kommunikation über Kommunikation. Sie kann sich auf die konkrete Sprachverwendung und auf die Sprache als geregeltes System beziehen. Metakommunikativ können wir also über unser Sprachhandeln nachdenken und uns äußern, was auch im Alltag häufig geschieht; metakommunikativ können wir aber auch über die dem Sprachhandeln zu Grunde liegenden Regelungen nachdenken und miteinander sprechen, z.B. über grammatische Phänomene. Bei beiden verwenden wir zur begrifflichen Fassung und zur Verständigung miteinander eine Sprache über die Sprache, eben eine Metasprache. Diese Metasprache können Alltagsbegriffe aber auch schulische Fachbegriffe bis hin zur Wissenschaftssprache sein.

Metakommunikation ist ein zentraler Zielbereich der sprachlichen Arbeit im gesamten Bildungssystem. Denn sie ist Bedingung für souveränen und eigenverantwortlichen Umgang mit Sprache und Medien und für die Verständigung über Situationen und Sprache.

Auf die Grundschule bezogen, kann festgehalten werden:
- Die Kinder lernen, sich metakommunikativ über ihr Sprachhandeln zu verständigen. Dabei wird ihnen auch die Geregeltheit der Sprache zunehmend bewusst. Die Metakommunikation kann man mit sich selber führen. Insbesondere für jüngere Lerner ist aber die Kommunkation mit anderen hilfreich. Es gilt diese Reihenfolge: zuerst die Metakommunkation über Sprachhandeln, über Situationen, daraus können Erkenntnisse über Regelungen entstehen.
- Zur gedanklichen Klärung und zur gemeinsamen Verständigung ist auch eine Sprache über die Sprache wichtig, also die Metasprache. Es gilt die Reihenfolge: zuerst Prozesse des Klärens und Sich-Verständigens, wenn dabei Begriffe nötig sind, werden sie erfunden, erarbeitet oder gegeben und von nun an verwendet.

Ein Beispiel: Die Kinder überlegen, wo die schwierigen Stellen beim Wort Fahrrad sind, und finden das -ah-, die beiden -rr- und das Schluss-d. Sie überlegen, warum diese Stellen so geschrieben werden. Das geübte Wort fahren ist ein verwandtes Wort, es wird auch mit -ah- geschrieben; sie kreisen ein, was gleich ist, und haben den Wortstamm markiert. In der Mitte stehen zwei -rr-, weil das Wort aus zwei Wörtern zusammengesetzt ist. Am Ende ein -d-, weil dies beim Verlängern so gehört wird, -rad ist auch ein verwandtes Wort zu Räder. Die Kinder haben hier metakommunikativ über die Schreibweise nachgedacht und sind bei den Begründungen auf Geregeltheiten gestoßen. Als metasprachliche Begriffe verwenden sie den Begriff Wort, möglicherweise den Begriff Wortstamm, sowie für zwei rechtschreibliche Operationen die Begriffe Einkreisen („was gleich geschrieben wird" oder Wortstamm) und Verlängern.

Metakommunikation und Metasprache konstituieren eine durchgehende Dimension in allen Arbeitsbereichen des Sprachunterrichts und werden dort diskutiert, herausgestellt und mit Beispielen belegt (s. die Kap.: Mündlicher Sprachgebrauch, Schriftlicher Sprachgebrauch, Umgang mit Texten und Medien, Mehrsprachigkeit).

Grammatik und operatives Untersuchen

Die sprachwissenschaftlichen Proben

HANS GLINZ hatte als empirische Verfahren sprachwissenschaftliche Proben erarbeitet, die bei der Entwicklung einer Grammatik der deutschen Sprache dienlich sind (GLINZ 1952). Ein Beispiel: „Der Vogel zwitschert ununterbrochen sein munteres Morgenlied." Um herauszubekommen, was Satzglieder sind, werden die Wörter eines Satzes umgestellt:

„Der ununterbrochen Vogel munteres Morgenlied sein zwitschert."
„Ununterbrochen zwitschert der Vogel sein munteres Morgenlied."

- Operiert man auf diese Weise, kann man herausfinden:
In einem Satz können die Wörter nicht beliebig umgestellt werden. Es gibt einzelne Wörter, die umgestellt werden können, und es gibt Wörtergruppen, die nur zusammen umgestellt werden können. Einzelne Wörter und Wörtergruppen, die umgestellt werden können, sind Satzglieder.
- Im Aussagesatz steht an zweiter Stelle immer das Verb. Rückt es an die erste Stelle, dann wird aus dem Aussagesatz ein Fragesatz.
- Spricht man die verschiedenen Sätze, dann werden Intonationsunterschiede deutlich. Damit verbunden sind Änderungen im Bedeutungsakzent der Aussage.
- Zu den Satzgliedern lassen sich Wörter hinzufügen: Statt „der Vogel" könnte es heißen „der kleine braunrote Vogel". Bei Umstellungen bleibt die Wortgruppe zusammen. Das bedeutet: Satzglieder sind erweiterbar.

Drei sprachwissenschaftliche Proben wurden hier genutzt: die Umstellprobe, die Klangprobe und die Erweiterungsprobe. Andere Proben sind die Weglass- und die Ersatzprobe.

Begründungen für einen operativen Grammatikunterricht

WOLFGANG BOETTCHER und HORST SITTA haben vorgeschlagen, diese Proben als linguistische Operationen auch im situativen Grammatikunterricht zu nutzen (BOETTCHER/SITTA 1978, 325 ff.). Als experimentelle Verfahren werden sie gerade in einem Grammatikunterricht geschätzt, in dem Kinder auf induktive Weise Sprachstrukturen entdecken sollen. PETER EISENBERG und WOLFGANG MENZEL kennzeichnen sie für alle Schulstufen als „Methoden einer Grammatik-Werkstatt" (EISENBERG/MENZEL 1995, 6). MANFRED WESPEL hält sie, bezogen auf die Grundschule, für „grundlegend für die operative Gewinnung von grammatischen Begriffen" (WESPEL 1996, 10). Mit dem Votum für diese Methoden verbunden sind zwei Ziele des Grammatikunterrichts:

1. als *Prozessziel*: der Umgang mit operativen Verfahren, die das Kategorisieren, also den Weg vom Konkreten zu Kategorien, leiten,
2. als *Ergebnisziel*: den „Einblick in den Bau der Sprache", wie EISENBERG/ MENZEL in Anlehnung an GLINZ formulieren (1995, 7).

Einschränken muss man den Wert einiger dieser Verfahren allerdings mit Blick auf Kinder, die mit keinen oder wenigen Sprachkenntnissen in deutscher Sprache in die Grundschule kommen. Immer dann, wenn das Sprachgefühl für die deutsche Sprache über die sprachliche Richtigkeit entscheidet, können diese Kinder nicht mithalten. In solchen Klassensituationen können aber gerade sie wesentlich zur Kategorienbildung beitragen, wenn sie z.B. Sätze aus ihren Sprachen wörtlich ins Deutsche übersetzen und dabei Eigenarten in der Satzstellung bewusst werden, wenn sie Wortbildungen in ihren Sprachen mit denen in der deutschen Sprache vergleichen.

Bleibt die Legitimationsfrage: Warum sollen Grundschulkinder Sprachstrukturen kennen? Wenn Sachbereiche wie Wetter, Verkehr oder soziale Situationen selbstverständliche Gegenstände des lebensweltbezogenen Unterrichts sind, so gilt dies auch für die Sprache als hoch bedeutsames Element und als Faktor von Lebenswelt und Erfahrung. Anders als zur Zeit der kommunikativen Wende ist die unmittelbare Nutzanwendung in sprachlichen Situationen nicht das entscheidende Auswahlkriterium, sondern Fragen wie: Welche Bedeutung hat der Bereich in der Lebenswelt? Ist er für Kinder zugänglich? Können die Kinder aktiv handelnd Kategorien, Strukturen, Theorien entdecken oder entwickeln? Angesichts solcher Fragen ist ein operativer Grammatikunterricht legitim, der dazu führt, „dass wir aus dem ‚Wasser' der Sprache, in dem wir uns normalerweise wie die Fische tummeln, einmal ‚auftauchen' und das Medium, in dem wir uns sonst einigermaßen sicher bewegen, ‚von oben' betrachten können." (EISENBERG/MENZEL 1995, 7)

Die operativen Verfahren

● *Ersetzen/Austauschen:* Erste Erfahrungen mit dieser Probe können die Kinder schon am Schulanfang machen, wenn bei Vergleichswörtern einzelne Buchstaben ausgetauscht werden und die Kinder erkennen, wie sich der Sinn des Wortes verändert: Buchstaben, so kann hier deutlich werden, stehen eben nicht für Inhalte, sondern für Laute: „OMA – OPA".

Das Verb als veränderbar erkennen die Kinder in Klasse 2, wenn sie Verbformen in Texte einsetzen. Ein Beispiel: Die Kinder haben ihre Lieblingstätigkeiten gesammelt. Satzmuster werden vorgegeben: „Ich spiele gern – " – „Wir spielen gern zusammen – " Die Kinder setzen aus ihrer Wörtersammlung Verben in der passenden Form ein. Die Kinder lernen hierbei: Die Wörter über Tätigkeiten können verändert werden. Es sind Wörter, mit denen man so etwas machen kann wie: „ich spiele, wir spielen". Zur systematischen Veränderung hilft eine „Wörtermaschine" (siehe die folgende Seite).

Einige Beispiele: Bei der Arbeit mit drei Streifen können auf einem die Personalpronomen, auf einem Wortstämme, auf dem dritten die Flexionsmorpheme stehen. Die Kinder bilden die möglichen Verbformen. In ähnlicher Weise können Verben mit Präfixen kombiniert werden: Auf einem Streifen stehen die Präfixe, z.B. „ab, hin, weg, hinaus, zurück, vor, ent, ver ...", auf einem anderen Streifen stehen zuvor im thematischen Zusammenhang gesammelte Verben wie beim Thema Verkehr: „fahren, laufen, gehen, bremsen, stehen ... " Beispiel: Nomen bilden. Im thematischen Zusammenhang „Bleib gesund" wurden Bildungen wie : „gesund – Gesundheit" untersucht. Nun können auf einem Streifen Adjektive, auf dem anderen die Morpheme -heit und -keit stehen. Beispiel: Adjektive bilden. Beim Thema Wetter wurden in einem Wortfeld Nomen gesammelt wie Wind, Sonne, Winter, Sturm. Die Nomen werden mit den Morphemen -ig, -isch, -lich kombiniert. Bei all diesen Operationen werden Wortbestandteile getauscht und überlegt: Welche Kombinationen ergeben richtige Wörter?

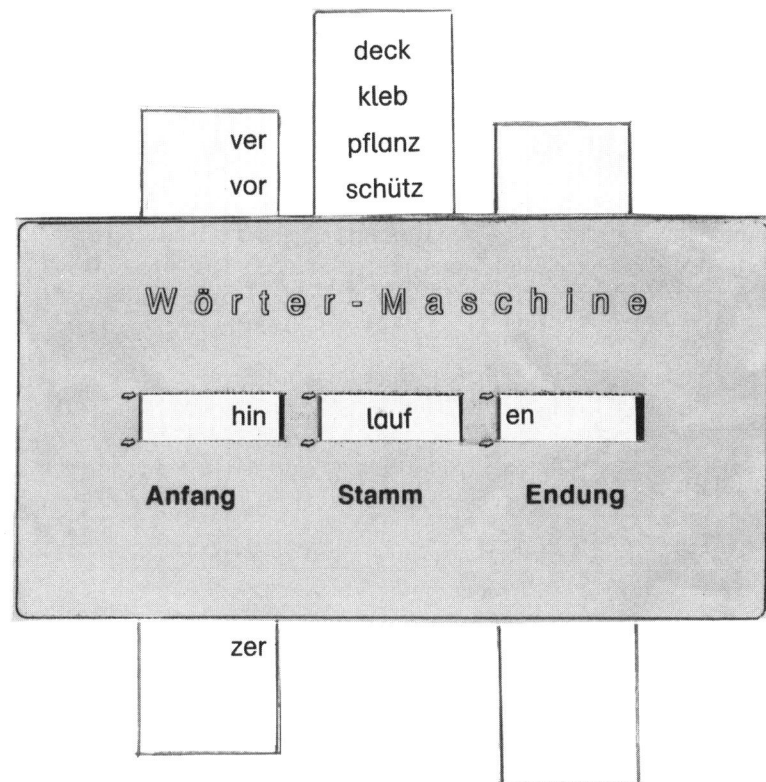

Abbildung 14: Wörtermaschine

Welche nicht? Bei welchen Wörtern muss etwas verändert werden? Dieses Wissen um Wortbildungen unterstützt auch die morphematische Strategie beim Rechtschreiblernen.

Auf der Satzebene kann im Rahmenthema Verkehr das Muster vorgegeben werden: „Wer fährt womit wohin?" Mit den Sammlungen von Wörtern der Wortfelder fahren und Verkehrsmittel können konkrete Sätze gebildet werden. Dabei kann sich schon in Klasse 2 ein Gespür für Satzbildungen vom Verb her entwickeln.

Beim Textschreiben und -überarbeiten ist das Ersetzen eine wichtige Probe: Wörter werden ausgewechselt, um z.B. einen Text interessanter, informativer, spannender zu machen. Zum selben Nomen werden verschiedene Adjektive eingesetzt, über die Wirkung wird nachgedacht. Dabei kann z.B. aus einem harmlosen Tier ein gefährliches werden, aus einem essbaren Pilz ein giftiger.

● *Einfügen/Erweitern:* Wieder arbeiten Kinder schon vom Schulanfang an mit dieser Operation, zunächst auf der Wortebene: Buchstabe für Buchstabe wird freigegeben, jedes Mal überlegen die Kinder, welches Wort wohl entstehen mag: „M – MA – MAR – MARM – MARME – ..." Hierdurch wird die Leseerwartung geübt, aber auch der Wortbegriff gestärkt.

Beim Thema Haustiere wird über Tiere und ihre Gewohnheiten gearbeitet. Im Klassenkreis werden Sätze erweitert: „Der Hund wedelt ..." Ist das schon ein sinnvoller Satz? Was fehlt? Der Anfang des Satzes wird erweitert. Reihum wird der Satz verlängert, bis man ihn nicht mehr behalten kann. Hierbei wird ein Verständnis dafür entwickelt, dass mit dem Anwachsen des Satzes auch die Informationen anwachsen. Zugleich kann erkannt werden, dass lange Sätze unübersichtlich sind. Ab wann macht man aus einem riesenlangen Satz lieber zwei Sätze? Wie geht das?

Das Erweitern ist auch bei der Textproduktion hilfreich: Adjektive werden ergänzt. Was ändert sich am Text? Wörtliche Reden werden ergänzt usw.

- *Weglassen/Kürzen:* Ein realer Anlass hierzu sind die Kürzungen der Dann- bzw. Und-dann-Satzanfänge in Kindertexten:

> „Nach dem Mittagessen bekam ich Bauchschmerzen. Dann hat Omi Fieber gemessen. Aber ich hatte kein Fieber. Dann brauche ich nicht die Ärztin zu rufen, sagte meine Omi. Und dann brachte mich meine Omi ins Bett. Dann legte sie mir eine Wärmeflasche auf den Bauch ..."

Das sich wiederholende „Dann" bzw. „Und dann" wird weggestrichen. Zwei Möglichkeiten können entwickelt werden: „Dann" wird durch ein anderes Wort aus dem Wortfeld „und dann" ersetzt (nun, später, auf einmal ...) oder der Satz muss umgestellt werden. Beides wird probiert. Was ist besser? Es gibt hier wie oft keine eindeutig richtige Antwort, aber das Ausprobieren, Vorlesen, Einschätzen am Klang sowie das Nachdenken bei alledem schärfen die sprachliche Sensibilität. Im Übrigen kommen hier neben der Weglassprobe weitere zum Zuge: Einfügen und die Klangprobe.

Im Gegenzug zum Erweitern von Sätzen werden lange Sätze gekürzt, so dass immer noch ein sinnvoller Satz stehen bleibt. Die Kinder erfahren, dass bei den Kürzungen immer auch Informationen entfallen und dass man nicht jedes beliebige Wort kürzen kann, wenn das Übriggebliebene noch sinnvoll sein soll. Das Verb muss immer erhalten bleiben.

- *Umstellen/Verschieben:* Wieder kann mit dieser Probe schon in Klasse 1 die Einsicht in Sprachstrukturen gefördert werden. Die Wörter eines Satzes werden vermischt: „GRETA TELEFONIEREN SCHON MIT KANN OPA DEM." Die Wörter können zunächst ausgeschnitten und dann zu einem Satz zusammengeklebt werden. Beim Vergleich der Lösungen ergeben sich möglicherweise Varianten, dabei bleiben drei Wörter immer zusammen: MIT DEM OPA. Ein nicht dazu passendes Wort kann noch ergänzt werden. Die Kinder scheiden es aus und begründen es vom Sinn des Satzes her. ELLY GLINZ hat folgenden Satz vorgeschlagen: „kluge/sind/Computer/klüger/Kinder/kluge/als." Das Besondere hierbei ist, dass mit denselben Wörtern zwei Sätze mit gegenteiliger Aussage zusammengestellt werden können. Die Kinder können erkennen, dass ein Satz mehr ist als die Summe seiner Wörter.

Das Umstellen von Sätzen kann im Zuge der Schreibberatung aktuell werden, wenn die Sätze immer nach gleichem Satzbauplan gebildet sind. Die Kinder probieren, durch Umstellungen den Text gefälliger zu machen. Zur Einführung wird jedes Wort eines Satzes auf eine Papptafel geschrieben, jeweils ein Kind trägt ein Wort. Die anderen Kinder schlagen vor, wie die Wörter sich stellen sollen. Alle sinnvollen Sätze werden notiert. Am Ende können die Kinder z.B. feststellen, dass einige Wörter immer zusammenbleiben (die Satzglieder), dass das Verb immer das zweite Satzglied ist, dass der Satz zur Frage wird, wenn das Verb an die erste Stelle rückt. Mit Papierstreifen können entsprechende Übungen in Partnerarbeit durchgeführt werden.

● *Sprechen/Klangprobe:* Bei vielen Operationen ist wichtig, dass die Wörter und Sätze auch gesprochen werden, um zu entscheiden, ob sie „gehen" oder nicht, weil bei dieser Entscheidung das Sprachgefühl mitwirkt. Beim erweiterten Satz muss anders betont werden als beim kürzeren Satz – was ist dabei anders? Bei Umstellungen wird anders betont – was ändert sich?

Bei all diesen Übungen werden die Proben nicht mechanisch durchgeführt, sondern dienen dem Nachdenken über: Was tun wir? Was ändert sich? Ergibt dies ein sinnvolles Wort, einen sinnvollen Satz? Was stört? Bei solchen Untersuchungen und Reflexionen werden Arbeitsbegriffe eingeführt und verwendet, für die Proben und für Begriffe wie Laut, Buchstabe, Wort, Satz, Wortbaustein, Wortstamm sowie Termini für die Wortarten und die Satzglieder.

Spielen mit Sprache

Viele Kinder erfahren und praktizieren von klein auf *Sprachspiele*, angefangen bei sprechrhythmischer Begleitung von Alltagsverrichtungen wie Waschen und Füttern des Babys über Fingerspiele, Abzählverse, Reime bis hin zu Bilderbuchtexten und Kinderliedern, die mit Sprache spielen. Solcherart geförderte Kinder gewinnen ein besonderes Verhältnis zur Sprache: Sie erleben den Umgang mit Sprache und ihren Elementen als lustvoll und sie richten ihre Aufmerksamkeit auch auf sprachliche Phänomene außerhalb der alltagskommunikativen Inhaltlichkeit: auf Sprachrhythmus, auf Sprachklang, auf Wortwitz. Damit „wird im kindlichen Sprachspiel die Sprache selbst zum Gegenstand der Aufmerksamkeit" (BELKE 1999 b, 153). Diese Vergegenständlichung von Sprache ist eine Bedingung für den Schriftspracherwerb. Kinder, denen solche Erfahrungen fehlen, haben einen schwereren Zugang zur Schrift. Sprachspiele sind für solche Kinder unverzichtbare Elemente des Anfangsunterrichts.

Sprachspiele sind darüber hinaus für alle Kinder und alle Schuljahre wertvoll: Sie fördern die Lust am spielerischen Umgang mit den verschiedenen Elemen-

ten von Sprache und richten den Blick weg von der Nützlichkeit sprachlichen
Handelns auf einzelne Aspekte des Gegenstandsbereichs Sprache, experimentieren mit Sprachkonventionen und erfinden Sprache. Wegen solcher Qualitäten wurden Sprachspiele bei der Wiederentdeckung von Kreativitätsförderung
in allen Arbeitsbereichen des Sprachunterrichts einbezogen: z.b. das Spiel mit
Wörtern, Assoziationen beim Erzählen und kreativen Schreiben, Piktogramme,
konkrete Poesie, spielerisch-handelnde Umgangsweisen mit Texten; Beispiele
finden sich in den entsprechenden Kapiteln. Darüber hinaus zeugt eine ganze
Reihe von neueren Buchveröffentlichungen zu Spielen mit Sprache von dem
aktuellen Interesse (z.B. STEFFENS 1998, PETILLON/VALTIN 1999, MERTENS/
POTTHOFF 2000). Einige Beispiele:

- *Spiele zur Lautebene:* Verse wie „Meine Mi, meine Mu, meine Mutter schickt
mich her ...", Sprechverse wie „Fischers Fritz ....", Zungenbrecher aus anderen
Sprachen; Lieder wie „Drei Chinesen mit dem Kontrabass" und den Lautvari-
anten, Spiele mit Lauten durch Austausch oder Ergänzung von Lauten in Wörtern und Texten ...
- *Spiele zur Wortebene:* Reimwörter finden – unsinnige und sinnvolle; Bilderrät-
sel herstellen, z.B. zu zusammengesetzten Nomen; Silbenrätsel herstellen und
lösen; neue Wörter erfinden (Gruselwörter, Ferienwörter); Geheimschriften
erfinden und nutzen; Teekesselchen raten (Homonyme) ...
- *Spiele auf der Satzebene:* in einem Lied die Wörter nacheinander durch Gesten
ersetzen
(„Mein Hut, der hat drei Ecken", „Ein kleiner Matrose ..."); „Onkel Otto-Spiel":
ein Satz wird vorgegeben („Onkel Otto/sitzt/mit seiner Katze/gemütlich/am
Frühstückstisch."), bei jedem neuen Satzglied wird das Blatt umgefaltet, die
Kinder schreiben reihum an einem neuen Satz, ohne zu wissen, was zuvor
geschrieben wurde ...
- *Spiele auf der Textebene:* Wörter setzen Fantasien frei, z.B. selbst erzeugte Fan-
tasiewörter („Trip-trap-Trampelpferd"); zunächst nicht zusammen passende
Wörter werden aus Wörterkisten gezogen („Hund – Schrank", auch in verschiedenen Kombinationen wie „Der Hund im Schrank ...", „Der Hund auf dem
Schrank ...", „Der Schrank des Hundes ...", „Der Hund mit dem Schrank ..."),
daraus können Anregungen für Geschichten entstehen (nach RODARI in KOHL
1998 b, 9).

Sprachspiele fördern das Untersuchen von Sprache auf andere Weise als
Metakommunikation und das operative Untersuchen: Während bei diesen die
Reflexionen über konkrete Erfahrungen zu Einsichten und Erkenntnissen füh-
ren, stehen beim Spielen die Erfahrungen mit dem Material Sprache im Mittel-
punkt: Geübt werden die Vergegenständlichung und die Wahrnehmung einzel-
ner Elemente der Sprache. Mit Konventionalität wird gespielt, das Erfinden von
Sprache angeregt, vor allem: die Lust am Spiel mit der Sprache wird kultiviert.
Reflexionen über diese Erfahrungen sollten im Spielrahmen nur behutsam vor-

genommen werden, und zwar nur insoweit, als dadurch der Spielcharakter erhalten bleibt. Auf diese Weise sind Sprachspiele ein wichtiges Pendant zu den reflektierenden Umgangsweisen mit Sprache – sie sind auch ihre Voraussetzung.

Wortbildungen und Wortarten

Neben dem Untersuchen des Satzes und der Bestimmung von Satzgliedern gehören das Untersuchen von Wörtern, das Wissen um Wortarten und Wortbildung zum Kern des Arbeitsbereichs Sprache untersuchen in der Grundschule. Je nach Grammatikmodell kommen differierende Kategorien und Termini ins Spiel (Wortebene: z.B. 10 Wortarten nach traditioneller lateinischer Grammatik, 5 Wortarten nach Glinz'scher Grammatik; Satzebene: z.B. lateinische Grammatik der Nebenordnung der Satzglieder oder Dependenzgrammatik der Unterordnung der Satzglieder unter das Verb). Außerdem haben sich verschiedene schulische Termini eingebürgert, insbesondere deutsche Begriffe wie Tunwort oder Wiewort. Meine Vorschläge zu Kategorien und Termini für die Grundschule basieren auf folgenden Überlegungen:

- Ich wähle den Kategorisierungsmodus, den Kinder durch Sprachauffälligkeit, durch eigenes Experimentieren und Operieren mit Sprache nach-erfinden können, z.B. bei den Wortarten: Ausgang von den inhaltsträchtigen und veränderbaren Wörtern, bei den Satzgliedern: Ansatz der Dependenzgrammatik, nach der die Satzglieder vom Verb aus erfragt werden.
- Ich wähle die Kategorien, die Kinder als Arbeitswissen zur Verständigung beim Rechtschreiben, beim Textschreiben und Textbearbeiten erfahrungsgemäß benötigen. Dabei werden bestimmte Wortarten und Satzglieder terminologisch bezeichnet, andere in nicht weiter definierten Restkategorien belassen.
- Ich wähle deutsche Termini nur, soweit sie für Kinder unmissverständlich sind, wie Einzahl und Mehrzahl. Ist ein deutscher Terminus irreführend wie Hauptwort, Zeitwort, Satzaussage, oder ist er zu eng gefasst wie Tunwort oder Dingwort, dann wähle ich den lateinischen Begriff.
- Bezogen auf die Wortarten mischen sich bei den Zugriffsweisen die linguistischen Kategorien: mal wird der Zugang von der Semantik her gewonnen wie bei den Pronomen als Vertreter von Nomen, mal von der Morphologie wie bei Verben und ihrer Veränderbarkeit, mal von der Syntax wie beim Artikel, der dem Nomen zugeordnet wird. Das ist nach reiner Linguistenlehre nicht befriedigend, aber es ist didaktisch sinnvoll, weil es auf die Auffälligkeit für Kinder abhebt.

Wortebene: grammatische Kategorien und Termini für die Grundschule	
Wort	Buchstabe – Laut, Selbstlaut – Mitlaut verwandte Wörter (Wortfamilie) – Wortstamm Wortfeld
Verb	Grundform (Modellwort: spielen) Zeitstufen: früher oder vorher – jetzt – später Zeitformen: Gegenwartsform (Modell: ich spiele); Vergangenheitsformen (Modell: ich spielte, ich habe gespielt)
Nomen	Einzahl – Mehrzahl
Artikel oder Begleitwort	bestimmter Artikel – unbestimmter Artikel
Adjektiv	Grundform – Grundstufe (Modellwort: lustig) Vergleichsstufe 1 (Modell: lustiger) Vergleichsstufe 2 (Modell: am lustigsten)
Pronomen	Pronomen (nur Personalpronomen)

Alle von Kindern nicht kategorisierbaren Wörter gehören zur Restkategorie:
andere Wörter

HANS GLINZ unterscheidet fünf Wortarten: Verben, Nomen, Adjektive, Pronomen und als Restkategorie Partikel (LINKE u.a. 1996, 76 ff.). Artikel gehören dabei zu den Pronomen, ebenso die Zahlwörter. Ich folge im Wesentlichen dieser Unterscheidung, nenne aber die Artikel als eigene Kategorie, weil sie im Zusammenspiel mit den Nomen zur Bildung des Nomenbegriffs beitragen. Pronomen werden im Grundschulbereich vor allem als Personalpronomen beim flektierten Verb und als Ersatz für Nomen auffällig. Andere Pronomen wie die Zahlwörter sowie die Partikel, zu denen nach traditioneller Grammatik die Konjunktionen, Präpositionen, Adverbien und Interjektionen zählen, werden als „andere Wörter" gesammelt.

Artikel (Begleiter) und Nomen

• *Nomenbegriff:* Häufig wird das Nomen über den deutschen Begriff *Namenwort* eingeführt: „Menschen haben Namen, Tiere und Pflanzen haben Namen; Namenwörter werden großgeschrieben." Dies scheint plausibel, ist aber heikel, weil für Kinder (und nicht nur für sie) auch Wörter wie fleißig oder schlafen Namen für etwas sind. Hier ist wie immer, wenn ein Terminus eingeführt wird, der Weg dorthin wichtig. Erinnert sei an den Grundsatz: vom Konkreten zum Kategorisieren, von Kategorien zum Konkreten. Auf Nomen bezogen: Die Kinder verwenden Nomen, entdecken im Schriftsprachlichen die Auffälligkeit der Großschreibung, sammeln und sortieren weiter Nomen und entwickeln zunächst ein Gefühl für die Wortart, es bildet sich ein Begriff für die Kategorie Nomen auch ohne eine Benennung. Im Zuge dieses Prozesses wird der Terminus hinzugefügt: „Solche Wörter nennt man Nomen."

Ein Beispiel: Schon in der Klasse 1 werden Wörter auffällig, die immer großgeschrieben werden. Wichtige Wörter werden jeweils mit ihrem Artikel in einem Aushang gesammelt. Wenn die Kinder die alphabetische Reihe kennen, legen sie ein eigenes Merkwörterheft an: ein DIN-A5-Vokabelheft, jedes Blatt ist für einen anderen Buchstaben reserviert. Merkwörter, also schreibwichtige Klassen- und eigene Wörter, werden hier eingetragen, untereinander, immer eine Zeile freilassend. Links werden die Wörter eingetragen, die man immer großschreibt, mit dem Artikel, rechts die anderen Wörter. Beim Eintragen und Üben mit den Wörtern dieses eigenen wachsenden Wörterbuchs haben die Kinder immer wieder mit der Unterscheidung zwischen Nomen (links) und allen anderen Wörtern (rechts) zu tun. Durch den Reiheneffekt entwickelt sich ein Begriff von Nomen, verbunden mit Artikel und Großschreibung, irgendwann wird der Terminus ergänzt. In die jeweils freigelassene Reihe kann übrigens später eine flektierte Form eingetragen werden, hier die Mehrzahlform. Weitere Anwendungen: Bei Wortfeldern zu den Unterrichtsthemen werden die Wörter nach Nomen und anderen Wörtern sortiert.

Im Übrigen sollte auf zusätzliche Hinweise bei allen anderen Wortarten wie „wird kleingeschrieben" verzichtet werden. Es gilt grundsätzlich: Mit großen Anfangsbuchstaben werden Nomen geschrieben, alle anderen Wörter mit kleinen. Dadurch brauchen die Kinder zur Entscheidung über Groß- und Kleinschreibung nur zwischen Nomen und anderen Wortarten zu unterscheiden.

- *Einzahl – Mehrzahl:* Bei vielen Unterrichtsthemen spielen Personen, Tiere oder Gegenstände in Einzahl und Mehrzahl eine Rolle, z.B. beim Thema *Tiere* oder bei der Erkundung, was es alles in einer Straße gibt. Die Kinder können die Dinge auflisten (in der Einzahl: Haus, Baum, Laterne ...) und eine Strichliste führen. Am Ende stellen sie z.B. fest, dass es in einer bestimmten Straße 12 Häuser, 24 Bäume, eine Plakatsäule, ein Geschäft gibt. Sie sortieren: Das gibt es nur einmal, das gibt es mehrere Male. Bei solcher Sammel- und Sortierarbeit wird ständig mit Einzahl- und Mehrzahlformen gearbeitet, ein Begriff für die Unterscheidung bildet sich heraus. Die Kinder untersuchen die Wortformen und stellen fest, was sich ändert. Was gleich bleibt, kreisen sie ein. Manchmal ändert sich auch im Wort etwas: der Baum – 24 Bäume. Dadurch können die Kinder angeregt werden, weitere Nomen zu suchen, die sich genauso ändern: der Raum – die Räume, das Haus – die Häuser. Was ist beim letzten Wortpaar anders als beim vorigen?

Haben die Kinder festgestellt, dass die Mehrzahl unterschiedlich gebildet wird, können Wörter gesammelt werden, die den bisher gefundenen Modellen entsprechen. In Klasse 3 oder 4 könnte weiter geforscht werden: Wie viele verschiedene Möglichkeiten, die Mehrzahl zu bilden, gibt es in der deutschen Sprache? (Es sind elf.)

● *Die vier Fälle:* Sie sind in der Systematik kein Thema der Grundschule, zumal der Genitiv in der deutschen Sprache kaum noch eine Rolle spielt. Ein Gespür für die Fallsetzungen entwickeln die Kinder durch Fragen vom Verb aus. Dabei können die Kinder z.B. wem-Ergänzungen finden. (s. das nächste Kap. Satzglieder, S. 237 ff.)

● *Die grammatischen Geschlechter:* Die grammatischen Geschlechter sind bei Personen und Tieren nicht immer mit den natürlichen identisch (das Mädchen, das Huhn). Bei allen anderen Nomen gibt es für Kinder keinen erkennbaren Bezug zum natürlichen Geschlecht (die Sonne, der Mond, aber auch: die Lampe, das Licht). Deshalb sind die Termini Geschlechtswörter oder männlich, weiblich, sächlich eher verwirrend. Auch hier genügt der Reiheneffekt: die ständige Assoziation des Nomens mit dem Artikel bzw. Begleiter, unterschieden nach bestimmtem Begleiter (z.B. der Affe dort) und unbestimmtem (ein Affe, irgendeiner) wie beim Unterricht zum Zoobesuch.

Verb

● *Grundform und Verbbegriff:* Ein Beispiel: Die Kinder sammeln in Klasse 2 Wörter: „Was wir gerne machen": malen, fernsehen, Rad fahren, mit der Mama kuscheln, basteln ... Die Wörter werden ins Wortfeld geschrieben, die einzelnen Tätigkeiten auf Blättern mit einer Zeichnung gestaltet und ausgehängt. Die Kinder überlegen, was sie von diesen Tätigkeiten gern allein und was sie lieber mit anderen zusammen machen. Sie schreiben Sätze nach den Modellen:

Ich spiele gern.
Wir spielen gern zusammen.

Dabei entdecken die Kinder, dass sich ein Wort je nach Modellsatz verändert. Es steht immer hinter dem Wort *ich* oder *wir.* In verrätselte Texte setzen die Kinder aus ihrem Wörtervorrat passende Wörter ein:

Lisa spielt ihren Geburtstag.
Ihre Mama spielt Lisas Lieblingskuchen.
Papa und Mama spielen ein Geburtstagslied.
Der Dackel Nero spielt mit seinem Schwanz dazu.

In einer anderen Unterrichtseinheit *Augen auf im Straßenverkehr* beobachten die Kinder an einer belebten Straße oder einer Kreuzung den Verkehr und die Verkehrsteilnehmer. Sie schreiben auf, was die Fußgänger, die Radfahrer, die Autofahrer tun. Mit den gesammelten Wörtern wird ähnlich wie beim Thema *Lieblingstätigkeiten* gearbeitet.

Durch solche Arbeiten wird die Begriffsbildung für das Verb angebahnt: Es sind Wörter, mit denen man so etwas machen kann wie „ich spiele, sie spielt, wir spielen" und die Tätigkeiten bezeichnen. Dennoch sollten die Wörter nicht Tätigkeits- oder Tunwörter genannt werden, weil damit der Blick auf Zustands- und Modalverben verstellt wird. Die bisher sortierten Verben werden zusammengestellt, dazu wird als Terminus *Verb* gesetzt. Die Verbensammlung kann im Weiteren ergänzt werden. Zum Beispiel werden Wortfelder zum Verb *fahren* gesammelt (beim Thema *Verkehr*), Wörter zu allem, was man mit der Hand machen kann (beim Thema: *Mein Körper*), zu allem, was ein Baby macht (Thema *Wie es war*). Allmählich festigt sich der Verbbegriff durch die Wortreihen, Wortfelder und durch die flektierende Verwendung der Wörter. Der Terminus *Verb* kann hinzugefügt werden.

Später wird der Begriff *Grundform* eingeführt. Die Definition ist eine pragmatische: Die Grundform ist die Form, unter der wir das Verb in der Wörterliste oder im Wörterbuch finden.

- *Veränderungen, Wortstamm:* Ein auffälliges Kennzeichen für Verben ist ihre Veränderbarkeit. Verben, so erproben die Kinder, sind Wörter, mit denen man so etwas machen kann wie: „ich spiele – ich spielte – ich habe gespielt". In Texten wird eingekreist, was bei dem Verb auch bei Veränderungen gleich bleibt. Ein Beispiel: Die Kinder schreiben im Anschluss an „Tom-und-Jerry-Comics" eigene Katze-Maus-Verfolgungsgeschichten. Mögliche Verben für die Katze und die Maus wurden in Wortfeldern gesammelt. Sie können nun verwendet werden. Dabei werden mit der Operation Ersetzen auch Verben ausgetauscht und mit der Klangprobe die Wirkung getestet, z.B. zum Wort *laufen* (flitzen, huschen, sausen ...). Im Zuge der Arbeit schreiben die Kinder die verwendeten Verbformen heraus und kreisen ein, was bei Grundform und veränderter Form gleich bleibt. Dabei stoßen die Kinder auch auf Veränderungen im Wortstamm: „laufen – sie läuft – sie lief". Die Kinder erkennen, dass die Veränderungen nur die Selbstlaute betreffen und dass man sie hören kann. Der Wortstamm wird eingekreist, die veränderten Selbstlaute werden farbig überschrieben. Mit Hilfe des Morphemschiebers können weitere Operationen mit Verben durchgeführt werden.

- *Zeitstufen und Zeitformen: Zeitstufen* sind die jeweils gemeinte Zeit (vorher oder früher, jetzt, später), *Zeitformen* sind die im Verb durch Flexion gekennzeichnete Zeit. Die Zeitformen sind ein schwieriges Gebiet. Bei Zukunftssätzen wird in der deutschen Sprache nur selten das Futur eingesetzt, in der Regel verwenden wir die Präsensform und einen zusätzlichen Zeithinweis: morgen, in drei Wochen, bald ... Bei den Vergangenheitssätzen wurde in der lateinischen Grammatik inhaltlich zwischen Imperfekt und Perfekt unterschieden. Dieser inhaltliche Unterschied ist für die deutsche Sprache nicht vorhanden, die Entscheidung für Imperfekt/Präteritum und Perfekt ist vielmehr eine stilistische Frage. In der Mündlichkeit wird das Perfekt, in der Schriftlichkeit das Präteritum verwendet. Diese Unterscheidung können die Kinder im Laufe der Grundschulzeit erkennen. Zur Kennzeichnung reichen die Modelle „ich spielte – ich habe gespielt".
Ein Beispiel: Beim Thema *Wetter* wird auch das Wetter beobachtet und protokolliert, Wettervorhersagen aus den Medien werden dokumentiert und mit dem tatsächlichen Wetter verglichen. Entsprechend werden die Wettervorher-

sagen als Wetterberichte umgeschrieben. Woran erkennt man, ob ein Text ein Wetterbericht ist, der von vergangenem Wetter berichtet, oder eine Wettervorhersage? Die Kinder identifizieren in dem Fall Wetterbericht die Verbform. Sie wird herausgeschrieben, der Grundform zugeordnet. Im Vergleich wird festgestellt, wie die Vergangenheitsform gebildet wird. Das Zukünftige bei einer Wettervorhersage erkennt man zuerst an einem Zeithinweis wie *morgen, am Abend*, manchmal auch am Verb mit *wird* oder *werden*. Texte im Lesebuch lassen sich ähnlich untersuchen. Dabei werden die Kinder auf die Vergangenheitsformen stoßen: die „kurze Vergangenheitsform" (einteilig: spielte), die „langen Vergangenheitsformen" (zweiteilig: haben gespielt, hatten gespielt). Die gefundenen Formen werden gesammelt, sortiert, die Wortstämme werden eingekreist. Daraus wird allmählich auch ein Gespür für das Präteritum als Form der Schriftlichkeit entwickelt. Eigene Texte werden entsprechend untersucht und gegebenenfalls durch Ersetzen von mündlicher in schriftliche Sprache gebracht, wenn das durch Klangprobe besser erscheint.

● *Adjektive*

Adjektivbegriff: Einen Begriff für die Wortart entwickeln die Kinder durch die Leistung der Wortart und durch ihre Veränderbarkeit. Ein Gefühl für die Leistung kann durch Austauschen und Ergänzen entwickelt werden: Ein giftiger Pilz ist eben etwas anderes als ein essbarer Pilz.

Ein Beispiel: In Klasse 2 geht es bei einem Thema um die Sinne. Ratespiele werden durchgeführt, viele Gegenstände liegen im Gesprächskreis. Ein Kind beginnt: „Ich sehe was, was du nicht siehst." In einer Tastkiste liegen verschiedene Gegenstände. Ein Kind fühlt hinein und beschreibt: „Ich fühle was, was wir nicht sehen." Hinzu kommen ein Riechmuseum, in dem Filmdöschen mit Gewürzen und riechenden Essenzen gefüllt sind, sowie Schmeckproben, an denen mit verbundenen Augen probiert wird. Im Laufe dieser Unterrichtsarbeit werden Wörter gesammelt, die aussagen, wie etwas aussehen, schmecken, riechen kann, wie sich etwas anfühlen oder anhören kann. Die Wörter werden in Wortfeldern sortiert. Die Kinder können Rätseltexte schreiben: „Was ist das? Es sieht ... aus und schmeckt ..."

Texte werden durch Ergänzung von Adjektiven „eingefärbt", z.B. der Text vom Monster – einmal in der Variante liebes Monster, einmal in der vom schrecklichen Monster. Die einzusetzenden Wörter werden aus den Wortfeldern genommen:

Ein --- Monster	Es sprach mit --- Stimme
Ich habe von einem ---- Monster geträumt.	und zeigte dabei seine --- Zähne.
Es war --- und hatte ein --- Fell.	

Im Vergleich der gesammelten Wörter und der in den Text eingefügten Wortformen erkennen die Kinder die Veränderbarkeit. Wieder kann der Wortstamm eingekreist werden. Der Terminus *Adjektiv* wird eingeführt.

- *Vergleichsstufen:* Die traditionellen Begriffe *Steigerungsformen* sind nicht immer zutreffend, z.b. ist ein älterer Mann jünger als ein alter Mann. Mit den Wortformen der Adjektive wird aber verglichen. Vergleichsmöglichkeiten ergeben sich bei vielen Themen, z.b. bei Themen wie Wetter, Tiere und Pflanzen, beim Messen und Wiegen, bei der Fernsehkritik. Neben der Grundform wird der Komparativ als 1. Vergleichsstufe, der Superlativ als 2. Vergleichsstufe benannt oder die Kinder verwenden als Leitbegriffe die Modellwörter „lustig – lustiger – am lustigsten". Was gleich bleibt, kann wieder eingekreist werden.

- *Nomenprobe:* Um im Zweifelsfall zu entscheiden, ob ein Wort ein Nomen ist, kann man neben dem Artikel das Modellwort *lustig* einsetzen: Ich esse einen Teller Suppe. – einen lustigen Teller, eine lustige Suppe. Aber: die gefleckte Katze – die lustige Gefleckte (da fehlt immer noch was, also kein Nomen), aber: die lustige Katze.

Pronomen

Pronomen sind für Kinder vor allem als direkte Ersatzwörter für Nomen auffällig. Als Operation des Ersetzens helfen Pronomen, einen Text gefälliger zu machen. Zum Beispiel schreiben die Kinder Mäuschen-Witze:

Das Mäuschen ist in ein neues Mauseloch umgezogen. Das Mäuschen trifft den Elefanten. Der Elefant fragt: „Bist du schon umgezogen?" Das Mäuschen sagt zum Elefanten: „Klar, gestern. Komm mich doch mal besuchen."

Man kann hier ein- oder zweimal die Wörter Mäuschen oder Elefant durch ein Pronomen ersetzen. Die Klangprobe erleichtert die Einschätzung, welche Fassung besser klingt. Oder andersherum, nämlich vom Pronomen aus probiert: Im Zusammenhang eines Märchenthemas wird auch „Des Kaisers neue Kleider" gelesen und erspielt. Von wem ist hier die Rede:

Da sagte er zu ihm: „Hole sie herein, ich will wissen, ob sie schon fertig sind." Seht ihr ihn? Er ist ja ganz nackt!

Die Kinder entwickeln ein Gespür für die Pronomen und identifizieren sie: Irritierende Texte können diese Begriffsbildung weiter schärfen:

Lehrer: Kannst du es ihr mal geben?
Ina: Ich? Meinen Sie mich?
Lehrer: Nein, den Klausi. Also los, Klausi, gib es ihr.
Klausi: Wem?
Lehrer: Der Jana, natürlich. Gib es ihr.
Klausi: Aber was soll ich denn der Jana geben?
Lehrer: Das Buch, zum Donnerwetter.

Bei solchen Übungen werden die Pronomen herausgeschrieben, in Klammern wird das jeweils gemeinte Nomen hinzugesetzt. Ein Pronomen-Begriff bildet sich, der Terminus kann hinzukommen. Die Wortmaschine (siehe S. 226) enthält hier die Bausteine Pronomen–Verbstamm–Flexionsmorphem. Mit ihr werden Sätze gereiht und ein Gespür dafür entwickelt, wie das (Personal-)Pronomen auch auf die Verbform einwirkt.

Satzbildungen und Satzglieder

(Zur Auswahl und Terminologie siehe die einleitenden Bemerkungen im vorherigen Kap. Wortarten und Wortbildungen, S. 230)

Satzebene: grammatische Kategorien und Termini für die Grundschule	
Satzkern (Prädikat)	einteiliger Satzkern – mehrteiliger Satzkern
Ergänzungen	Wer-oder-was-Ergänzung (Subjekt)
	Alle weiteren Ergänzungen werden situationsweise erarbeitet, sie werden immer nach der Frage genannt. Eine Systematik ist hierzu nicht erforderlich, weil die Kinder das Kategorisieren in jedem Fall selber vornehmen können. Beispiele: Wem-Ergänzung, Wen-oder-was-Ergänzung, An-Wen-Ergänzung, Wo-Ergänzung, Wann-Ergänzung ...
	einteilige Ergänzung – mehrteilige Ergänzung

Die traditionelle lateinische Grammatik ging von der Nebenordnung der Satzglieder mit Subjekt und Prädikat als dem „einfachen Satz" aus. Dieses Grammatikmodell hat etliche Mängel, unter anderem bietet es keine triftige Definition dessen, was ein Satzglied ist (LINKE u.a. 1996, 81). Neuere Satzglied-Grammatiken gehen systematischer vor. Insbesondere die Ansätze von HANS GLINZ zum deutschen Satz (GLINZ 1952) sowie die Dependenz- und Valenzgrammatiken eröffnen dem Unterricht Möglichkeiten, Kinder Strukturen von eigenen Sätzen operational entdecken zu lassen (LINKE u.a. 1996, bes. 82 ff.).

Ausgangspunkt ist das Verb, genauer: Es sind die verbalen Teile des Satzes, also auch möglicherweise mehrere Teile des Verbs (Infinitiv: sollte laufen, Partizip: bin gelaufen, Verbzusatz: weglaufen – lief ... weg). Alle Satzglieder stehen in Bezug zum Verb. Sie können von ihm aus erfragt werden: Wer sollte laufen? Wohin sollte er laufen? Es gibt Verben, die erfordern wenigstens eine Ergänzung, z.B. essen. „Er aß." ist eine vollständige Information. Will man mehr wissen, muss der Satz erweitert werden. Andere Verben erfordern wenigstens zwei Ergänzungen, z.B. schenken. „Sie schenkte" ist eine unvollständige Information, zumindest muss man wissen, was sie schenkte: „Sie schenkte ein Buch." Ist dies durch den situativen Kontext nicht klar, dann müsste man noch wissen, wem sie das Buch schenkte. Kurz: das Verb ist der Kern des Satzes, von dem die übrigen Satzglieder abhängig sind und der auch bestimmt, wie viele Satzglieder erforderlich sind. Nach GLINZ sind die Satzglieder eines Satzes durch die Verschiebeprobe zu ermitteln. Alle Wörter oder Wortgruppen, die in Aussagesätzen zusammenbleiben müssen, sind Satzglieder. Die Personalform des Verbs bleibt dabei immer an zweiter Stelle, die weiteren Teile des Verbs stehen am Schluss des Satzes (Verbklammer): Clara liest ihrer Schwester aus dem Märchenbuch vor. Clara hatte ihrer Schwester aus dem Märchenbuch vorgelesen.

Da nach diesen Grammatikmodellen die Satzglieder vom Verb abhängig sind, ist das Verb – streng genommen – kein Satzglied. Für die Schulgrammatik wird der Ansatz des Erfragens und der Erweiterungs- und Verschiebeproben übernommen, alle weiteren Strukturen und Termini bleiben als linguistisches Fachwissen in der Grundschule unberücksichtigt. Auch wird das Verb der Einfachheit halber ebenfalls als Satzglied bezeichnet. Ich bevorzuge hierbei den ausdrucksvollen deutschen Begriff *Satzkern*, alternativ *Prädikat*. Alle Ergänzungen werden als Ergänzungen mit der Ergänzungsfrage bezeichnet. Wegen der besonderen Stellung der Wer-Ergänzung und falls der Satzkern Prädikat genannt wird, kann hier schon der Begriff *Subjekt* eingeführt werden.

- *Satzkern (Prädikat)*
Mit dem Satzkern fragen: Beim Unterrichtsthema *Verkaufen und Kaufen* werden nach Erkundungen im Stadtteil z.B. Nomen in Wortfeldern gesammelt: Geschäftsbezeichnungen und Verkaufsartikel sowie Spezialwörter für Verkäufer (die Marktfrau, die Optikerin, der Drogist, die Buchhändlerin, der Autoverkäufer, der Schalterbeamte). Das Verb „verkauft" wird rot gerahmt. Die Ergänzungen werden erfragt: wer? wo? was? Dabei können die Kinder auch spielerisch arbeiten: Ein Kind beginnt mit dem Verb und fragt: wer?, das nächste Kind antwortet, sagt den erweiterten Satz und stellt wieder eine Ergänzungsfrage usw. Bei anderen Themen werden viele Verben gesammelt, z.B. bei einem Naturerkundungsprojekt die verschiedenen Tätigkeiten der Kinder wie beobachten, sammeln, messen, hören, befühlen, zeichnen usw. Im Unterricht werden die Verben zu Sätzen erweitert, die die realen Situationen wiedergeben: „Anja, Torben und Boris haben Blätter gesammelt." Eine spielhafte Variante zur kursorischen Übung ist die folgende: Verben werden auf Kärtchen oder auf Tennisbälle geschrieben, ein Kind zieht ein Verb und es beginnt das Frage-Antwort-Spiel.
- *Mehrteilige Satzkerne:* Bei vielen Unterrichtsthemen geht es um Tätigkeiten, die mit Verben und Verbzusätzen bezeichnet werden: z.B. beim Thema *Verkehr* Verben wie wegfahren, einsteigen; beim Thema *Klassenzeitung* Verben wie vorschreiben, zusammenheften, aushängen. Bei der Erweiterung zu Sätzen fällt auf, dass die Verbteile durch die Ergänzungen getrennt werden: Unsere Gruppe hat die Klassenzeitung zusammengeheftet. Um den Zusammenhang des Satzkerns mit einem Signal zu markieren, werden alle Teile des Satzkerns rot gerahmt oder rot unterschlängelt.

Ergänzungen
- *Wer-Ergänzung:* Wenn es bei den Fragen um andere Subjekte als Menschen geht, muss die Frage zu wer-oder-was? erweitert werden. Wenn die Antwort notiert wird, dann ist auch hier zur Kategorienbildung ein Signal hilfreich: Die Wer-Ergänzung kann zunächst mit einem blauen Dreieck gerahmt werden oder wird mit Blau unterstrichen. Wenn Sätze in Anweisungen wie Spielanleitungen oder Hinweise in Verkehrsmitteln durch Fragen und mit der Umstellprobe

untersucht werden, wird den Kinder auffallen, dass oft das Subjekt fehlt, der Satzkern aber immer dabei ist: „Zuerst den Netzstecker ziehen", „die Karten gut mischen". Warum fehlt bei solchen Anweisungen die Wer-Ergänzung? Wie könnte sie formuliert werden?

● *Andere Ergänzungen:* Alle anderen Ergänzungen werden mit der Signalfarbe grün gekennzeichnet: grün umkringelt oder grün unterstrichen. Die jeweils gefundenen Kategorien werden in eine Struktur eingetragen. Konkrete Sätze können auch in der jeweiligen Folge der Satzglieder markiert werden.

Abbildung 15: Satzglieder

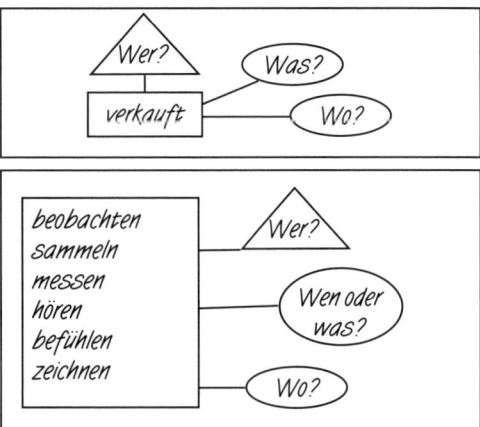

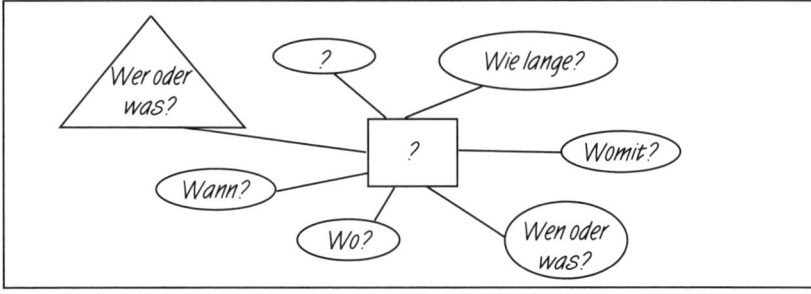

Anmerkung: Signalfarben für Formen und Unterstreichungen: Satzkern rot, Subjekt blau, weitere Ergänzungen grün.

● *Mehrteilige Ergänzungen:* Beim Frage-Antwort-Spiel und bei der Umstellprobe wird den Kindern auffallen, dass die Satzteile aus einem Wort (einem Teil) und aus mehreren Wörtern bestehen können. Man kann die Satzteile auch erweitern.

Überblicke: Untersuchen von Sprache heute

Didaktische Felder

Metakom-munikation	über mündl. Kommuni-kation	über Kinder-texte	über pragmati-sche Texte	über poetische Texte	über mediale Zusammen-hänge
Sprach-ebenen	Laut-Buchsta-ben-Ebene	Wortebene	Satzebene	Textebene	außersprach-liche Ebene
Sprach-proben	Ersetzen/Aus-tauschen	Einfügen/Erweitern	Weglassen/Kürzen	Umstellen/Verschieben	Klangprobe
Sprachspiele	reproduzieren-des Spielen	experimentie-rendes, erfin-dendes Spielen	Nachdenken über das Gespielte		
Wortarten	Verb	Artikel und Nomen	Adjektiv	Pronomen	andere Wör-ter
Satzglieder	Satzkern (Prädikat)	Wer-Ergän-zung (Subjekt)	weitere Ergän-zungen		
Integration	... in das mündliche Sprachhandeln	... in das schriftliche Sprachhandeln	... in den Umgang mit Texten und Medien	...in andere Fächer	Kurs (keine Integration)

Zur Planung, Analyse und Evaluierung von Unterricht können Unterrichts-einheiten daraufhin untersucht werden, welche der didaktischen Felder aus-führlicher berücksichtigt und bearbeitet werden bzw. wurden. Sie werden in einem Raster wie oben markiert.

Ein Beispiel mit dem Unterrichtsthema *Körpersprache*
- *Metakommunikation/Sprachebenen:* Fernsehsequenzen werden ohne Ton vorgespielt. Die Kinder vermuten an den körpersprachlichen Zeichen, worum es gehen mag, was sich die Personen wohl mitteilen. Später wird mit Hilfe des Tons verglichen. Mediale Zusammenhänge kommen zur Sprache, aber auch die verbalen und körpersprachlichen Ausdrucksmittel und Verstehensmöglichkei-ten.
- *Wortarten:* Aus dieser Arbeit entsteht die Absicht, Pantomimen zu spielen und zu raten. Aus Wortfeldern mit Verben werden handlungsstarke spielgeeignete Verben ausgewählt und auf Zettel geschrieben. Spielbereite Kinder ziehen jeweils einen Zettel und bereiten mit Partnern die Pantomime vor.
- *Satzglieder/Sprachproben:* Im Zuge der Ratesituationen bei den Pantomimen werden Fragen gestellt. Zum Beispiel können die Kinder bei einer Pantomime raten, dass wohl etwas gesucht wird, auch wo gesucht wird (im Schrank), es bleibt aber unklar, was gesucht wird. Die gerateten Informationen werden in

eine Satzbautafel geschrieben. Was unklar ist, wird durch eine Ergänzungsfrage notiert. Beim weiteren Spielversuch klärt sich auch dies, die Frage wird durch die Information ersetzt. Die Rateversuche gehen in der Regel – grammatikalisch gesehen – vom Satzkern aus und ergänzen von dort die weiteren Informationen.

- *Sprachebenen:* Durch die Pantomimen werden Situationen geraten, die sich zumeist in einen Satz fassen lassen. Einige Pantomimen verlocken dazu, das Geratene zur Erfindung einer Geschichte zu nutzen: Was ist zuvor geschehen? Wie könnte es weitergehen?
- *Integration:* In diesem Unterricht sind mündlicher, am Ende auch schriftlicher Sprachgebrauch einbezogen sowie durch die Arbeit mit den Fernsehszenen der Umgang mit Medien.

Lernentwicklung und Lernziele

Aktivierung und Erweiterung der Fähigkeiten, Sprache zu untersuchen	Förderung der Reflexionsfähigkeiten
• **Metakommunikation im Sprachhandeln** **mündlich** – metakommunikativ sprechen – Sprechakte klären – Sprachmittel klären – verbale und nichtverbale Zeichen im Zusammenspiel klären **schriftlich** – über Schreiben und Geschriebenes nachdenken – Lerntexte schreiben – Schreibakte und Schreibmodi klären – Sprachmittel klären – selbstständig Rechtschreiben üben **Umgang mit Texten und Medien** – über Textrezeption nachdenken – Leseerwartungen und Leseerfahrungen formulieren – Lesetechniken bewusst einsetzen – die Vielfalt der Sprachvarianten entdecken – verbale und nicht-verbale Zeichen im Zusammenspiel klären • **Grammatik** Wortarten und Wortbildungen **in Form und Leistung** erkennen – mit Hilfe der Sprachproben mit Wörtern, Sätzen und Texten operieren und vom Konkreten zu Kategorien gelangen – das Verb in der Grundform und in Personalformen unterscheiden und erkennen – erkennen, wie die Zeitstufen sprachlich ausgedrückt werden (Zeitformen, Zeithinweise in anderen Wörtern) – Nomen und Artikel in Einzahl und Mehrzahl unterscheiden – Adjektive erkennen und in Vergleichsstufen setzen – Pronomen als Vertreter für Nomen erkennen – Wortstämme identifizieren **Satzbildungen und Satzglieder erkennen** – den Satzkern identifizieren und vom Satzkern aus Ergänzungen erfragen – durch Fragen und Antworten sowie durch die Umstellprobe einteilige und mehrteilige Satzglieder identifizieren	• **Vergegenständlichung von Sprache,** **mit Sprache spielen** – auf der Lautebene: mit Sprech- und Singversen, Zungenbrechern u.a., mit anderen Sprachen lustvoll umgehen, mit Laut- und Laut-Buchstaben-Elementen spielen – auf der Satzebene: Schreibspiele, Frage-Antwort-Spiele usw. durchführen – auf der Textebene: Geschichten erfinden und spielerisch mit Texten umgehen **Vom Schulanfang an die Fähigkeiten entwickeln, gesprochene und geschriebene Sprache als Gegenstand zu betrachten,** insbesondere: – den Lautcharakter und die Struktur der Buchstabenschrift entdecken – mit Sprachproben operieren: ersetzen, einfügen, weglassen, umstellen, den Klang erproben – erarbeitete Kategorien benennen – mit Strukturmustern arbeiten: Wortfelder, Reihungen, Modellwörter, Satzbildungstafeln mit Signalformen und -farben • **Vom Schulanfang an gewonnene Erkenntnisse in der eigenen sprachlichen Arbeit verwenden,** insbesondere: – in Lerngesprächen resümieren, Vereinbarungen festhalten – sprachliche Mittel in Übungen und in Verwendungssituationen einsetzen, erproben und zur Geläufigkeit hin anwenden, z.B. Wörter aus Wortfeldern verwenden, Redemuster in Gesprächen, Vorträgen, Befragungen usw. einüben und verwenden – eigene Texte mit Hilfe der Sprachproben optimieren – Termini als Metasprache nutzen

Ausgewählte Literatur

HORST BARTNITZKY: Grammatikunterricht in der Grundschule. Berlin (Cornelsen Scriptor)

In diesem Band sind alle wort- und satzbezogenen Bereiche der Grundschulgrammatik in Theorie und Unterrichtspraxis ausgearbeitet. Die didaktischen Prinzipien dabei sind: Integration in den Deutschunterricht, der Dreischritt (Anbahnen – Einführen – Anwenden), die Entwicklung eines Sprachgefühls und eines Sprachwissens durch Experimentieren und Operieren mit Wörtern, Sätzen und Texten.

WOLFGANG MENZEL: Grammatikwerkstatt. Theorie und Praxis eines prozessorientierten Grammatikunterrichts für die Primar- und Sekundarstufe. Seelze (Kallmeyer) 1999

Die Werkstattarbeit regt Kinder und (Lehrkräfte) an, mit Sprache zu experimentieren und dabei grammatische Folgerungen zu ziehen. Schwerpunkte für die Grundschule ist der spielerische Umgang mit Wörtern und zum Satzbegriff.

Stiefkind Grammatik. Themenheft der Zeitschrift *Grundschule*. Braunschweig (Westermann) Heft 1/1996

Mehrere wichtige Beiträge sind hier versammelt: Argumentationen für grammatisches Denken, kritische Auseinandersetzungen mit methodischen Wegen, zu Kategorien zu kommen (zum Beispiel bei den sog. Namenwörtern), zudem zwei Beiträge von zwei bedeutsamen Autoren zum Thema: Hans Glinz über Grundlagen und Aufbau des Grammatikunterrichts und Wolfgang Boettcher zur experimentellen Analyse von Satzgliedern.

Alle Grundschulzeitschriften thematisieren in Abständen das Thema des Grammatikunterrichts und stellen dabei Unterrichtsbeispiele vor.

3. Integrativer Sprachunterricht

3.1 Planung des Sprachunterrichts

Das Schlüsselwort: Lebenswelt

Sprachunterricht ist fünf Prinzipien verpflichtet (s. S. 18 ff.): den Prinzipien Sprachentwicklung, Situationsbezug, Sozialbezug, Bedeutsamkeit der Inhalte und Förderung der Sprachbewusstheit. Authentisches Sprachhandeln wird herausgefordert und weiterentwickelt, wenn die Lernsituationen subjektiv als bedeutsam erfahren werden. Inhalte, Themen, Lebenssituationen sind es, die für Kinder Bedeutsamkeit herstellen – sie können Vertrautes oder Überraschendes bieten, immer aber müssen sie einen Bezug zur Lebenswelt der Kinder haben.

Drei Aufgaben hat der lebenswelt-bezogene Unterricht:
- Aspekte der vertrauten Lebenswelt werden erhellt und geklärt
- die bisher erfahrene Lebenswelt wird durch neue Erfahrungen erweitert
- die Kinder gestalten ihr Leben in ihrer Lebenswelt mit.

Lebenswelt erhellen

Was die Kinder täglich erleben, wird in der Schule aufgegriffen, geklärt und geordnet. Kinder werden durch das Fernsehen und andere Medien mit einer verwirrenden Vielfalt von Lebensformen, Regelungen, Informationen und Meinungen konfrontiert. Sie brauchen Hilfe, um sich in dieser Überfülle orientieren zu können, um Strukturen und Motive zu erkennen und um für sie Bedeutsames von Unwichtigem zu unterscheiden. Dadurch konturieren die Kinder die von ihnen wahrgenommene Lebenswelt und konstruieren ihr Wissen darum.

Lebenswelt erweitern

Kinder werden zwar mit einer Vielfalt von Phänomenen und Situationen konfrontiert, die audiovisuellen Medien geben Einblick in räumlich und auch zeitlich entferntere Bereiche. Dennoch bleibt das unmittelbare Erfahrungsfeld begrenzt. Zum Beispiel sind Naturerfahrungen für viele Kinder selten, Einkindfamilien reduzieren oft die sozialen Erfahrungen usw. Die Schule muss deshalb helfen, die Lebenswelt der Kinder um wichtige Erfahrungsbereiche zu erweitern, um reale und um kulturelle Erfahrungen, um Themen, die weltweite Probleme der Gegenwart und Zukunftsaufgaben der Menschheit darstellen wie Frieden, Erhaltung der natürlichen Lebensgrundlagen, Ausgleich von Benachteiligungen.

Lebenswelt mitgestalten

Bildungsziele wie Sach-, Sozial- und Selbstkompetenz verlangen, dass Kinder lernen, neugierig und forschend, kommunikativ und verantwortlich zu hanbeln. Sie sollen erfahren, dass sie in ihrer Lebenswelt aktiv wirken und in ihr etwas bewirken. Zum Beispiel bemühen sich die Kinder mit dem Bewusstwerden sozialer Konflikte in der Klasse um deren Regelung, sie pflegen Pflanzen, klären über einen Missstand auf, führen etwas vor, begründen und gestalten Bräuche in der Klasse.

Lebensweltbezug und Fachlichkeit

Ein lebensweltorientierter Unterricht kann kein reiner Fachunterricht sein, weil sich Lebenswelt-Aspekte nicht nach Fächern sortiert darstellen; er kann erst recht kein Unterricht sein, der einzelne Aufgabenbereiche des Sprachunterrichts isoliert bearbeitet. Dennoch spielen die Fachlichkeit als didaktische Kategorie und mit ihr verbunden die fachlichen Ziele eine wichtige Rolle in einem qualitätsverpflichteten Unterricht. An zwei Unterrichtsbeispielen sei dies erläutert:

Im Morgenkreis erzählen die Kinder von ihren Hobbys – von Pferden und vom Reiten, vom Fußballspielen, vom Inlineskaten, vom Radfahren. Jeden Tag werden zwei neue Hobbys vorgestellt. Die Kinder zeigen Gegenstände, Fotos, erklären, fragen sich aus. Standardfragen werden auf eine Tafel geschrieben, z.B.: Wie bist du auf das Hobby gekommen? Was kostet es? Spielt ihr auch auswärts? Gab es schon mal einen Unfall? „Schnupperbesuche" werden verabredet: ein Nachmittag beim Fußballtraining, ein Besuch beim Spiel mit Daumendrücken ... Die Hobbyorte werden auf einer Karte markiert. Ein Formular für einen Steckbrief „Mein Hobby" wird entwickelt. Am Ende der Unterrichtseinheit schreibt jedes Kind einen Steckbrief. Viele Kinder haben außerdem Geschichten über ihr Hobby geschrieben, in Schaukästen wird eine Hobby-Ausstellung arrangiert. Ein Buch entsteht: Das Hobby-Buch der Klasse.

Ein andermal führen die Geburtstagsvorlesebücher über die kleine Hexe und das kleine Gespenst zum Thema *Von Hexen und Gespenstern*. Kinderbücher zum Thema werden in der Bücherei entdeckt und ausgeliehen, gelesen, Szenen mit verteilten Rollen vorgelesen, eigene Geschichten werden erfunden, geschrieben, illustriert, Gespenstermarionetten werden gebaut und treten mit musikalischer Untermalung in kleinen Vorführstücken auf ...

Ausgangspunkte in beiden Fällen ist nicht ein fachliches Ziel, z.B. etwas beschreiben oder die Einführung einer Wortart. Ausgangspunkte sind Aspekte der Lebenswelt der Kinder:
– der realen Lebenswelt mit dem Thema *Unsere Hobbys*
– der fantasierten Lebenswelt mit dem Thema *Von Hexen und Gespenstern.*

Lebensweltbezüge

● *Lebenswelt erhellen:* Bisherige Erfahrungen mit Hobbys, mit Fantasiewesen wie Hexen oder Gespenstern, mit Kinderliteratur werden ausgetauscht und geklärt. Eine Struktur entsteht, die die oft diffusen Erfahrungen, Erlebnisse, Emotionen, die mit dem Aspekt verbunden sind, ordnet und sie in Zusammenhang mit den Erfahrungen anderer bringt. Beim Thema *Hobby* sind es z.B. die besonderen Eigenheiten der verschiedenen Hobbys, beim Thema *Hexen* sind es z.B. die Typik der Figuren, deren Umsetzung in verschiedene Medien.

● *Lebenswelt erweitern:* Schon durch die anderen Kinder erweitern sich die eigenen Erfahrungen, weil radikal gedacht die Wahrnehmung der Lebenswelt individuell ist. Der sozialbezogene Unterricht führt zu neuen Aspekten, neuen Sichtweisen und Themen. Beim Thema Hobby z.B. bringen für die meisten Kinder der Besuch auf dem Reiterhof und die Erklärungen einer Fachfrau neue Erfahrungen und Kenntnisse; beim Thema Hexen erfahren die Kinder von anderen Hexentypen, der Baba Yaga aus Russland oder der Befana aus Süditalien; Geschichten, Bilder, Musik werden hinzugenommen.

● *Lebenswelt mitgestalten:* Beim Hobby-Thema probieren die Kinder neue Hobbys aus, nehmen „Schnupperkurse" wahr, gestalten eine Ausstellung über ihre Hobbys für Eltern. Beim Hexenthema wird zum Abschluss ein Hexenfest gefeiert.

Sachlichkeit und Fachlichkeit

Wenn Erfahrungen und Handlungen allein den Unterricht bestimmen, dann missrät er leicht zur Kindertümelei oder zum Aktionismus. Wenn z.B. Frühlingsgedichte in der Klasse ausliegen und die Kinder an verschiedenen Stationen angeregt werden, eines auszusuchen, es musikalisch zu untermalen, Bilder zu malen, eigene Elfchen zu schreiben, zum Thema Frühling Mandalas auszumalen, dann sind die Kinder zwar emsig, aber oft bleibt die Fachlichkeit auf der Strecke. Ein Gedicht musikalisch ausdeuten ist eine fachspezifische Aufgabe ebenso wie Gedichte zu illustrieren, Mandalas sind Meditationshilfen, die nicht als moderne Variante der Ausmalbilder missbraucht werden dürfen. Deshalb muss beim Lebensweltbezug die Sach- und Fachlichkeit mitgedacht werden.

Sachgerechtes Bearbeiten

Was sind die Sachaspekte eines Lebensweltthemas und welche Ansprüche stellt die Sache? Beim Thema Hobby sind dies die sachbezogenen Aufklärungen über die einzelnen Hobbys mit zum Teil anspruchsvollen Inhalten, man denke an Judo, an Ballett, an Pferde, für Nichteingeweihte auch Fußball ... Hierzu gehört auch z.B. die Fachsprache, einschließlich, soweit sie in eigenen Texten verwendet wird, deren Rechtschreibung.

Fachliche Aspekte

Zu überlegen ist, welche Fächer, welche Fachbereiche und didaktischen Lernfelder in die Bearbeitung des Lebensweltthemas einbezogen werden können, um es sachgerecht und fachlich fördernd zu bearbeiten. Der frühere Gesamtunterricht, der in der Volksschulunterstufe leitendes didaktisches Konzept war, wurde ja gerade deshalb kritisiert, weil er bei jedem Thema jedes Fach einbeziehen wollte. Wenn immer zum Thema auch gemalt und gesungen wird, dann wird das Malen und Singen oft nur aufgesetzt, angeklebt, aber nicht organisch aus der Beschäftigung mit der Sache heraus nötig. Die Fachansprüche bleiben auf der Strecke.

Beim Thema *Hobby* sind Leitfächer der Sprachunterricht, hier vor allem mündliches sowie schriftliches Sprachhandeln, und der Sachunterricht. Werden z.B. Aspekte wie Popmusik oder Ballett, Klavier- und Flötenunterricht einbezogen, dann tritt das Fach Musik hinzu.

Tragfähige Grundlagen

Am Ende der Grundschulzeit müssen die Kinder tragfähige Grundlagen erworben haben, die weiterführendes Lernen möglich machen. (siehe Bildungsstandards: KMK 2005) Dies sind z.B. Grundlagen zum Lesen und Schreiben, einschließlich des Rechtschreibens, sowie zur Mathematik. Wie können sie im Rahmen dieser thematischen Arbeit integrativ gefördert werden? In der Regel ist dies beim Lesen und Schreiben einfacher als bei der Mathematik. Hierzu liegen auch mehr Erfahrungen vor. Beim Rechtschreiben können die tragfähigen Grundlagen eigentlich immer integrativ geübt werden, wenn in diesem Unterricht auch geschrieben wird und die eigenen Wörter das Rechtschreiblernen leiten (s. S. 125).

Planungsaspekte

Unterricht, der in Lebensweltzusammenhängen geplant wird, ist fächerübergreifend, oder anders gesagt, er integriert Fächer. Didaktische Mitte dieses Unterrichts ist das Lebensweltthema, die entsprechende didaktische Frage ist: Welche Fächer tragen dazu bei, diesen Lebensweltaspekt zu erhellen, ihn zu erweitern, ihn mitzugestalten? Die Überlegung geht vom Thema aus und sucht dann nach Fachbeiträgen und nicht umgekehrt.

Lebensweltbereiche

Die Lebensweltbereiche, die in der Grundschule bearbeitet werden, speisen sich aus verschiedenen Quellen:

- aus der Tradition der Grundschularbeit mit ihrer Orientierung an der Lebenswirklichkeit, z.B. mit Bereichen wie Wechsel der Jahreszeiten, Ortserkundung, Haustiere
- aus den Interessengebieten der Kinder, z.B. mit Bereichen wie Tiere, Indianer,

Dinosaurier, Fernsehen

● aus weiteren Vorgaben der Lehrpläne, z.B. mit Bereichen wie Verkehr, Sexual-erziehung, den Themenfeldern des Sachunterrichts
● aus den Vorschlägen für Schlüsselthemen wie Frieden, Arbeit, Gleichberechti-gung der Menschen, Erhalt der natürlichen Lebensgrundlagen.

Insgesamt müsste das Curriculum so angelegt sein, dass die für Kinder sub-jektiv und objektiv bedeutsamen Inhaltsbereiche in der Grundschulzeit auch bearbeitet werden. Die folgende Zusammenstellung mag hierbei eine Orientie-rung sein:

Aspekte menschlichen Lebens	Lebensweltbereiche	Beispiele für Unterrichtsthemen
personal und sozial/politisch	Ich	Das bin ich. Was ich alles kann. Kranksein – Gesundsein. So fühl ich mich wohl. Wir werden immer größer.
	Menschen miteinander	Bei uns zu Hause: Familie, Nachbarschaft, Freundschaft. Sich-Streiten, Sich-Vertragen. Menschen brauchen einander. Keiner lebt allein. Politik im Stadtteil. Krieg und Frieden.
Handlungsräume	Schule	Ich bin jetzt in der Schule. Arbeitsplatz Schule. Tagesplanung, Jahresplanung: Was wollen wir machen? Wir lernen überall. Schule hier und anderswo. Abschied von der Grundschule und Übergang.
	Arbeit und Freizeit	Spielen. Mein Tag. Einkaufen. Arbeitsplätze. Hobbys und Freizeitgestaltung. Kinderarbeit. Arbeitslosigkeit.
	Verkehr	Straßenverkehr am Ort. Sicherheit für Fußgän-ger, für Radfahrer. Das verkehrssichere Fahrrad. Vom Fahren und vom Fliegen. Verkehrslen-kung.
	Hier und anderswo	Hier bin ich zu Hause. Unterwegssein. Kreuz und quer durch Europa. Aus aller Welt. Erde und Weltraum. Schutz der einen Welt.
Erfahrung und Umgang mit der Natur	Natur	Tiere. Pflanzen. Naturerkundung, Naturpflege, Naturschutz. Das Wetter.
	Durch das Jahr	Die Natur im Jahreskreis.
Erfahrung und Umgang mit der Zeit	Zeit	Der Tag, der Monat, das Jahr. Die eigene Bio-graphie. Zeugen der Vergangenheit in der Lebenswelt. Wie es früher war.
	Durch das Jahr	Bräuche, Feste, Ereignisse im Jahreskreis.
Entdeckungs- und Erfindungsgabe	Medien	Wir lesen. Klassenzeitung. Filme, Fotos, Fernse-hen. Computer und Internet. Werbung. Mediengestaltung. Medienverbreitung.
	Technik	Wasser, Luft, Feuer. Erfinden und Ausprobieren. Wieso, weshalb, warum?
	Fantasie	Kino im Kopf. Märchen. Unglaubliches. Fanta-siewesen. Visionen.

Leitfragen zur Planung

Ist ein Thema gewählt, dann können die folgenden Leitfragen mit Verfahren wie Brainstorming, Mind-Mapping, Ideensammlung (s. S. 46 ff.) zu einer ersten Planungsskizze führen. Sie wird dann weiter zur Planung der Unterrichtseinheit genutzt, die auch mit den Kindern gemeinsam überlegt und vereinbart werden kann.

Lebenswelt erhellen – erweitern – mitgestalten	
Lebensweltbereich:	Unterrichtsthema: ....
Fragen vom Kind aus	**Fragen von der Sache aus**
• Welche bisherigen Erfahrungen haben die Kinder zu diesem Thema gemacht?	• Was ist hier „Sache", welche Ansprüche stellt die sachgerechte Bearbeitung?
• Welche neuen Erfahrungen wären lohnend, wichtig, möglich?	• Welche Fächer, welche Fachbereiche können zum Erhellen, Erweitern, Mitgestalten beitragen?
• Welche Situationen können herbeigeführt werden, damit die Kinder ihre bisherigen Erfahrungen vergegenwärtigen, miteinander austauschen und neue Erfahrungen sammeln?	• Welche didaktischen Felder des Sprachunterrichts werden in diesem Unterricht besonders gefördert ?
• Mit welchen Handlungen können die Kinder das Thema zubereiten, sich als Akteure im Lebensweltbereich erfahren?	(Siehe hierzu die didaktischen Felder zum – Mündlichen Sprachhandeln S. 55 – Schriftlichen Sprachhandeln S. 136 – Umgang mit Texten und Medien S. 209
• Mit welchen Handlungen können die Kinder ihre Lernerfahrungen sich und anderen präsentieren?	– Untersuchen von Sprache S. 240)

Unter dem Gesichtspunkt der fachlichen Förderung ist die Frage nach den didaktischen Feldern besonders wichtig. Ich empfehle, sie als eine Grundlage für Planung und Reflexion des Unterrichts zu kopieren. Bei der Planung werden die Felder markiert, die in der Unterrichtseinheit bearbeitet werden. Dabei ist eine Differenzierung möglich: Die Felder, die besonders gefördert werden durch extensive Bearbeitung, durch Einführung oder besondere Übung, werden kräftiger markiert; die Felder, die mitlaufend gefördert werden, weniger auffällig.

Unterrichtsreflexion

Im Anschluss an die Unterrichtseinheit können die Leitfragen zur Planung auch zur kritischen Reflexion dienen, aus der wiederum wichtige Hinweise für weitere Unterrichtsplanungen gewonnen werden. Mit Hilfe der didaktischen Felder werden die realisierten Förderbereiche erkannt. Dabei können die tatsächlich einbezogenen Felder markiert werden; Beobachtungsnotizen werden ergänzt. Über längere Zeit hin ergeben die Aufzeichnungen ein Evaluierungsinstrument, mit dessen Hilfe erkannt werden kann:

● Welche sprachdidaktischen Felder werden im Unterricht durchgängig besonders bearbeitet?

● Welche Felder werden möglicherweise weniger oder gar nicht bearbeitet?

● Welche Konsequenzen sind hieraus für die weitere Planung zu ziehen?

Solche selbst-reflektierende Arbeit ist für die Lehrerin oder den Lehrer auch in Alleinarbeit hilfreich; vom Kollegium gemeinsam genutzt, kann sie zur Qualitätsentwicklung an der Schule wesentlich beitragen.

3.2 Konzepte mehrsprachigen Unterrichts

„Mehrsprachigkeit ist ein Faktum, eine Notwendigkeit, eine Bildungschance ..."

Früher waren die Verhältnisse einfacher: Sprachunterricht war muttersprachlicher Unterricht und damit war die eine Sprache Deutsch in der Variante der Hochsprache gemeint: Sie galt nach dem Muster der deutschen Schriftsprache als oberstes Sprachziel nationaler Erziehung. Ein Volk, so das Selbstverständnis nationaler Erziehung, hat eben eine Sprache und eine Kultur. Die Vermittlung dieser einen Sprache sollte der nachwachsenden Generation Identität mit seinem Volk und seiner Kultur stiften und damit die so gedachte nationale Einheit reproduzieren. Aus dieser Zeit muss wohl auch das Gegensatzpaar stammen „Deutsch und Fremdsprache". Alles andere als die deutsche Sprache ist aus dieser Sicht gesehen Fremdsprache – fremde Sprache – Sprache der Fremden, die zusätzlich gelernt werden kann, und es zeichnete die höheren Bildungsgänge aus, dass hier eben auch Fremdsprachen gelernt wurden, mit denen dann die Weltläufigkeit der Gelehrten unter Beweis gestellt wurde.

Die Zentrierung auf diese eine Sprache im Bildungsdenken der Schule ist historisch längst überholt. Mehrsprachigkeit ist heute ein Faktum, ist Notwendigkeit und Bildungschance.

Als *Faktum* begegnet jedem die Mehrsprachigkeit unserer Lebenswelt in der Alltagssprache, in der Medien- und Werbesprache. Wichtiger noch: Sie begegnet uns in den Menschen. Mehr als 20 % der Grundschulkinder wachsen heute mehrsprachig auf, weil sie eine andere Herkunftssprache als das Deutsche haben, in einigen Jahren werden es 30 % sein, in bestimmten Regionen sind es 60 bis 90 %. In den allermeisten Grundschulen mischen sich Kinder verschiedener Herkunftssprachen, deutscher Herkunft und nichtdeutscher Herkunft miteinander. Mehrsprachigkeit ist deshalb Faktum an Grundschulen.

Als *Notwendigkeit* ist Mehrsprachigkeit längst erkannt. HERBERT CHRIST z.B. forderte schon vor Jahren sprachenpolitisch die sprachenteilige Gesellschaft (CHRIST 1991, z.B., 39 f.). Er meint damit, dass jeder mehrere Sprachen und in der Summe verschiedenste Sprachen lernen und pflegen sollte. Neben der deutschen Sprache als Schul- und Gesellschaftssprache aller Kinder wären dies in Deutschland: Sprachen der eigenen Herkunft der Kinder, Sprachen der Nachbarstaaten, Weltsprachen zur internationalen Verständigung wie das Englische. Dies ist ein Gegenentwurf dazu, dass die sprachenpolitische Entwicklung letztlich auf nur zwei Schulsprachen, nämlich Deutsch und Englisch, hinausliefe. Eine sprachenteilige Gesellschaft hält dagegen eine Vielzahl von Sprachen lebendig, sie gewinnt damit kulturell für die Gesellschaft und sie gewinnt eine breite sprachliche Öffnung für die Prozesse der Globalisierung.

Als *Bildungschance* eröffnet Mehrsprachigkeit die Brücke zu anderen, die zunächst fremd wirken, besonders, wenn man ihre Sprache nicht versteht, wenn man ausgeschlossen ist von der Kommunikation mit ihnen. Wer mit anderen Sprachen vertrauter wird, wer ihren Klang kennt, sie ein wenig versteht und sich damit auch verständlich machen kann, verliert das Gefühl von Angst und Bedrohung vor Fremdem. Es wird normaler und gewohnter. Bei allem Bemühen um Verständnis wächst dann auch die Wertschätzung. Diese pädagogische Chance wird für Kinder in der Grundschule greifbar, wenn sie mit Menschen umgehen, die andere Sprachen sprechen und repräsentieren. Deshalb sind die natürlichen Ressourcen für diesen Unterricht die mehrsprachigen Kinder und Erwachsenen in ihrem Lebensumfeld, z.B. in ihrer Klasse, an ihrer Schule, in ihrem Stadtteil.

Mit anderen Sprachen öffnet sich auch der Blick auf andere kulturelle Eigenheiten, wie sie sich in der Sprache manifestieren, wie sie aber auch über die Inhalte des Sprachunterrichts transportiert werden können.

Für das Sprachenkonzept der Grundschule heute heißt dies, dass vier Sprachfelder in den Blick zu nehmen sind (s. auch das Schaubild S. 23):

- *Deutsch:* Die deutsche Sprache ist Schul- und Gesellschaftssprache. Kinder, die sie als Familiensprache bereits lernten, entwickeln sie in der Schule weiter; Kinder, die sie vorschulisch nicht oder nur rudimentär lernten, müssen sie als Zweitsprache in der Schule qualifiziert lernen und weiterentwickeln.
- *Andere Herkunftssprachen:* Kinder mit einer nichtdeutschen Herkunftssprache entwickeln daneben und, wie noch zu zeigen ist, damit eng verbunden, ihre Sprachfähigkeiten in dieser Sprache weiter, weil sie zur Identität der Kinder wesentlich beiträgt, weil sie aber auch für eine sprachenteilige Gesellschaft ein Gewinn ist. Dass längst nicht alle Bundesländer entsprechende Angebote bereithalten, ist ein pädagogisches und sprachenpolitisches Versäumnis.
- *Begegnung mit Sprachen:* Die Sprachen, die Kindern in ihrer Lebenswelt begegnen, werden im Unterricht aufgegriffen und bewusstgemacht: Sprachen der Kinder in der Klasse, Nachbarsprachen in grenznahen Schulen, das Englische in Wörtern, Wendungen, Liedern. Diese Begegnung mit Sprachen hat nicht das Lernen dieser Sprachen zum Hauptziel, sondern die Lust am Umgehen mit anderen Sprachen, die Schärfung des Bewusstseins von unterschiedlichen Sprachen und die Klärung von Sprachelementen in der Lebenswelt.
- *Verständigungssprachen/Fremdsprachen:* Zur internationalen Verständigung sind weitere Sprachen wichtig – das Englische als „internationale Kontaktsprache" (CHRIST 1991, 159), Sprachen der Nachbarländer, also je nach Standort das Niederländische, das Dänische, das Französische, das Polnische. Das Erlernen dieser Sprachen wird üblicherweise als Fremdsprachenerwerb gekennzeichnet. Einen zwingenden Grund, den Unterricht in einer Verständigungssprache/Fremdsprache schon in der Grundschule einzuführen, gibt es

nicht. Denn die Öffnung für andere Sprachen, Sprachen-Sensibilisierung und die Förderung der Sprachbewusstheit sind mit den ersten drei Bereichen *Deutsch – andere Herkunftssprachen – Begegnung mit Sprachen* gut realisierbar und im Rahmen der Grundschulzeit als Aufgabenpaket auch hinreichend. Da die Ständige Konferenz der Kultusminister am 6. Mai 1994 aber den Bundesländern empfohlen hat, Fremdsprachen ab Klasse 3 verbindlich einzuführen, und die Bundesländer dieser Empfehlung folgten, wird dieser Sprachaspekt im Folgenden integriert.

Die Frage bleibt, ob die verschiedenen Sprachfelder eine je eigene Didaktik erfordern oder ob sie in eine gemeinsame Sprachdidaktik integriert werden können. Die neuere sprachendidaktische Diskussion zielt darauf ab, dass ein integriertes Konzept möglich und sinnvoll ist. Mit Blick auf kognitive Lerntheorien und neuere Ergebnisse der Spracherwerbsforschung muss für das Sprachlernen generell angenommen werden:
– Sprachen werden weniger durch Imitation erworben, als durch aktive Prozesse des Sprachlerners, der aus den Wahrnehmungen die zu Grunde liegenden Regeln konstruiert, von denen dann das eigene Sprachhandeln geleitet wird. Dies sind bei der Erstsprache interne Regelbildungen, ohne dass sie ins Bewusstsein dringen. Bei weiteren Sprachen sind Unterstützungen durch Bewusstwerden von Regelungen hilfreich.
– Damit die Eigenaktivitäten angeregt werden, sind Sprachlern-Situationen wichtig, die für Kinder das Handeln in der Sprache sinnvoll machen. Hierzu gehören situativ bedeutsame Inhalte, kommunikative Akte und metakommunikative Regelerarbeitungen, die dem Sprachhandeln direkt nützen.
– Damit die Eigenaktivitäten durch die bisherigen Spracherfahrungen qualitativ gestützt werden, müssen bisherige Erfahrungen aktiviert und einbezogen werden. So werden z.B. weitere Sprachen auch mit Rückgriff auf Sprachkenntnisse erlernt. (s. z.B. HEGELE 1994; HELLWIG 1995, 69 f.)

Damit ist deutlich, dass die fünf Prinzipien der Didaktik des sprachlichen Handelns für den Sprachunterricht generell und auch für den Erwerb von Zweit- und Drittsprachen gelten, nämlich *die Prinzipien der Sprachentwicklung, des Situationsbezugs, des Sozialbezugs, der Bedeutsamkeit der Inhalte und der Sprachbewusstheit* (s. S. 18 f.).

Deutsch als Zweitsprache

Kinder, die in der Schule das Deutsche als Zweit- oder Drittsprache lernen, unterscheiden sich in ihren Sprachfähigkeiten erheblich:
● Kinder, die ausschließlich ihre Familiensprache kennen (*Monolinguale*, wie übrigens fast alle Kinder, die mit Deutsch als Familiensprache aufwachsen)
● Kinder, die zwar zwei Sprachen sprechen, bevorzugt aber ihre Familiensprache *(Bilinguale mit dominanter Erstsprache)*

- Kinder, die in deutscher Sprache so wie Kinder mit Deutsch als Erstsprache entwickelt sind, aber ihre Herkunftssprache geringer ausgebildet haben *(Bilinguale mit dominanter Zweitsprache)*
- Kinder mit gut entwickelter Zweisprachigkeit *(Bilinguale)*.

Zunehmend häufiger werden in den letzten Jahren in bestimmten Regionen wieder Kinder eingeschult, die vorrangig monolingual in ihrer nichtdeutschen Herkunftssprache sprechen.

In Grundschulklassen mischen sich die verschiedenen Sprachstände der Kinder und oft auch die Herkunftssprachen. Dadurch entsteht eine höchst unterschiedliche Entwicklungslage bei den Kindern einer Klasse. Oft ist es schwierig, den Entwicklungsstand der Kinder zu erkennen, weil die Sprachschwierigkeiten „verdeckt" sind. Die Kinder bewältigen die Standardsituationen des schulischen Alltags, verstehen also die Aufforderungen, können auf Fragen reagieren, beteiligen sich möglicherweise an Gesprächen, vermeiden aber Äußerungen von Wörtern und Strukturen, die sie nicht beherrschen. (KNAPP 1999, 30) Dies kann in den Klassen 1 und 2 unentdeckt bleiben, entsprechend unterbleibt die besondere Förderung dieser Kinder. Allmählich wachsen aber die Anforderungen an die Schriftlichkeit, an das Textverständnis und an die Fachsprachen z.b. in Mathematik und Sachunterricht. Sachunterrichtliche Begriffe wie Wasserversorgung, Aufbereitungsanlagen, mehrdeutige Begriffe wie zunehmen oder abziehen in der Mathematik, besondere Wörter und Wendungen in poetischen Texten überfordern die Kinder dann offenkundig. Inzwischen kumulieren die Sprachschwierigkeiten und können nur noch durch massive Fördermaßnahmen bewältigt werden.

Lehrerinnen und Lehrer, die Kinder in Deutsch als Zweitsprache unterrichten, müssen deshalb Sprachstandsindikatoren kennen, um den Entwicklungsstand einschätzen, Förderschwerpunkte erkennen, Entwicklungen beobachten und bewerten zu können. Dies müssen Sprachstandsbestimmungen sein, die in der üblichen schulischen Situation ohne wissenschaftliche Begleitung auch realisierbar sind (s. z.B. GLUMPLER/APELTAUER 1997, 13 ff. und 39 ff.).

Aus internationalen und nationalen Forschungen können einige wichtige Hinweise zur Gestaltung des Unterrichts in Deutsch als Zweitsprache entnommen werden. (siehe auch BARTNITZKY/SPECK-HAMDAN 2005)

Korrespondenz zur Erstsprache

Eine günstige Voraussetzung für das Erlernen der Zweitsprache ist eine entwickelte Erstsprache. Deshalb spricht vieles dafür, zu Schulbeginn zunächst die Erstsprache auch als Schriftsprache weiterzuentwickeln und Deutsch mit Rückgriff auf die Erstsprache einzuführen. Soweit die Kinder über beide Sprache schon verfügen, können sie in beiden Sprachen „alphabetisiert" werden, also die Schriftsprache in Koordination beider Sprachen erwerben. Erfahrungen und Materialien zu beiden Ansätzen liegen vor (s. Anschriften S. 268).

Zum Spracherwerb

Wo koordiniert zweisprachiger Unterricht nicht möglich ist, wird der Unterricht monolingual deutschsprachig durchgeführt. Dabei gilt die besondere Aufmerksamkeit den Sprachentwicklungsprozessen der Kinder. Studien belegen, dass der Spracherwerb bestimmte Problembereiche hat, die besonderer Beachtung bedürfen, dass andere sprachliche Phänomene eher nebenbei gelernt werden. ULRIKE HARNISCH erkannte z.b. in ihrer Studie in Berliner Klassen, dass Kinder Satzstrukturen des Deutschen, die in einschlägigen Lehrwerken oft ausführlich bearbeitet werden, eher „mitlaufend" erwerben, während morphematische Eigenheiten wie Personalformen beim Verb, Deklinationen und Pluralbildungen bei Nomen und Adjektiven intensiver und mit Sprachbewusstsein geübt werden müssen (HARNISCH 1993). Auch dies ist ein Hinweis dafür, dass nicht die linguistische Progression den Unterricht leitet, sondern dass die Inhalte und die sprachlichen Handlungssituationen das Lernen der Kinder bestimmen. Die grammatische Systematik ist im Bewusstsein der Lehrkraft wichtig, um Entwicklungen zu verfolgen und Förderschwerpunkte zu ermitteln.

Auf der Grundlage von Untersuchungen wie der von ULRIKE HARNISCH und langjähriger eigener Beobachtung stellte BARBARA SCHLOTMANN die folgende Übersicht der wichtigsten grammatischen Phänomene zusammen, die bei der Förderung des mündlichen und schriftlichen Spracherwerbs in Deutsch als Zweitsprache zunächst berücksichtigt werden müssen.

Kategorie	unterrichtliche Hinweise
Verb **Imperativ**	Unterrichtssprache wird häufig von Anweisungen der Lehrerin mitbestimmt, die im Imperativ ausgedrückt werden. Eingeführt und geübt werden: *komm, hol, gib, bring, iss, nimm, lies* usw. Auf die unregelmäßigen Wortbildungen muss dabei geachtet werden (nimm statt nehme).
Personalform	Vor allem die 1. Person Singular ist eine wichtige Personalform im handlungsbezogenen Sprachunterricht, und zwar – bei Wünschen: *ich möchte, ich will heute ...* – bei Erlebnissen: *ich habe ... gefunden, ich habe ... gehört, ich habe zu ... gesagt.* Gleiches gilt für die 1. Person Plural. Die 2. Person Singular brauchen die Kinder, um in einen handlungsbezogenen Dialog einzutreten, z.B.: Ich heiße .... *Wie heißt du? Hast du den Ball? Du hast den Bleistift. Willst du mit mir Memory spielen?* Die übrigen Personalformen brauchen die Kinder zunächst nur zu verstehen.
Zeitformen	Faustregel ist: Zum mündlichen Erzählen braucht man das Perfekt. Ausnahmen, bei denen das Imperfekt benutzt wird: – Modalverben: können, müssen, wollen, sollen ... – Hilfsverben: haben, sein Beispiel zum Thema Zoobesuch *Gestern waren wir im Zoo. Wir mussten mit dem Bus fahren. Dann konnten wir laufen. Wir haben Löwen, Bären und Krokodile gesehen. Wir haben Brot gegessen und Limo getrunken. Es war toll. Aber wir waren sehr müde.*

Es gibt gerade bei den häufig benutzten Verben unregelmäßige Formen (getrunken) und es taucht im Erzählperfekt die Verbklammer auf (Wir haben im Zoo Bären gesehen.). Beides sind konstitutive Merkmale der deutschen Sprache. Sie können Grundschulkindern nicht erklärt, aber bewusstgemacht werden.

Nomen und Artikel

Nomen müssen immer zusammen mit ihrem Artikel eingeführt werden, möglichst Nominativ und Akkusativ zeitnah als Ergänzung. Beispiele:
Da ist der Stift. Gib mir bitte (mal) den Stift.
Wo ist der Apfel? Gib mir den Apfel.

Pluralbildung

Es gibt im Deutschen elf Möglichkeiten, den Plural zu bilden. Ein durchgängiges einleuchtendes System liegt dabei nicht vor, Ausnahmen: Nomen auf -*er* ändern sich im Plural nicht; Nomen, die auf -*ung* enden, haben -*en* im Plural. Deshalb müssen die Pluralformen möglichst immer mitgelernt werden. Günstig ist es also, Singular und Pluralform in das eigene Wörterheft einzutragen.

Präposition

Die gebräuchlichsten Präpositionen sind *in, an, auf, für, mit, ohne*. Die unterschiedlichen Präpositionen regieren unterschiedliche Fälle. Manche davon sind im Wandel begriffen, der Genitiv macht sich rar und braucht deshalb nicht vermittelt zu werden. Einige Präpositionen regieren je nach ihrer Bedeutung zwei Fälle: Raum – Dativ, Richtung – Akkusativ.
Beispiele:
Wir lernen Deutsch in der Grundschule. – Wir gehen in die Grundschule.
Das Plakat mit dem Wortfeld hängt an der Wand. – Hängt euer Ich-Bild an die Wand dort.

Die Kinder lernen die Unterscheidung am besten durch solche Beispiele in Opposition, also gleichzeitig. Es ist durchaus möglich, auch Grundschülern das System zu verdeutlichen, das dahinter liegt. Impulse sind Fragen nach *wo?* (es bleibt dort) und *wohin?* (es kommt dorthin).

Adjektiv

Zumeist treten Adjektive in flektierter Form auf. Beispiele:
Lehrerin: Gib mit bitte den roten Apfel. – Kind: Aber der rote Apfel gehört mir.
Lehrerin: Nimm bitte einen roten Stift, eine große Dose, ein weißes Papier. –
Kind: Ich finde keinen roten Stift, keine große Dose, kein weißes Papier, aber ...
Die letzten Beispiele zeigen, dass beide Formen der Bejahung und der Verneinung gleichzeitig angeboten das Lernen erleichtern, weil sie formal identisch sind.

Konjunktion

Konjunktionen ermöglichen erst die Erweiterung einfacher Sätze. Beispiele: *Ich bin klein, aber meine Schwester ist groß. – Ich will nicht schreiben, weil das so viel Arbeit macht.*
Dies sind zwei Konjunktionstypen – einer nebenordnend (Parataxe), einer unterordnend (Hypotaxe). Sie haben unterschiedlichen Einfluss auf den Satzbau. Der konjugierte Teil des Verbs rückt bei der Hypotaxe von Position 2 in die Endstellung. Das ist für Kinder aus Sprachen mit starrer Subjekt-Prädikat-Objekt-Stellung besonders schwierig, muss aber bei der Vermittlung von Satzbau-Regeln vermittelt werden.

(Siehe auch die „Minimalgrammatik" in ENGIN u.a. 2004, 25 ff. sowie BART-NITZKY/SPECK-HAMDAN 2005)

Beim Sammeln, Strukturieren und Üben grammatischer Strukturen sind im Übrigen viele der in den anderen Aufgabenbereichen genannten Arbeitsmöglichkeiten hilfreich, z.B.:

- das eigene Wörterbuch (Abc-Heft), das die Kinder ein- oder (besser) zweisprachig führen (S. 123)
- das Füllen und Strukturieren von Ideenfeldern mit Wörtern, Sätzen und Fragen zu einem Thema, möglicherweise in Erst- und Zweitsprache, um inhaltliche Vorstellungen zu klären und zu entwickeln (S. 46 ff.)
- das Füllen und Strukturieren von Wortfeldern, insbesondere für die Inhaltswörter (Verben, Nomen, Adjektive) in einem engeren thematischen Zusammenhang (S. 49 ff.)
- der Umgang mit verwandten Wörtern, um der Morphematik auf die Spur zu kommen (S. 124)
- die Wörtermaschine, um in thematischen Zusammenhängen Wortbildungen zu üben und die zu Grunde liegenden Regeln zu lernen (S. 227)
- handelnde Methoden zum Umgang mit Texten (S. 182 ff.).

Soweit Kinder Fähigkeiten in der deutschen Sprache nicht schon vorschulisch entwickelten, konnten sie auch kein Sprachgefühl für sprachliche Richtigkeit in der deutschen Wort- und Satzbildung ausprägen. Unterrichtliche Verfahren, die das Sprachgefühl voraussetzen, wie die Klangprobe (S. 228), sind deshalb für diese Kinder ungeeignet.

Sprachspiele

Der im Kapitel Untersuchen von Sprache (S. 228 ff.) beschriebene besondere Lerngewinn bei Sprachspielen gilt auch hier: Mit dem Material Sprache wird operiert, dabei können Sprachstrukturen bewusst werden. Durch ihre emotionale Qualität, durch Sprachmelodie und Rhythmik sind sprachspielerische Texte auch besonders einprägsam. Mit Sprachspielen entwickelte GERLIND BELKE ein eigenes Förderkonzept.

Ein Beispiel: Zum Thema der unbestimmten Zahlwörter in ihrer Rangfolge von *alle* bis *keiner* wählt die Autorin ein sprachspielerisches Gedicht von R. O. Wiemer:

alle haben gewusst
viele haben gewusst
manche haben gewusst
einige haben gewusst
ein paar haben gewusst
keiner hat gewusst

„Die ästhetische Qualität erwächst aus der Leerstelle, dem zu ergänzenden Dass-Satz. Sie erlaubt eine produktive und kreative Aneignung des Textes: Die Schüler selbst stellen den situativen Kontext her, ... z.B. indem sie Vorkommnisse in der Lerngruppe konnotieren (hinzufügen), ,dass Teybet heute Geburtstag hat', ,dass Ergins Mutter krank ist' ". (BELKE 1999 b, 160 f.) Ich halte diesen sprachspielerischen Ansatz im Vergleich zu dem hier favorisierten lebensweltbezogenen und kommunikativen Konzept als Leitkonzept für zu eng. Dennoch können viele ergänzende Anregungen diesem Ansatz entnommen werden (BELKE 1999 a).

Verbindung von ungesteuertem und angeleitetem Sprachlernen

Im Unterschied zum Erlernen einer Fremdsprache, die Kinder vorwiegend nur in dem speziellen Unterricht verwenden, begegnen die Kinder der deutschen Sprache in der Regel in vielfältigen Situationen des Alltags und sie handeln auch in dieser Sprache. Dabei entwickeln sie Hypothesen über die Sprachstrukturen und testen sie bei ihren eigenen Äußerungen auf Verständlichkeit hin. Diese typischen Spracherwerbsprozesse sind ganz auf Eigenaktivität angewiesen, das ist ihre besondere didaktische Chance. Ihr Nachteil liegt darin, dass auch „defekte, aber verständliche Äußerungsformen" dabei von der Umwelt akzeptiert werden, sich verfestigen und den Erwerb der Standardsprache erschweren (GLUMPLER/APELTAUER 1997, 18). Deshalb ist die Ergänzung durch den Unterricht mit angeleitetem Sprachlernen wichtig.

Die didaktische Chance aber, die die Ebene des ungesteuerten Sprachlernens als wichtige Grundlage und Ergänzung bietet, muss die Schule nutzen und durch schulisch angeregte informelle Situationen vergrößern. Besonders verweise ich auf folgende Aspekte:

- Informelle Situationen werden im Schulalltag gefördert: Kinder verschiedener sprachlicher Entwicklungsstadien, nach Möglichkeit zusammen mit Deutsch sprechenden Kindern und Erwachsenen sprechen im schulischen Rahmen vielfältig auch informell miteinander, z.B. beim offenen Schulanfang, bei der freien Arbeit, bei Verhandlungen im Klassenrat, bei der Entwicklung einer Schreib- und Lesekultur, beim Ausflug, bei Spiel und Sport.
- Informelle außerschulische Situationen werden in den Unterricht geholt: So sprechen Kinder über Frühstücksgewohnheiten, über Sportereignisse, über eine schwierige Verkehrssituation miteinander. Gegebenenfalls arbeiten sie an dem Thema weiter, das Erarbeitete fließt in die informellen Situationen zurück.
- Der Lebensweltbezug ist ein inhaltlicher Schlüssel, um Brücken zwischen Schule und Lebenswelt zu schlagen: Beispielsweise befragen die Kinder ihre Eltern und Großeltern, besuchen eine Polizeistation oder eine Bäckerei, laden zu einer Ausstellung ein und führen die Gäste.
- Sprachvorbilder oder -beispiele begegnen Kindern auch in unverschulten Situationen: Die Lehrerin oder der Lehrer liest vor, die Stadtteilbücherei wird zur Beratung aufgesucht.

Zur Organisation

Wenn der Unterricht durchgängig in einem Team mit deutscher und herkunftssprachlicher Lehrkraft durchgeführt wird, dann ist der gemeinsame thematische Bezug in der Klasse auch bei unterschiedlichen Entwicklungsständen der Kinder leicht herzustellen, informelle Situationen sind nutzbar und förderbar. Wenn zumindest in einem Teil des Unterrichts zwei Lehrkräfte in der Klasse arbeiten, können die Kinder mit Möglichkeiten innerer Differenzierung gefördert werden. Zur besonderen Aufgabe wird der Bezug zum thematischen Unterricht und zu informellen Situationen in der Regelklasse, wenn eine eigene Förderklasse gebildet werden muss. Aber auch hier sind enge Verflechtungen durch Kooperation und Teamarbeit möglich.

Ein Beispiel: Die Kinder der Regelklasse und der Förderklasse gehen bei offenem Unterrichtsbeginn ab 7.45 Uhr gemeinsam in den Klassenraum. Sie führen informelle Gespräche miteinander und setzen ihre individuelle oder gemeinsame Wochenplanarbeit fort. Dabei sind auch sachunterrichtliche Miniprojekte im Angebot mit handelnden Arbeitsweisen, z.B. Wetterbeobachtung, Vermehrung von Pflanzen, Bau einer Laterne. Gegen 9.00 Uhr sammelt die Lehrerin die Kinder zum Morgenkreis. Anschließend ist gemeinsamer Unterricht. Um 10.00 Uhr gehen die Kinder in die Hofpause. Nun trennen sich die Kinder der Förderklasse. Sie arbeiten am Thema der Regelklasse weiter, üben sprachlich, bezogen auf die Thematik der Regelklasse, lernen Mathematik. Um 12 Uhr treffen sich die Kinder wieder zum gemeinsamen Sportunterricht. Je nach Entwicklungsfortschritt nehmen die Kinder mehr und mehr am Unterricht der Regelklasse teil.

Andere Herkunftssprachen

Viele Kinder mit Migrationshintergrund entwickeln vor und neben der Schule Sprachfähigkeiten in einer Herkunftssprache, allerdings in unterschiedlichem Ausmaß: Sie erfahren sie durchgängig als Familiensprache und handeln in ihr wie altersgleiche deutschsprachig aufwachsende Kinder mit ihrer Sprache; sie entwickeln sie für bestimmte Situationen z.B. im Umgang mit den Großeltern, in erzieherischen Situationen oder sie erwerben im Urlaub im Herkunftsland nur einige umgangssprachliche Wendungen. Immer aber ist die Herkunftssprache und mit ihr verbunden die Kultur des Herkunftslandes ein Teil der eigenen Identität. Wenn die Schule Unterricht in den Herkunftssprachen anbieten kann und die bisherige Sprachentwicklung weiterführen hilft, dann schätzt sie diese Sprachfähigkeiten. Damit wächst die Chance, dass die Kinder neues sprachliches Lernen mit ihrer bisherigen Spracherfahrung in Zusammenhang bringen können, dass sprachbezogene Lern- und Arbeitstechniken gefördert werden, die das Sprachlernen der Herkunftssprache wie des Deutschen unterstützen.

Ich verzichte hier übrigens auf den eingeführten Begriff *Muttersprachlicher Unterricht*, weil er unscharf und zum Teil unzutreffend ist: Für Kinder mit deutscher Familiensprache ist Deutschunterricht der Muttersprachliche Unterricht, Kinder in Mischehen können bilingual auch zwei Muttersprachen erwerben, für manche Kinder ist die amtliche und Mediensprache des Herkunftslandes gar nicht die Familiensprache, die sie dominant erwerben, z.B. das Arabische für Berber, das Standarditalienisch für Sizilianer.

Für den Unterricht in den Herkunftssprachen gilt uneingeschränkt, was für den Sprachunterricht generell und den Deutschunterricht im Besonderen bisher ausgeführt wurde: die Prinzipien der Didaktik des sprachlichen Handelns, die Aufgabenbereiche und deren Integration in einem thematischen Unterricht. Ein entsprechender Lehrplan wurde in Nordrhein-Westfalen 2000 für die Klassen 1 bis 6 verbindlich, der konsequenterweise auch nicht nach Sprachen getrennt wurde.

Als inhaltliche Leitlinien sieht der Lehrplan für die anderen Herkunftssprachen sechs Erfahrungsfelder vor. Es sind Themenbereiche des lebensweltbezogenen Sprachunterrichts: Migrationserfahrungen und interkulturelle Bezüge leiten die Themenstellungen. In den Klassenstufen 1/2, 3/4 und 5/6 soll jeweils eine Unterrichtseinheit zu jedem Themenfeld durchgeführt werden:

„– Zu Hause hier und dort
In diesem Erfahrungsfeld geht es um das Zuhause der Kinder. Was macht ihr Zuhause aus und wo ist ihr Zuhause? Die Kinder vergewissern sich, wo ihnen der Lebensbereich vertraut ist, wo sie Beziehungen zu anderen Menschen haben. Sie machen sich ihre sozialen Felder bewusst: die Familie, die Verwandten, die Freundschaften, die Bekannten. Sie klären dabei ihr Verständnis von Zuhause hier und gegebenenfalls von ihrem anderen Zuhause.
– Jeden Tag und jedes Jahr
Hier geht es um die Erfahrungen mit dem Rhythmus des täglichen Lebens, der oft kulturspezifisch ist und das Lebensgefühl und die Lebensgestaltung mit prägen. Hierin eingebunden sind alltägliche Verrichtungen, die den Tages- oder Jahresrhythmus prägen, z.B. die täglichen Rituale, die Gestaltung des Essens und Trinkens, Feste und Feiern.
– Lernen – arbeiten – freie Zeit
Die Tagesgestaltungen sind ausgefüllt durch freie Zeiten mit freien Entscheidungen, z.B. mit Spielen, Sozialkontakten, Fernsehen und mit Zeiten, in denen gelernt und gearbeitet wird. Solche Inhalte des Alltags werden in diesem Erfahrungsfeld angesprochen und geklärt, auch mit Blick auf das Herkunftsland, wobei Ähnlichkeiten und Unterschiede festgestellt werden können.
– Durch die Zeiten
In diesem Erfahrungsfeld geht es darum, dass die Kinder lernen, wie Gegebenheiten ihre Geschichte haben. Die eigene bisherige Biografie steht dabei zunächst im Mittelpunkt. Später treten historische Aspekte hinzu: die Migrationsgeschichte der Familie, Spuren der Geschichte des Herkunftslandes, die man an Orten, an Gegenständen, in Texten oder auf Bildern entdecken kann, aber auch für Kinder schon fassbare historische Ereignisse, die für das Herkunftsland eine besondere Bedeutung haben.
– Eine Welt für alle
In den ersten vier Erfahrungsfeldern geht es auch darum, was das Leben hier und im Herkunftsland gemeinsam haben und was sie voneinander unterscheidet. Es geht um Kulturspezifisches und um Interkulturelles. In diesem fünften Erfahrungsfeld steht dagegen die gemeinsame Menschheitsaufgabe im Zentrum: eine Welt für alle mit der Sicherung der natürlichen und der politischen Lebensgrundlagen einer bewohnbaren und friedlichen Welt.
– Kulturelle Tradition und Praxis
Dieses Erfahrungsfeld hat eine besondere Funktion: Es geht hier um den künstlerisch-ästhetischen Bereich und um die Gestaltung von kultureller Praxis durch Projekte der Lerngruppen. Solche Projekte können sich mit Themen aus der Fantasiewelt befassen, mit der Gestaltung eines besonders kulturprägenden Tages, mit einem Aspekt des Herkunftslandes aus Literatur, Kunst, Musik, Architektur, der über die Grenzen des Herkunftslandes hinaus bekannt wurde, oder mit einer besonderen, die Kultur des Herkunftslandes prägenden Persönlichkeit und ihrer Werke."

Zwei Unterrichtseinheiten aus diesem Lehrplan können zeigen, wie die sprachdidaktischen Prinzipien auch hier die Unterrichtsgestaltung bestimmen:

Klassen 1 und 2: Zu Hause hier und dort. Unterrichtseinheit: Meine Familie – meine Freunde

Die Kinder zeigen Familienfotos, klären Verwandtschaftsbezeichnungen, vergleichen sie in der Herkunftssprache und im Deutschen miteinander; sie beschreiben das Familienleben hier und im Herkunftsland. Sie überlegen, wer ihre Freundinnen und Freunde sind, was sie an ihnen schätzen, sie schreiben Freundschaftsblätter. Sie sprechen über ihre Gefühle gegenüber ihrer Familie und ihrem Freundeskreis.

Klassen 3 und 4: Zu Hause hier und dort. Unterrichtseinheit: Menschen, die ich kenne.

Die Kinder fragen nach der eigenen Herkunft, nach der Migrationsgeschichte der Familie. Sie entwerfen einen Stammbaum und erkunden dabei die Beziehungen in der Familie im Herkunftsland und hier, sie klären die Lebensumstände, die Rechte und Pflichten der Familienmitglieder hier und im Herkunftsland. Sie überlegen, wer für sie in Verwandtschaft, Nachbarschaft und Bekanntenkreis wichtig ist, wo sie leben, wann sie sie treffen, was sie gemeinsam machen. Dabei stellen sie möglicherweise auch unterschiedliche Arten des Umgangs zueinander hier und im Herkunftsland fest und versuchen sie zu erklären. Sie knüpfen und pflegen Kontakte z.B. durch Telefonieren, Briefeschreiben, Wunschkarten-Versenden.

Schon an der Skizze der beiden Einheiten sind die Prinzipien erkennbar:

- Nicht eine linguistisch bestimmte Progression leitet den Unterricht, sondern die Progression bedeutsamer Inhalte und Situationen, die das Sprachhandeln der Kinder begründen. Diese Inhalte bauen aufeinander auf, hier in den Klassen 1/2: Meine Familie, meine Freunde auf der Beschreibungsebene; in den Klassen 3/4: Menschen, die ich kenne, im Zusammenhang der Migrationsgeschichte.
- Möglichkeiten werden genutzt, die vorhandenen Sprachfähigkeiten der Kinder zu aktivieren und weiterzuentwickeln, hier: z.B. von Erlebnissen erzählen, Personen beschreiben, Wörter sammeln und ordnen, auch zweisprachig, Freundschaftsblätter gestalten.
- Angeregt werden Kommunikationen in der Klasse und nach außerhalb der Schule in der Lebenswelt der Kinder, hier z.B. in der Familie nachfragen, telefonieren, Briefe schreiben.
- Die Progression der Sprachhandlungsmöglichkeiten ist eingebettet in die thematische Arbeit, sie geht aus ihr hervor und führt in sie wieder zurück.

Verständigungssprache/Fremdsprache

Wenn die internationale Verständigungssprache Englisch ist, dann ist sie eine Sprache, die in Wörtern und Wendungen zwar in der Lebenswelt überall präsent ist, den Kindern aber außerhalb des Unterrichts nicht als Kommunikationssprache begegnet. Ungesteuertes Sprachlernen bereitet den Unterricht nicht vor und unterstützt das schulische Sprachlernen nicht. Die Kinder lernen und verwenden die Sprache in der Regel ausschließlich angeleitet in der Schule. Wie dies geschehen soll, wurde in den letzten Jahrzehnten ausgiebig und facettenreich diskutiert. Die entsprechenden Publikationen füllen eine Bibliothek: von den Frühenglisch-Versuchen in den 60er- und 70er-Jahren mit linguistischer Progression, Lehrgangscharakter, dem Dogma der Einsprachigkeit bis zu offenen und nicht ergebnisorientierten Unterrichtskonzepten, wie sie unter dem Stichwort „Begegnung mit Sprachen" in den 90er-Jahren in die Diskussion kamen (zur Entwicklung: HEGELE 1994, 5 – 18; HELLWIG 1995).

Aktuelle Konzepte
Heute zeichnen sich folgende Modelle als unterrichtspraktisch realisierbar ab:
Lehrgangskonzepte: Sie stehen in der Tradition des systematischen Fremdsprachenunterrichts in der Grundschule. Die linguistische Progression führt die Entwicklung. Weite Bereiche sind imitatives Lernen von Strukturen in der Frage-Antwort-Manier mit vorgegebenen Strukturen:

„Is Liz a boy or a girl?" – „Liz is a girl."
„Is ... a boy or a girl?" – „ ... is a ..."

Die lehrerzentrierte kleinschrittige Führung des Unterrichts wird „grundschülergemäß" methodisiert durch hohe Sprechbeteiligung der Kinder, raschen Wechsel der Phasen und Spielelemente, insbesondere mit Handpuppen (HELLWIG 1995, 40). Der Unterricht ist weitgehend einsprachig. Allerdings wird die Einsprachigkeit nicht mehr als Dogma vertreten, aber die Kinder erhalten z.B. englische Namen. Im ersten Unterrichtsjahr ist der Unterricht weitgehend nur mündlich.

Die eng geführte Methodik wurde seit den 80er-Jahren durch offenere Sprachangebote angereichert, z.B. durch Fantasiereisen und „story approach" (HELLWIG 1995, 36 ff.). Bei der Methode des „story approach" werden komplexere Geschichten erzählt oder vorgelesen, die über den derzeitigen Sprachfähigkeiten der Kinder liegen, aber durch Bildstützen, die Vortragskunst der Lehrerin, durch die gerichtete Hörerwartung und Kenntnis von Erzählstrukturen doch mehr oder weniger differenziert verstanden werden. Die „story" kann anschließend durch die Kinder auch in deutscher Sprache nacherzählt werden, um das Verständnis bei allen Kindern zu sichern. „Die Lehrperson erzählt danach noch einmal die Geschichte englisch" (HELLWIG 1995, 38).

● *Integrative Konzepte:* Hierzu gibt es verschiedene Ansätze von bilingualen Modellen bis zum Begegnungssprachen-Konzept. Kennzeichen sind: Nicht eine linguistische Progression bestimmt den Fortgang, sondern die Themen und Sprachhandlungssituationen, die in den übrigen Unterricht und in die Grundschularbeit integriert werden, z.B. mit den Prinzipien der Handlungsorientierung, der inhaltlichen Bedeutsamkeit, der Differenzierung und insbesondere mit Anregungen zum eigenaktiven Spracherwerb.

Ein Beispiel (nach JACOBI/KUHLE 1997, 93 ff.): Beim gemeinsamen Frühstück zeigen sich die Kinder auch ihre Trinkbecher, die zum Teil mit Figuren und Texten aus der Kinderliteratur und den Medien geschmückt sind. Manche Kinder können die dazugehörige Geschichte erzählen. Die Lehrerin stellt ihren Becher vor: „Mein Becher erzählt den Anfang einer Geschichte, die fast alle englischen Kinder kennen, weil sie schon mehr als 100 Jahre alt ist." Sie zeigt die Bilder von Peter Rabbit auf dem Becher und liest dazu den Text vor: „Once upon a time there were four little rabbits, and their names were Flopsy, Mopsy, Cotton-tail and Peter." Dann erzählt die Lehrerin in einfachem Englisch, unterstützt durch Tonfall und Gestik, eventuell auch durch deutsche Übersetzungen, von den vier Kindern, dabei von dem nicht immer so folgsamen Peter Rabbit. An einem Tag verabschiedet Ms Rabbit ihre Kinder und sagt zu Peter: „Now, run along and don't get into mischief." Auch dieser Text steht auf dem Becher.

Das Wort „mischief" wird als altes, nicht mehr gebräuchliches Wort erklärt. „Heute würde man trouble sagen", ein Wort, das die Kinder vermutlich kennen. Über das Wort „mischief" kann noch nachgedacht werden. Die Kinder finden deutsche Wörter, die vorne ebenso anfangen, z.B. Misstrauen. Was bedeutet wohl der Wortbaustein „miss" bei einem Wort?

Zurück zur Geschichte. Die Lehrerin spielt einen Abschiedsdialog mit Hasen-Fingerpuppen vor:

Mrs Rabbit: Bye-bye, Peter.
Peter: Bye-bye, Mum.
Mrs Rabbit: Don't get into trouble.
Peter: No, Mum.
Mrs Rabbit: Promise, Peter!
Peter: Okay Mum, I promise.

Der Dialog wird mit verteilten Rollen nachgesprochen: chorisch, von einzelnen Kindern, und nachgespielt. Die Geschichte wird weitererzählt. Hierbei sind gute Unterstützungen die übrigen Geschirrteile mit weiteren Elementen der Geschichte oder eine der englischsprachigen Bilderbuchausgaben. Bei der Flucht Peters vor Mr McGregor lernen die Kinder den Peter-Rabbit-Song:

Run rabbit, run rabbit, run, run, run!
Don't let the farmer catch you with his gun.
Bang, bang, bang – goes the farmer's gun.
So run rabbit, run rabbit, run, run, run.
(JACOBI/KUHLE 1997, 97)

Im Laufe des weiteren Unterrichts lernen die Kinder die ganze Geschichte kennen, lernen einzelne Dialoge und Lieder, zeichnen Teile der Geschichte, fügen in Comics Sprechblasen mit englischen Texten ein, bauen Kulissen im Schuhkartontheater und setzen Knetfiguren hinein, erzählen dazu, stellen Hasenfingerpuppen her und spielen damit Szenen, lesen Bilderbücher in englischer und deutscher Sprache. Diese verschiedenen Arbeiten sind zum Teil

Angebote während der Wochenplanarbeit. Am Ende mag eine Inszenierung der Peter-Rabbit-Story stehen, in der die Lehrerin durch die Geschichte führt und die Kinder Szenen vorspielen, Lieder singen, zu Bildern erzählen usw.

An diesem Beispiel wird deutlich, was integrative Konzepte von Lehrgangskonzepten unterscheidet:

- Das Sprachhandeln wird nicht durch eine unterrichtliche Inszenierung motiviert, sondern durch eine das Sprachhandeln begründende Situation: das Erzählen zu den Becherillustrationen und die Neugier auf eine Geschichte.
- Statt kleinschrittiger Erarbeitung wird mit überfordernden Situationen gearbeitet, in denen Kinder ihre bisherigen Sprachfähigkeiten und Verstehensstrategien aktivieren und weiterentwickeln. Die Methode des „story approach" z.B. wird hier konsequent genutzt.
- Der Unterricht ist vielfach differenziert, insbesondere als Selbstdifferenzierung, z.B. beim Verstehen der Geschichte, bei der Wochenplanarbeit, bei der Mitarbeit zur Inszenierung als Abschlussprojekt der Einheit.
- Die deutsche Sprache wird immer wieder eingesetzt: zur raschen Verständigung, zur Metakommunikation, zur Förderung der Sprachbewusstheit.
- Schriftlichkeit spielt als authentische Sprachform von Anfang an eine Rolle, sie dient dazu, mit authentischer Sprache umzugehen, Namen und Texte zu strukturieren und sich besser zu merken, aber auch, um Sprache zu vergegenständlichen und z.B. über Schriftweise und Aussprache nachzudenken.
- Wichtige Möglichkeiten aktueller Sprachdidaktik werden eingesetzt: handelnde Methoden im Umgang mit Texten, Wochenplanarbeit, ein Projekt.

Im Unterrichtsverlauf finden sich auch Engführungen und direktes lehrergesteuertes Lernen, wie z.B. beim Verabschiedungsdialog. Doch sind sie nicht didaktische Grundfigur, sondern erwachsen als Phasen der methodischen Engführung aus dem offeneren Unterricht, dienen der Lernökonomie, der Sicherung von Lexik, Phonetik und Strukturen und führen in den offeneren Unterricht zurück.

Bleibt die Frage, welche Art von sprachlicher Progression bei integrativen Konzepten mitgedacht werden kann, wenn nicht die linguistische. Denn natürlich sollen die Sprachfähigkeiten der Kinder in der jeweiligen Sprache weiterentwickelt werden. Im Schulversuch „Fremdsprachenarbeit in der Grundschule" in Rheinland-Pfalz wurde eine kommunikative Progression zu Grunde gelegt, gemäß der „soll das Kind allmählich dahin geführt werden, eine Reihe von Redeintentionen mit entsprechenden Redemitteln auszuführen" (HEGELE 1997, 206). Die Redeintentionen sind in der Form von Groß-Kategorien:

- Kontaktpflege („Bonjour" – „Good morning")
- Gefühlsausdruck („J'aime ça" – „I like it")
- Willensbekundung („Quelle heure est-il?" – „What's the time please?")
- Darstellung („Il est grand" – „He has black hair")

Argumentation („... parce que je suis malade " – „...because I am ill").
(HEGELE 1997, 206)
Diese Redeintentionen müssen durch Verstehensstrategien ergänzt werden.

Die Intentionen für Sprachhandlungen steuern aber nicht die Unterrichtsthemen. Vielmehr werden im thematischen Rahmen Möglichkeiten genutzt, begründete Redeintentionen einzubeziehen und zu üben. Hierbei ergeben sich natürlicherweise auch Wortschatz- und Strukturübungen, die dann wiederum zur sprachlichen Handlungsfähigkeit im Thema der Unterrichtseinheit beitragen.

Begegnung mit Sprachen

Anders als bei den ersten drei Sprachfeldern zielt das Feld *Begegnung mit Sprachen* nicht darauf, weitere Sprachen zu lernen. Dieses Feld öffnet vielmehr Fenster zu anderen Sprachen – zu Deutsch und den Herkunftssprachen der Kinder in der Klasse und Schule sowie gegebenenfalls der Verständigungssprache/Fremdsprache, aber auch zu anderen Sprachen, die in der Lebenswelt der Kinder eine Rolle spielen. Dabei wird Neugier auf andere Sprachen gefördert, die Lust am Umgang mit verschiedenen Sprachen gestärkt, durch Vergleiche das Sprachbewusstsein geschärft und insgesamt ein unbefangener Umgang mit Mehrsprachigkeit geübt. Zugleich werden lebensbedeutsame Strategien erarbeitet und erprobt, mit unbekannten Sprachen umzugehen: sich einhören, aus dem Kontext, an Hand von Bildern, Gestik und Mimik Inhalte vermuten, im Wörterbuch nachschlagen, Redewendungen zum Nachfragen anwenden, auf Unterschiede zur eigenen Sprache achten usw.

BRUNHILDE JACOBI und CHRISTA KUHLE haben „Lerngelegenheiten für Begegnung mit Sprachen" zusammengestellt, wie sie von Klasse 1 bis 4 genutzt werden können:
Rituale im Schulleben
Unterrichtsthemen, besonders jahreszeitlich bestimmte
fremdsprachliche Bilder- und Kinderbücher.

Begegnung mit Sprachen hat „nicht den Charakter einer Sonderveranstaltung ..., sondern (ist) in die übrige Arbeit integriert. Dabei erweisen sich bestimmte Stellen im thematischen Netzwerk als besonders geeignet für Begegnungsphasen." (JACOBI/KUHLE 1997, 14)
Zu jeder der drei Kategorien stelle ich einige Beispiele vor:

Rituale im Schulleben

Die Kinder begrüßen sich täglich in ihren Herkunftssprachen. Begrüßungslieder werden in verschiedenen Sprachen gesungen (z.B. Good morning ... Frère Jacques ... – Zu beiden Liedern gibt es inzwischen Verse bzw. Strophen in allen relevanten Sprachen). Kleine sprachenspezifische Begrüßungsrituale werden durch die Kinder oder muttersprachliche Lehrkräfte als authentische Sprecher vorgestellt und eingeübt.

Weitere Beispiele:
- Geburtstagswünsche, Geburtstagslieder, Vergleich von Glückwunschkarten aus verschiedenen Ländern
- Abzählverse für Spiele und als Sprechverse. Italienischer Zahlenreim: Uno, due, tre/spaghetti, patate, caffè/spaghetti, patate, caffè caffè/spaghetti, patate, caffè.
- Tagessprüche und Lieder aus aller Welt
- Spiele mit Redewendungen in anderen Sprachen.

Unterrichtsthemen

Beim Thema *Das Jahr* werden Kalender untersucht. Dabei stoßen die Kinder auf Namen für Wochentage und Monate aus anderen Sprachen. Sie werden auch mit Hilfe von Eltern und Muttersprachlehrern um die Sprachen der Kinder in der Klasse erweitert. Im Vergleich erkennen die Kinder Ähnlichkeiten und Unterschiede. Italienische oder spanische Kinder können in einigen Monatsnamen Zahlen entdecken, das lässt weiterfragen nach der Herkunft der Monatsnamen und führt zur Sprache der Römer. Bei den türkischen Monatsnamen findet man Hinweise zu den Jahreszeiten (ocak – Januar/Kamin; ekim – Oktober/Aussaat). In Herkunftswörterbüchern können die Kinder andere Namen für die Monate finden, Indianer haben wiederum eigene Namen (Windmonat. Viel Hitze.) ... (JACOBI/KUHLE 1997, 28 ff.).

Weitere Beispiele:
- Thema *Erkundungen im Stadtteil*. Sprachen der Schilder in der Umgebung (Döner Kebap. Pizzeria. Le Coiffeur ...), Speisekarten, Getränkekarten, Prospekte als sprachliche Fundgruben
- Thema *Ferien*. Urlaubswörter und -redewendungen
- Thema *Gemeinsames Frühstück*. Frühstücken nach Art anderer Länder, mit entsprechenden Redewendungen
- Thema *Frieden*. Friedenswörter und Friedensbotschaften aus aller Welt
- Thema *Haustiere*. Was gehört alles zu Haustieren in verschiedenen Ländern? Namen der Haustiere in den verschiedenen Sprachen. Äußerungsweisen der Tiere („bellen" und „wauwau") in anderen Sprachen.

Bilder- und Kinderbücher

Viele Bilder- und Kinderbücher, die die Kinder z.B. auch aus der Kindertageseinrichtung kennen, sind übersetzte Werke. Sie können im Original angesehen und mit der übersetzten Fassung verglichen werden, Eric Carles „Die kleine Raupe Nimmersatt" gehört hier vermutlich zu den Klassikern. Auch deutschsprachige Bücher gibt es in anderen Sprachen wie die Bücher von Janosch. In vielen Stadtbüchereien findet man eine Abteilung mit Kinderbüchern in den Herkunftssprachen der Kinder des Stadtteils, z.B. Türkisch, Italienisch oder Russisch. Viele Märchen existieren in Bilderbuchfassungen verschiedener Länder, z.b. Le petit chaperon rouge/Cappuccetto Rosso/Little Red Cap/Roodkapje. Die Kinder vergleichen Illustrationen, Titel (hier die Bestandteile rot und Kappe, die Zerlegung des zusammengesetzten Wortes Rotkäppchen in einzelne Wörter), sie suchen in den Texten nach erkennbaren Wörtern, ordnen Passagen in verschiedenen Sprachen einander zu, stellen die Namen für Wolf und Menschen in den verschiedenen Sprachen tabellarisch zusammen, zeichnen Szenen und beschriften sie in mehreren Sprachen usw. Die Freude an der Entdeckung im Vergleich von Sprachen geht einher mit der Förderung der Sprachbewusstheit; zudem entwickeln die Kinder Strategien, um mit Texten in anderen Sprachen verstehend umzugehen, auch ohne alles verstehen zu können.

Solche Arbeit mit Bilder- oder Kinderbüchern kann neugierig machen, eine Fassung genauer anzusehen und verstehen zu wollen: in der Sprache nämlich, die systematischer erlernt wird, in der Verständigungssprache Englisch. Dadurch öffnet die Begegnung mit Sprachen das Fenster auch zum Englischen und motiviert, sich in dieser Sprache mit Thema oder Gegenstand nun genauer zu befassen.

Auch bei Begegnungen im grenznahen Bereich mit Kindern und Erwachsenen des Nachbarlandes, bei gegenseitigen Schulbesuchen über die Grenze hinweg kann die Begründung entstehen, diese eine Begegungssprache kompetenter zu erwerben – als internationale Verständigungssprache (Fremdsprache). Unter dem Motto „Lerne die Sprache der Nachbarn" gibt es z.B. reiche Projekterfahrungen in der Grenzregion Baden, Rheinland-Pfalz und Elsass (HEGELE 1994, 9).

Ausgewählte Literatur und Adressen

Deutsch als Zweitsprache

BELKE, GERLIND: Mehrsprachigkeit im Deutschunterricht. Baltmannsweiler (Schneider) 1999

Sprachspiel und operative Verfahren der Sprachdidaktik sollen das sprachliche Handeln provozieren, sie sollen sprachliche Muster und Strukturen bewusst werden lassen und lustvoll einüben helfen. Auch wenn der Ansatz nicht dem Grundsatz der integrativen Förderung entspricht, finden sich im Buch reichlich Anregungen.

BARTNITZKY, HORST/SPECK-HAMDAN, ANGELIKA (Hrsg.): Deutsch als Zweitsprache lernen. Frankfurt a.M. (Grundschulverband) 2005

Der Band stellt eine Übersicht dar über den aktuellen Stand der Entwicklung und der Diskussion: Rahmenbedingungen, wissenschaftlicher Erkenntnisstand, Beispiele erfolgreicher Schulpraxis, Stolpersteine und Förderkonzepte, Sprachtests, Elternarbeit, Fortbildung, hilfreiche Materialien.

ENGIN, HAVVA/MÜLLER-BOEHM, EVA/STEINMÜLLER, ULRICH/TERHECHTE-MER-
MEROGLU, FRIEDERIKE: Kinder lernen Deutsch als zweite Sprache. Berlin
(Cornelsen Scriptor) 2004

In diesem Band werden erprobte Beispiele für Unterrichtseinheiten sehr praktisch konkret
vorgestellt; die sprachlichen Lernziele im pragmatischen, lexikalischen und syntaktischen
Bereich werden jeweils ausgeführt und verdeutlicht. Zur Grundorientierung dient eine
„Minimalgrammatik". Das Konzept ist sprachintegrativ. Grammatik wird entsprechend funktional vermittelt.

Begegnungssprache/Fremdsprache

Klippel, Friederike: Englisch in der Grundschule (Cornelsen Sciptor) 2001

Dieses „Handbuch für einen kindgemäßen Fremdsprachenunterricht" ist eine Fundgrube mit
Übungen, Materialien und methodischen Ideen, mit Reimen, Liedern, Spielen und Redeweisen für den Unterricht, mit Kopiervorlagen und einer CD, auf der „native speakers" die Lieder und Texte vortragen.

JACOBI, BRUNHILDE/KUHLE, CHRISTA: Begegnung mit Sprachen. Berlin (Cornelsen Scriptor) 1997

Hier wird im Rahmen des Lernbereichs Sprache eine Fülle von Beispielen für die lustvolle und
erkenntnisfördernde Begegnung mit anderen Sprachen vorgestellt – von Klasse 1 bis 4, von
Bräuchen im Schulleben bis zum Umgang mit Kinderbüchern. Der Unterricht geht zumeist
von der Vielfalt der Sprachen aus, die in der Klasse durch die Kinder repräsentiert ist, und
arbeitet dann vertiefend mit der englischen Sprache.

Adressen

In zahlreichen örtlichen Institutionen können Informationen über Konzepte, Materialien,
Lehrerfortbildung, Unterstützungen sowie Beratung eingeholt werden, z.B. in den RAAs, die
es in mehreren Ländern gibt (Regionale Arbeitsstellen zur Förderung ausländischer Kinder
und Jugendlicher). Einige überregionale Kontaktadressen, die weiterhelfen, sind:

RAA-Regionale Arbeitsstellen für Ausländerfragen e.V., Chausseestr. 29, 10115
Berlin
Hauptstelle RAA Nordrhein-Westfalen, Tiegelstr. 27, 45141 Essen
Landeszentrum für Zuwanderung Nordrhein-Westfalen, Kelderstr. 6, 42697
Solingen
Staatsinstitut für Schulpädagogik und Bildungsforschung, Arabellastr. 1, 81925
München
Landesinstitute oder Lehrerfortbildungsinstitute bei den Schulministerien der
Bundesländer

Literatur

ALTENBURG, ERIKA (1998): Offene Schreibanlässe. Donauwörth (Auer) 2. Aufl.

AMMON, EMIL u.a.(1967): Lesebuch 3 für das 3. Schuljahr der Grundschule. Stuttgart (Ernst Klett)

ANDRESEN, UTE (1991): Natürlich Lesen lernen – wie geht das überhaupt? In: MILHOFFER, S. 19-24

BALHORN, HEIKO (1998): Die Rechtschreibung ist besser als ihr Ruf. In: Bezirksregierung Düsseldorf Schulabteilung (Hrsg.): Didaktische Tage Rechtschreiben 1998. Düsseldorf (Bezirksregierung Düsseldorf)

BALHORN, HEIKO/BARTNITZKY, HORST/BÜCHNER, INGE/SPECK-HAMDAN, ANGELIKA (Hrsg.) (1998): Schatzkiste Sprache 1. Frankfurt am Main (Grundschulverband – Arbeitskreis Grundschule)

BALHORN, HEIKO/BARTNITZKY, HORST/BÜCHNER, INGE/SPECK-HAMDAN, ANGELIKA (Hrsg.) (2002): Sprachliches Handeln in der Grundschule. Schatzkiste Sprache 2. Frankfurt a.M. (Grundschulverband)

BAMBACH, HEIDE (1993): Erfundene Geschichten erzählen es richtig. Bottighofen (Libelle)

BARTNITZKY, HORST (1975): Konfliktspiele im Unterricht. Essen (Neue Deutsche Schule)

BARTNITZKY, HORST (1981): Leseorte für Kinder. In: Grundschule, Heft 12, S. 536 f.

BARTNITZKY, HORST (1998): „Die rechte weis aufs kürtzist lesen zu lernen" Oder: Was man aus der Didaktik-Geschichte lernen kann. In: BALHORN, HEIKO u.a. (Hrsg.), S. 14 – 46

BARTNITZKY, HORST (Hrsg.) (2005): Grammatikunterricht in der Grundschule. Berlin (Cornelsen Scriptor)

BARTNITZKY, HORST (Hrsg.) (1987): Differenzierte Diktate. Berlin (Cornelsen Scriptor)

BARTNITZKY, HORST/BRÜGELMANN, HANS/HECKER, ULRICH/SCHÖNKNECHT, GUDRUN (Hrsg.) (2005): Pädagogische Leistungskultur. Materialien für die Klasse 1 und 2. Frankfurt a.M. (Grundschulverband)

BARTNITZKY, HORST/BRÜGELMANN, HANS/HECKER, ULRICH/SCHÖNKNECHT, GUDRUN (Hrsg.) (2006): Pädagogische Leistungskultur. Materialien für die Klassen 3 und 4. Frankfurt a.M. (Grundschulverband)

BARTNITZKY , HORST/BUNK, HANS-DIETER (2004): Kunterbunt – Fibel. Leipzig (Klett)

BARTNITZKY, HORST/CHRISTIANI, REINHOLD (1994): Zeugnisschreiben in der Grundschule. Heinsberg (Elke Dieck)

BARTNITZKY, HORST/CHRISTIANI, REINHOLD (Hrsg.) (1998): Die Fundgrube für Freie Arbeit. Berlin (Cornelsen Scriptor)

BARTNITZKY, HORST/BRÜGELMANN, HANS/ERICHSON, CHRISTA (1998):
Fördert das Rechtschreiblernen – schafft die Klassendiktate ab. In: BALHORN, HEIKO
u.a. (Hrsg.) 2002, S. 267 f.

BARTNITZKY, HORST/SPECK-HAMDAN, ANGELIKA (Hrsg.) (2005): Deutsch als Zweitsprache lernen. Franfurt a.M. (Grundschulverband)

BAUER, ROLAND (1997): Lernen an Stationen in der Grundschule. Berlin (Cornelsen
Scriptor)

BAURMANN, JÜRGEN (1987): Aufsätze beurteilen. In: Praxis Deutsch, Heft 84, S. 18 – 24

BAURMANN, JÜRGEN (1993 a): Texte verfassen. In: HECKT/SANDFUCHS,
S. 254 – 256

BAURMANN, JÜRGEN (1993 b): Weiterführendes Lesen. In: HECKT/SANDFUCHS,
S. 277 f.

BAURMANN, JÜRGEN (1996): Geschriebenes beurteilen. In: Praxis Deutsch, Sonderheft,
S. 154 – 155

BAURMANN, JÜRGEN (1996): Schreiben vorbereiten. In: Praxis Deutsch, Sonderheft
Schreiben

BAURMANN, JÜRGEN/HOPPE, OTFRIED (1984): Handbuch für Deutschlehrer. Stuttgart
(Kohlhammer)

BAURMANN, JÜRGEN/LUDWIG, OTTO (1996): Schreiben: Texte und Formulierungen überarbeiten. In: Praxis Deutsch, Heft 3, S. 13 – 21

BECK, OSWALD (1969): Aufsatzerziehung und Aufsatzunterricht. Ein Lehrerhandbuch 1.
Band 1.– 4. Schuljahr. Bad Godesberg (Dürr)

BECKER, GERTRAUD/DAHRENDORF, MALTE u.a. (Hrsg.) (1974): Bunte Drucksachen 3.
Lesebuch für die 3. Klasse der Primarstufe. Düsseldorf (Pro Schule)

BEHR/GRÖNWOLDT/NÜNDEL/RÖSELER/SCHLOTTHAUS (1972): Grundkurs für Deutschlehrer – Sprachliche Kommunikation. Weinheim (Beltz)

BEHR/GRÖNWOLDT/NÜNDEL/RÖSELER/SCHLOTTHAUS (1975): Folgekurs für Deutschlehrer. Weinheim (Beltz)

BEINLICH, ALEXANDER (Hrsg.) (1963 a): Handbuch des Deutschunterrichts. Erster Band.
Emsdetten (Lechte)

BEINLICH, ALEXANDER (Hrsg.) (1963 b): Handbuch des Deutschunterrichts. Zweiter
Band. Emsdetten (Lechte)

BEINLICH, ALEXANDER (1963): Das schriftsprachliche Gestalten und die Stilpflege. In:
BEINLICH 1963 a, S. 327 – 413

BELGRAD, J./MELENK, H. (Hrsg.) (1996): Literarisches Verstehen –
Literarisches Schreiben. Baltmannsweiler (Schneider)

BELKE, GERLIND (1999 a): Mehrsprachigkeit im Deutschunterricht. Baltmannsweiler
(Schneider)

BELKE, GERLIND (1999 b): Sprachspiele im Deutschunterricht mehrsprachiger Lerngruppen. In: PETILLON/VALTIN, S. 152 – 166

BERGK, MARION (1998): Geschreib wie Gespräch – Demokratie auf Folienstreifen und
Plakaten. In: BALHORN u.a.

BERGK, MARION/MEIERS, KURT (Hrsg.) (1985): Schulanfang ohne Fibeltrott. Überlegungen und Praxisvorschläge zum Lesenlernen mit eigenen Texten. Bad Heilbrunn (Klinkhardt)

BERTSCHI-KAUFMANN, ANDREA (Hrsg.) (1998): Lesen und Schreiben im offenen Unterricht. Zürich (sabe)

Bildungskommission Nordrhein-Westfalen: Zukunft der Bildung – Schule der Zukunft. Neuwied, Kriftel, Berlin (Luchterhand) 1995

BLESI, PANKRAZ (1986): Lernen an Lesefehlern. In: MEIERS, KURT (Hrsg.): Fibeln und erster Leseunterricht. Frankfurt am Main (Arbeitskreis Grundschule), S. 16 – 27

BOETTCHER/OTTO/SITTA/TYMISTER (1976): Lehrer und Schüler machen Unterricht. München (Urban und Schwarzenberg)

BOETTCHER, WOLFGANG/SITTA, HORST (1978): Der andere Grammatikunterricht. München (Urban und Schwarzenberg)

BOETTCHER, WOLFGANG/SITTA, HORST (1983): Grammatik in Situationen. In: BRAUN/KRALLMANN 1983, S. 373 – 398

BÖTTCHER, INGRID (Hrsg.) (1999): Kreatives Schreiben. Berlin (Cornelsen Scriptor)

BÖTTCHER, INGRID/BECKER-MROTZEK (2003): Texte bewerten–bearbeiten–benoten. Berlin (Cornelsen Scriptor)

BRAAK, IVO (1963): Das darstellende Spiel in der Schule. In: BEINLICH, ALEXANDER 1963 a, S. 149 – 222

BRANDEBUSEMEYER, ANNETTE (1998): „In Geschichten ist ja alles möglich". In: SPITTA 1998, S.133 – 151

BRAUN, PETER/KRALLMANN, DIETER (Hrsg.) (1983): Handbuch Deutschunterricht. Band 2 Literaturdidaktik. Düsseldorf (Schwann)

BREMER KOLLEKTIV (1974): Didaktik und Methodik des Deutschunterrichts. Stuttgart (Metzler)

BREMER KOLLEKTIV (1974): Grundriss einer Didaktik und Methodik des Deutschunterrichts in der Sekundarstufe I und II. Stuttgart (Metzler)

BRÜGELMANN, HANS (1994): Häufigkeit vs. Bedeutsamkeit. In: BRÜGELMANN/RICHTER, S. 169 – 176

BRÜGELMANN, HANS (1998): Kinder auf dem Weg zur Schrift. Konstanz (Faude)

BRÜGELMANN, HANS/BRINKMANN, ERIKA (1998): Die Schrift erfinden. Lengwil (Libelle)

BRÜGELMANN, HANS/RICHTER, SIGRUN (Hrsg.) (1994): Wie wir recht schreiben lernen. Lengwil (Libelle)

BUNK, HANS-DIETER (1990): Zehn Projekte zum Sachunterricht. Berlin (Cornelsen Scriptor)

BURK, KARLHEINZ/HAARMANN, DIETER (Hrsg.) (1979): Wie viele Ecken hat unsere Schule I. Frankfurt am Main (Arbeitskreis Grundschule)

BUSCHBECK, HELENE (1991): Die Leseecke – eine pädagogische Notwendigkeit in der Grundschule. In: MILHOFER, S. 48 ff.

CHRIST, HERBERT (1991): Fremdsprachenunterricht für das Jahr 2000. Sprachenpolitische Betrachtungen zum Lehren und Lernen fremder Sprachen. Tübingen (Gunter
Narr)

CLAUSSEN, CLAUS (1993): Erzählen. In: HECKT, DIETLINDE H./SANDFUCHS, UWE,
S. 54 f.

CLAUSSEN, CLAUS/MERKELBACH, VALENTIN (1995): Erzählwerkstatt – Mündliches Erzählen. Braunschweig (Westermann)

DAHRENDORF, MALTE U.A. (Hrsg.) (1974): drucksachen 5. Lesebuch für die
5. Klasse. Düsseldorf (Pro Schule)

DEHN, MECHTHILD (2006 a): Zeit für die Schrift I. Lesenlernen und Schreiben können.
Berlin (Cornelsen Scriptor)

DEHN, MECHTHILD/HÜTTIS-GRAFF, PETRA (2006 b): Zeit für die Schrift II. Beobachtung
und Diagnose. Berlin (Cornelsen Scriptor)

DEUTSCHER BILDUNGSRAT (1970): Empfehlungen der Bildungskommission. Strukturplan
für das Bildungswesen. Stuttgart (Klett), S. 123 – 140

DUDERSTADT, MATTHIAS/FORYTTA, CLAUS (Hrsg.) (1999): Literarisches Leben. Frankfurt
am Main (Grundschulverband)

EISENBERG, PETER/MENZEL, WOLFGANG: Grammatik-Werkstatt. In: Grammatik – Praxis
und Hintergründe. Sonderheft Praxis Deutsch. Seelze (Fried-
rich) 1995, S. 4 – 13

Empfehlungen zur Arbeit in der Grundschule. Beschluss der Ständigen Konferenz der
Kultusminister der Länder in der Bundesrepublik Deutschland vom 3. Juli 1970, veröffentlicht z.B. in: NEUHAUS, ELISABETH (1974): Reform des Primarbereichs. Düsseldorf (Schwann)

FAUST-SIEHL, GABRIELE U.A. (1996): Die Zukunft beginnt in der Grundschule. Empfehlungen zur Neugestaltung der Primarstufe. Frankfurt am Main (Grundschulverband)

FREESE, HANS-LUDWIG (1990): Kinder sind Philosophen. Weinheim
(Quadriga) 3. Aufl.

GANSBERG, FRITZ (1914): Der freie Aufsatz. Leipzig (Dürr'sche Buchhandlung)

GARLICHS, ARIANE (1990): Alltag im offenen Unterricht. Frankfurt am Main (Grundschulverband)

GLINZ, HANS (1952): Die innere Form des Deutschen. Bern

GLINZ, HANS (1963): Der Sprachunterricht im engeren Sinn oder Sprachlehre und
Sprachkunde. In: Beinlich 1993 a, S. 225 – 323

GLUMPLER, EDITH/APELTAUER, ERNST (1997): Ausländische Kinder lernen Deutsch. Cornelsen Scriptor (Berlin)

GRENZ, DAGMAR (1999): Szenisches Interpretieren. In: DUDERSTADT/FORYTTA,
S. 157 – 167

GRUNDSCHULVERBAND/GEW/VBE (Hrsg.) (1996): Zukunft für Kinder – Grundschule
2000. Bundesgrundschulkonferenz 1995 in Berlin. Bonn/Frankfurt am Main

GRUNDSCHULVERBAND (Hrsg.) (2005): Grundschule aktuell Heft 91, Thema: Wie viele
Schriften brauchen Grundschulkinder? Frankfurt a.M. (Grundschulverband)

GRUNDSCHULVERBAND (Hrsg.) (2006): Lesekompetenz. Ein Lese- und Arbeitsbuch des Grundschulverbandes. Frankfurt a.M. (Grundschulverband)

GÜMBEL, RUTH (1993): Erstleseunterricht. Berlin (Cornelsen Scriptor) 5. Aufl.

GÜNTHER, HARTMUT (1993): Erziehung zur Schriftlichkeit. In: KLOTZ/EISENBERG (Hrsg.): Sprache gebrauchen – Sprachwissen erwerben. Stuttgart (Klett), S. 85 – 96

GÜNTHER, HARTMUT (1997): Mündlichkeit und Schriftlichkeit. In: BALHORN/NIEMANN (Hrsg.): Sprachen werden Schrift. Lengwil (Libelle), S. 64 – 73

HAAS, GERHARD (1997): Handlungs- und produktionsorientierter Literaturunterricht. Theorie und Praxis eines „anderen" Literaturunterrichts für die Primar- und Sekundarstufe. Seelze-Velber (Kallmeyer)

HAAS, GERHARD/MENZEL, WOLFGANG/SPINNER, KASPAR H. (1994): Handlungs- und produktionsorientierter Literaturunterricht. In: Praxis Deutsch, Heft 123, S. 17 ff.

HABERSAAT, STEFFI/DEHN, MECHTHILD (1998): Komplexität in Kindertexten – konzeptionelle Schriftlichkeit als Aufgabe für den Anfangsunterricht. In: SPITTA, S. 169 – 197

HAGSTEDT, HERBERT (1999): Freinetpädagogik und Erziehungswisenschaft – ein gestörtes Verhältnis? In: HERING, JOCHEN/HÖVEL, WALTER (Hrsg.): Immer noch der Zeit voraus. Kindheit, Schule und Gesellschaft aus dem Blickwinkel der Freinetpädagogik. Bremen (Pädagogik Kooperative) 2. Aufl., S. 211 – 228

HANNIG, CHRISTEL (1978): mündliche kommunikation in der primarstufe. In: POPP, S. 41 – 69

HARNISCH, ULRIKE (1993): Grammatische Progression – ein alter Hut? In: Deutsch lernen, Heft 4, S. 313 – 330

HAVEN, HANS (1970): Das darstellende Spiel. Düsseldorf (Schwann)

HECKT, DIETLINDE H./SANDFUCHS, UWE (Hrsg.) (1993): Grundschule von A bis Z. Braunschweig (Westermann)

HEGELE, IRMINTRAUT (1997): Fremdsprachenbegegnung in der Grundschule. In: HAARMANN, DIETER (Hrsg.): Handbuch Grundschule Band 2. Weinheim (Beltz)

HEGELE, IRMINTRAUT u.a. (1994): Kinder begegnen Fremdsprachen. Braunschweig (Westermann)

HEIDTMANN, HORST (1993): Fernsehserien im Unterricht. In: Praxis Deutsch, Heft 5, S. 26 – 31

HEIDTMANN, HORST (1996): Von Bullerbü bis Beverly Hills. Formen und Funktionswandel von Kinder- und Jugendliteratur. In: Grundschulverband/ GEW/VBE, S. 166 – 176

HELLWIG, KARLHEINZ (1995): Fremdsprachen an Grundschulen als Spielen und Lernen. Ismaning (Max Hueber)

HELMERS, HERMANN (1969): Didaktik der deutschen Sprache. Stuttgart (Klett)

HEYDEN, KARL-HEINZ/LORENZ, WERNER (1999): Lernen mit dem Computer in der Grundschule. Berlin (Cornelsen Scriptor)

HILDEBRAND, RUDOLF: Vom deutschen Sprachunterricht. Bad Heilbrunn (Julius Klinkhardt) 1867 (zitiert nach der 27. Auflage von 1962)

HOLLY, WERNER/SCHRANDER, MICHAEL (1987): Spielen im Deutschuntunterricht Band II. Heinsberg (Agentur Dieck)

HUBER, LUDOWIKA/KEGEL, GERD/SPECK-HAMDAN, ANGELIKA (1998): Einblicke in den Schriftspracherwerb. Braunschweig (Westermann)

HURRELMANN, BETTINA (1994): Leseförderung. In: Praxis Deutsch, Heft 127, S. 17 – 26

HURRELMANN, BETTINA/ELIAS, SABINE (1998): Leseförderung in einer Medienkultur. In: Leseförderung. Praxis Deutsch, Sonderheft, S. 3 – 7

HURRELMANN, BETTINA (1983): Zur Neuorientierung des Literaturunterrichts der Primarstufe. In: BRAUN/KRALLMANN 1983

HURRELMANN, BETTINA (1995): Klassiker der Kinder- und Jugendliteratur. Frankfurt a. M. (Fischer Taschenbuch)

IBLER, MARTIN (1968): Wege zur Sprachentfaltung und Spracherkenntnis. Donauwörth (Ludwig Auer)

JACOBI, BRUNHILDE/KUHLE, CHRISTA (1997): Begegnung mit Sprachen. Berlin (Cornelsen Scriptor)

JUD-KREPPER, HELGA (1996): Die Vielfalt der Medien nutzen. In: Grundschulverband/GEW/VBE, S. 248 – 258

KAHLERT, JOACHIM (Hrsg.) (1998): Wissenserwerb in der Grundschule. Bad Heilbrunn (Klinkhardt)

KASPER, HILDEGARD (1979): Vom Klassenzimmer zur Lernumgebung. Ulm (Vaas)

KASPER, HILDEGARD (Hrsg.) (1974): Differenzierungsmodelle für die Grundschule. Stuttgart (Klett)

KERN, ARTUR (1952): Der neue Weg im Rechtschreiben. Freiburg im Br. (Herder)

KEYSELL, PAT (1975): Pantomime mit Kindern. Ravensburg (Otto Maier)

KLUGE, WOLFHARD (1999): Grammatik-Arbeit in der Grundschule – zwischen Scheiten und Gelingen. In: INGE BÜCHNER (Hrsg.): Lust und Last und Leistung. Hamburg (Deutsche Gesellschaft für Lesen und Schreiben), S.139 – 151

KLUGE, WOLFHARD (1999): Grammatik-Arbeit in der Grundschule – zwischen Scheitern und Gelingen. In: INGE BÜCHNER (Hrsg.): Lust und Last und Leistung. Hamburg (Deutsche Gesellschaft für Lesen und Schreiben), S. 139 – 151

KNAPP, WERNER (1999): Verdeckte Sprachschwierigkeiten. In: Grundschule, Heft 5, S. 30 – 33

KOCHAN, BARBARA (1981): Rechtschreiben. In: BARTNITZKY, HORST/ CHRISTIANI, REINHOLD: Handbuch der Grundschulpraxis und Grundschuldidaktik. Stuttgart (Kohlhammer) S.155 – 166

KOCHAN, BARBARA (1998): Mit Buchstaben kann man Gedanken aus dem Kopf holen. Wie Erstklässler beim Schreiben mit dem Computer lernen können. In: BALHORN u.a., S. 224 – 237

KOCHAN, BARBARA (Hrsg.) (1976): Rollenspiel als Methode sprachlichen und sozialen Lernens. Kronberg Ts. (Scriptor); neu herausgegeben unter dem Titel: Rollenspiel als Methode sozialen Lernens. Kronberg Ts. (Scriptor) 1981

KOHL, EVA MARIA (1998a): Die Zauberwörter im Kopf – Wege zum Freien Schreiben mit Kindern. In: SPITTA, S. 152 – 168

KOHL, EVA MARIA (1998b): Für eine Grammatik der Fantasie. In: Grundschulzeitschrift, Heft 111, S. 6 – 11

KRAPPMANN, LOTHAR (1972): Lernen duch Rollenspiel. In: KLEWITZ/NICKEL (Hrsg.): Kindertheater und Interaktionspädagogik. Stuttgart (Klett), S. 37 – 57

LEHMANN, MARIANNE/WENZINGER, REGULA (1998): Die freie Lesestunde. In: BERTSCHI-KAUFMANN, S. 23 ff.

LEHMANN, RAINER H. (1994): Lesen Mädchen wirklich besser? In: RICHTER/BRÜGEL-MANN, S. 99 – 109

LENZEN, KLAUS-DIETER (1992): Theater macht Schule – Schule macht Theater. Frankfurt am Main (Grundschulverband) 2. Auflage

LEßMANN, BEATE (1998): Schreiben und Rechtschreiben. Heinsberg Elke Dieck)

LICHTENSTEIN-ROTHER, ILSE/RÖBE, EDELTRAUD (1982): Grundschule. Der pädagogische Raum für Grundlegung der Bildung. Weinheim (Beltz)

LINKE, ANGELIKA/NUSSBAUMER, MARKUS/PORTMANN, PAUL R. (1996): Studienbuch Linguistik. Tübingen (Max Niemeyer) 3. Aufl.

LUDWIG, OTTO (1994): Schreiben: Arbeit am Stil. In: Praxis Deutsch, Heft 2, S. 18 – 22

MAHRHOFER, CHRISTINA (2004): Schreibenlernen mit graphomotorisch vereinfachten Schreibvorgaben. Bad Heilbrunn (Klinkhardt)

MAY, PETER u.a. (o.J.): Hamburger Schreib-Probe. HSP 1 – 9. Hamburg (verlag für pädagogische medien)

MECKLING, INGEBORG (1983): Leserorientierter Deutschunterricht. Rezeptionsanalyse und Produktivität. In: BRAUN/KRALLMANN, S. 515-540

MENZEL, WOLFGANG (1975): Schreiben als kommunikative Handlung. In: Praxis Deutsch, Heft 12, S. IX – XII

MENZEL, WOLFGANG (1994): Literatur erschließen: operativ. In: Die Grundschulzeitschrift, Heft 79, S. 72 ff.

MENZEL, WOLFGANG: Wortarten. In: Wolfgang Menzel: Grammatik – Praxis und Hintergründe. Sonderheft Praxis Deutsch. Seelze (Friedrich) 1995, S. 14–20

MENZEL, WOLFGANG (Hrsg.) (1995): Grammatik – Praxis und Hintergründe. Sonderheft Praxis Deutsch, Seelze (Friedrich)

MERKELBACH, VALENTIN (1995): Was alles erzählen heißt, wozu es gut ist und wie Kinder es lernen. In: CLAUSSEN/MERKELBACH, S. 25 – 34

MERTENS, EVA/POTTHOFF, ULRIKE (2000): Lern- und Sprachspiele im Unterricht. Berlin (Cornelsen Scriptor)

METZE, WILFRIED (1995): Differenzierung im Erstleseunterricht. Berlin (Cornelsen Scriptor)

MILHOFFER, PETRA (Hrsg.) (1991): Grundschule und Bibliothek. Frankfurt am Main (Grundschulverband)

Ministerium für Schule und Weiterbildung, Wissenschaft und Forschung des Landes NRW (1998): Rahmen für die Medienerziehung in der Grundschule. Ergebnisse des Modellversuchs „Differenzierte Medienerziehung als Element allgemeiner Bildung" (ohne weitere Angaben)

MITZLAFF, HARTMUT/SPECK-HAMDAN, ANGELIKA (Hrsg.) (1998): Grundschule und neue Medien. Frankfurt am Main (Grundschulverband)

MÜLLER, KLAUS (Hrsg.) (1996): Konstruktivismus: Lehren – Lernen – Ästhetische Prozesse. Neuwied (Luchterhand)

NAUMANN, CARL-LUDWIG (1995): (Stichwörter:) Sprachstörungen, Sprecherziehung. In: NÜNDEL (Hrsg.): Lexikon zum Deutschunterricht. München (Urban und Schwarzenberg)

NEUHAUS-SIEMON, ELISABETH (1994): Mädchen und Jungen kommen als Leser in die Schule. In: RICHTER/BRÜGELMANN, S. 66 – 70

NEUHAUS-SIEMON, ELISABETH (Hrsg.) (1981): Schreibenlernen im Anfangsunterricht der Grundschule. Königstein (Scriptor)

NIEMEYER, WILHELM u.a. (1978): miteinander lesen. Braunschweig (Westermann)

OELLRICH-WAGNER, MARGRET (1998): Freies Schreiben. In: BARTNITZKY/CHRISTIANI, S. 145 – 147

OEVERMANN, ULRICH (1969): Schichtenspezifische Formen des Sprachverhaltens und ihr Einfluss auf die kognitiven Prozesse. In: ROTH: Begabung und Lernen. Stuttgart (Ernst Klett) 4. Auflage (herausgegeben vom Deutschen Bildungsrat als Band 4 der Gutachten und Studien der Bildungskommisssion), S. 297 – 356

PAYRHUBER, FRANZ-JOSEF (1998): Schreiben lernen. Aufsatzunterricht in der Grundschule. Hohengehren (Schneider)

PENGER-SCHLATTERER, BIRGIT (1998): Per Mausklick nach Afrika. Ein Erfahrungsbericht aus Pfaffenhofen. In: MITZLAFF/SPECK-HAMDAN, S.162 – 168

PETILLON, HANNS/VALTIN, RENATE (Hrsg.) (1999): Spielen in der Grundschule. Frankfurt am Main (Grundschulverband)

PIELOW/SANNER (Hrsg.) (1973): Kreativität und Deutschunterricht. Stuttgart (Kohlhammer)

POPP, WOLFGANG (1978): Die Lernfelder des Lernbereichs Sprache in der Primarstufe. Heidelberg (Carl Winter Universitätsverlag)

POTTHOFF, ULRIKE/STECK-LÜSCHOW, ANGELIKA/ZITZKE, ELKE (1995): Gespräche mit Kindern. Berlin (Cornelsen Scriptor)

PURMANN, ERNST (1991): Die Lesezeit – Zeit zum Lesen und noch mehr. In: MILHOFFER, S. 59 ff.

QUENZEL, IRMINA (1998): Erstschreibunterricht – Implikationen aus dem Schreibtraining in der neurologischen Rehabilitation. In: BALHORN u.a., S. 266 – 278

REICHEN, JÜRGEN (1982): Lesen durch Schreiben – Wie Kinder selbstgesteuert Lesen lernen. Zürich (Sabe)

REICHEN, JÜRGEN (1989): Lesen durch Schreiben. Allgemeindidaktische und organisatorische Empfehlungen Heft 2 . Zürich (sabe) 1982, zitiert aus 3. Aufl. 1988, dazu das Ergänzungsblatt: Ergänzungen zum Werkstattunterricht. Kompetenz- und Aufgabendelegation August 1989

REICHEN, JÜRGEN (1998): Lesen und Schreiben von Anfang an? Nein!!! Heiko Balhorn fragt nach, Jürgen Reichen antwortet. In: BALHORN u.a., S. 327 – 341

RICHTER, SIGRUN/BRÜGELMANN, HANS (Hrsg.) (1998): Mädchen lernen anders lernen als Jungen. Bottinghofen (Libelle)

RICHTER, SIGRUN (1998): Interessenbezogenes Rechtschreiblernen. Braunschweig (Westermann)

RICO, GABRIELE L. (1984): Garantiert schreiben lernen. Reinbek (Rowohlt)

RUF, URS/GALLIN, PETER (1995): Ich mache das so! Wie machst du es?
Das machen wir ab. Interkantonale Lehrmittelzentrale (Lehrmittelverlag des Kantons Zürich)

RUNGE, GABRIELE (1997): Lesesozialisation in der Schule. Untersuchungen zum Einsatz von Kinder- und Jugendliteratur im Unterricht. Würzburg (Königshausen und Neumann)

SCHEERER-NEUMANN, GERHEID (1998): Schriftspracherwerb „The State of the Art" aus psychologischer Sicht. In: HUBER/KEGEL/SPECK-HAMDAN, S. 31 – 46

SCHOBER, OTTO (1998): Deutschunterricht für die Grundschule.
Bad Heilbrunn (Klinkhardt)

SCHULZ, GUDRUN (1997): Umgang mit Gedichten. Berlin (Cornelsen Scriptor)

SCHULZ, GUDRUN (2000): Geschichten lesen, erzählen, schreiben, gestalten. Berlin (Cornelsen Scriptor)

SCHUSTER, KARL (1998): Einführung in die Fachdidaktik Deutsch.
Hohengehren (Schneider) 7. Aufl.

SCHWARZ, HERMANN (1994): Lebens- und Lernort Grundschule. Berlin (Cornelsen Scriptor)

SCHWENK, HELGA (1983): Grammatikunterricht in der Schule?
In: BRAUN/KRALLMANN, S. 309 – 328

SEIDEMANN, WALTER (1927): Deutschunterricht als innere Sprachbildung. Heidelberg (Quelle und Meyer), wieder aufgelegt: 1952

SENNLAUB, GERHARD (1980): Spaß beim Schreiben oder Aufsatzerziehung? Stuttgart (Kohlhammer)

SITTA, HORST (1978): Das Lernfeld ‚Schriftliche Kommunikation in der Primarstufe'. In: POPP, S. 70 – 91

SPINNER, KASPAR H. (1980): Identität und Deutschunterricht. Göttingen (Vandenhoek und Ruprecht)

SPINNER, KASPAR H. (1993): Kreatives Schreiben. In: Praxis Deutsch, Heft 3, S. 17 – 23

SPINNER, KASPAR H. (1996): Kreatives Schreiben. In: Praxis Deutsch, Sonderheft Schreiben

SPINNER, KASPAR H. (1998): Zehn Jahre Elfchen in Deutschland. In: Praxis Deutsch, Nr. 152, S. 33

SPINNER, KASPAR H. (Hrsg.) (2006): Lesekompetenz erwerben, Literatur erfahren. Berlin (Cornelsen Scriptor)

SPITTA, GUDRUN (1983): Kinder schreiben eigene Texte. Klasse 1 und 2. Berlin (Cornelsen Scriptor)

SPITTA, GUDRUN (1988): Von der Druckschrift zur Schreibschrift. Berlin (Cornelsen Scriptor)

SPITTA, GUDRUN (1992): Schreibkonferenzen in Klasse 3 und 4. Berlin (Cornelsen Scriptor)

SPITTA, GUDRUN (1998): Freies Schreiben – kurzlebige Modeerscheinung oder didaktische Konsequenz aus der Schreibprozessforschung? In: SPITTA, S. 18 ff.

SPITTA, GUDRUN (Hrsg.) (1998):Freies Schreiben – eigene Wege gehen. Lengwil (Libelle)

STEFFENS, WILHELM (1998): Spielen mit Sprache im ersten bis sechsten Schuljahr. Baltmannsweiler (Schneider)

THOMÉ, GÜNTHER (1995): Über die Konzeption von Anlauttabellen. In: BRÜGELMANN, HANS u.a.: Am Rande der Schrift. Lengwil (Libelle), S. 299 ff.

THURN, BERNHARD (1992): Mit Kindern szenisch spielen. Berlin (Cornelsen Scriptor)

TYMISTER, HANS JOSEF/WALLRABENSTEIN, WULF (1982): Lernen im Deutschunterricht. Stuttgart (Kohlhammer)

ULRICH, WINFRIED (1998): Vorauseilendes Schreiben. Zur Arbeit mit der Anlauttabelle beim Lesen- und Schreibenlernen. In: Grundschule, Heft 6, S. 32 ff.

VALTIN, RENATE (1990): Erstunterricht mit Großbuchstaben. Teil 1 bis 3. In: Grundschule, Heft 3, S. 44 – 46; Heft 6, S. 46 – 47; Heft 9, S. 80 – 81

VALTIN, RENATE (Hrsg.) (2000): Rechtschreiben lernen in den Klassen 1 – 6. Grundlagen und didaktische Hilfen. Frankfurt a.M. (Grundschulverband)

VAUPEL, KARL (1965): Lesen und lauschen. Band II für das dritte und vierte Schuljahr. Dortmund (Crüwell/Märkischer Verlag)

VESTNER, HANS (1978): lesenlernen als direkte hinführung zur struktur der Buchstabenschrift. In: POPP, WOLFGANG, S. 92 – 110

WEINHOLD, SWANTJE (2000): Text als Herausforderung. Zur Textkompetenz am Schulanfang. Freiburg i. Br. (Fillibach)

WEISGERBER, LEO (1949): Von den Kräften der deutschen Sprache. 4 Bände. Düsseldorf (Schwann)

WEISGERBER, LEO (1963): Das Tor zur Muttersprache. Düsseldorf (Schwann)

WERMKE, JUTTA (1997): Integrierte Medienerziehung im Fachunterricht. Schwerpunkt: Deutsch. München (KoPäd)

WINKLER, CHRISTIAN (1963): Grundlegung der Sprechkunde und Sprecherziehung. In: Beinlich 1963 a, S. 71 – 87

Register